Baedeker
Allianz Reiseführer

Istrien
Dalmatinische Küste

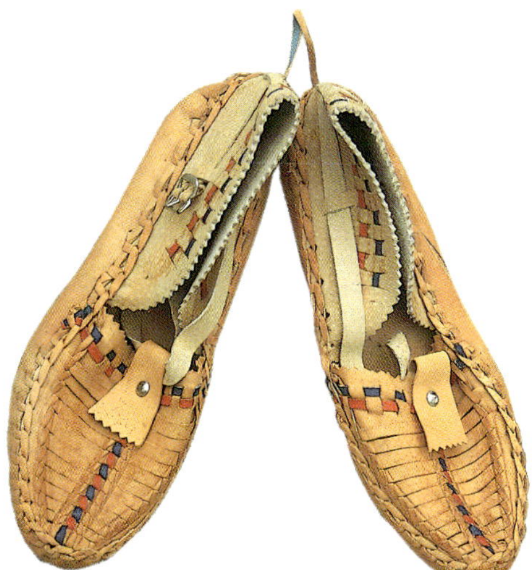

VERLAG KARL BAEDEKER

Hinweise zur Benutzung

Sternchen (Asterisken) als typographische Mittel zur Hervorhebung bedeutender Bau- und Kunstwerke, Naturschönheiten und Aussichten, aber auch guter Unterkunfts- und Gaststätten hat Karl Baedeker im Jahre 1846 eingeführt; sie werden auch in diesem Reiseführer verwendet: Besonders Beachtenswertes ist durch * einen vorangestellten 'Baedeker-Stern', einzigartige Sehenswürdigkeiten sind durch ** zwei Sternchen gekennzeichnet.

Zur raschen Lokalisierung der Reiseziele von A bis Z auf der beigegebenen Reisekarte sind die entsprechenden Koordinaten der Kartennetzmaschen jeweils neben der Überschrift in Rotdruck hervorgehoben: Zadar **L 11**.

Farbige Streifen an den rechten Seitenrändern erleichtern das Auffinden der Großkapitel des vorliegenden Reiseführers: Die Farbe Blau steht für die Einleitung (Natur, Kultur, Geschichte), die Farbe Rot für die Reiseziele, und die Farbe Gelb markiert die praktischen Informationen.

Wenn aus der Fülle von Unterkunfts-, Gast- und Einkaufsstätten nur eine wohlüberlegte Auswahl getroffen ist, so sei damit gegen andere Häuser kein Vorurteil erweckt.

Da die Angaben eines solchen Reiseführers in der heute so schnellebigen Zeit fast ständig Veränderungen unterworfen sind, kann der Verlag weder Gewähr für die absolute Richtigkeit leisten noch die Haftung oder Verantwortung für eventuelle inhaltliche Fehler übernehmen. Auch lehrt die Erfahrung, daß sich Irrtümer kaum gänzlich vermeiden lassen.

Baedeker ist ständig bemüht, die Qualität seiner Reiseführer noch zu steigern und ihren Inhalt weiter zu vervollkommnen. Hierbei können ganz besonders die Erfahrungen und Urteile aus dem Benutzerkreis als wertvolle Hilfe gar nicht hoch genug eingeschätzt werden. Vor allem **Ihre Kritik, Berichtigungen und Verbesserungsvorschläge sind uns stets willkommen**. Sie helfen damit, die nächste Auflage noch aktueller zu gestalten. Bitte schreiben Sie in jedem Falle an die

Baedeker-Redaktion
Karl Baedeker GmbH
Zeppelinstraße 41
73760 Ostfildern
Fax (0711) 4502 343, E-Mail: baedeker@mairs.de
www.baedeker.com

Der Verlag dankt Ihnen im voraus bestens für Ihre Mitteilungen. Jede Einsenderin und jeder Einsender nimmt an einer jeweils zum Jahresende unter Ausschluß des Rechtsweges stattfindenden Verlosung einer Städtekurzreise für zwei Personen nach London teil. Falls Sie gewonnen haben, werden Sie benachrichtigt. Ihre Zuschrift sollte also neben der Angabe des Buchtitels und der Auflage, auf welche Sie sich beziehen, auch Ihren Namen und Ihre Anschrift enthalten. Die Informationen werden selbstredend vertraulich behandelt und die persönlichen Daten nicht gespeichert.

Vorwort

Dieser Reiseführer gehört zur neuen Baedeker-Generation. In Zusammenarbeit mit der Allianz Versicherungs-AG erscheinen bei Baedeker durchgehend farbig illustrierte Reiseführer in handlichem Format. Die Gestaltung entspricht den Gewohnheiten modernen Reisens: Nützliche Hinweise werden in der Randspalte neben den Beschreibungen herausgestellt. Diese Anordnung gestattet eine einfache und rasche Handhabung. Der vorliegende Band hat im wesentlichen Istrien und Dalmatien mit den ihnen vorgelagerten Inseln zum Thema, behandelt aber auch einige herausragende Sehenswürdigkeiten im Hinterland wie beispielsweise den berühmten Nationalpark Plitwitzer Seen.

Der Reiseführer gliedert sich in drei Hauptteile: im ersten Teil wird über Istrien und Dalmatien im allgemeinen, über Naturraum, Klima, Pflanzen und Tiere, politische Gliederung und Bevölkerung, Wirtschaft und Verkehr, Geschichte, berühmte Persönlichkeiten, Kunstgeschichte, Sprache und Literatur sowie Volkskunst und Folklore berichtet. Eine Sammlung von Literaturzitaten leitet über zum zweiten Teil, in dem die Reiseziele – Städte, Orte, Landschaften, Nationalparks und Inseln – mit ihren Sehenswürdigkeiten beschrieben werden. Daran schließt ein dritter Teil mit reichhaltigen praktischen Informationen, die dem Besucher das Zurechtfinden vor Ort wesentlich erleichtern. Sowohl die Reiseziele als auch die praktischen Informationen sind alphabetisch geordnet.

Zwei Gesichter einer Reiseregion: Inselidylle auf Hvar und Häuserfassaden mit Geschichte in Piran.

Baedeker Allianz Reiseführer zeichnen sich durch Konzentration auf das Wesentliche sowie Benutzerfreundlichkeit aus. Sie enthalten eine Vielzahl eigens entwickelter Pläne und farbiger Abbildungen. Zu diesem Reiseführer gehört als integrierender Bestandteil eine ausführliche Reisekarte, auf der die im Text behandelten Reiseziele anhand der jeweils angegebenen Kartenkoordinaten leicht zu lokalisieren sind. Wir wünschen Ihnen mit dem Baedeker Allianz Reiseführer viel Freude und einen erlebnisreichen Aufenthalt in Istrien und Dalmatien!

Baedeker
Verlag Karl Baedeker

Inhalt

Natur, Kultur Geschichte

Seite 8 – 53

Zahlen und Fakten 10

Allgemeines 10
Naturraum 11
Klima 16
Pflanzen und Tiere 17
Politische Gliederung und Bevölkerung 19
Wirtschaft und Verkehr 20

Reiseziele von A bis Z

Seite 54 – 263

Routenvorschläge 56

Adelsberger Grotten · Postojnske jame 62 · Brač (Insel) 65 · Brijuni (Inselgruppe) 71 · Buzet 75 · Cavtat 77 · Cres (Insel) 80 · Crikvenica 85 · Dubrovnik 88 · Dugi Otok (Insel) 103 · Elaphitische Inseln (Šipan, Koločep, Lopud) 105 · Hvar (Insel) 108 · Izola 115 · Karlobag 116 · Koper 117 · Korčula (Insel) 121 · Kornaten (Inselgruppe) 127 · Krk (Insel) 129 · Krka-Wasserfälle (Nationalpark) 134 · Labin 136 · Lastovo (Insel) 141 · Lipica 141 · Lošinj (Insel) 143 · Makarska 146 · Mljet (Insel) 150 · Motovun 152 · Neum 154 · Novi Vinodolski 156 · Omiš 157 · Opatija 159 · Pag (Insel) 166 · Paklenica (Nationalpark) 169 · Pazin 171 · Pelješac (Halbinsel) 174 · Piran 178 · Plitwitzer Seen · Plitvička jezera 181 · Poreč 185 · Portorož 191 · Pula 192 · Rab (Insel) 200 · Rijeka 204 · Rovinj 210 · Senj 214 · Šibenik 217 · Split 226 · Trogir 236 · Ugljan · Pašman (Inseln) 245 · Umag 247 · Vis (Insel) 250 · Zadar 252

Praktische Informationen von A bis Z

Seite 264 – 312

Anreise 266 · Ärztliche Hilfe 268 · Auskunft 269 · Badestrände 272 · Camping 273 · Diplomatische und konsularische Vertretungen 275 · Einkaufen 276 · Elektrizität 277 · Essen und Trinken 277 · Feiertage 283 · Geld 283 · Hotels 284 · Jugendherbergen 291 · Mietwagen 292 ·

Register 313

Verzeichnis der Karten und graphischen Darstellungen 318

Bildnachweis 318

Impressum 319

Geschichte 25

Berühmte Persönlichkeiten 32

Kunst und Kultur 36

Kunstgeschichte 36
Sprache und Literatur 46
Volkskunst und Folklore 47

Istrien und Dalmatien in Zitaten 50

Notrufnummern 292 · Öffnungszeiten 292 · Post 293 · Privatunterkünfte 293 · Reisedokumente 294 · Reisezeit 294 · Restaurants 295 · Schiffsverkehr 299 · Sport 300 · Sportschiffahrt 301 · Sprache 304 · Straßenverkehr 307 · Telefon 308 · Trinkgeld 309 · Umsatzsteuerrückerstattung 309 · Unterkunft 309 · Veranstaltungen 309 · Verkehrsmittel 310 · Zeit 311 · Zeitungen, Zeitschriften 311 · Zollbestimmungen 312

Baedeker Specials

Steter Tropfen höhlt den Stein 14 / 15
Glagoliza 46
Prominenz unter sich 74
Pula literarisch 195
Hüllenloses Badevergnügen 201
Kulinarische Genüsse 278
Paradies für Skipper 302

Adriatische

Römisches Erbe

– das Amphitheater in Pula

Als Bade- und Seglerparadies kennt man sie schon lange, die östliche Adriaküste zwischen Koper und Dubrovnik. Ihren Abwechslungsreichtum verdankt sie den vielen kleinen, zum Teil tief eingeschnittenen Buchten und den unzähligen Inseln, die in einigem Abstand vor der Küste wie Stecknadelköpfe aus dem tiefblauen Meer ragen. Kaum ein Küstenabschnitt, an dem man nicht schwimmen, schnorcheln oder sonnenbaden könnte, kaum ein Badeort ohne Surfbrett-, Segelboot- oder Tauchgerätverleih. Der Tourismus an den Küsten Istriens und Dalmatiens hat eine lange Tradition. Schon zu Kaiser Wilhelms Zeiten reiste man zum Kuraufenthalt an die östliche Adria, wo sich bald die ersten Seebäder etablierten. Für die vornehmen Gäste wurden Pensionsvillen und mondäne Hotels gebaut, Uferpromenaden angelegt und subtropische Bäume in den Parks gepflanzt. Obwohl die Epoche des Kurtourismus längst der Vergangenheit angehört und Seebäder wie Portorož, Opatija oder Lovran sich in moderne Urlaubszentren verwandelt haben, weht in diesen Orten auch heute noch ein Hauch von Noblesse. In den 60er Jahren öffnete das damalige Jugoslawien als eines der ersten sozialistischen Länder seine Pforten für Urlauber aus dem Westen, und in den 70er und 80er Jahren hatte es sich bereits einen Spitzenplatz unter den europäischen Urlaubsregionen erobert. Nach dem Einbruch des Fremdenverkehrs durch den jüngsten Krieg geht es nun wieder deutlich bergauf. Die Normalität ist in die Städte und

Wilde Natur

Die Plitwitzer Seen im Hinterland Dalmatiens

Entdeckung

Dörfer zurückgekehrt, und das Bemühen, die Urlauber zurückzugewinnen, wird an jeder Ecke spürbar. Nach wie vor konzentriert sich das Hauptinteresse auf die Küste, doch auch für die im Hinterland versteckten Naturschönheiten lohnt sich ein Umweg. Nicht weniger als sieben Nationalparks laden zu einem Besuch ein, sei es nun die bezaubernde Brionische Inselwelt, die einzigartige Seen- und Waldlandschaft von Plitvice oder die karstigen Canyons von Paklenica. Daß die Region auch mit großartigen kulturellen Schätzen aufwarten kann, ist kein Geheimnis, für manchen aber vielleicht doch eine Entdeckung. Griechen, Römer, Byzantiner, Venezianer und Habsburger haben ihre Spuren in dieser Region hinterlassen, in der West und Ost, mitteleuropäischer und mediterraner Kulturkreis aufeinandertreffen und zu einer neuen, eigenständigen Kultur verschmelzen. Das wohl eindrucksvollste Erbe dieser bewegten Vergangenheit sind die auf Felseninseln angelegten und bis heute fast unverändert erhaltenen Städte mit ihren engen Treppengassen, stimmungsvollen Plätzen und Häuserfassaden aus dem hellen Stein der Region. Die Blütezeit dieser Stadtbaukunst war auch die Blütezeit Dubrovniks, damals eine freie Stadtrepublik, die es an Bedeutung mit Venedig oder Genua aufnehmen konnte. Mit ihrer einmaligen, von Festungsmauern umschlossenen Altstadt beansprucht die Metropole Süddalmatiens auch heute noch eine Sonderstellung. Warum? Sie hat alles, was die Küstenstädte Dalmatiens so sehenswert macht – und noch ein bißchen mehr.

Subtropische Pflanzen

machen Parks und Gärten zu mediterranen Oasen

Hafenstädtchen

mit venezianischem Charme

Badeparadiese

– die Felsstrände Istriens und Dalmatiens

Segeln

steht an der östlichen Adriaküste hoch im Kurs

Natur, Kultur Geschichte

Zahlen und Fakten

Allgemeines

Lage und Gebiet

Die Küste des früheren Vielvölkerstaates Jugoslawien teilen sich heute drei souveräne Staaten: Slowenien (Slovenija), Kroatien (Hrvatska) und das zur Bundesrepublik Jugoslawien gehörende Montenegro (Crna Gora). Thema dieses Reiseführers ist der slowenische und kroatische Teil dieser Küste, das sind die große Halbinsel Istrien, das Kroatische Küstenland, Dalmatien und die vorgelagerten Inseln. Außerdem aufgenommen wurden auch einige herausragende Reiseziele im Hinterland der Küste. Durch die Halbinsel Istrien verläuft die slowenisch-kroatische Grenze; die Nordküste ist slowenisches Staatsgebiet, der überwiegende Teil von Istrien sowie das Kroatische Küstenland und Dalmatien gehören zu Kroatien – ausgenommen der etwa 15 km breite Korridor von Bosnien-Herzegowina bei Neum. Die Bucht von Kotor ist bereits montenegrinisches Staatsgebiet und somit nicht mehr Thema dieses Reiseführers.

Drei Regionen: Istrien, Kvarner Bucht, Dalmatien

Obgleich nachfolgend aus praktischen Gründen nur von Istrien und Dalmatien die Rede sein wird, teilt sich die östliche Adriaküste zwischen Koper und Cavtat streng genommen in drei historische und geographische Räume: die Halbinsel Istrien, die nordkroatische Küste (im weitesten Sinne die Kvarner Bucht, auch Kroatisches Küstenland genannt) und Dalmatien. Istrien ist mit rund 4000 km^2 die größte Halbinsel der Adria. Von Nord nach Süd mißt sie maximal 100 km, von Ost nach West höchstens 75 km. Die Länge der slowenischen Küstenlinie macht nur knapp 46 km aus.

◂ *S. 8/9: Rovinj, ein typisches Städtchen an der Westküste Istriens.*

Allgemeines, Drei Regionen (Fortsetzung)

Zwischen der Ostküste Istriens und der Küste Dalmatiens vermittelt die Kvarner Bucht mit der Hafenstadt Rijeka, im weiteren Sinne das sogenannte Kroatische Küstenland. In der Bucht liegen neben zahlreichen kleinen Eilanden die großen Inseln Krk, Cres, Lošinj und Rab.

Die langgestreckte Insel Pag markiert den Übergang zu Norddalmatien mit seiner Hauptstadt Zadar. Auf dem Festland läßt sich die Grenze zwischen nordkroatischer Küste und Dalmatien weniger präzise ziehen; sie liegt in

Schmale, hügelige Inselketten, die Gipfel eines im Meer versunkenen Gebirges, bestimmen das Bild der dalmatinischen Küste.

etwa zwischen Karlobag und dem Ort Starigrad. Die Fläche Dalmatiens beträgt 12 000 km^2, davon entfallen mehr als 2000 km^2 auf die Inseln. Alle vorgelagerten Inseln miteinbezogen, kommt man auf eine Gesamtküstenlänge von rund 5800 km, davon sind etwa 1000 km Festlandsküste. Als Luftlinie gemessen beträgt die Entfernung zwischen Rijeka und der Halbinsel Prevlaka südlich von Dubrovnik ungefähr 400 km, die kurvenreiche Küstenstraße zwischen diesen Bezugspunkten ist etwa 650 km lang.

Naturraum

Istrien – rot, gelb, weiß

Die Halbinsel Istrien ragt in der Form eines Dreiecks – manche sagen auch, in der Form eines Herzens – in die Adria. Man unterscheidet drei landschaftliche Großräume auf der Halbinsel, die sich anhand ihrer Gesteinsfarben mehr oder weniger deutlich unterscheiden lassen: Von der flachen, stark zerlappten Westküste steigt eine Kreidekalkplatte pultförmig bis zu einer Höhe von 450 m an. Sie ist zum großen Teil mit roter Erde, terra rossa, bedeckt. Dieser Teil der Halbinsel wird deshalb auch 'Rot-Istrien' genannt. Auf den Feldern und in den Weingärten im Hinterland von Pula ist die rötliche Farbe der Erde gut zu erkennen. Die Mitte Istriens bildet ein

Istrien – rot, gelb, weiß (Fortsetzung)

fruchtbares Hügelland, dessen Erdtöne zwischen gelb-braun und grau schwanken – das sogenannte 'Gelb-Istrien'. Hier entspringen die beiden größten Flüsse der Halbinsel, die Mirna, die bei Novigrad ins Meer mündet, und die Raša, die an der Ostküste bei Labin in die Adria tritt. Die nahezu 1400 m hohen Gebirgszüge des Čičarija-Massivs, wegen ihres hellen Kalksteins 'Weiß-Istrien' genannt, riegeln die Halbinsel nach Nordosten hin ab. Ein Ausläufer dieses Massivs ist das Učka-Gebirge, das direkt hinter der nördlichen Ostküste, der sogenannten Opatija-Riviera, aufsteigt.

Dalmatien
Dinarisches Gebirge

Die kulturelle Eigenständigkeit der Küsten- und Inselbewohner gegenüber der Kultur im Binnenland hängt unter anderem damit zusammen, daß die gesamte dalmatinische Küste von Rijeka bis Dubrovnik nach Osten bzw. Nordosten durch das mächtige Dinarische Gebirge abgeschirmt wird, das von den südöstlichen Alpen bis zu den nordalbanischen Alpen verläuft. Es steigt verhältnismäßig schmal zwischen Triest (Italien) und Ljubljana (Slowenien) an und verbreitert sich nach Südosten. Das Dinarische Bergland ist ein überwiegend aus Kalkstein und Dolomit gebildetes, durch Korrosion geformtes Karstgebiet (siehe dazu das *Baedeker Special* S. 14/15). Das steinige Gelände ist stellenweise unbewachsen, an anderen Stellen bewaldet. Fruchtbaren Boden gibt es im allgemeinen nur dort, wo auf durchlässigem

Steile Gebirgszüge – hier das Velebit-Massiv – trennen die Küstenebene vom Hinterland.

Felsgestein Senkungen entstanden sind. Die markantesten Erhebungen des Dinarischen Berglandes sind der hinter Rijeka aufragende Gorski Kotar und, etwas weiter südlich, das Velebit-Gebirge, dessen höchste Gipfel fast 1800 m hoch sind. Der einzige größere Fluß, der bei Mostar (Bosnien-Herzegowina) den Dinarischen Gebirgsblock durchbricht, ist die Neretva.

Küstenebene

Der dalmatinische Küstenstreifen ist großenteils sehr schmal. Zwischen Rijeka und der Mündung des kleinen Flüßchens Zrmanja nahe Zadar fallen die Berge des Velebit-Massivs direkt ins Meer ab. Zwischen Zrmanja- und der Cetina-Mündung bei Omiš weitet sich der Küstensaum zur sogenannten Dalmatinischen Platte aus. Die fruchtbare Hochebene hinter Zadar, Ravni kotari, wird intensiv landwirtschaftlich genutzt. Schließlich erfährt der ansonsten auch in Süddalmatien schmale Küstensaum noch einmal eine größere Ausdehnung an der Neretva-Mündung, dort, wo sich Bosnien-Herzegowina der Küste nähert und sogar einen Zugang zur Adria hat. Das ehemalige Sumpfland ist heute ebenfalls ein wichtiges Agrargebiet. Die an der ostadriatischen Küste herrschende Bodenbeschaffenheit bringt es mit sich, daß auch die Strände meist felsig beschaffen sind. Neben Felsstränden gibt es auch Buchten mit feinem oder grobem Kies, Sandstrände sind kaum anzutreffen.

Dalmatien, Küstenebene (Fortsetzung)

Kalksteinbarrieren und grüne Seen: Nationalpark Plitwitzer Seen

Inseln und 'ertrunkene' Täler

Typisches Merkmal der nordkroatischen wie auch der dalmatinischen Küste sind die vielen kleinen, zum Teil fjordartigen Buchten und die große Zahl von Inseln und Inselchen, die oft in Ketten aufeinanderfolgen und in ihrer Vielgestaltigkeit den Küstensaum noch weiter zergliedern. Die aus dem Wasser ragenden Kalkrücken der Inseln sind die Gipfel eines Hügel- und Berglandes, das unter dem Meeresspiegel versank. Dies ist auch der Grund dafür, daß sämtliche Inseln in nordwest-südöstlicher Richtung, d. h. parallel zum Dinarischen Festlandsgebirge, verlaufen. Bei den Kanälen zwischen dem Festland und den Inseln handelt es sich um Senken, die durch den Anstieg des Meeres nach der letzten Eiszeit mit Meerwasser gefüllt wurden und 'ertranken'. Ursprünglich waren große Teile der Inseln und des Küstensaums bewaldet. Doch bereits die Römer schlugen Wald, um Platz für Ackerland zu schaffen. Später wurde gerodet, weil die jeweilige Bevölkerung das Holz als Brennmaterial oder für den Bau von Schiffen benötigte. Die Venezianer bauten – so heißt es – angeblich weite Teile ihrer Stadt auf den Eichenpfählen aus Dalmatien. Angesichts der schwindenden Waldgebiete verbot bereits 1319 der Stadtrat von Dubrovnik den Holzverkauf an Fremde. Doch obwohl die Folgen des Raubbaus schon früh erkannt wurden, wurde er bis ins späte Mittelalter betrieben. Die Folge: Der

Baedeker Special

Steter Tropfen höhlt den Stein

Er eignet sich als Kulisse für Wildwestfilme, er läßt Bergsteigerherzen höher schlagen und er überrascht selbst erfahrene Höhlengänger noch durch so manches Naturschauspiel: der Karst. Fünf Buchstaben, hinter denen sich so unterschiedliche Naturphänomene verbergen wie das riesige Höhlenlabyrinth der Adelsberger Grotten, die von Kalkfelsen gerahmten Schluchten im Nationalpark Paklenica oder die kahlgefegten, weißen Inselchen vor der Küste von Dalmatien. Mit 'Karst' werden alle jene Landschafts- und Gesteinsformen über und unter der Erdoberfläche umschrieben, die durch die Einwirkung leicht säurehaltigen Wassers auf ein gips- oder kalkhaltiges Gestein entstanden sind. Zum ersten Mal beobachtet wurden die typischen Karsterscheinungen im Hinterland von Triest, genauer gesagt in den italienischen Monti del Carso – daher auch der Name – und in der slowenischen Region Kras.

Kalkstein, der vor allem aus Kalziumkarbonaten besteht, kann sich wie Zucker im Kaffee oder Salz im Kochtopf auflösen. Verantwortlich dafür ist die Kohlensäure, die durch Niederschläge in den Boden bzw. den geologischen Unterbau gelangt. Das säurehaltige Sickerwasser dringt in die Gesteinsklüfte ein und weitet diese schließlich zu Röhren, Schächten und ganzen Hohlräumen. Ist es schon soweit gekommen, so können auch die Kräfte der Erosion wirken, d. h. Hohlräume erweitern sich zu richtigen **Höhlen**, den sogenannten Karsthöhlen, in denen unterirdische Bäche oder gar Flüsse zum nächsten Wasserlauf fließen.

Das bekannteste **Höhlensystem** im slowenischen Karst sind die Adelsberger Grotten bei Postojna. Gewaltige unterirdische Säle haben sich hier durch die jahrtausendelange Arbeit des Sickerwassers gebildet. Jeder Wassertropfen, der vom Dach einer Karsthöhle auf deren Boden fällt, hinterläßt an der Decke ein Restchen Kalk und bildet dort, wo er auf den Boden der Höhle trifft, einen breiten Kalkring. Allmählich entsteht an der Höhlendecke ein röhrenartiger, schlanker Deckentropfstein, der gemeinhin als **Stalaktit** bezeichnet wird. Diesem wächst vom Höhlenboden ein **Stalagmit** genannter Bodentropfstein entgegen. Schließlich wachsen die Tropfsteine zu regelrechten Säulen zusammen, die je nach Alter und Form wie Orgelpfeifen oder auch wie dicke Baumkuchen aussehen können. Wer genau hinsieht, kann – genauso wie bei richtigen Bäumen – Wachstumsringe erkennen.

Weißlich bis bräunlich schimmert der **Sinter**, der in der Art einer Glasur nicht nur die Tropfsteine, sondern stellenweise auch die Höhlenwände überzieht. Dabei handelt es sich um eine mineralische Ausscheidung, die durch das Entweichen von Kohlensäure entsteht. Besonders eindrucksvoll sind die in manchen Höhlen zu entdeckenden, mit Sinter überzogenen 'Wasserfälle'. Ob der Sinterüberzug eher weißlich oder bräunlich schimmert, hängt einerseits mit dem Kalkgehalt und andererseits mit dem Eisengehalt des Karstwassers zusammen. Die mehrgeschossige Anlage der Höhlensysteme im slowenischen Karst – wie etwa bei den Adelsberger Grotten – läßt den Schluß zu, daß sie bereits sehr alt sein müssen. Am schnellsten war die Verkarstung im Zeitalter des Tertiär, d. h. vor ca. 70 bis 2 Millionen Jahren, fortgeschritten – begünstigt durch starke Niederschläge, hohe Lufttemperaturen und üppiges Pflanzenwachstum. Doch der Karst tritt nicht nur unter der Erde in Erscheinung, sondern er bestimmt auch das Landschaftsbild in Istrien und Dalmatien. Dort, wo das Kalkgestein nicht überdeckt ist – beispielsweise weil der Boden durch heftige Winde abgetragen wurde –, spricht man vom 'nackten'

Karst. Typisch für den 'nackten' Karst sind sogenannte **Karrenfelder** mit tiefen Rinnen und Schluchten. An manchen Stellen bricht das Gestein trichterförmig bis zu 300 m ein. Die so entstandenen Vertiefungen, **Dolinen** genannt, können einen Durchmesser von wenigen bis zu mehreren hundert Metern haben. Da sich in den Dolinen oftmals der aus der nächsten Umgebung angeschwemmte Mutterboden sammelt, sind diese Erdtrichter fruchtbare Oasen inmitten der Karstlandschaft, in denen Mais, Kartoffeln und andere Feldfrüchte angebaut werden können. Die Täler in den Karstgebieten sind meist trocken, da die Flüsse, von denen sie geschaffen wurden, sich unter der Erde einen neuen Weg gebahnt haben.

Wo oberirdische Wasserläufe in den Karst eintreten, versickern sie im durchlässigen Untergrund in sogenannten **Schlucklöchern** und **Flußschwinden**, um nach unterirdischem Lauf an anderer Stelle in einem **Quelltopf** wieder ans Tageslicht zu treten. Besonders häufig im slowenischen Binnenland, so beispielsweise bei Planina in der Nähe von Postojna, sind die **Poljen**, jene flachbödigen Senken, die von steilen Kalkfelswänden umschlossen sind und bis zu mehrere Quadratkilometer groß sein können. Am oberen Ende einer Polje tritt ein unterirdischer Fluß als Karstquelle aus. Er windet sich über den fruchtbaren Schwemmlandboden und verschwindet am anderen Ende wieder in Schlucklöchern, um seinen Lauf unterirdisch fortzusetzen. Nach längeren Niederschlagsperioden und bei Schneeschmelze können sich vor den nur begrenzt aufnahmefähigen Schlucklöchern ausgedehnte Stauseen bilden.

Wasserfälle aus Kalk in den Höhlen von Škocjan

Eine weitere Besonderheit der dinarischen Karstlandschaft sind die stufig aufgebauten Wasserfälle – berühmtestes Beispiel: die Plitwitzer Seen. Dort, wo kalkhaltiges Wasser aus der Erde austritt und wenig später in die Tiefe stürzt, wird **Kalktuff** abgesetzt. Ganze Talgründe im Hinterland der Adriaküste sind mit Kalktuffen 'gepolstert'. Tuffbarrieren können – wie im Falle der Plitwitzer Seen – kleine Seen und Teiche aufstauen, deren Wasserfarbe von tiefgrün bis türkis changiert.

Naturraum, Dalmatien (Fortsetzung)

ungeschützte Boden wurde von der Bora (siehe Klima) weggefegt, so daß der weiße Kalkstein an die Oberfläche treten konnte und der 'nackte' Karst zum Vorschein kam.

Nationalparks

Naturräumlich bedeutende Gebiete stehen auch in Slowenien und Kroatien unter besonderem Schutz. In Slowenien gibt es neben einigen Natur- und Regionalparks den Nationalpark Triglav. Kroatien hat folgende Regionen als Nationalparks ausgewiesen: Das im Hinterland von Rijeka aufragende Gebirgsmassiv Risnjak, die Pula vorgelagerten Brijuni-Inseln, die Plitwitzer Seen nahe der Grenze zu Bosnien-Herzegowina, ein Teil des Velebit-Gebirges (Paklenica), die Krka-Wasserfälle bei Šibenik, die Kornaten-Inseln sowie ein kleiner Teil der süddalmatinischen Insel Mljet.

Umweltschutz heute

Die Umweltbedingungen an der kroatischen Küste sind deutlich besser als anderswo im Mittelmeerraum. Dies hängt weniger damit zusammen, daß Umweltverschmutzung dort kein Problem wäre – im Gegenteil, es gibt sicher zu wenig Kläranlagen, und auch das Bewußtsein ist nicht etwa höher entwickelt als beispielsweise in Italien oder Frankreich. Allerdings wirkt sich die dünne Besiedlung positiv auf die Umwelt aus: An der Küste liegen nur wenige größere Städte mit entsprechenden Industrien, weite Landstriche sind karg und menschenleer. Vor allem die Wasserqualität ist im allgemeinen wesentlich besser als an der gegenüberliegenden italienischen Küste.

Klima

Allgemeines

Im gesamten Küstengebiet und auf den Inseln von Istrien und Dalmatien herrscht ein ausgeprägt mediterranes Klima. Im allgemeinen sind die Winter mild und feucht, die Sommer trocken und warm, Regen fällt vornehmlich im Herbst. Im Hinterland der dalmatinischen Küste ist das Klima submediterran, d. h. die Winter sind kälter und die Sommer heißer, während im Landesinneren von Istrien gemäßigt kontinentales Klima herrscht.
Im Sommer steigen die Temperaturen an der Küste auf durchschnittlich 25 bis 30°C, im Süden Dalmatiens sind zwischen Juni und Oktober auch Temperaturen über 30°C keine Seltenheit. Spitzenreiter im Hinblick auf die Sonnenscheindauer ist die Insel Hvar: Über 2700 Sonnenstunden im Jahr – und damit mehr als beispielsweise in Nizza – werden hier gezählt. Auch am süddalmatinischen Festland liegt die Sonnenscheindauer mit 2600 Stunden wolkenlosen Himmels noch verhältnismäßig hoch. Das istrische bzw. dalmatinische Hinterland ist vor allem im Herbst und Winter verhältnismäßig regenreich, während die Niederschlagsmenge auf den Inseln deutlich niedriger liegt. Im Winter fällt die Temperatur an der Küste und auf den Inseln nur äußerst selten unter die Null-Grad-Marke. Der Schnee, der im Winter 1995/1996 auf einigen Inseln kurzzeitig liegenblieb, war eine seltene Ausnahme. Die Gipfel des Dinarischen Gebirges können allerdings durchaus über mehrere Monate hinweg schneebedeckt sein.

Wassertemperaturen

Die Wassertemperatur der östlichen Adria steigt gewöhnlich bereits im Juni auf Werte um 20°C. In den Sommermonaten erwärmt sich das Wasser auf 20 bis 25°C, und in Süddalmatien kann man selbst im Oktober und November noch mit einem 20°C warmen Meerwasser rechnen.

Winde

Unter den Winden ist die Bora (oder Bura) der eindrucksvollste. Es handelt sich um einen trockenen, kalten Wind, der vom Landesinneren, also gewöhnlich aus nordöstlicher Richtung, weht und im Winter häufiger auftritt als im Sommer. Vor allem im Winter sind die heftigen Windstöße der Bora für Autofahrer und Segler nicht ungefährlich – besonders dann, wenn sie mit einer Geschwindigkeit von mehr als 120 km/h vom Gebirge herabfegen. Der feucht-warme Wind Jugo bläst zumeist aus südöstlicher Richtung. Er ist gewöhnlich von Wolken und auch von Niederschlägen begleitet. Der Maestral, ein typischer Tageswind, ist der angenehmste Vertreter unter den Winden an der Küste. Er weht aus westlicher oder nordwestlicher Richtung und bringt in der Regel klaren Himmel und schönes Wetter. Ihm ist es außerdem zu verdanken, daß die hochsommerliche Hitze als erträglich empfunden wird.

Klima, Winde (Fortsetzung)

Pflanzen und Tiere

Pflanzen

Macchia

Charakteristisch für die mediterrane Küstenregion sowie die vorgelagerte Inselwelt sind immergrüne Strauchpflanzen, die der sommerlichen Trokkenheit optimal angepaßt sind. Auf den landwirtschaftlich nicht genutzten Flächen hat sich vor allem die Macchia ausgebreitet. Die grünen, oft niedrigen Macchia-Büsche bilden häufig ein undurchdringliches Dickicht. Im Frühjahr verwandelt sich die Macchia in ein prächtiges Blütenmeer. Die häufigsten Pflanzen der Macchia sind Ginster, Erika, Lorbeer, Salbei, Erdbeerbaum, Wacholder, Mastixsträucher, Myrte und Pistazie. Zahlreiche Arten enthalten ätherische Öle und aromatische Harze.

Mediterrane Flora

An der Küste, vor allem aber auf den Inseln gedeihen Lavendel und Rosmarin, wachsen Mandel- und Olivenbäume, Feigen-, Zitronen-, Granatäpfel-, Johannisbrot- und Orangenbäume. Darüber hinaus sind zahlreiche gezüchtete oder eingeführte Pflanzenarten aus subtropischen Gefilden heimisch geworden: Agaven, Aloen, Palmen, Bougainvillea, Oleander und viele andere. Je weiter man ins Hinterland der Küste vordringt, desto mehr verändert sich auch die Pflanzenwelt. Im Biokovo-Gebirge zum Beispiel treffen eine mediterrane, eine mitteleuropäische und sogar eine alpine Vegetation aufeinander.

Typische Vertreter der istrischen und dalmatinischen Pflanzenwelt: Olivenbaum und Pinie

Wald

Die ursprünglichen Wälder an der Küste und auf den Inseln sind zum großen Teil Rodungen zum Opfer gefallen. Heutige Waldgebiete entstanden vor allem durch Wiederaufforstung. Verbreitet sind heute insbesondere verschiedene Kiefernarten (z. B. Aleppokiefer), Pinien und Zypressen (vor allem im Süden). Unter den Laubbäumen finden sich am häufigsten Eschen, Hainbuchen, Steineichen und Kastanien. Die großen Waldgebiete in Istrien und Dalmatien stehen heute in der Regel unter besonderem Schutz. Für ihren Artenreichtum bekannt sind die Wälder um die Plitwitzer Seen (→ Plitwitzer Seen). Fast zwei Drittel des Nationalparks Paklenica (→ Paklenica) sind von Wäldern bedeckt, in denen Buchen und Schwarzkiefern vorherrschen. Der Nationalpark Risnjak (→ Rijeka, Umgebung) besteht ebenfalls großenteils aus Waldgebiet (Buchen, Tannen).

Tiere

Auf dem Land

Ideale Lebensverhältnisse finden in der gesamten Küstenregion sowie im karstigen Hinterland von Dalmatien Eidechsen und Schlangen vor. Von letzteren sind die meisten ungefährlich – bis auf zwei giftige, die Hornviper und die Kreuzotter. Verbreitet sind im Hinterland auch Hasen, Igel, Dachse, Marder, Füchse, in den Gebirgsregionen bzw. in den Nationalparks sogar Luchse, Gemsen, Wölfe und Braunbären. Auf der Halbinsel Pelješac sowie auf den Inseln Korčula und Mljet gibt es noch vereinzelt Schakale. Auch der graue Mungo, den man ursprünglich zur Bekämpfung der Schlangen eingeführt hatte, ist auf einigen Inseln heimisch geworden.

Die Ziege – ein genügsames Haustier

Haustiere

Als Haustiere werden v. a. Schafe, Ziegen und Maultiere gehalten.

Seltene Tierarten

An der Adriaküste finden sich noch einige Tierarten, die in anderen Gegenden längst ausgestorben sind oder verdrängt wurden. Das gilt besonders für die Bergwelt im Hinterland der dalmatinischen Küste, wo sogar noch Adler und Königsgeier nisten. Auch Fasane, Rebhühner und – seltener – Birkhühner kann man in Istrien noch beobachten.

Meerestiere

Zu den häufigsten Meeresfischen vor der Küste Dalmatiens gehören Sardellen, Thunfische und Makrelen, außerdem Dorsche, Meeraale, Peterfisch, Schollen, Drachenköpfe, Zahnbrassen und Seebarsche. Auch Hummer, Langusten und Tintenfische werden gefangen. Mit etwas Glück kann man bei Boots- oder Schiffahrten Delphine beobachten.

Süßwasserfische

In den Flüssen und Bächen des Hinterlandes gibt es vor allem Aale und Forellen. In den unterirdischen Karstgewässern ist der Grottenolm sehr verbreitet.

Politische Gliederung und Bevölkerung

Politische Gliederung

Istrien und Dalmatien sind historisch gewachsene Regionen, die heute zum Staatsgebiet von Slowenien bzw. Kroatien gehören. Das slowenische Istrien, d. h. der schmale, etwa 50 km lange Küstenstreifen im Norden der Halbinsel, ist Teil der Verwaltungsbezirks Primorska mit Hauptstadt Koper. Die Verwaltungsbezirke in Kroatien, insgesamt 20 an der Zahl, heißen *županija*, zu deutsch Gespanschaften. Das kroatische Küstengebiet mit Hinterland ist folgenden Gespanschaften zugeteilt (von Nord nach Süd; Hauptstädte in Klammern): Istrien (Pazin), Primorsko-Goranska (Rijeka), Lika-Senj (Senj), Zadar-Knin (Zadar), Šibenik (Šibenik), Dalmatien-Split (Split) und Dubrovnik-Neretva (Dubrovnik). Die Gespanschaft Dubrovnik-Neretva wird durch einen mehrere Kilometer langen Zugang Bosnien-Herzegowinas zum Meer (bei Neum) in zwei Hälften geteilt. Nicht in jedem Fall ist die Verwaltungshauptstadt auch die wichtigste Metropole der Region. Obwohl die Istrier von dem kleinen, im Binnenland gelegenen Städtchen Pazin aus regiert werden, ist Pula, an der Südspitze der Halbinsel gelegen, historisch, kulturell und wirtschaftlich das Zentrum der Halbinsel.

Bevölkerung und Besiedlung

In Istrien und Dalmatien leben knapp 1 Millionen Menschen. Der slowenische Teil von Istrien ist dichter besiedelt als der kroatische. Besonders hoch ist die Bevölkerungsdichte an der slowenischen Riviera, wo die Gemeinden Koper, Izola, Piran und Portorož beinahe nahtlos ineinander über-

Auf dem Land kleiden sich viele ältere Frauen ganz in Schwarz.

gehen. Im Norden der Kvarner Bucht entwickelte sich die Hafen- und Industriestadt Rijeka zu einem Ballungszentrum, während der Süden der Bucht extrem dünn besiedelt ist. In der Umgebung von Zadar, vor allem im fruchtbaren Hinterland Ravni kotari, wird die Besiedlung wieder dichter. In Mittel- und Süddalmatien weisen die Großräume von Split und Dubrovnik die höchste Bevölkerungsdichte auf. Von den mehr als 1000 Inseln und Eilan-

Bevölkerung und Besiedlung (Fortsetzung)

den vor der kroatischen Küste sind knapp 60 ständig bewohnt. Die meisten Siedlungen in Istrien und Dalmatien sind Dörfer und Kleinstädte; allein Rijeka und Split zählen mehr als 100 000 Einwohner. Die Siedlungsstruktur wird bis zum heutigen Tag und trotz der touristischen Entwicklung in den vergangenen Jahrzehnten stark durch ein Stadt-Land-Gefälle bestimmt: Im Umkreis der großen Zentren (speziell Rijeka und Split) haben sich regelrechte Trabantenstädte gebildet; dagegen drohen manche Küstenregionen und viele kleine Inselorte durch die Abwanderung der Bevölkerung auszusterben.

Religion

In Slowenien und Kroatien ist die Bevölkerung überwiegend römisch-katholischen Glaubens. Die Bedeutung der Kirche hat nach dem Zerfall von Titos sozialistischem Jugoslawien stark zugenommen. Vor allem in Kroatien ist die katholische Kirche heute wieder ein bedeutender Faktor im gesellschaftlichen Leben.

Ethnische Struktur

Slowenien ist ein ethnisch weitgehend homogener Staat. Die größte Minderheit bilden – bedingt durch die lange Zugehörigkeit zu Venedig und später zu Italien – die Italiener, die besonders in der Region Primorska überdurchschnittlich vertreten sind. Auch im kroatischen Istrien leben noch mehrere zehntausend Italiener, weswegen viele Ortsnamen bis heute zweisprachig ausgewiesen sind. Der Anteil der Serben in der kroatischen Küstenregion – schon vor dem Krieg im früheren Jugoslawien nur bei wenigen Prozent – ist in den vergangenen Jahren deutlich zurückgegangen.

Politische Entwicklung

Sowohl Slowenien als auch Kroatien, beide formal Mehrparteiensysteme, sind inzwischen Mitglieder des Europarats. Doch während sich das souveräne Slowenien rasch zu einem Rechtsstaat entwickelte und sich dort eine Demokratie westlich-mitteleuropäischen Zuschnitts etablierte, sind im benachbarten Kroatien im Hinblick auf den Demokratisierungsprozeß noch Defizite zu verzeichnen – gerade, wenn es um Gewaltenteilung, Unabhängigkeit der Justiz, Freiheit der Presse oder um Minderheitenschutz geht. Ein Problem ist auch die außerordentlich starke Stellung des Staatspräsidenten – parlamentarische Gegengewichte und eine seriöse Kontrolle sind bislang nur in ungenügendem Maße ausgebildet. Der seit Kriegsbeginn aufgeflammte Nationalismus ist bisher ebenfalls nur unmerklich abgeklungen. Große Demonstrationen, wie Ende 1996 für die Freiheit der Medien, zeigen jedoch, daß in Kroatien der Wunsch nach einer Demokratie inzwischen stark verbreitet ist, und daß Einparteienherrschaft und Diktatur der Vergangenheit angehören.

Wirtschaft und Verkehr

Allgemeines

Der Krieg in Bosnien und Kroatien hat die wirtschaftliche Situation vor allem in Kroatien über mehrere Jahre hinweg stark beeinträchtigt. Noch immer leidet der junge Staat unter erheblichen strukturellen Problemen. Zwar konnte die Inflation dank einer strikten Geldmengenpolitik erfolgreich bekämpft werden, und auch die Haushaltspolitik ist erkennbar der Stabilität verpflichtet, doch fällt das Wirtschaftswachstum bisher eher bescheiden aus. Auch die Privatisierung machte in den vergangenen Jahren nur schleppende Fortschritte, soll aber künftig mit Entschlossenheit in Angriff genommen werden. Hoffnungsträger Nummer Eins ist die Tourismusbranche, die in Istrien bereits seit 1994, an der dalmatinischen Küste seit 1995 wieder einen deutlich steigenden Trend verzeichnen kann.

Tourismus

Schon in jugoslawischen Zeiten war der Tourismus in Istrien und Dalmatien von überragender Bedeutung für die Wirtschaft – als Erwerbsquelle für die dortige Bevölkerung und als Devisenlieferant für den Haushalt des Vielvölkerstaates. Ende der 80er Jahre kamen noch rund 10 Mio. Gäste pro Jahr an die kroatische Küste, im Jahr 1990 wurden rund fünf Mio. Übernachtun-

Tourismus (Fortsetzung)

gen gezählt. Durch den Krieg in Kroatien selbst und in Bosnien-Herzegowina erlebte der Fremdenverkehr in der gesamten kroatischen Küstenregion zwischen 1991 und 1995 einen drastischen Einbruch. In Istrien erholte sich das Tourismusgeschäft einigermaßen rasch, an die dalmatinische Küste, vor allem südlich von Zadar, kehren die Urlauber erst jetzt wieder zurück.
In Slowenien stellt sich die Lage etwas anders dar: Bei nur wenig mehr als 40 Kilometern Küste ist die Abhängigkeit vom Fremdenverkehr geringer. Darüber hinaus gibt es weitere Urlaubsgebiete, etwa die Julischen Alpen und besonders die Gegend um Bled und Bohinj im Norden des Landes.

Zukunftsvisionen

Die kroatische Regierung mißt dem Tourismus eigenem Bekunden nach für die Zukunft "strategische Bedeutung" bei. Während der Anteil am Bruttoinlandsprodukt vor dem Krieg etwa sieben Prozent ausmachte und selbst noch 1996, aufgrund der Kriegsfolgen, nur bei vier Prozent lag, hoffen die Verantwortlichen in den nächsten Jahren auf einen Anteil von zehn und mehr Prozent. Zum Zukunftskonzept der Fremdenverkehrsmanager in Kroatien gehört auch die Vision von einem sanften, umweltverträglichen Tourismus. Das Image vom Billigreiseland für Camper und Feriengäste, die sich auch mit niedrigem Komfort zufrieden geben, will man abschütteln. Tatsächlich ist Kroatien kein ausgesprochen preiswertes Urlaubsland mehr, und auch die Abschaffung der verbilligten Fährtarife für einheimische Urlauber (seit 1997) spricht eine deutliche Sprache. Noch klafft allerdings zwischen Anspruch und Realität eine Kluft: So wird es noch einige Jahre in Anspruch nehmen, die teilweise veraltete und noch an sozialistische Zeiten erinnernde Infrastruktur zu modernisieren. Erste Ansätze sind an vielen Stellen zu erkennen, so unter anderem in der Hotelbranche: Die privat geführten Häuser, deren Service und Ausstattung meist weit über dem der staatlichen Hotels liegt, sind zwar noch verhältnismäßig dünn gesät, aber ihre Zahl steigt.

Kleines Städtchen, großer Hafen:
Koper, der wichtigste Umschlagplatz Sloweniens an der Küste

Wirtschaft und Verkehr

Industrie

Bis der Fremdenverkehr die Küstenregionen und die Inseln eroberte, war der Schiffsbau einer der wichtigsten Wirtschaftszweige. Auch heute noch gibt es einige Werften von Bedeutung, so vor allem in Rijeka, Pula, Kraljevica, Trogir und Split. Erdölraffinerien, die petrochemische Industrie, der Maschinenbau und die Metallverarbeitung leisten ebenfalls einen Beitrag zum Bruttosozialprodukt in Kroatien.
Die Schwerindustrie konzentriert sich an der Küste nahezu ausschließlich auf die Ballungsräume von Rijeka, Split, Zadar und Šibenik. In geringerem Maße spielen auch die Zement-, Textil-, Glas-, Tabak- und elektronische Industrie sowie die Fischverarbeitung eine Rolle. Rijeka verfügt über den größten Hafen Kroatiens und ist nach der Hauptstadt Zagreb das wichtigste wirtschaftliche Zentrum des Landes.

Slowenien ist im Vergleich mit Kroatien bereits ein hochindustrialisiertes Land. Sowohl das Ausbildungsniveau der einheimischen Arbeitskräfte als auch die Qualität slowenischer Produkte gelten als gut. Schiffs- und Maschinenbau, Elektro- und Elektronikindustrie, Metall- und Holzverarbeitung, Chemie- und Textilindustrie haben einen wesentlichen Anteil an der slowenischen Wirtschaft.

Landwirtschaft

In weiten Landstrichen der Küstenregion, besonders aber in Istrien, spielt die Landwirtschaft noch immer eine wichtige Rolle, wobei vieles nur für den Eigenbedarf produziert wird. Angebaut werden vor allem Wein, Oliven, Gemüse, Obst und Getreide, in Istrien auch Tabak. Weinreben kann man fast überall antreffen, sofern der Boden nicht völlig verkarstet ist. Dort, wo er keinen Anbau mehr zuläßt, werden Schafe oder Ziegen gehalten. Als Hauptagrargebiete an der Küste gelten neben weiten Teilen der Halbinsel Istrien das Vinodol (Novi Vinodolski), die fruchtbare Hochebene Ravni kotari nahe Zadar, das Umland von Split und das Konavletal südlich von Dubrovnik. Unter den Inseln und Halbinseln ist besonders Pelješac für seine intensive Landwirtschaft bekannt. Agrarisch geprägt sind aber auch die Inseln Šolta, Hvar, Brač und Korčula.

Fischfang

Für viele Familien an der Küste stellt der Fischfang einen wichtigen Nebenerwerb dar, doch auch seine Bedeutung ist in den vergangenen Jahren – ebenso wie in anderen Mittelmeerländern – rapide gesunken. Zentren der Austern- und Muschelzucht sind der Limfjord bei Rovinj und Ston auf der Halbinsel Pelješac.

Häfen

Rijeka, Šibenik, Split und Ploče sind die wichtigsten Häfen an der kroatischen Küste. Vor allem in Rijeka werden Waren nicht nur für den kroatischen Markt umgeschlagen, sondern in zunehmendem Maße auch für Österreich, Ungarn, Bulgarien, Tschechien, die Slowakei und andere Länder in Südosteuropa.

Auf der roten Erde Istriens gedeihen die Trauben für gute Weine.

Eine ähnlich überragende Bedeutung als Hafenstadt wie Rijeka für Kroatien hat Koper für Slowenien, auch wenn es wesentlich kleiner ist.

Häfen (Fortsetzung)

Rijeka ist nicht nur ein bedeutender Warenumschlagplatz, sondern auch ein Verkehrsknotenpunkt. Wichtige Straßen führen von hier nach Triest (Italien), über Ljubljana (Slowenien) nach Österreich und Deutschland sowie über Karlovac in die kroatische Hauptstadt Zagreb und weiter nach Ungarn.

Straßenverkehr

Rijeka ist zudem Ausgangspunkt der Küstenstraße (Jadranska Magistrale), die über Zadar, Split und Dubrovnik bis nach Montenegro (Bundesrepublik Jugoslawien) und Albanien führt. Die kurvenreiche, unterschiedlich gut ausgebaute Magistrale ist die wichtigste Straßenverbindung zwischen der Kvarner Bucht und dem Süden von Dalmatien. Bisher sind nur kurze Teilstücke als Autobahnen ausgewiesen oder autobahnähnlich ausgebaut, etwa die Umfahrung von Rijeka. Die Straße von Rijeka nach Zagreb soll langfristig zu einer Autobahn verbreitert werden. Auch die Querspange durch Istrien, die Rijeka mit Pazin und mit der istrischen Westküste (Poreč, Rovinj) verbindet, hat bereits die Qualität einer Schnellstraße.

Küstenstraße

Das gut ausgebaute slowenische Straßennetz ist an der Küste besonders engmaschig. Zwischen der österreichischen Grenze und der Hafenstadt Koper kann man mittlerweile fast durchgehend die Autobahn benutzen.

Die Eisenbahn in Kroatien ist ein veraltetes und vielfach unbequemes Verkehrsmittel. Bislang sind nur Pula, Pazin, Opatija und Rijeka sowie die größten Küstenstädte Mitteldalmatiens – Zadar, Šibenik und Split – mit dem Binnenland durch Bahnlinien verbunden bzw. an internationale Zugstrecken angebunden, doch am Ausbau des Streckennetzes wird bereits gearbeitet. In Slowenien gibt es gute Zugverbindungen zwischen dem Binnenland und Koper an der Küste.

Bahnverkehr

Früher verband eine Fähre die Insel Krk mit dem Festland, heute übernimmt dies die moderne Brücke.

Flugverkehr

Der internationale Flugverkehr in Kroatien wird hauptsächlich über Zagreb abgewickelt; von dort gibt es zahlreiche Verbindungen zu den regionalen Flughäfen in Pula, Rijeka (Insel Krk), Zadar, Split, Dubrovnik und auf der Insel Brač. Kleinere Flughäfen stehen in Vrsar (bei Poreč) und auf Lošinj zur Verfügung. Auch die süddalmatinischen Inseln Hvar und Korčula soll man künftig mit dem Flugzeug erreichen können. In Slowenien wird der internationale Flugverkehr über Ljubljana abgewickelt.

Schiffsverkehr

Der Schiffsverkehr spielt naturgemäß in einer Küstenregion mit vielen vorgelagerten Inseln eine wichtige Rolle. Die großen Handelshäfen Pula, Rijeka, Zadar, Šibenik und Split sind zugleich auch die bedeutenden Fährhäfen. Fährlinien verbinden das kroatische Festland nicht nur mit zahlreichen großen und kleinen Inseln, sondern auch mit Italien (Ancona, Bari) und Griechenland (Igoumenitsa)

Geschichte

Frühgeschichte

Steinzeitliche Besiedlung

Bereits im Neolithikum, der Jüngeren Steinzeit, war der Balkanraum eine Nahtstelle der Kulturen zwischen Orient und Okzident. Etwa zwischen 10 000 und 5000 v. Chr. gelangten über diesen Raum die Errungenschaften der sogenannten neolithischen Revolution nach Mitteleuropa: geschliffene Steinwerkzeuge, keramische Gefäße, aber auch neue 'Wirtschaftsformen' wie der Anbau von Kulturpflanzen oder die Haltung von Haustieren.

Illyrer

In den Jahrhunderten vor Christi Geburt siedelten verschiedene illyrische Stämme an der östlichen Adriaküste, darunter die Histrer (Istrien), die Liburner und die Delmater oder Dalmater (Dalmatien). Die indoeuropäischen Illyrer waren wahrscheinlich seit etwa 1000 v. Chr. aus Regionen weiter im Norden Europas bzw. Eurasiens an die Adriaküste und auf die Balkanhalbinsel gekommen. Zeugnisse der illyrischen Besiedlung sind die Fluchtburgen, sogenannte *gradine*, die der Kultur den Namen gaben (siehe dazu auch das Kapitel "Kunstgeschichte").

Kelten

Um das 4. Jh. v. Chr. drangen Kelten in die Region vor. Um 300 v. Chr. war das Gebiet an der Adriaküste zum Teil von einer illyrisch-keltischen Mischbevölkerung bewohnt.

Griechische Kolonisation und römische Eroberung

Griechen

Um das 5. Jh. v. Chr. landeten die ersten griechischen Kolonisten in Dalmatien und vor allem auf den süddalmatinischen Inseln Korčula, Vis und Hvar und gründeten dort Handelsniederlassungen. Von den sicheren Inseln aus besiedelten sie später auch Teile des dalmatinischen Festlands, vor allem südlich und nördlich der heutigen Stadt Split sowie südlich der heutigen Stadt Dubrovnik (Cavtat). Zwischen den Griechen und den illyrischen Ureinwohnern brachen immer wieder Kriege und Kämpfe aus. Dennoch kam es im Laufe der Zeit auch zu einer Vermischung der Völker und Kulturen.

Römer

Im 2. Jh. v. Chr. erschienen die Römer an der östlichen Adriaküste. Kaiser Augustus gelang es im Jahr 14 v. Chr., sich das gesamte Territorium der Illyrer einzuverleiben. Unter Tiberius – 20 Jahre später – wurde auch der letzte illyrische Aufstand niedergeschlagen und das Gebiet als Provinz Illyricum dem römischen Staat angegliedert. Damit waren die Voraussetzungen für eine systematische Erschließung und Romanisierung geschaffen. Durch die Ansiedlung römischer Bürger und den Bau von Städten kam es zur Entfaltung einer neuen, römisch geprägten Kultur. Zentren dieser Kultur waren Pula in Istrien sowie später auch Zadar und Salona (Solin) in Dalmatien. Keimzellen der römischen Städte in Dalmatien waren häufig die bereits bestehenden griechischen Siedlungen (Trogir, Solin, Vis).

Diokletian

Mit Kaiser Diokletian (→ Berühmte Persönlichkeiten) regierte am Ende des 3. und Anfang des 4. Jh.s sogar ein aus Dalmatien gebürtiger Herrscher

Römische Eroberung, Diokletian (Fortsetzung)

das Römische Reich. Diokletian machte die Stadt Split zu seinem 'Hauptquartier' und ließ dort den gewaltigen Palast erbauen, der heute noch als eindrucksvollste Hinterlassenschaft der römischen Epoche in Dalmatien gilt. Die urbane Tradition in dieser Region geht maßgeblich auf den Einfluß der Hellenen zurück. Noch während der römischen Herrschaft breitete sich auch in Istrien und Dalmatien das Christentum aus. Um die Wende vom 4. zum 5. Jh. wurden die ersten christlichen Basiliken gebaut.

Völkerwanderung und kroatische Staatsgründung

Odoaker, Ostgoten, Byzanz

Nach der Teilung des Römischen Reichs fielen Istrien und Teile Dalmatiens zunächst an Odoaker, den germanischen König in Italien (5. Jh.), wenig später an den Ostgotenkönig Theoderich und schließlich an Byzanz bzw. Ostrom. Im 6. Jh. unterstand die Region dem Exarchat Ravenna, der byzantinischen Provinzhauptstadt in Norditalien. Im istrischen Poreč und in der norddalmatinischen Stadt Zadar finden sich zahlreiche Spuren aus dieser Epoche.

Slawen und Awaren

Ende des 6. und dann vor allem im 7. Jh. drangen im Zuge der Völkerwanderung Awaren und Slawen auf den Balkan und bis an die Adria vor. Sie eroberten und plünderten viele Städte, darunter auch Salona, die antike

Ältestes kroatisches Schriftdokument – die Tafel von Baška, so benannt nach ihrem Fundort auf der Insel Krk

Hauptstadt Dalmatiens. In der Folge assimilierten die Slawen die Awaren. Die Zugewanderten lebten zunächst außerhalb der schon bestehenden Städte auf dem Land. In den Städten hatten andere das Sagen: Noch im 8. Jh. waren das Langobarden und danach die Franken, weiter im Süden auch Byzanz. Die Kroaten, einer der südslawischen Stämme, ließen sich in Istrien, Dalmatien und in der pannonischen Tiefebene nieder und wurden christianisiert.

Zwischen dem 9. und 11. Jh. versuchten die Kroaten, sich allmählich der Städte im Kroatischen Küstenland (Kvarner Bucht) und in Dalmatien zu bemächtigen – zunächst mit großem Erfolg. Aus kroatischer Sicht gilt der Norden Dalmatiens demnach als Keimzelle von Staat, Nation und Kultur. Herzog Trpimir begründete um die Mitte des 9. Jh.s hier die kroatische Herrscherdynastie. In seiner Residenz Nin (bei Zadar) gründete er zugleich ein Bistum. Fürst Tomislav erlangte 924 die Königswürde. Die Städte an der Küste erkannten seine und seiner Nachfolger Oberhoheit an. Ebenfalls in diese Zeit fällt die Eroberung Slawoniens durch kroatische Regenten. Nach zwei Jahrhunderten eines autonomen kroatischen Reichs starb die Dynastie aus, und der kroatische Adel entschied sich 1102 für eine Personalunion mit Ungarn.

Kroatische Staatsgründung (Fortsetzung)
Keimzelle Kroatiens

Venezianische Herrschaft

Entwicklung Istriens

Bereits im 10. Jh. versuchte auch Venedig erstmals, sich der Küstenstädte Istriens zu bemächtigen, während im Landesinneren nacheinander die Bayern, die Kärtner, die Patriarchen von Aquileja und verschiedene andere deutsche Adelsgeschlechter, dann wieder Aquileja (zwischen 1209 und 1420) herrschten. Die Teilung Istriens in eine Küstenzone und das Hinterland zieht sich wie ein roter Faden durch die Geschichte dieser Region. Im 14. und 15. Jh. gerieten die aufsteigende Adriamacht Venedig und die Habsburger (Herzogtum Krain) immer häufiger aneinander. Zwischen diesen beiden Mächten – und in ihrer Nachfolge Italien und Österreich – blieben Istrien sowie der nördliche Teil des Kroatischen Küstenlandes bis in dieses Jahrhundert hinein umstritten und umkämpft.

Blütezeit des 15. und 16. Jh.s

Im 15. und 16. Jahrhundert erlebte Istrien eine Blüte, die sich auch im Städtebau sichtbar niederschlug. Gegen Ende des 16. Jh.s folgte eine Periode des Niedergangs – einerseits wegen der vermehrten Türkenüberfälle und -kriege, andererseits auch wegen der sinkenden Bedeutung der Schiffahrt in der Adria sowie der wachsenden Konkurrenz für Venedig auf den Wasserstraßen, deren Benutzung ein Monopol der Serenissima gewesen war.

Entwicklung des Kroatischen Küstenlandes

Die nordkroatische Küstenregion, auch Kroatisches Küstenland genannt (im großen und ganzen die Kvarner Bucht), nahm einen etwas anderen historischen Entwicklungsweg. Während die meisten Inseln ebenfalls seit dem 10. und verstärkt im 14. Jh. und Anfang des 15. Jh.s unter den Einfluß Venedigs gerieten, konnten sich auf dem Festland und auf der Insel Krk lokale Piratensippen und kroatische Adelsgeschlechter (Frankopanen und Zrinski), jedoch auch aus dem Hinterland geflohene Volksgruppen wie die Morlaken oder Uskoken festsetzen. 1102 sprach sich der kroatische Adel für die Personalunion des "Regnum tripartium" (Kroatien, Slawonien, Dalmatien) mit Ungarn aus, weswegen in der Folge Venedig verstärkt in Rivalität zu den Magyaren geriet. Später fiel auch dieser Teil der Küstenregion an die Habsburger und wurde nach dem kroatisch-ungarischen Ausgleich 1867 erneut von Budapest aus regiert.

Entwicklung Dalmatiens

Alles in allem entwickelte sich in Dalmatien eine ähnliche Rivalität zwischen den zwei 'Großmächten' wie in Istrien, nur daß der Serenissima hier zeitweise weniger die Habsburger als vielmehr die Türken die Beute, sprich die dalmatinischen Städte, streitig machten. Im 16. Jh. eroberten die Türken weite Teile Dalmatiens und drangen schließlich bis zur Stadt Zadar vor, die sie allerdings nicht einnehmen konnten. Selbst noch in den Küstenstädten Istriens und auf den Inseln in der Kvarner Bucht sorgten die Türken für Angst und Schrecken.

Sonderrolle Dubrovniks

Die heutige Metropole Süddalmatiens, die Stadt Ragusa (Dubrovnik) war seit 1358 über mehrere Jahrhunderte hinweg ein selbständiger Staat, eine unabhängige Republik, die sich durch eine geschickte Diplomatie dem Zugriff anderer Mächte in der Region zu entziehen vermochte.

Einst Hauptsitz der berühmt-berüchtigten Uskoken, heute das Wahrzeichen von Senj – die Burg Nehaj

Unter den Habsburgern (1797 – 1918)

1797

1797 trat Österreich das Erbe der Handelsmacht Venedig an. Die Habsburger erhoben Triest und Rijeka zu ihren wichtigsten Häfen. Rijeka bekam die Zuständigkeit für den Orienthandel der jungen Seemacht übertragen, während Pula in der zweiten Hälfte des 19. Jh.s zum k.u.k.-Kriegshafen ausgebaut wurde.

Napoleonisches Zwischenspiel

Die österreichische Herrschaft, die bis zum Ende der Ersten Weltkriegs währte, wurde unterbrochen durch ein französisches Interregnum. 1805 bemächtigte sich Napoleon großer Gebiete in Istrien und Dalmatien, die er zunächst Italien angliederte und später als Illyrische Provinzen ausrief. Die Zeit seiner Herrschaft war kurz, die Folgen weitreichend: Die Bürger in den Städten entwickelten zum ersten Mal Selbstbewußtsein, das alte aristokratische Feudalsystem wurde abgeschafft. Nach Napoleons Untergang wurden Dalmatien und Istrien 1814/15 auf dem Wiener Kongreß wieder der k.u.k. Monarchie zugeschlagen.

Teilkönigreich Dalmatien

1816 wurde Dalmatien zu einem eigenen Teilkönigreich erhoben, 1861 jedoch – im Unterschied zum Kroatischen Küstenland – als Kronland der westlichen Reichshälfte zugeteilt, damit also nicht von Budapest, sondern von Wien aus regiert. Nach dem österreichisch-ungarischen Ausgleich und dem nachfolgenden ungarisch-kroatischen Ausgleich fiel Dalmatien 1867 erneut in den Machtbereich der Stephanskrone. Zu Dalmatien gehörte damals noch die heute montenegrinische Bucht von Kotor mit den Orten Risan, Perast, Tivat und dem k.u.k.-Kriegshafen Kotor selbst.

In Istrien war die Situation eine andere: Vom Beginn der habsburgischen Herrschaft an blieb die Halbinsel direkt dem Wiener Hof unterstellt.

Vom ersten zum zweiten Jugoslawien (1918 – 1945)

Erster Weltkrieg und Zwischenkriegszeit

Die alte Rivalität zwischen Österreich und Venedig lebte zu Beginn dieses Jahrhunderts noch einmal in anderer Form auf. Italien wurde 1915 von der Entente zum Kriegseintritt gegen Deutschland/Österreich-Ungarn ermuntert, indem man ihm große territoriale Zugewinne in Aussicht stellte – neben Triest, zu jener Zeit der wichtigste Hafen der k.u.k.-Monarchie, Istrien mit Pola (Pula) und weite Teile der adriatischen Gegenküste einschließlich Dalmatiens und Teilen Albaniens. Die Pariser Vorortverträge von 1919 mußten die italienischen Nationalisten allerdings enttäuschen, denn Italien bekam aus der Erbmasse des zerfallenen Kaiserreichs zwar Südtirol, Tarvisio, Görz (Gradisca), das Isonzo-Tal, Triest und ganz Istrien zugesprochen, jedoch nicht Fiume (Rijeka), auch nicht die nordkroatische Küste und vor allem nicht Dalmatien (abgesehen vom Brückenkopf Zadar und einigen Inseln).

Italien gegen das Königreich der Serben, Kroaten und Slowenen

Die gesamten dalmatinischen Gebiete, die Italien nicht zugesprochen bekam, wurden 1919 dem neuentstandenen Königreich der Serben, Kroaten und Slowenen (SHS), dem späteren Königreich Jugoslawien, zugeschlagen. Die Empörung in Italien führte zu Neuverhandlungen. In deren Folge wurden dann Fiume (Rijeka) zum Freistaat ausgerufen, einige Inseln wieder Rom zugesprochen, und der alte venezianische Brückenkopf Zadar vergrößert. Nach neuen politischen Konflikten, Kämpfen und sogar einem Feldzug der 1000 Legionäre Gabriele D'Annunzios, des Mussolini-Freundes und literarischen Protagonisten der pathetisch-nationalistischen Stimmung in Italien, wurde Fiume (Rijeka) 1924 schließlich geteilt. Lediglich der östliche Stadtteil Sušak verblieb beim SHS-Staat.

Konflikte eines jungen Staates

Die Küste war zu jener Zeit allerdings nicht nur Zankapfel zwischen Italienern und SHS-Staat, sie wurde alsbald auch zu einem Konfliktherd zwi-

Hoher Besuch auf Brijuni: Kaiser Wilhelm II. und seine Familie besichtigen auf ihrer Reise nach Korfu im Jahr 1912 die geschichtsträchtigen Inseln.

Jugoslawien (1918 – 1945), Konflikte eines jungen Staates (Fortsetzung)

schen Kroaten bzw. Dalmatinern einerseits und Serben andererseits. Der neue südslawische Staat, eigentlich ein Wunschgebilde südslawischer Intellektueller auf serbischer und kroatischer Seite, entwickelte sich nämlich nicht zur Föderation, wie die Kroaten erhofften, sondern zu einem vom serbischen Belgrad aus regierten Zentralstaat. Die Serben mißachteten bewußt die historisch gewachsenen Gegebenheiten und zogen neue Verwaltungsgrenzen. Die Kroaten wurden dadurch geschwächt, die meisten Bezirke hatten von nun an eine serbische Mehrheit. Hier ist einer der Gründe dafür zu suchen, daß der erste jugoslawische Staat schon bald von inneren Konflikten zerrissen wurde, die in der blutigen Niederschlagung von Demonstrationen und zahlreichen politischen Morden gipfelten. Ende der 20er und Anfang der 30er Jahre erlebte der junge Staat bereits seine erste tiefe Krise: Im Belgrader Parlament waren kroatische Abgeordnete erschossen worden, was zu gewaltsamen Unruhen führte. Der serbische König Alexander regierte den mittlerweile in "Königreich Jugoslawien" umbenannten Staat von nun an diktatorisch. 1934 fiel er in Marseille einem Attentat kroatischer und mazedonischer Nationalisten zum Opfer. Alle Versuche vor dem Ausbruch des Zweiten Weltkriegs, einen Ausgleich zwischen den beiden größten Völkern Jugoslawiens zu finden, schlugen fehl.

Zweiter Weltkrieg

Schon vor dem Ausbruch des Zweiten Weltkrieges geriet die Balkanhalbinsel erneut in den Einzugsbereich äußerer Mächte. Den Anfang machte Italien unter Mussolini, der die albanische Küste besetzte. Hitler glaubte zu dieser Zeit, allein durch diplomatischen und wirtschaftlichen Druck seine Ziele erreichen zu können. Diesem Druck gab die jugoslawische Regierung zunächst nach.

Nachdem Hitler im Frühling 1941 (unmittelbar nach dem Belgrader Putsch gegen die deutschfreundliche Regierung Cvetković) beschlossen hatte, Jugoslawien zu zerschlagen, kam es erneut zur Aufteilung des Landes unter den Achsenmächten sowie ihren Verbündeten und Vasallenstaaten. Weite Teile Sloweniens und Kroatiens, darunter die Inseln Krk und Rab sowie Gebiete um den enorm vergrößerten Brückenkopf Zadar wurden Mussolinis neuem italienischen Imperium zugeschlagen, nur ein kleiner Teil der Küste im Süden Dalmatiens und das Binnenland gehörten zum Machtbereich des neuen faschistischen Ustascha-Regimes unter Ante Pavelić in Kroatien, einem Staat von deutschen und italienischen Gnaden, der zu einer systematischen Verfolgung und Vernichtung von Serben und Juden ansetzte.

Bürgerkrieg

Die Jahre des Zweiten Weltkriegs waren allerdings nicht allein von einem Kampf der Besatzer und ihrer Kollaborateure gegen Titos kommunistische Befreiungsarmee geprägt, sondern auch von einem grausamen Bürgerkrieg zwischen Kroaten und Serben, Moslems (Bosniaken) und Serben, Serben und Albanern, Nationalisten und Kommunisten, von einem Bürgerkrieg, der im Bewußtsein und in der Erinnerung der Menschen tiefe Wunden hinterlassen hat. 50 Jahre später sollte die Saat der Gewalt aufgehen, und sich dieselben Gegner erneut gegenüber stehen.

Titos Vielvölkerstaat

Nach 1945

Nach Titos erfolgreichem Partisanenkampf, der von den Alliierten nach anfänglichem Zögern unterstützt worden war, und dem Zusammenbruch Hitlerdeutschlands wurde die gesamte Küstenregion wieder jugoslawisch – nur diesmal unter sozialistischen Vorzeichen. Ein Streit entbrannte um Triest, das von Titos Truppen am Ende des Zweiten Weltkrieges zeitweilig besetzt wurde. Politisch gelöst wurde der Konflikt in den 50er Jahren; völkerrechtlich beigelegt jedoch erst im Vertrag von Osimo 1975. Demnach blieb die Stadt selbst bei Italien, große Teile des Hinterlandes fielen jedoch an Jugoslawien und sind heute Teil der Republiken Slowenien und Kroatien. Slowenien geriet übrigens erst unter Tito und seinem slowenischen Stellvertreter Kardelj in den Besitz eines kleinen Teils der historischen Region Istrien. Vor allem in Istrien sind heute immer noch mehrere zehntausend Italiener zu Hause; umgekehrt leben in Triest und Umgebung noch viele Slowenen.

Titos Vielvölkerstaat (Fortsetzung)

Die Geschichte der Sozialistischen Föderativen Republik Jugoslawien galt bis in die 80er Jahre hinein weithin als eine Erfolgsgeschichte. Tito wahrte besonders nach seinem Bruch mit Stalin (1948) eine Äquidistanz zwischen Ost und West. Von beiden Seiten gleichermaßen umworben, hob er die sogenannte Blockfreienbewegung (1961) aus der Taufe und galt jahrzehntelang als großer Staatsmann. Könige, Präsidenten und Regierungschefs aus aller Welt machten ihm ihre Aufwartung. Im Innern des Vielvölkerstaats jedoch blieben die nationalen Konflikte ungelöst oder wurden mit Gewalt unterdrückt.

Tito zwischen Ost und West

Istrien und Dalmatien seit 1980

Tod Titos

Nach dem Tod der Integrationsfigur Tito im Mai 1980 brach sich der Nationalismus erneut Bahn – zunächst im mehrheitlich albanischen Kosovo und in Serbien, dann auch in Slowenien und Kroatien. Verschärft wurden die Konflikte durch die wachsenden wirtschaftlichen und sozialen Probleme. Der 'dritte Weg' Jugoslawiens hatte in eine Sackgasse geführt.

Krieg in Jugoslawien 1991 – 1995

Nach den Unabhängigkeitserklärungen von Slowenien und Kroatien im Juni 1991 mündeten die politischen und ethnischen Auseinandersetzungen schließlich in den offenen Krieg. Kämpfe fanden zuerst in Slowenien statt, wo sie noch einigermaßen glimpflich verliefen. Mit weit größerer Wucht traf es dann Kroatien und vor allem – ab dem Frühjahr 1992 – Bosnien-Herzegowina. Die Küste war – von einigen Städten wie Zadar, Šibenik oder Dubrovnik abgesehen – nur mittelbar vom Krieg betroffen, doch im dalmatinischen Hinterland tobten die Kämpfe zwischen 1991 und 1995 umso heftiger, besonders in der sogenannten Krajina. Einst vielbesuchte Orte und Sehenswürdigkeiten wie Knin, Drniš oder die Plitwitzer Seen gehörten in diesen vier Jahren zur Serbischen Republik Krajina. Kroatien gelang es allerdings, im Sommer 1995 den größten Teil der zuvor serbisch besetzten Gebiete, darunter auch das strategisch wichtige Hinterland Dalmatiens, zurückzuerobern. Wenige Monate später kamen auch die Kämpfe in Bosnien zum Erliegen – in erster Linie durch entschiedenen internationalen Druck. Seit dem 15. Januar 1992 wurden Kroatien und Slowenien, u. a. auf Betreiben Deutschlands, von den Staaten der EU völkerrechtlich anerkannt.

Nach 1995

Während sich Slowenien schon sehr bald nach dem Zerfall Jugoslawiens erholte, litt Kroatien noch unter den Folgen des Krieges und der Umstrukturierung. Allerdings wurde auch hier 1996 ein kräftiges Wirtschaftswachstum verzeichnet. Normalität und Stabilität – das sind mittlerweile keine Wunschziele mehr; all dies kann vielmehr als gesichert gelten.

Erdbeben 1996

Im Oktober 1996 erschütterte ein Erdbeben die Region zwischen der Halbinsel Pelješac und Dubrovnik. Epizentrum des Bebens war die Stadt Ston, die schwere Schäden erlitt.

1997

Im Frühjahr 1997 wurde die neue, vierspurige Maslenica-Brücke nordöstlich von Zadar für den Verkehr freigegeben.

1999/2000

Im Dezember 1999 starb Franjo Tudjman, der erste Präsident der selbständigen Republik Kroatien. Im Februar 2000 gewann Stipe Mesič von der Kroatischen Volkspartei die Präsidentschaftswahl mit 56% der Stimmen.

2001

Rund 1,3 Mio. deutsche Touristen reisen an die kroatische Adriaküste.

Berühmte Persönlichkeiten

Hinweis

Die nachstehende, namensalphabetisch geordnete Liste vereint Persönlichkeiten, die durch Geburt, Aufenthalt, Wirken oder Tod mit Istrien oder Dalmatien verbunden sind und überregionale Bedeutung erlangt haben.

Ruđer Josip Bošković
Wissenschaftler
(1711 – 1787)

Der in Dubrovnik geborene kroatische Jesuit war Professor in Rom, Pavia und Mailand. Ihm eine Disziplin zuordnen zu wollen, ist ein geradezu lächerliches Unterfangen, arbeitete Bošković doch auf nahezu allen wissenschaftlichen Gebieten, die es in jener Zeit gab: Astronomie, Geodäsie, Geophysik, Mathematik, Mechanik, Meteorologie, Philosophie und Physik. In Mailand gründete und leitete er die Sternwarte. Von großem Einfluß waren auch seine Vorstellung von den Atomen als ausdehnungslose, mathematische Punkte, die von einer Kraftatmosphäre umgeben sind. Diese Annahme ermöglichte es dem Wissenschaftler, mechanische und optische Eigenschaften der Materie begreiflich zu machen.

Juraj Dalmatinac
Architekt und Bildhauer
(Anfang 15. Jh. bis 1473)

In vielen Städten Dalmatiens begegnet man dem Werk von Juraj Dalmatinac, dem wohl bekanntesten kroatischen Künstler am Übergang von der Spätgotik zur Renaissance. Das Hauptwerk des aus Zadar gebürtigen Baumeisters und Bildhauers ist die Kathedrale von Šibenik. Zur selben Zeit, als er hier die Bauhütte leitete, war er auch in Venedig und in Ancona tätig, wo er die Kaufmannsloge errichtete. Dalmatinac entwarf nicht nur Kirchen, Wohnhäuser und Befestigungsanlagen (z. B. in Dubrovnik), er befaßte sich auch mit der Stadtbaukunst. Die Anlage der Stadt Pag, so wie sie sich noch heute darstellt, ist auf seinem Reißbrett entstanden. Darüber hinaus hat der in Venedig ausgebildete Bildhauer in ganz Dalmatien Skulpturen und Kleinplastiken von großer realistischer Schönheit geschaffen. Einer seiner Schüler, Andrija Aleši, schuf die Taufkapelle in der Kathedrale zu Trogir und wirkte am Bau der dortigen Johanneskapelle mit.

Diokletian
Römischer Kaiser
(um 240 – 315/316)

Salona, das heutige Solin bei Split, ist die Geburts- und Todesstadt des spätrömischen Kaisers, der mit dem monumentalen Palast in Split ein bleibendes Zeugnis seiner Macht hinterließ. Diokletian wurde im Jahr 284 in Kleinasien zum Kaiser ausgerufen und fand alsbald breite Anerkennung im Römischen Weltreich. Die Liste seiner ruhmreichen Taten und Entscheidungen ist lang. So gelang es Diokletian, die Germanen in wiederholten Feldzügen zu befrieden, Nordwest-Gallien sowie England zurückzuerobern bzw. die römische Herrschaft dort zu festigen. Er schlug Aufstände in Ägypten nieder, drang bis weit in den Mittleren Osten vor und unterwarf Persien.
Ein ausgeklügeltes Steuersystem, effiziente Verwaltungsstrukturen und eine wichtige Heeresreform, durch die die Armee eine tak-

tische Gliederung erfuhr, gehen ebenfalls auf ihn zurück. Bekannt ist Diokletian aber auch als Verfolger der Christen, deren Religion unter seiner Herrschaft verboten wurde.

Matthias Flacius, genannt Illyricus Theologe (1520–1575)

Der berühmteste Bürger des istrischen Städtchens Labin ist der evangelische Theologe Matthias Flacius. Matija Vlačić, so sein kroatischer Name, studierte in Venedig, wo er wegen seines Eintretens für den Protestantismus nur knapp der Todesstrafe entrann, sowie in Basel und Tübingen. In Wittenberg – er lehrte dort neben Theologie auch die hebräische und griechische Sprache – lernte er Martin Luther kennen, dem er sich mit Inbrunst anschloß. Als Gefolgsmann des großen Reformators entwickelte sich Flacius zu einem der radikalsten und unversöhnlichsten Gegner des Papstes. Aus diesem Grund mußte er zeitweise von Stadt zu Stadt fliehen, lebte in Jena, Regensburg, Straßburg und Frankfurt, wo er schließlich in Armut und Elend starb. Der Theologe tat sich auch als Kirchenhistoriker und Sprachwissenschaftler hervor. Flacius hinterließ mehr als 300 Schriften, die meisten sind in lateinischer Sprache verfaßt. Seine Kirchengeschichte in 13 Bänden wurde unter dem Titel "Die Magdeburger Zenturie" gedruckt. Matthias Flacius verfaßte auch ein enzyklopädisches und hermeneutisches Wörterbuch der Bibel, eine Art Schlüssel zum Verständnis der Heiligen Schrift.

Ivan Gundulić Dichter (1588 oder 1589 bis 1638)

Der in Dubrovnik, dem einstigen Ragusa, geborene Dichter, Sproß einer alten Adelsfamilie, gilt als der bedeutendste Vertreter der südslawischen Barockliteratur. Berühmtheit erlangte vor allem sein allegorisches Schäferdrama "Dubravka", in dem er die Gefährdung seiner heimatlichen Republik Dubrovnik thematisierte und insbesondere die Freiheit verherrlichte – als eine Gabe, "darin uns der mächtige Gott allen Reichtum verlieh". Ins Deutsche übersetzt wurde von Gundulić auch "Die Osmanide", ein Epos mit ritterlich-romantischen Episoden, inspiriert durch den Sieg der Polen über die Türken. Gundulić wandte sich später zunehmend der geistlichen Dichtung zu und fand darin etliche Nachahmer und Nachfolger, von denen allerdings keiner seine schöpferische Kraft und Sprachgewalt erreichte.

Petar Hektorović Dichter (?1487–1572)

An der dalmatinischen Küste markiert die Renaissance eine Blütezeit, wenn nicht den Höhepunkt des literarischen Schaffens überhaupt. Einer ihrer bedeutendsten Vertreter war ohne Zweifel der Patrizier Petar Hektorović aus Hvar. Der Dichter und Philosoph verfaßte zahlreiche Heldenlieder und Versepisteln und betätigte sich darüber hinaus auch als Übersetzer (z. B. von Ovid). Sein originellstes Werk ist die naturnahe Fischeridylle "Ribanje i ribarsko prigovaranje" (Fischen und Fischergespräche), in welcher er eine Reise zu Wasser rund um die Insel Hvar beschreibt. Hektorović verarbeitete in diesem Werk auch Volkslieder, wie sie von den Fischern seiner Heimat gesungen wurden. In Stari Grad auf Hvar baute er sich die Burg Tvrdalj zu einem Wohnhaus mit Garten und Fischteich um – heute ist dieser befestigte Landsitz die Hauptsehenswürdigkeit des Inselstädtchens.

Andrija Kačić-Miošić Dichter (1704–1760)

Eines der meistgelesenen historischen Bücher in Kroatien über alle Zeiten hinweg und zugleich das Hauptwerk des Dichters Andrija Kačić-Miošić ist das unterhaltsame "Gespräch des slawischen Volkes". Der Grund liegt auf der Hand: Der Franziskaner Kačić legte mit diesem Werk eine Sammlung epischer Dichtungen vor, in der er Ereignisse der südslawischen Geschichte erzählt und dabei den Ton des Volksliedes nachahmt. Es war die Absicht des Autors, der selbst in einem kleinen dalmatinischen Ort geboren wurde, mit diesem Werk gerade auch die Armen, Landarbeiter, Fischer

Andrija Kačić-Miošić (Fortsetzung)

oder Schäfer zu erreichen. Kačić hinterließ daneben noch philosophische, theologische und weitere volkstümlich-aufklärerische Schriften. Das wichtigste Denkmal zu Ehren des hochgebildeten Franziskaners steht in Makarska.

Marko Marulić
Dichter
(1450–1524)

Der in Split geborene und ebendort verstorbene Schriftsteller gilt als Begründer der kroatischen Renaissance-Dichtung; einige sehen in ihm sogar den 'Vater' der kroatischen Literatur und auch Literatursprache. Marulić verfaßte neben volkssprachlichen Werken auch moralphilosophische Schriften in lateinischer Sprache. In seinem Hauptwerk, dem religiösen Epos "Judita", hält er seinen im Kampf gegen die Türken erlahmenden Landsleuten die Gestalt der frommen Witwe Judith entgegen, die erkennbar die Wesenszüge einer Dalmatinerin trägt und für festen Glauben ebenso steht wie für persönlichen Mut. Das Werk – sechs Gesänge in zwölfsilbigen Versen mit Binnen- und Endreim – entstand Anfang des 16. Jahrhunderts und wurde in drei aufeinanderfolgenden Auflagen in Venedig gedruckt.

Ivan Meštrović
Bildhauer
(1883–1962)

Auf zahlreichen öffentlichen Plätzen in Dalmatien erinnern Denkmäler an verdiente Persönlichkeiten, an Politiker, Dichter und Denker. Bei genauerem Hinsehen wird man an vielen dieser Denkmäler die 'Handschrift' oder auch den Namen eines Bildhauers entdecken, der bereits zu Lebzeiten in seiner Heimat so prominent und hochverehrt war wie kein anderer Künstler seiner Generation – Ivan Meštrović. Der aus dem kleinen Ort Otavice im Hinterland von Šibenik gebürtige Meštrović studierte kurz nach der Jahrhundertwende in Wien und lehrte von 1922 an in Zagreb an der dortigen Kunstakademie. Da er seine Kunst nicht in den Dienst der italienischen Besatzer stellen wollte, emigrierte er ins Ausland. Von 1947 an lebte er in den Vereinigten Staaten. Nach seinem Tod wurde er in seinem Heimatdorf im Familienmausoleum beigesetzt, das nach seinen Entwürfen gebaut worden war.
Das umfangreiche Oeuvre Meštrovic', das man bei einem Besuch in seiner ehemaligen Sommervilla in Split wohl am besten studieren kann, ist stilistisch so vielschichtig wie die Epoche, in der Meštrović wirkte. Seine Werke spiegeln den Einfluß unterschiedlichster Kunstströmungen der ersten Jahrhunderthälfte vom Secessionsstil über den Expressionismus bis hin zum Klassizismus. Unter seinen Porträts und Frauenakten gibt es einige sehr beeindruckende und in sich schlüssige Werke; für den heutigen Betrachter schwerer zugänglich sind dagegen seine bisweilen sehr pathetischen Skulpturen mit religiösem oder historischem Inhalt.

Vladimir Nazor
Schriftsteller
(1876–1949)

Der Schriftsteller, im Dorf Postira auf der Insel Brač geboren, gehört ohne Zweifel zu den sprachgewaltigsten und interessantesten Vertretern der modernen kroatischen Literatur. Im Mittelpunkt seines Schaffens standen Landschaft und Geschichte seiner Heimat, welcher er in Mythen, Legenden, Märchen, Lyrik und Prosa ein literarisches Denkmal setzte. So handelt sein episches Hauptwerk "Der Hirte Loda" (1938–1946) von einem unsterblichen Satyr, der auf Brač lebt und dort den Wandel der Zeiten erfährt, sich selbst schließlich immer mehr zum Menschen entwickelt und gleichzeitig von den Menschen auch immer wieder enttäuscht wird. Mit Hilfe seines phantastischen Helden reflektiert Nazor hier zweitausend Jahre dalmatinischer Geschichte bis hin zu Titos Partisanenkampf, an dem der Dichter selbst teilnahm. In der von Naturbeschreibungen überbordenden Erzählung "Der große Jože" (1908) ist die Hauptgestalt ein törichter Hüne aus Motovun in Istrien; in dem Tierepos "Der Bär Brundo" (1916) rankt sich Nazors Geschichte um den Bären Brundo, den Herrscher über das dalmatinische Velebit-Gebirge. Offenbar angeregt von Rudyard Kiplings "Dschungelbuch" hat Nazor mit Hilfe der äußerlich und innerlich bedrohten Tierwelt ein prägnantes Bild gefunden für die Situation in seiner südslawischen Heimat, wie er sie als nationalrevolutionärer und kämpferischer Dichter zur Zeit des Ersten Weltkriegs sah. Der sozial engagierte Schriftsteller, der sich in der Literatur kaum je irgendwelche formalen Fesseln an-

Vladimir Nazor (Fortsetzung)

legte, war auch als Übersetzer tätig und arbeitete viele Jahre lang als Mittelschullehrer, u. a. in dem Küstenstädtchen Crikvenica.

Giuseppe Tartini Komponist und Violinvirtuose (1692–1770)

In dem hübschen Städtchen Piran, heute ein Tourismusziel ersten Ranges an der slowenischen Küste, erblickte 1692 Giuseppe Tartini das Licht der Welt. Seine Karriere als Komponist und Violinist begann 1721, als er im italienischen Padua seine Stelle als Konzertmeister antrat und in seiner Wahlheimat wenige Jahre später eine Musikakademie gründete. Seine Violintechnik (Doppelgriffe, Triller, Bogentechnik) wurde zur Grundlage für das moderne Violinspiel. Von seinen Kompositionen sind rund 125 Violinkonzerte, 50 Triosonaten und 200 Violinsonaten, darunter die berühmte Teufelstrillersonate, außerdem Sinfonien und Cellokonzerte erhalten. Im Geburtshaus des Künstlers in Piran ist ein Gedenkzimmer eingerichtet. Auch der Hauptplatz des Städtchens trägt seinen Namen. Das Denkmal in der Mitte des Platzes wurde Ende des 19. Jh.s von einem venezianischen Bildhauer errichtet, doch auch die Slowenen ehren heute den großen Sohn ihrer Stadt.

Kunst und Kultur

Kunstgeschichte

Nahtstelle unterschiedlicher Kulturkreise

Die slowenische und kroatische Küste könnte man als Schnittpunkt unterschiedlicher Kulturen bezeichnen: Hier treffen einander West und Ost, mitteleuropäischer und mediterran-südeuropäischer Kulturkreis. Westrom und Ostrom, Frankenreich und byzantinisches Reich, Orthodoxie, Katholizismus und Islam berührten sich und befruchteten einander auf zum Teil eigentümliche, in jedem Fall einzigartige Weise.

Prähistorische Zeit

Steinzeit

Die ältesten Zeugnisse menschlicher Besiedlung in Istrien und Dalmatien stammen aus der Steinzeit. Gefäße, Schmuck und Arbeitsgerät aus der mittleren Steinzeit kamen vor allem in der Umgebung von Zadar und Šibenik sowie auf den Inseln Brač, Korčula, Vis und Hvar zutage, Relikte der jüngeren Steinzeit wurden insbesondere in der Nähe von Pula (Vižula, Verudica, Vrčin bei Vodnjan) gefunden.

Bronze- und Eisenzeit

Von etwa 3000 v. Chr. an gelangte von Kleinasien die Kenntnis der Bronze in den Adriaraum. Aus dem neuen Material – einer Mischung aus Kupfer und Zinn – wurden vor allem Schmuck und Waffen gefertigt und mit spiralförmigen Mustern verziert – ein Motiv, das auch bei Töpferwaren auftaucht. Träger der bronze- und eisenzeitlichen Kultur waren die Illyrer, von denen verschiedene Stämme den östlichen Adriaraum besiedelten.

Gradina-Kultur

Entlang der gesamten Küste errichteten sie Fluchtburgen (*gradine*), nach denen die gesamte Kultur auch Gradina-Kultur benannt wurde. In Istrien und in der Kvarner Bucht waren diese *gradine* von einem Befestigungsring in Trockenmauerwerk umgeben, d. h. die Steine dieser Mauern wurden ohne Verbindungsmaterial aufgeschichtet. Eine Vorstellung von dieser Bautechnik vermitteln übrigens heute noch die sogenannten *kažuni*, kleine runde Hütten aus aufgeschichteten Bruchsteinen, die man auf dem Land als Lagerräume errichtete.

Mauerreste von Fluchtburgen haben sich auf Brijuni und in Nesactium bei Pula erhalten. Da viele antike und mittelalterliche Siedlungen sich aus den illyrischen Burgen entwickelten und auch deren Struktur übernahmen, sind die *gradine* auch dort, wo sie nicht mehr existieren, noch erkennbar – so beispielsweise in Motovun, Barban oder Labin.

Griechen und Römer

Griechische Kunst

Im 4. Jh. v. Chr. setzte die Kolonisierung von Teilen Dalmatiens durch die Griechen ein, während gleichzeitig an der Küste noch verschiedene illyrische Stämme lebten. Nennenswerte griechische Kolonien entstanden auf Korčula, auf Vis und Hvar sowie in Trogir und Solin (bei Split). Die wenigen Funde in Dalmatien, wie etwa der Bronzekopf der Artemis aus Issa (4. Jh.) oder das im 1. Jh. v. Chr. entstandene Kairos-Relief aus Trogir (heute im

Griechen und Römer (Fortsetzung)

Nikolauskloster in Trogir zu besichtigen), veranschaulichen das vergleichsweise hohe Niveau der griechischen Kunst gegenüber der gleichzeitigen Kultur der Illyrer. Insbesondere das Kairos-Relief, das den jugendlichen Gott des 'günstigen Augenblicks' zeigt, demonstriert eindrucksvoll die Fähigkeit der griechischen Bildhauer, die menschliche Anatomie detailgenau wiederzugeben und durch die Andeutung von Bewegung der Darstellung des davoneilenden Gottes sogar eine zeitliche Dimension zu verleihen.

Kairos, der Gott des günstigen Augenblicks

Römische Kunst

Mit der Eroberung durch die Römer begann für die gesamte Küstenregion und das Küstenland eine neue Epoche, denn die Römer kamen nicht nur als Eroberer, sondern auch als Zuwanderer, Kolonisten. Sie bauten Städte, befestigten sie mit Mauern, Türmen und Toren, sie pflasterten Straßen, errichteten Tempel, Foren, Theater und Thermen, legten Aquädukte und Kanalisationssysteme an. Bei einigen Städten ist die römische Stadtanlage noch gut erkennbar, so beispielsweise in Zadar oder in Poreč, wo die römische Hauptstraße Decumanus bis heute die wichtigste Verkehrsachse der Innenstadt bildet. Auch das System des rechteckigen Straßenrasters, das sich in Zadar und Poreč beobachten läßt, ist ein Erbe der Römer.
Des weiteren finden sich sowohl am Festland als auch auf den Inseln (z. B. auf Brijuni) an vielen Stellen noch Fundamente oder Mauerreste von römischen Landhäusern, sogenannter villae rusticae. Von der ehemaligen Hauptstadt der römischen Provinz Dalmatien, Salona (dem heutigen Solin bei Split), sind allerdings nur Trümmer geblieben.
Die meisten Funde aus römischer Zeit – darunter Skulpturen, Grabmale, Inschriften, Schmuck, Gebrauchsgegenstände und Waffen – werden heute in den großen archäologischen Museen von Pula, Zadar und Split aufbewahrt.

Pula und Split

Zwei Städte sind in besonderem Maße römisch geprägt – Pula und Split. Pula mit seinem gewaltigen, gut erhaltenen Amphitheater, dem Augustustempel sowie verschiedenen anderen römischen Denkmälern steht für die Zeit der klassischen römischen Kunst (1. und 2. Jh.), während Split mit dem monumentalen Diokletianpalast auf glanzvolle Weise die Blüte der römischen Spätantike repräsentiert.

Byzantinische Epoche

Allgemeines

Streng genommen war die Antike nach dem Untergang des Weströmischen Reiches am Ausgang des 5. Jh.s (495 n. Chr.) noch nicht zu ihrem Ende gekommen – vor allem deshalb nicht, weil sich 30 Jahre später der oströmische Kaiser Justinian noch einmal anschickte, das ehemalige Imperium wiederherzustellen. Sein Eroberungszug von Konstantinopel führte ihn nicht nur ins italienische Ravenna, die neue Hauptstadt des Westreichs, sondern auch die östliche Adriaküste entlang, wo er vor allem in Salona mehrere bedeutende Bauten errichten ließ.

Basiliken

Für die weitgehend christianisierte Bevölkerung hatte sich als Gotteshaus die Basilika durchgesetzt, ein Bautyp, der aus der römischen Markthalle hervorgegangen war. Nur wenige Basiliken aus dieser Epoche haben die Zeiten überdauert, zweifelsohne die bedeutendste und am besten erhalte-

Byzantinische Epoche (Fortsetzung)
Euphrasiusbasilika in Poreč

ne ist die Euphrasiusbasilika in Poreč aus dem 6. Jahrhundert. Ihre kunsthistorische Bedeutung verdankt die Kirche vor allem den Einlegearbeiten aus Marmor und Perlmutt sowie den herrlichen Mosaiken im Chor, auf denen erstmals die thronende Muttergottes und nicht Jesus Christus im Mittelpunkt der Darstellung steht. Wegweisend für spätere Kirchen ist auch der Chorabschluß mit drei halbrunden Apsiden, da durch den zunehmenden Reliquienkult in den Gotteshäusern Raum für weitere Altäre benötigt wurde.

Altkroatische Kunst (9. – 11. Jahrhundert)

Split

Vor den Awaren und Slawen, die im 6. und 7. Jh. im Zuge der Völkerwanderung zur Küste vordrangen, flüchteten die Bewohner von Salona in das benachbarte Split und benützten den dortigen Diokletianpalast als Steinbruch für ihre neue Siedlung. Obgleich auch spätere Generationen dem Diokletianpalast durch ihre Bautätigkeit ihren Stempel aufdrückten, sind noch Gebäude aus dieser ersten frühmittelalterlichen Besiedlung erhalten, u. a. die beiden bescheidenen Kirchen am West- und am Nordtor. Das spätantike Mausoleum des Kaisers wurde bereits im 7. Jh. zur christlichen Kirche geweiht und im 10. Jh. zur Kathedrale erhoben.

Sv. Donat in Zadar, der Paradebau unter den altkroatischen Kirchen

Kirchen

Der regen Bautätigkeit, die sich zwischen dem 9. und 11. Jahrhundert in Dalmatien entfaltete, verdankt die Küstenregion eine Vielzahl kleinerer Kirchenbauten, wie man sie heute unter anderem auf Krk (Donatskirche bei Punat), in Nin (Heiligkreuzkirche), in Priko bei Omiš (St. Petrus) oder in Trogir (St. Barbara) noch vorfindet. Stilistisch gehören diese altkroatischen Kirchen noch nicht zur Romanik, obgleich sie einige Merkmale mit dieser verbinden, so zum Beispiel der schlichte, betont kubische Baukörper, die Reduktion der Formen sowie die Wandgliederung durch Rundbogenfriese oder Lisenen. Der Hang zu Kuppeln und Gewölben scheint dagegen eher ein Erbe der byzantinischen Architektur zu sein. Die Ornamentik ist noch sehr flächig und wird von abstrakten Formen wie dem Flechtwerk beherrscht, das man auf zahlreichen steinernen Altarschranken, Ziborien, Reliefs u. ä. vorfindet.

Altkroatische Kunst, Kirchen (Fortsetzung)

Das herausragende Bauwerk der Epoche altkroatischer Baukunst ist die Kirche Sv. Donat in Zadar. Auch bei diesem Bauwerk beruht die Wirkung vor allem auf der Schlichtheit der Formen sowie der Monumentalität und der Harmonie der einzelnen Baukörper.

Sv. Donat in Zadar

Romanik (11. – 13. Jahrhundert)

Jedes Turmgeschoß ein anderer Stil – Kathedrale in Trogir

Kirchen

Die Romanik ist die Zeit monumentaler Kirchenbauten. In Senj, Trogir, Zadar, Dubrovnik und auf den Inseln Krk und Rab entstanden vom 11. Jh. an neue, große Bischofskirchen. Vor allem Zadar hat aus dieser Epoche zwei herrliche Beispiele zu bieten, die Kathedrale Sv. Stošija und die Kirche Sv. Krševan. Die von den toskanischen Domen beeinflußte Fassade der Kathedrale von Zadar markiert einen Höhepunkt der romanischen Baukunst Dalmatiens. Der zweite bedeutende Kathedralbau an der Küste ist die dreischiffige Domkirche in Trogir, an der nicht nur die Romanik, sondern auch die nachfolgenden Baustile gleichsam wie in einem Querschnitt ablesbar sind.

Profanbauten

Da während der Epoche der Romanik im Mittelmeerraum die Blütezeit der Städte anhob, erlebte auch der Profanbau einen Aufschwung. Die meisten Städte besitzen heute noch vereinzelte romanische Wohnhäuser; besonders reich ist der Bestand in Trogir und Split, in denen jeweils noch rund 50 Häuser aus dem 13. Jh. erhalten sind. Ein schönes Beispiel für ein Wohngebäude aus dieser Zeit ist das sogenannte Kanonikerhaus in Poreč (1270). Für die vornehmeren städtischen Wohnhäuser verwendeten die Baumeister grob behauene Steinquader, die in regelmäßigen Reihen angeordnet wurden und sich von den glattgeschliffenen Rahmen der Zwillings- oder Drillingsfenster abhoben. Im Erdgeschoß der einfachen Wohnhäuser befanden sich in aller Regel Wirtschaftsräume, auch Ställe, darüber lagen die Wohnräume.

Skulptur

Über die Qualität der romanischen Plastik in Istrien und Dalmatien geben nur noch wenige erhaltene Stücke Auskunft, u. a. die beiden Heiligenfiguren an der Fassade eines Renaissancegebäudes in Poreč, das nach diesen Plastiken den Namen 'Haus der zwei Heiligen' erhielt. Aus der ersten Hälfte des 13. Jh.s stammen zwei herausragende Werke der Bildschnitzer- bzw. Bildhauerkunst: die von Meister Buvina aus Holz gearbeiteten Tür-

Romanik, Skulptur (Fortsetzung)

blätter am Dom in Split und das figurenreiche, bereits am Übergang zur Gotik stehende Portal der Kathedrale in Trogir, geschaffen von dem dalmatinischen Künstler namens Meister Radovan. Die Tür von Buvina stellt allein schon wegen des Materials eine Rarität dar, denn die meisten Türen in jener Zeit waren aus Bronze. Interessant ist auch, daß Buvina sowohl aus westlichen als auch aus östlichen Bildquellen geschöpft und diese eigenständig uminterpretiert und ergänzt hat. Auch Meister Radovan betritt künstlerisches Neuland, indem er die heilsgeschichtlichen Szenen am Portal der Kathedrale von Trogir mit realistischen Details anreichert und seinen Figuren menschliche Züge verleiht. Ebenfalls aus der Werkstatt Radovans stammen die lebensgroßen Figuren von Adam und Eva zuseiten des Portals, die für die besagte Zeit in Dalmatien einzigartig sind.

Malerei

Die Malerei ist in der Epoche der Romanik in Dalmatien bereits in verschiedenen Gattungen ausgeformt. Neben der Wandmalerei (St. Michael bei Ston, 11. Jh.; Sv. Krševan in Zadar, 12./13. Jh.) wurde auch die Tafelmalerei (z. B. "Muttergottes von Hvar" in der Kathedrale von Hvar) und die Buchmalerei gepflegt (Evangeliar aus Šibenik; Biblia sacra im Dominikanerkloster in Dubrovnik, 11. Jh.).

Gotik (13. – 15. Jahrhundert)

Klöster und Kirchen

Im 13. Jh. tauchten auch in Istrien und Dalmatien die Prediger- oder Bettelorden auf. Im Unterschied zu den bereits bestehenden abendländischen Mönchsgemeinschaften sahen sie ihre Hauptaufgabe nicht mehr im asketischen Rückzug, sondern in der Begegnung mit dem Volk, in der Armen- und Krankenfürsorge sowie in der Predigt. Der Standort der Klöster verlagerte sich somit vom Land in die Stadt. In der Regel errichteten die Orden ihre Niederlassungen an der Stadtmauer. In Dubrovnik beispielsweise stehen sowohl das Dominikaner- wie auch das Franziskanerkloster in unmittelbarer Nähe der großen Stadttore. Dem Armutsideal der Orden entsprachen auch die Klosterkirchen, die meist als schlichte, ein- oder mehrschiffige Hallen angelegt waren. Beispiele für diesen neuen Bautyp sind neben der Dominikanerkirche in Dubrovnik die Franziskanerkirchen in Koper, Piran und Pula. Freude am Bauschmuck manifestiert sich dagegen im Kreuzgang des Franziskanerklosters von Dubrovnik, den Meister Mihoje Brajkov aus Bar um 1330 mit filigranen Doppelsäulchen und feingeschnitzten Kapitellen ausstattete.

Städtebau

In weiten Teilen Dalmatiens war das 14. und 15. Jh. das Zeitalter des aufblühenden (See-)Handels, auch die Blütezeit der Ritterkultur, die Epoche eines großen materiellen und geistigen Reichtums. Die Städte wuchsen nicht mehr planlos, sondern wurden nach wohlüberlegten Kriterien ausgebaut. Die mittelalterlichen Strukturen sind heute noch gut erkennbar in Rab, Trogir, Ston und vor allem in Dubrovnik. In der süddalmatinischen Metropole waren viele Bereiche des öffentlichen Lebens und natürlich auch die Bautätigkeit (öffentliche Flächen, Balkone, Treppenhäuser) streng reglementiert. Eng verzahnt mit dem Ausbau der Städte ist das Aufkommen einer Festungsarchitektur, die die Bewohner vor unerwünschten Eindringlingen schützen sollte. Reste der einstigen Befestigungsanlagen gibt es an vielen Stellen noch zu sehen, u. a. in Piran (mit den für Norditalien typischen Zinnen), in Hum, Roć, Bale, Motovun, Zadar und Split.

Gold- und Silberschmiedekunst

Ein bedeutendes Werk der Gold- und Silberschmiedekunst belegt anschaulich, daß die bahnbrechenden Neuerungen der europäischen Kunst auch in Dalmatien aufgegriffen und weiterentwickelt wurden. Die Rede ist vom vergoldeten Sarkophag des hl. Simeon in Zadar (1370). An den Seiten dieses kostbaren Schreins werden neben Legenden aus dem Leben des Heiligen auch zeitgenössische Ereignisse wie beispielsweise der Einzug König Ludwigs in Zadar 1368 geschildert. Im Unterschied zu früheren Darstellungen wird das Geschehen in einen architektonisch abgegrenzten, klar definierten Bildraum gestellt und die Figuren, die durch Gestik und Mimik miteinander kommunizieren, werden durch ihre Kleidung als Zeitgenossen ausgewiesen.

Gotik, Gold- und Silberschmiedekunst (Fortsetzung)

Gotische Malerei in Istrien: Fresken in Beram

Malerei

Im Unterschied zur Architektur und Bildhauerei sind aus der Malerei nicht sehr viele Werke aus dieser Zeit erhalten geblieben. Eine Reihe von Gemälden ist aus venezianischen Werkstätten importiert worden oder wird fahrenden Künstlern zugeordnet, so die Altartafeln von Paolo Veneziano in Krk, Rab, Zadar und Trogir. Ein Meisterwerk dieses Künstlers ist die großformatige Kreuzigungsszene in der Dominikanerkirche von Dubrovnik. Den höfischen Stil der internationalen Gotik um 1400 vertritt der einheimische Künstler Blaž Jurjev Trogiranin, dessen Werke u. a. in Korčula bewundert werden können. Besonders in Istrien sind aus dem 15. Jh. zahlreiche Fresken von hohem Wert erhalten: in Pazin, Lovran, Žminj, Beram oder Hrastovlje (Slowenien). Darunter sind auch einige sozialkritische und moralisierende Zyklen mit Motiven wie dem Totentanz oder dem Glücksrad, die mitunter eine volkstümliche Ausgestaltung erfahren haben. Ein bekannter Meister jener Zeit war auch Ivan aus Kastav (bei Rijeka).

Buchkunst

Für die nationale Geschichte der Kroaten von besonderem Interesse sind die Breviare und Codices aus dieser Zeit, die in der kunstvollen glagolitischen Schrift abgefaßt wurden, so etwa das Novak-Missale sowie die Handschriften aus Draguć, Hum und Beram. Ein charakteristisches Beispiel für die europäische Ritterkultur des Trecento ist das ebenfalls in glagolitischer Schrift verfaßte, heute in Konstantinopel befindliche Missale von Hrvoje Vukčić Hrvatinić, dem Banus von Bosnien und Herzog von Split. All diese Werke der Schriftkultur verweisen nicht nur auf die beginnenden humanistischen Bestrebungen am Übergang zur Renaissance, sondern auch auf das hohe Niveau der Literatur und Buchdruckerkunst in der Region.

Renaissance (15. – 16. Jahrhundert)

Architektur

Im Zeitalter der Renaissance nahm die Bautätigkeit an der östlichen Adriaküste weiter zu. Aus den Städten, allen voran dem unabhängigen Ragusa (Dubrovnik), wurden florierende Handelsmetropolen. Ganze Stadtviertel, ja sogar Städte wurden auf dem Reißbrett entworfen und in einem Guß hochgezogen – Pag oder Korčula sind die besterhaltenen Beispiele. Sowohl fremde als auch einheimische Baumeister und Steinmetzen waren beteiligt. Rektorenpaläste, Rathäuser und öffentliche Loggien entstanden sogar

Renaissance, Architektur (Fortsetzung)

in entlegenen Inselorten. Ältere Paläste und Kirchen aus romanischer Zeit wurden im Stil der Renaissance erneuert. Der Beginn dieser Epoche wird an der östlichen Adriaküste gemeinhin ins Jahr 1440 datiert, in die Zeit also, in welcher Juraj Dalmatinac (→ Berühmte Persönlichkeiten) mit dem Bau der Kathedrale in Šibenik begann, d. h. rund 10 bis 20 Jahre nachdem in Italien die ‘Schlüsselwerke’ der beginnenden Renaissance geschaffen wurden – Donatellos frühe Skulpturen, Brunelleschis Domkuppeln und Massacios Wandmalereien in Florenz.

Kirchenbau: Šibenik und Trogir

Besonders anschaulich wird der neue Stil in der Kathedrale von Šibenik, dort widerum vor allem an der zentralen Kuppel, bei der Taufkapelle und an der Bauplastik (Porträtköpfe an den Chorapsiden). Nicht nur formale, auch technische Innovationen (Fertigbauteile für die Wölbung der Kuppel und der Seitenschiffe) kamen beim Bau dieser Kirche zum Tragen. Neben Dalmatinac, dem überragenden Baumeister Dalmatiens jener Epoche, war auch Niccolo Fiorentino (Nikola Firentinac) am Domneubau von Šibenik beteiligt. Zusammen mit Andrija Aleši entwarf er 1468 die an den Dom von Trogir angebaute Grabkappelle des Bischofs Johannes (Ursini), die zu den schönsten Arbeiten der dalmatinischen Renaissance zählt.

Profanbauten
Dubrovnik

Unter den Profanbauten des 15. und 16. Jh.s müssen vor allem der Rektorenpalast und der Sponza-Palast in Dubrovnik genannt werden. Charakteristisch für beide Gebäude und für viele andere Bauwerke aus dieser Zeit

Prototyp eines Profanbaus aus der Renaissance – der Sponza-Palast

ist der ‘Stilmix’ aus gotischen Elementen (Zwillingsfenster im ersten Obergeschoß) und Renaissanceformen (Erdgeschoßarkaden). Beim Rektorenpalast brachte der italienische Baumeister Michelozzo Michelozzi die ‘moderneren’ Renaissanceformen ins Spiel. Michelozzi erneuerte in den sechziger Jahren des 15. Jahrhunderts auch die mittelalterlichen Mauern und Türme der Stadtrepublik und lieferte die Pläne für den wuchtigen Minčeta-Turm in der Nordwestecke der Altstadt.

Profanbauten aus der Renaissance (Fortsetzung)
Villen

Eine verbreitete Bauaufgabe war im 16. Jh. die Patriziervilla. Beispiele für diesen Bautyp finden sich vor allem in der Umgebung von Dubrovnik und auf den süddalmatinischen Inseln, so auf Hvar, wo sich der Renaissancedichter Hektorović eine ländliche Villa mit Garten und Fischteich bauen ließ. Auch auf den Elaphitischen Inseln, einem beliebten Sommerrefugium der vornehmen Dubrovniker, blieben einige Renaissancevillen erhalten.

Befestigungen

Der Bau von Befestigungsanlagen entwickelte sich in Anbetracht der Türkengefahr für beinahe jede dalmatinische Stadt zu einer vordringlichen Aufgabe. Das größte Projekt dieser Art ist die Festungsstadt Karlovac im Binnenland, jedoch stammen z. B. auch die sogenannten sieben Kastelle zwischen Split und Trogir aus dieser Zeit.

Malerei

Dubrovnik war im 16. Jh. ein Zentrum des Humanismus und der Künste. So verwundert es nicht, daß der wichtigste Beitrag zur dalmatinischen Malerei der Renaissance von Künstlern aus der Stadtrepublik erbracht wurde. Besondere Erwähnung verdienen die großen Flügelaltäre von Nikola Božidarević und Mihajlo Hamzić sowie auch die Wandmalereien in einigen Sommerresidenzen in und nahe Dubrovnik – häufig mit allegorischem und mythologischem Inhalt. Im 16. Jh. wirken an der Küste auch viele Künstler aus Italien; darunter sind so bekannte Namen wie Girolamo da Santacroce, Giovanni Bellini, Vittore Carpaccio, Tizian, Paolo Veronese, Tintoretto, Palma der Ältere und Palma der Jüngere. Umgekehrt arbeiten zur selben Zeit auch einzelne südslawische Künstler (schiavoni genannt) in Italien, etwa Juraj Čulinović, Andrija Medulić und Julio Klović.

Barock und Rokoko (17. – 18. Jahrhundert)

Allgemeines

Im Zeitalter des Barock erlebt das Küstengebiet eine Phase des kulturellen Niedergangs, während es im Norden und Nordosten, im Landesinneren des heutigen Slowenien und Kroatien, zu einem Aufschwung kommt. Der Grund liegt nicht zuletzt im allmählichen Rückzug der Türken aus diesen Gebieten. Auch an der Küste ist die Entwicklung nicht völlig einheitlich. Am schmalen Küstensaum bleibt der venezianische Einfluß erhalten, im Hinterland (z. B. in Istrien) setzt sich wie auch im entfernteren Binnenland immer mehr der österreichisch-mitteleuropäische Einfluß durch (siehe die Barockstädte Ljubljana in Slowenien oder Varaždin und Vukovar in Kroatien).

Architektur

Es sind weniger die aufsehenerregenden Neubauten, die das Bild des 17. Jh.s prägen, als vielmehr die zahlreichen Umbauten und Erneuerungen älterer Kirchen im Stil des Barock. Viele gotische Gotteshäuser wurden durch Kapellen erweitert und mit barocken Altären ausgestattet – so etwa die Kirchen in Rab, Šibenik, Korčula oder Dubrovnik.

Rijeka

Hervorheben muß man die großen jesuitischen Bauvorhaben in Rijeka. Die zuvor eher unbedeutende Stadt wurde durch das Zusammenspiel politischer und ökonomischer Gegebenheiten, vor allem aber durch das gesteigerte Interesse des Wiener Hofs zu einem neuen Handels- und Verkehrszentrum an der Adriaküste ausgebaut. Dies schlug sich auch in den Sakralbauten der Stadt nieder. Besondere Bedeutung kommt der Kirche Sv. Vid (St. Veit 1638–1659) zu, einem monumentalen Zentralbau, der an die wenige Jahre zuvor erichtete Zentralkuppelkirche Santa Maria della Salute in Venedig erinnert. In den folgenden Jahren wurden in Rijeka noch weitere jesuitische Bauten ausgeführt, darunter ein Kollegium, ein Seminar und mehrere Kirchen.

Dubrovnik

Im Unterschied zu der im Norden gelegenen Küstenstadt brachte das 17. Jh. in Dalmatien eine Provinzialisierung mit sich. Die meisten Städte hatten mittlerweile ihre wirtschaftliche Selbständigkeit verloren. So beschränkten sich die Bauvorhaben häufig auf den Ausbau der Befestigungsanlagen (Šibenik, Zadar, Knin). Daß es in Dubrovnik dann aber zum Ende des Jahr-

Barock und Rokoko, Dubrovnik (Fortsetzung)

hunderts doch zu einer lebhaften Bautätigkeit kam, hängt vor allem mit dem schweren Erdbeben zusammen, das 1667 große Teile der Altstadt in Schutt legte. Am Wiederaufbau hatten italienische Baumeister großen Anteil, da die Qualität der einheimischen Steinmetzen und Bildhauer zu dieser Zeit bereits merklich geschwunden war. Die größten Bauvorhaben in der Stadt waren die neue Kathedrale, die Jesuitenkirche und die Kirche St. Blasius, ein monumentaler Bau am Schnittpunkt der beiden wichtigsten Achsen der Stadt. Die an Skulpturen reiche Hauptfassade ist mit dem Platz vor der Kirche durch eine Freitreppe und eine erhöhte Terrasse verbunden, die an eine Bühne erinnert – typisch für die Barockzeit. Auch heute noch wird dieser Ort für verschiedene Darbietungen und Aufführungen genutzt.

Malerei

In der Malerei dominierten an der Küste die Venezianer, zu denen auch der gebürtige Südslawe Frederico Benković gezählt wird. Gut zwei Dutzend Gemälde in verschiedenen Orten hat Jacopo Palma der Jüngere hinterlassen, der noch Anfang des 17. Jh.s wirkte und eine Symbiose zwischen Renaissance, Manierismus und Spätbarock pflegte. Noch weit mehr Bilder aus den folgenden Jahrzehnten müssen seinen Schülern und Nacheiferern zugeschrieben werden, z. B. Matej Ponzon-Pončun.

Vom Klassizismus bis zum Jugendstil (19. Jahrhundert)

Allgemeines

In kultur- und geistesgeschichtlicher Hinsicht ist das 19. Jh. wie fast überall in Europa die Zeit der nationalen Bewußtwerdung, in diesem Fall unter den Südslawen. Die Herrschaft Venedigs war beendet, und nach dem kurzen napoleonischen Zwischenspiel etablierten sich die Habsburger in der Region. Architektur, Malerei, Theater – all das stand jetzt vor allem unter dem Einfluß Wiens. Der Schwerpunkt verlagerte sich nun noch mehr ins Binnenland, Laibach und Agram, Ljubljana und Zagreb blühten auf, wurden zu künstlerischen Zentren und auch zum Ausgangspunkt neuer städtebaulicher Entwicklungen im südslawischen Raum.

Architektur

Allein Rijeka gewann durch die neue Eisenbahnlinie weiter an Bedeutung, Pula wurde k.u.k.-Kriegshafen, Zadar Verwaltungszentrum von Dalmatien. In Split machte sich die neue Zeit ebenfalls bemerkbar: So entstanden Verwaltungsgebäude im klassizistischen und später historistischen Stil. Ebenso in Rijeka, wo vor allem im Umkreis der Uferstraße Riva mehrere Prachtbauten entstanden, etwa die Direktion der Reederei “Adria”, die Marineakademie und der Gouverneurspalast. Im 19. Jh. erlebte auch das Theater eine Blüte: In Rijeka wurde zunächst (1805) ein klassizistisches Gebäude errichtet, das sich rasch als zu klein erwies. 1855 bauten die österreichischen Theaterarchitekten Helmer und Fellner ein zweites, neobarockes Schauspielhaus. Von den wenigen Bauten in den großen Städten und natürlich etlichen Denkmälern abgesehen, sind die künstlerischen Spuren des 19. Jh.s an der Küste aber eher dünn gesät. Eine der wenigen Ausnahmen ist das slowenische Städtchen Piran, in der Klassizismus und Historismus das Bild beherrschen.

Nobelherbergen

Am Ende des 19. Jh.s sorgte der einsetzende Fremdenverkehr für eine wenn auch nur bescheidene Belebung der Bautätigkeit. Einfache Privatquartiere konnte man den vornehmen Kurgästen nicht zumuten, weswegen in den besonders stark besuchten Seebädern prunkvolle Hotels entstanden – das Hotel Palace in Portorož, das Kvarner in Opatija und das Imperial in Dubrovnik, um nur einige Beispiele zu nennen. Aufwendig renoviert sind die Nobelherbergen aus dem Fin de siècle heute architektonische Schmuckstücke in den Seebädern an der Adria.

Jugendstil

In Opatija und Rijeka werden Besucher ohne Schwierigkeiten auch einige Jugendstilfassaden ausmachen können. Ansonsten gilt aber für diesen um die Jahrhundertwende prägenden Stil: Die Küste wird allenfalls gestreift, während es im Binnenland der Donaumonarchie, in Wien und Budapest, in Ljubljana oder in Zagreb weit mehr zu entdecken gibt.

Malerei

Unter den einheimischen Malern des 19. Jh.s verdient Vlaho Bukovac besondere Beachtung. Der Künstler, dessen Werke zunächst dem Realismus verpflichtet waren, wandte sich nach einem Aufenthalt in Paris im letzten Jahrzehnt des 19. Jh.s von der eher akademischen Malweise ab und dem Impressionismus zu. Bukovac gilt als einer der Wegbereiter der Zagreber "Bunten Schule".

20. Jahrhundert

Meštrović

Die berühmteste dalmatinische Künstlerpersönlichkeit der ersten Jahrhunderthälfte ist Ivan Meštrović (→ Berühmte Persönlichkeiten). In seinen Werken blieb Meštrović zeitlebens einem konservativen Klassizismus verpflichtet, obwohl der Bildhauer durch internationale Ausstellungen und vor allem durch Aufenthalte in Wien und Paris mit den modernen Strömungen

Bronzeskulptur von Ivan Meštrović

in Berührung gekommen war. Mit seiner Villa in Split, die auf seinen Wunsch heute als Meštrović-Museum genutzt wird, hat der Künstler sich bereits zu Lebzeiten ein Denkmal gesetzt.

Architektur

Architekturgeschichte wurde an der Küste nach dem Ersten Weltkrieg in nennenswertem Maße nicht mehr geschrieben, ganz im Unterschied etwa zu Zagreb, wo in der Zeit zwischen den beiden Weltkriegen einige namhafte Baumeister wirkten, die sichtlich von den modernen Strömungen in Deutschland, Frankreich oder auch Österreich beeinflußt waren.
Das markanteste und in beinahe jedem Küstenort präsente Erbe aus der Zeit nach dem Zweiten Weltkrieg sind die Hotel- und Ferienanlagen, die zumeist aus den 70er Jahren stammen, als der Massentourismus an der dalmatinischen Küste einsetzte. Riesige Betonburgen und überdimensionale Ferienanlagen sind die wenig schmeichelhaften architektonischen 'Altlasten' aus dieser Ära.

Baedeker Special

Glagoliza

Das älteste einigermaßen vollständig erhaltene Denkmal der kroatischen Sprache wurde auf der Insel Krk entdeckt. Es ist die sogenannte 'Tafel von Baška' (Bašcanska ploča), die aus der Zeit um 1100 datiert. Sie ist in einer eigentümlichen Schrift abgefaßt, die sich mit keiner anderen in Europa oder Asien vergleichen läßt, der Glagoliza. Gemeinhin wird angenommen, daß die Slawenapostel Kyrill

Jeder Buchstabe eine kleine Zeichnung – Glagoliza-Schrift

(Konstantin) und Method, die aus der Nähe von Saloniki stammten, diese Schrift im 9. Jh. entwickelten.

Method und Kyrill waren Missionare, ihre Aufgabe bestand darin, die slawische Bevölkerung für das Christentum zu gewinnen und ihr die Inhalte des Alten und des Neuen Testaments nahezubringen. Aus der Notwendigkeit heraus, über eine kirchenslawische Sprache zu verfügen, die der Volkssprache recht nahe kommen sollte, entstand vermutlich die Glagoliza. Die graphischen Zeichen dieser Schrift haben neben dem Lautwert einen Zahlenwert, der sich am griechischen Vorbild orientiert.

In ihrer ursprünglichen Form hatte die Glagoliza 38 Buchstaben, was dem slawischen Lautsystem in idealer Weise entsprach. In Kroatien erhielten die zunächst runden Buchstabenformen eine eckige Gestalt. In dieser Schrift wurde der größte Teil der mittelalterlichen Literatur in Kroatien veröffentlicht, aber auch später noch, im 16. Jh., interessierten sich die Humanisten in Split oder Dubrovnik, obwohl sie das Französische und Italienische beherrschten, für die Glagoliza und bedienten sich ihrer. Das erste gedruckte kroatische Buch, ein Missale, wurde 1483 ebenfalls in dieser Schrift gedruckt.

Während sich anderswo im slawischen Sprachraum die Kyrilliza durchsetzte, hielt sich die Glagoliza in Teilen Kroatiens, besonders im nordkroatischen Küstenland und auf den Inseln der Kvarner Bucht, viele hundert Jahre. In der Kirchenliteratur blieb die Glagoliza in manchen Orten bis ins 20. Jahrhundert in Gebrauch.

Sprache und Literatur

Allgemeines

Die slowenische und die kroatische Sprache gehören zur Gruppe der südslawischen Sprachen. Neben dem slawischen Wortbestand zeigen das Kroatische und das Slowenische Lehnwörter aus der deutschen, italienischen, ungarischen, griechischen und türkischen Sprache.

Kroatische Sprache

Die kroatische Sprache wird erst in jüngerer Zeit wieder als eigenständige Sprache gesehen und definiert. Noch in Titos Jugoslawien sprach man vom Serbokroatischen. Diese gemeinsame Schriftsprache, die das Serbische und Kroatische nicht zuletzt aus politischen Gründen bewußt zusammenführte, war im 19. Jh. von dem Serben Vuk Karadžić und einem Kreis

Sprache und Literatur, Kroatische Sprache (Fortsetzung)

kroatischer Schriftsteller um Ljudevit Gaj, die für einen gemeinsamen Staat aller Südslawen eintraten, geschaffen worden. Heute werden die Unterschiede, wiederum vor allem aus politischen Gründen, betont: Sie sind erkennbar im Wortbestand, z. T. im Satzbau und natürlich vor allem in der Schrift: Das Kroatische wird in lateinischer Schrift, das Serbische in kyrillischen Lettern geschrieben.

Kroatische Literatur

Die kroatische Literatur war jahrhundertelang eine Literatur der Regionen. Weitgehend unabhängig voneinander wurden etwa in Dalmatien und im Inneren des Landes unterschiedliche Dialekte gepflegt. Den Beginn der kroatischen Literatur markiert eine spezifische kirchenslawische Übersetzungsliteratur in glagolitischer Schrift mit zahlreichen volkssprachlichen Elementen, deren älteste Schriftdenkmäler ins 10. Jh. datieren. Ein weiterer Höhepunkt der kroatischen Literatur ist das 15. und 16. Jh., die Zeit der Renaissancedichter, die sich volkssprachlicher Elemente bedienten: Džore Držić, Dominko Zlatarić, Petar Hektorović (→ Berühmte Persönlichkeiten) oder Marin Držić. Als bedeutendster Schriftsteller gilt Ivan Gundulić (→ Berühmte Persönlichkeiten), der im 17. Jh. vor allem Dramen und Epen verfaßte. Die Zentren der kroatischen Literatur waren zu jener Zeit Dubrovnik, Split, Zadar und Hvar. Als Vertreter der literarischen Volksdichtung ragt Andrija Kačić-Miošić (→ Berühmte Persönlichkeiten) mit seinen Heldenlied-Nachahmungen im 18. Jh. heraus.

19. und 20. Jh.

Zu den bekanntesten Schriftstellern des 19. und 20. Jh.s zählen der dem Realismus verpflichtete August Šenoa, der Schöpfer des kroatischen Romans und Verfasser historischer Prosa (ähnlich den sogenannten deutschen Professoren-Romanen), der Kritiker und Essayist Gustav Matoš, der Lyriker und Prosaist Vladimir Nazor (→ Berühmte Persönlichkeiten) und natürlich Miroslav Krleža (1893–1981), der Thomas Mann Kroatiens. Das Lebenswerk des Lyrikers, Dramatikers, Erzählers und Essayisten hat Weltrang.

Slowenische Sprache und Literatur

Das älteste Sprachdenkmal der slowenischen Sprache sind die in lateinischer Schrift um das Jahr 1000 verfaßten 'Freisinger Denkmäler', die zwei Beichtformeln und eine Beichtpredigt von literarischem Wert enthalten. Die slowenische Schriftsprache entwickelte sich jedoch erst zur Zeit der Reformation und wurde im 16. Jh. von den Gelehrten Primoz Trubar, Adam Bohoric und Jurij Dalmatin geschaffen. Ihre erste literarische Blüte erfuhr sie im Werk des großen Nationaldichters und Romantikers France Prešeren (1800–1849), der auch als Schöpfer der modernen slowenischen Dichtersprache gilt. Neben Prešeren, nach dem viele Plätze und Straßen in Slowenien benannt sind, muß noch Ivan Cankar (1876–1918) erwähnt werden. Cankar veröffentlichte zu Beginn dieses Jahrhunderts zahlreiche Romane und Erzählungen, die ebenso stilbildend wirkten wie das Werk von Prešeren im 19. Jahrhundert.

Volkskunst und Folklore

Allgemeines

Tänze und Ritterspiele, Volkstrachten und Spitzendecken, ein eigenwilliger Filigranschmuck, der übrigens manchmal orientalische Einflüsse verrät, und eigentümliche Musikinstrumente, wie zum Beispiel der Dudelsack – an der kroatischen Küste gibt es noch eine reiche Volkskultur und viele alte Bräuche, auf die man sich gerade in der jüngeren Vergangenheit – nicht zuletzt natürlich zur Ankurbelung des Tourismus – wieder gerne besinnt.

Tänze

Besonders hervorheben muß man die Tänze, die auf manchen Inseln noch recht intensiv gepflegt werden. Einige dieser Tänze gehen auf Fasnachtsspiele und Volksstücke zurück und werden auch heute noch, vor allem in der Sommersaison, häufig aufgeführt. Bei den meisten Stücken oder Tänzen kann man unschwer den historischen Bezug entdecken. Der Schwert-

Volkskunst und Folklore (Fortsetzung)
Moreška

tanz *moreška* von der Insel Korčula beispielsweise hat seine historischen Wurzeln in einer Schlacht gegen die in türkischen Diensten stehenden Araber bzw. Sarazenen. Der Tanz setzt sich aus sieben Fechtfiguren zusammen, die von Tänzern in roten und schwarzen Kostümen vorgeführt werden. Die schwarz gekleideten Tänzer verkörpern das türkische Heer unter

Reminiszenz an die Türkenüberfälle: Moreška, der Schwerttanz von der süddalmatinischen Insel Korčula.

seinem Anführer Molo. Sie haben Bula, die Braut des rotgewandeten Königs Osman entführt, weil Moro sich in Bula verliebt hat. Der Kampf zwischen den beiden Parteien endet mit der Niederlage Moros, Bula darf zu König Osman zurückkehren. Ebenfalls auf Korčula beheimatet ist die *kumpanija*, ein Säbeltanz mit 18 Figuren, der von zweistimmigen Gesängen, Dudelsack und Trommeln begleitet wird.

Karneval

Die Faschingstradition ist auch im dalmatinischen Küstenland, vor allem in der Kvarner Bucht, noch in einigen Orten lebendig. Ähnlich wie in der alemannischen Fastnacht gibt es Verkleidete und Maskenträger, *maškare* oder auch *grabulje* genannt. Eine Hochburg des Faschings ist das Städtchen Kastav bei Rijeka. Bei *Poklade* oder *Mesopust* (dt.: Fasching bzw. Karneval) wird am Schluß eines Schauspiels ein Puppe verbrannt und dadurch symbolisch der Winter oder das Böse 'ausgetrieben'. Auf der Insel Lastovo ist diese Figur mit einem türkischen Gewand bekleidet und im Gesicht schwarz bemalt.

Volksmusik

Bei der Volksmusik fallen in Dalmatien nicht selten die türkisch-osmanischen Anklänge auf. Das ist keine Besonderheit im Südosten Europas und auch bei vielen serbischen, mazedonischen, griechischen oder bulgarischen Weisen zu beobachten. Typische Instrumente der kroatischen Volksmusik sind die einer Gitarre vergleichbare *tamburica*, der Dudelsack *gajde* sowie *kavala*, eine 60 bis 85 cm lange Flöte mit einem angenehmen Timbre, und *tupan* genannte Trommeln. Nur im Bereich der Kvarner Bucht gibt

Volkskunst und Folklore, Volksmusik (Fortsetzung)

es die *sopila*, eine Art Oboe, die in Istrien *roženice* heißt. Vor allem im dalmatinischen Hinterland wird die *ganga* gepflegt, ein Chorgesang, bei dem eine Stimme beginnt und die anderen nach und nach mit einstimmen. Bei der *klapa*, an der dalmatinischen Küste verbreitet, singen nur Männer.

Trachten

Die Volkstracht, noch vor zwanzig Jahren sehr verbreitet, ist in jüngerer Zeit auch in Kroatien aus dem Straßenbild weitgehend verschwunden. Der Grund liegt, wie anderswo auch, in der zunehmenden Verstädterung der Lebensweise. Während die jüngere Generation sich durchweg modern kleidet, tragen ältere Frauen gelegentlich ihre Tracht, besonders am Sonntag. In den Dörfern auf den Inseln und im dalmatinischen Hinterland, aber auch in den Städten sieht man viele ältere Frauen, die ganz in schwarz gekleidet sind und ein Kopftuch tragen. Typische Bestandteile der Männertrachten in Dalmatien und Istrien sind die gebauschte Kniehose, ein weißes Hemd und eine bunte Weste. Vervollständigt wird die Männertracht durch einen breiten Stoffgürtel und eine flache Kappe. Die Frauentracht besteht in der Regel aus einem dunklen Rock, heller Bluse mit Stickereien und einem Kopftuch. Einzigartig in der Trachtenlandschaft an der dalmatinischen Küste sind die weißen Kopfhauben der Frauentrachten von Konavle, südlich von Dubrovnik.

In den Heimatmuseen wird die Volkskultur wieder lebendig.

Kunsthandwerk

Für das Kunsthandwerk und Kunstgewerbe gilt im Grunde dasselbe wie für die Tänze und Bräuche – auch hier werden die alten Traditionen vor allem für den Fremdenverkehr am Leben gehalten. Bekannt ist die dalmatinische Küstenregion vor allem für feinen, filigranen Goldschmuck (siehe auch bei Praktische Informationen, Einkaufen) sowie für phantasievolle Stickereien und schöne Webarbeiten, die an allen touristischen Brennpunkten, aber auch auf den Bauernmärkten vieler Inseln feilgeboten werden. Während der venezianischen Herrschaft erhielt die Region wichtige Impulse für die Spitzenproduktion. Die Pager Spitzen, kunstvolle Handarbeit von bester Qualität, gehören heute zu den beliebtesten Souvenirs.

Istrien und Dalmatien in Zitaten

Die nachstehende Sammlung von Literaturzitaten zu Istrien und Dalmatien ist chronologisch geordnet.

Juraj Šižgorić

Eine Beschreibung des Meeres bei der Krka-Mündung aus dem 15. Jh.:

Hier finden sich Thunfische von ungewöhnlicher Größe, man sieht Delphine beim Spiel, und sehr häufig tauchen auch Seehunde auf. Wenn sich die Sonne im Sternzeichen des Krebses, des Löwen und der Jungfrau befindet, werden hier Zahnbrassen gefangen, die als großer Leckerbissen gelten (...). Hier werden auch Austern geerntet, deren Geschmack der des Adriatischen Meeres ist. Auch Meeräschen, Goldstriche, Meeerbraschen, Muscheln, Seewölfe, Trichterfische, Goldbrassen, Taschenkrebse, Kalamari und Makrelen. Wenn die Sonne in das Sternzeichen des Stieres tritt, fängt man aus den Tiefen des Meeres mit der Angel eine Menge von Laxierfischen und Brassen. Manchmal tauchen hier auch ungewöhnliche Meeresungeheuer auf, die nie zuvor gesehen wurden.

Heinrich Stieglitz

Der Anblick Zara's (Zadars; Anm. d. Red.) bietet aus der Ferne etwas mittelalterlich Vestenartiges, wozu der beinah durchweg ungetünchte graue Stein der Häuser und die hohen Wälle kein Geringes beitragen. Beim Herannahen springen die neueren Werke mehr ins Auge, und wenn man hart an den Bastionen vorbei in den geräumigen Hafen einfährt – die einzige durch künstliche Vorrichtungen offen gelassene Straße in die von der Natur gebildete Bucht – so wird man inne, daß den feindlich Heranziehenden wohl ein anderer Empfang erwarten dürfte als unseren friedlichen Dampfer zu Theil wurde.

Aus: Istrien und Dalmatien. Briefe und Erinnerungen, 1845.

Unbekannter Verfasser

Der Insel Lacroma (Lokrum) gegenüber breitet sich mit allem Zauber südlicher Poesie ausgestattet das mauernumgürtete Ragusa (Dubrovnik) mit dem orginellen Porto Casson und dem trotzigen Fort S. Lorenzo zu Füssen des Monte Sergio aus. Mehr denn elf Jahrhunderte wusste sich die Republik durch eine kluge Regierung und Tributpolitik unabhängig zu behaupten (...). Zur Hebung des Fremdenverkehrs ward das prächtige Hotel Imperial erbaut, wodurch Ragusas große Zukunft als Curort gesichert erscheint. Der milde Himmelsstrich und die wunderbare Umgebung, deren Vegetation verblüffend ist, werden nicht verfehlen, ihren lockenden Zauber auszuüben, ebenso die interessanten Sitten der Bevölkerung und die pomphaften Kirchenfeste.

Aus: "Rundreise durch die Kronländer Österreichs", Bildband zum 50jährigen Regierungsjubiläum Kaiser Franz Josephs, 1898.

Hermann Bahr

Der schönste Tag. Kalt und klar. Jetzt ist's wieder die gelbe Stadt am blauen Meer (Dubrovnik; Anm. d. Red.). In den Gassen gebummelt, in Kirchen und Palästen. Dazwischen ein paar Besuche gemacht. So mit einem Bein in der Vergangenheit, mit dem anderen in der Zukunft. Denn das ist das

Hermann Bahr (Fortsetzung)

Merkwürdige hier: es gibt keine Gegenwart! Überall steht groß: Es war einmal! (...) Im Kreuzgang der Franziskaner. Man sieht auf eine wunderbar heitere Terrasse, über die der alte Campanile ragt. Die dünnen Säulchen, das lieblichste Maßwerk! Eine Statue des heiligen Franziskus in der Mitte des stillen Hofs, ein Bäumchen in der Ecke, mit Orangen schwer behangen, und blühende Rosen, gelb und rot. Ein junger Frater, mit lachenden Augen und blühenden Wangen, stark und derb, schlurft lässig auf und ab, in der Sonne. Vögel schreien. Und der unwahrscheinlich blau knallende Himmel. (...) Aber vor dem Palast der Rektoren und vor der Dogana könnte ich tagelang stehen. Die haben das ewige Leben. Hier ist der unsterbliche Sinn eines großen Geschlechts aufbewahrt. Man vergleicht sie gern mit dem Dogenpalast. Ich finde sie ganz anders. Sie sind gar nicht kokett, sie wollen nicht gefallen, sie schmeicheln nicht, sondern in ihrer festen Schönheit stehen sie da, kriegerisch zur Welt hin, um ihr einmal zu zeigen, was das Rechte ist (...).

Aus: Dalmatinische Reise, 1909

Baedekers "Dalmatien und die Adria" (1929)

In Dalmatien sind die Gasthöfe (hotel, gostiona) der Seebäder während der Hauptreisezeit fast immer voll besetzt. Rechtzeitige Vorausbestellung des Zimmers, mit Angabe des Tages, der Ankunftsstunde und der Aufenthaltsdauer durchaus nötig; bei der Bestellung berücksichtige man auch die Zeit, die die Post zur Beförderung des Briefes und der Antwort braucht. Bei einer telegrafischen Zimmerbestellung kostet das Wort aus Deutschland 24 Pf., ebensoviel für die bezahlte Rückantwort.

Die Küche ist der österreichischen ähnlich, aber mit starkem italienisch-dalmatinischem Einschlag (Olivenöl), was aber keinen Nachteil bedeutet. Im Frühstück ist Butter selten einbegriffen (Eier nie); jedes Brötchen wird gesondert berechnet. Es besteht kein Zwang, die Mahlzeiten im Gasthof einzunehmen. In trockenen Sommern ist oft die Versorgung mit Wasser ungenügend; man trinkt dann besser Sodawasser oder einen Sauerbrunnen. (...) In einigen besonders besuchten Seebädern (Crikvenica, Rab, Ragusa u. a.) findet man auch Gasthöfe ersten Ranges, doch dürfen die Ansprüche nicht zu hoch gestellt werden. (...) Bei Privatwohnungen für längeren Aufenthalt achte man auf Sauberkeit, im Winter auf Heizbarkeit der Öfen.
Man kleide sich sorgsam, auch in den Strand- und Badekostümen, und vermeide die nur für Gebirgswanderungen geeignete Lodenkleidung. So angenehm im Sommer ein dünner Waschanzug sein kann, kleide man sich im Frühjahr und Herbst mit Rücksicht auf die raschen Witterungswechsel nicht leichter als zur gleichen Jahreszeit etwa in Mitteldeutschland. Der Nordländer ist im Süden viel leichter einer Erkältung ausgesetzt als die gegen Zugluft abgehärteten Einheimischen, und Erkältung zieht hier häufig nicht bloß Husten oder Schnupfen, sondern auch Fieber oder Rheumatismus nach sich. Den besten Schutz gewährt wollenes Unterzeug. Im Winter und in den ersten Frühlingswochen wird man den Mantel nicht nur im Freien zur Zeit des Sonnenuntergangs, beim Wechsel von Sonne und Schatten, sondern auch bei allen Ausfahrten anlegen. (...) Im Gasthof meide man sonnenlose Nordzimmer und sehe in der Nacht auf hinreichend warme Bedeckung.

Miroslav Krleža

Kriege werden in diesem Land vom ersten Tag an geführt, als wir auf dem illyrischen Relief erschienen sind: Heerzüge und Kriege der Byzantiner, Franken, Normannen, der Päpste, der Konstantinopler Patriarchen und Istanbuler Wesire, Venedigs, der ungarischen, kroatischen und serbischen Könige, der Ostmark, der Bischofs- und Kardinalsheere und -strafexpeditionen von Ostrogon und Kanysza bis Buda, von Mohacs bis Saloniki, in beide Richtungen, durch alle Jahrhunderte. Tausendundein Krieg, von der Gotik bis zur Renaissance und von der Romanik bis zum Barock.

Aus: Miroslav Krleža: Illyricum Sacrum, 1944

Humbert Fink

Hvar ist ein schönes melancholisches Land inmitten der dunklen See, anmutig und grazil, blaugrau vom Lavendel, dessen scharfer Geruch über die Hügel weht, pinienbedeckt und kiefernholzreich, Duft nach Wacholder und Ginster, bedeckt von Steineichen und Heidekraut, Zypressen und Pappeln unter dem schweren grünen Gehänge heranreifender Johannisbrotbäume. Die Klippen leuchten wie Marmor unter der dicken adriatischen Sonne. Buchten stoßen, als wären es Stierhörner, tief ins Innere der Insel. Und ein kalkbleiches Gebirge zieht sich viele Kilometer lang als knöchernes Rückgrat von einem Inselende zum anderen.

Aus: Adriatische Ufer. Von Montenegro bis Apulien, 1978.

Milo Dor

Ich war vierzehn, als meine Eltern mich in die Ferienkolonie auf der Insel Lokrum vor Dubrovnik schickten. (...) Als ich, meinen Koffer in der Hand, den Pfad betrat, der zum ehemaligen Benediktinerkloster führte, war ich betäubt von der üppigen subtropischen Vegetation und der Luft, die ganz anders schmeckte als die, die ich bis dahin geatmet hatte. Ich hatte das Gefühl, trunken über dem mit Piniennadeln bedeckten Boden zu schweben (...) Die drei Wochen, die ich auf der Insel Lokrum verbrachte, waren für mich ein einziger langer Sommertag, an dem die Zeit anzuhalten schien. Jeden Augenblick konnten aus dem Wäldchen die Argonauten auftauchen, auf der Suche nach dem Goldenen Vlies. Und aus der Grotte des kleinen Sees auf der Insel, der Totes Meer genannt wird, konnte Odysseus

Vrboska auf der Insel Hvar – hier scheint die Zeit stillzustehen.

herausstürzen, auf der Flucht vor den Kyklopen, die in meiner Vorstellung noch immer in der Höhle hausten. Die archaische Landschaft, in die ich durch eine glückliche Fügung geraten war, schien mir meine Urheimat zu sein, das verlorene Paradies, das meine Vorfahren, von anderen gezwungen oder durch eigene Schuld, verlassen mußten.

Aus: Auf der Suche nach der größeren Heimat, 1988.

Christine von Kohl

Für den Fremden, der Jugoslawiens Küste besucht, ist der Einfluß venezianischer Kultur meist der erste und stärkste Eindruck. Was ihm später, wenn überhaupt klar wird, ist, daß dieses Küstenland überreich ist an Denkmälern, an Kunst- und Kulturschätzen der kroatischen, d. h. der slawischen Vergangenheit. Fast alle Völker, von den Griechen über die Venezianer, den Türken bis zu Napoleon, die mit oder ohne Erfolg Teile der Küste oder die Inseln begehrt hatten, haben Spuren hinterlassen.

Aus. Jugoslawien, Beck'sche Reihe, 1990.

Misha Glenny

Jedesmal, wenn ich die steilen, gewundenen Straßen nach Osten fahre, bin ich verblüfft, wie schnell das Paradies der Dalmatinischen Küste von den schroffen Bergen und steinigen Plateaus im Hinterland verschluckt wird. Mancherorts ist es eine Sache von nur ein paar Kilometern, bevor das tiefe Blau der Adria in das trostlose Flachland übergeht, das von den unwirtlichen, aber auch spektakulären Dinarischen Alpen umgeben ist. Je steiler die Straße ansteigt, desto mehr machen die Palmen der Küsten dem Gestrüpp Platz. Schwach, aber dennoch zäh, leisten sie auf unerklärliche Weise den Winden Widerstand, die gegen die kahlen Felsformationen peitschen. Diese Winde, die meist nicht vom sanften Meer im Westen, sondern aus dem Osten komen, scheinen bei der Prägung dieser Landschaft eine dominierende Rolle gespielt zu haben. Dennoch übermitteln sie immer eine knappe, aber vitale Botschaft der Hoffnung, die trotz der unerbittlichen Umgebung fortbesteht – den beruhigenden Duft der Pinien, der auch dann vorhanden ist, wenn der schreckliche Winter alle anderen Zeichen des Lebens erstickt hat.

Aus: Jugoslawien. Der Krieg, der nach Europa kam, 1993.

Reiseziele von A bis Z

Routenvorschläge

Hinweise

Die folgenden Routenvorschläge sollen dem Reisenden Anregungen für Fahrten durch Istrien und Dlamtien geben, ohne ihm die Freiheit der eigenen Planung zu nehmen. Die Routenführung ist so gewählt, daß die Hauptreiseziele in Istrien und Dalmatien berührt werden. Einen ersten Überblick über den Routenverlauf gibt die nebenstehende Karte. Im Detail können die vorgeschlagenen Strecken auf der großen Reisekarte nachvollzogen werden. Innerhalb der aufgeführten Routen erscheinen die Orte, die im Kapitel 'Reiseziele von A bis Z' als Hauptstichwort beschrieben sind, in **halbfetter Schrift**. Sämtliche Orte, Landschaften, Flüsse u. a. können über das Register am Ende des Reiseführers gefunden werden. Die (gerundeten) Entfernungsangaben in den Routenüberschriften beziehen sich auf die Hauptstrecke; Abstecher sind darin nicht enthalten.

1. Rundfahrt durch Istrien — ca. 300 km

Sehenswertes auf der Anreiseroute

Für diejenigen, die mit dem Auto über Slowenien in das beschriebene Reisegebiet anreisen, liegen bereits zwei bedeutende Sehenswürdigkeiten auf der Anfahrtsstrecke, beide nur wenige Kilometer von der Autobahn entfernt. Zum einen sind dies die weltberühmten ****Adelsberger Grotten** bei Postojna (Postojnske jame), zum anderen das nicht weniger bekannte Gestüt der Lipizzanerpferde in ***Lipica**, etwa 10 km östlich von Triest.

Koper

Die eigentliche Istrienrundfahrt beginnt in dem slowenischen Hafenstädtchen ***Koper**, dem ersten größeren Ort an der slowenischen Riviera. 7 km hinter Koper erreicht man **Izola** mit einem der jüngsten Jachthäfen an der östlichen Adria.

Piran

Der Höhepunkt der slowenischen Küste ist aber das etwa 10 km weiter westlich gelegene ****Piran**, ein Bilderbuchstädtchen mit bunten Häusern um ein Hafenbecken und einem spitzen, alles überragenden Campanile als Wahrzeichen. Südlich von **Piran** schließt sich beinahe nahtlos **Portorož** an, das beliebteste Seebad an der slowenischen Riviera. Den Aufstieg zum Kurort im vorigen Jahrhundert verdankte Portorož den (heute stillgelegten) Salzfeldern südlich der Stadt, die man auf der Weiterfahrt passiert. Für die Strecke von **Portorož** nach ***Rovinj** gibt es zwei Alternativrouten, eine an der Küste entlang und eine durch das Hinterland von Istrien.

An der Küste bis Rovinj

Die Hauptroute nach **Umag** führt über **Buje**, das kurz hinter der slowenisch-kroatischen Grenze liegt. Nächste Station an der Küste ist **Umag**, bekannt als 'Mega-Ferienparadies' mit riesigem Jachthafen, endlosen Feriensiedlungen und vermutlich dem breitesten Sportangebot an der istrischen und dalmatinischen Küste überhaupt. Südlich von **Umag**, bis etwa auf der Höhe von **Rovinj**, beginnt die istrische Riviera, deren Mittelpunkt ***Poreč** ist. Das alte, auf einer Landzunge gelegene Städtchen verwandelt

◄ *S. 54/55: An drei Seiten von Wasser umspült: das Städtchen Korčula auf der gleichnamigen Insel*

Route 1 (Fortsetzung)

sich zu Hochsaisonzeiten in eine Touristenhochburg. Ein besonders schöner Küstenabschnitt folgt südlich von **Poreč**: Eine endlose Kette von Buchten, bewaldeten Landzungen, auf denen sich Campingplätze und Sportanlagen ausbreiten, und unzählige vorgelagerte Inseln machen diesen Abschnitt zu einem El Dorado für Bade- und Sporturlauber. Bei *Vrsar biegt die Straße, durch den Einschnitt des Limfjords gezwungen, ins Landesinnere. Kurz bevor das Ende des Fjords erreicht ist, bietet sich von der Hauptstraße ein herrlicher Blick hinab in die bewaldete Schlucht. In dem smaragdgrünen Gewässer werden Austern und Muscheln gezüchtet, die in den beiden Restaurants unten am Ende der Meeresbucht frisch auf den Tisch kommen. Wenige Kilometer weiter kreuzt sich die Hauptstraße mit der Achse Pazin–Rovinj.

Durch das istrische Hinterland nach Rovinj

Wer das vom Tourismus noch wenig berührte 'Herz' Istriens kennenlernen möchte, sollte für die Strecke **Umag–Rovinj** den Umweg durch das Hinterland wählen. An dieser Strecke liegen ein paar hübsche Städtchen wie beispielsweise Momjan, 6 km nordöstlich von Buje, oder *Grožnjan, 7 km südöstlich von Buje. Als Paradebeispiel für eine istrische Kleinstadt gilt das Städtchen ***Motovun**, malerisch auf einem Hügelgrat gelegen, von Wäldern, Obstbaumwiesen und Weingärten umgeben. Auf der Strecke von **Motovun** nach **Pazin**, Istriens Verwaltungshauptstadt, sollte man bei Beram die *Kirche "St. Maria auf den Steintafeln" besichtigen – ihre Fresken aus dem 15. Jh. gehören zu den kunsthistorischen Juwelen der Halbinsel.

Karge Schönheit: Von der Küstenstraße zwischen Senj und Karlobag blickt man auf die kleinen, vorgelagerten Inseln. Eine davon, Goli otok, war unter Tito eine Gefängnisinsel.

Route 1 (Fortsetzung)

Über das alte Städtchen Žminj kommt man nach Kanfanar, wo ein Abstecher zur Burgruine *Dvigrad lohnt. Bei Rovinj erreicht man wieder die Küste von Istrien.

Rovinj

Dem pittoresken Städtchen mit dem ausgeprägten venezianischen Flair sollte man unbedingt einen Besuch abstatten. Südlich von Rovinj gibt es auch noch einige schöne Buchten mit Campingplätzen, doch die touristische Erschließung ist längst noch nicht so dicht wie nördlich der Stadt. Die Straße verläuft ein paar Kilometer landeinwärts, durch eine fruchtbare, landwirtschaftlich intensiv genutzte Region und passiert zuerst das noch sehr authentische Dorf Bale und dann das Städtchen *Vodnjan, dessen italienische Vergangenheit sich – ebenso wie in Rovinj – in den Häuserfassaden widerspiegelt. In Vodnjan zweigt die Straße nach Fažana ab, An- und Ablegestelle für die Schiffe nach ***Brijuni**.

Pula

7 km weiter südlich erreicht man ****Pula**, die Metropole Istriens, die nicht nur mit Sehenswürdigkeiten, sondern auch mit einer gut ausgebauten touristischen Infrastruktur und herrlichen Bademöglichkeiten an den südlich anschließenden Halbinseln aufwarten kann. Erste Station an der Ostküste von Istrien ist ***Labin**, ein hübsches altes Städtchen, zu dessen Füßen sich der vielbesuchte Badeort *Rabac ausbreitet. Knapp 20 km nordöstlich von **Labin**, wendet sich die Straße der Küste zu und wird von hier an zur aussichtsreichen Küstenmagistrale.

Opatija-Riviera

Bei Moščenička Draga beginnt die sogenannte *Riviera von Opatija, ein herrlicher Küstenabschnitt mit steilen, dicht bewaldeten Abhängen und vielen Badebuchten. Das charmante Städtchen *Lovran ist sozusagen der erste Vorposten von ***Opatija**, dem vornehmsten und ältesten Seebad an diesem Küstenabschnitt.

Der Rückweg von **Opatija** nach **Koper** durch das Binnenland von Istrien ist durch den Učka-Tunnel wesentlich kürzer geworden. Auf dieser Route liegen so sehenswerte Städtchen wie *Roć oder **Buzet**. Knapp 15 km vor **Koper** lohnt ein Abstecher nach *Hrastovlje, das wegen seiner Kirche mit dem bedeutenden Freskenzyklus von Ivan aus Kastav Berühmtheit genießt.

Route 1 (Fortsetzung) Inneristrische Städtchen

2. Inselhüpfen in der Kvarner Bucht

ca. 330 km

Ausgangspunkt dieser Route ist die Hafenstadt **Rijeka**. Südlich von Rijeka erreicht man über eine eindrucksvolle Brückenkonstruktion die Insel ***Krk** – ein vielbesuchtes Ferienreiseziel für Bade- und Wassersportfans. Die wichtigsten Orte, u. a. auch der Hauptort Krk, liegen abseits der Hauptstraße, an der Südostseite der Insel.

Krk

Von Krk aus kann man bei Valbiska mit der Autofähre nach ***Cres** übersetzen. Touristischer Mittelpunkt dieser verhältnismäßig kargen, aber dennoch nicht reizlosen Insel ist das gleichnamige Städtchen, das in jedem Fall einen Besuch wert ist. Bei *Osor betritt man den Boden der angrenzenden Insel ***Lošinj**, die weitaus grüner, lieblicher, aber auch touristisch stärker beansprucht ist. In *Mali Lošinj, dem unbestrittenen Fremdenverkehrszentrum auf der Insel, legt auch die Autofähre nach ****Zadar** ab. Wer möchte, kann einen Zwischenstop auf der Insel Silba einlegen.

Cres, Lošinj

Zadar bietet Besichtigungsprogramm in Hülle und Fülle, wohingegen man zum Baden und Faulenzen vielleicht besser auf die Nachbarinsel **Ugljan** übersetzt. Der Rückweg nach Rijeka auf dem Landweg führt zunächst durch das fruchtbare Agrarland Ravni kotari.

Zadar

Ein typisches Inselstädtchen: Cres, der Hauptort der gleichnamigen Insel. Der intime Stadthafen ist von hübschen alten Häusern umgeben.

Route 2 (Fortsetzung) Paklenica

Über eine Behelfsbrücke neben der zerstörten Brücke von Maslenica überquert man die Meeresbucht an ihrer schmalsten Stelle und erreicht nach rund 15 km in Starigrad Paklenica den Eingang zum Nationalpark * **Paklenica**. Die Höhepunkte dieses herrlichen Naturschutzgebietes sind die beiden tief ins Velebit einschneidenden Schluchten, die man zu Fuß erkunden kann.

Der von den zumeist kahlen Hängen des Velebit geprägte Küstenabschnitt von hier bis **Rijeka** ist touristisch wenig erschlossen, aber stellenweise von einer herben, beeindruckenden Schönheit. Die Küstenstraße ist auf diesem Abschnitt sehr kurvig und erfordert volle Konzentration.

Keine Dalmatienreise ohne Inselhüpfen: Nicht nur so manches Eiland will entdeckt werden, auch auf die Küste eröffnen sich vom Schiff aus völlig neue Perspektiven.

Rab

Bei Jablanac empfiehlt sich ein Abstecher auf die verhältnismäßig kleine Insel * **Rab** mit ihrem außerordentlich hübschen gleichnamigen Hauptort und vielen Bademöglichkeiten. Kurvenreich, aber von herrlichen Ausblikken auf die weißen Kalksteininseln begleitet ist die Strecke bis **Senj**, einem unscheinbaren Städtchen, das von der Uskokenburg überragt wird. Auf der Strecke nach Rijeka liegen noch zwei Seebäder mit Tradition: **Crikvenica** und **Novi Vinodolski**.

3. Mitteldalmatinische Küste und Inseln — ca. 350 km

Šibenik

Ausgangspunkt dieser Route ist die an der Krka-Mündung gelegene, sehenswerte Stadt ** **Šibenik**. Im Hinterland von Šibenik erwartet den Besucher ein einzigartiges Naturschauspiel, die ** **Krka-Wasserfälle**. Auf der Strecke nach Süden liegt * Primošten, ein kleines Inselstädtchen mit vielen Unterkünften und guten Badeplätzen.

Route 3 (Fortsetzung)

**Trogir, die nächste bedeutende Station an der Küstenmagistrale, gehört unbestritten zu den Highlights in Dalmatien – ein bestens erhaltenes Museumsstädtchen mit herrlichen Kunstschätzen und viel Charme.

Split

Keine 20 km entfernt, auf der anderen Seite der Bucht, liegt **Split, in vielerlei Hinsicht die Metropole Dalmatiens – mit dem Profil einer modernen Großstadt, aber auch mit bedeutenden Museen und historischen Bauwerken, darunter auch dem größten erhaltenen Baudenkmal der Antike, dem ehemaligen Palast von Kaiser Diokletian.

Hvar

Von **Split** erreicht man mit der Autofähre die Insel ****Hvar**. Die von der Sonne verwöhnte Insel ist ein kleines Naturparadies – allerdings im Sommer auch ein vielbesuchtes. In Stari Grad, dem Fährhafen, vor allem aber in dem Städtchen Hvar konzentriert sich der Fremdenverkehr. Ruhiger ist die Osthälfte der schmalen, langen Insel, auf der es nur eine West-Ost-Straßenverbindung gibt. Eine Fahrt zum östlichen Fährhafen Sućuraj ist vor allem landschaftlich außerordentlich reizvoll. Bei Drvenik betritt man wieder den Boden des Festlandes.

Makarska-Riviera

Der Küstenabschnitt bis ***Makarska** ist eines der beliebtesten Ferienreviere an der dalmatinischen Küste, ein Streifen mit üppigem Grün vor dem Hintergrund mächtiger Gebirgshänge. Die touristischen Brennpunkte dieser Region sind **Makarska** und das etwas weiter nördlich gelegene **Omiš**.

Brač

Auf dem Rückweg nach **Split** bietet sich ein weiterer Insel-Abstecher an. Von **Makarska** setzt eine Autofähre an die Ostküste der Insel ***Brač** über. Bekannt ist Brač vor allem wegen des Goldenen Horns, dem wohl berühmtesten Sandstrand an der Küste von Dalmatien. Von Supetar an der Nordküste der Insel geht es zurück nach Split.

4. Dubrovnik-Riviera und Inseln

ca. 300 km

Ausgangspunkt Dubrovnik

Mit seinen herrlichen Kunstschätzen, der Altstadt und einer Reihe von Ausflugszielen in nächster Nachbarschaft (z. B. die Insel *Lokrum) bietet ****Dubrovnik** ein Besichtigungsprogramm für mehrere Tage. Eine abwechslungsreiche Ergänzung zu den Stadtspaziergängen ist die nachfolgend beschriebene Rundfahrt, die sich für einen zwei- oder dreitägigen Ausflug anbietet.

Pelješac

Von Dubrovnik aus erreicht man über die Küstenstraße die rund 60 km nordwestlich gelegene Halbinsel **Pelješac**. Der erste Ort auf der Halbinsel ist Ston, dessen Befestigungssystem auch heute noch staunen macht. Eine Fahrt von Ston nach Orebić vermittelt einen Eindruck von den starken Kontrasten, die Pelješac prägen: hohe, karge Berghänge, liebliche, fruchtbare Täler, steile Küsten an der Meerseite und flache, stille Ufer an der dem Festland zugewandten Seite. *Orebić mit seinen alten Kapitänsvillen und einem schönen Sandstrand ist der Fährhafen zur Insel ****Korčula**.

Korčula

Wer auf Korčula nur das hübsche Inselhauptstädtchen – angeblich der Geburtsort von Marco Polo – besuchen will, kann auch mit der Personenfähre übersetzen. Für den Rückweg von Pelješac zum Festland gibt es zur Route Orebić-Ston die Alternative, bei Trpanj mit der Fähre nach Ploče überzusetzen, wo das Neretva-Delta beginnt. Touristisch ist das ehemalige Sumpfgebiet wenig interessant, wohl aber landschaftlich. Spätestens bei **Neum**, das zu dem schmalen Küstenstreifen Bosnien-Herzegowinas gehört, wird der Blick aufs Meer zuerst durch eine schmale Landzunge, dann durch die Halbinsel **Pelješac** versperrt. Links und rechts ragen hohe Bergketten auf, dazwischen der für die Muschelzucht genutzte Malostonski Kanal, der sich immer mehr verjüngt. Von der Abzweigung der Straße nach Ston bis **Dubrovnik** sind es noch rund 60 km. An dieser Strecke liegen etliche kleine Ferienorte; auch zum Baden bietet sich manche Gelegenheit.

Neum

Reiseziele von A bis Z

Adelsberger Grotten · Postojnske jame A/B 3/4

Slowenien, Region Notranjska
Höhe: 554 m ü. d. M.

**Bedeutung und Entstehung

Ein einmaliges Naturdenkmal 'versteckt' sich im Hinterland der vielbesuchten Küste Istriens – die Rede ist von den Adelsberger Grotten, einem der imposantesten Karsthöhlensysteme in Europa.
Etwa 70 km nördlich von → Rijeka bzw. 50 km nordöstlich von → Koper hat sich das unterirdische Höhlenlabyrinth, von dem bislang etwa 27 km erforscht sind, im Laufe von vielen Jahrtausenden in die Karstlandschaft Sloweniens gegraben. Durch Lösungsverwitterung haben sich Risse und Spalten im Kalkstein allmählich zu Klüften und Hohlräumen erweitert. Durch diesen Prozeß entstand ein gewaltiges zweistöckiges Höhlensystem, dessen älteres 'Obergeschoß' heute auf einer Länge von etwa 6 km für den Tourismus erschlossen ist. Durch kohlensäurehaltiges Sickerwasser hat sich zunächst das 'Obergeschoß' des Höhlensystems gebildet. Im Laufe der vergangenen 200000 Jahre entstanden bizarre Sinter- und Tropfsteinformen, die in der Vergangenheit im Laufe eines Jahrzehnts um 0,7 bis 1,4 Millimeter wuchsen. Während im 'Obergeschoß' immer größere Hallen entstanden, setzte das Wasser ein Stockwerk tiefer seine zersetzende Arbeit fort.

Entdeckung der Höhle

Der vordere Teil des beeindruckenden Karsthöhlensystems wurde wohl schon in der Steinzeit als Wohnplatz genutzt. Jahreszahlen an den Höhlenwänden belegen, daß sich bereits im Mittelalter frühe Höhlenforscher ins Innere der Grotten gewagt hatten. Im 17. und 18. Jh. drangen Wagemutige zumindest bis zum 'Großen Dom' vor. 1802 besuchte der Schriftsteller Johann Gottfried Seume die Adelsberger Grotten. Seine Eindrücke hat er im "Spaziergang nach Syrakus" festgehalten. 1818 erkletterte ein einheimischer Bauer die Felswand am Ostufer des Flüßchens Pivka und erkundete das Höhleninnere bis zum 'Großen Berg'. Seine Schilderungen müssen so überschwenglich gewesen sein, daß schon kurze Zeit später die touristische Erschließung des Naturwunders erfolgte. Die Zahl der Besucher aus nah und fern wuchs ständig an. Mitte der sechziger Jahre des vorigen Jahrhunderts feierte man im 'Tanzsaal' der Höhle große Feste. Bereits 1872 fuhr eine Grubenbahn in die Höhle ein, und in den achtziger Jahren hat man eine elektrische Beleuchtung installiert. Bis heute haben weit über 25 Mio. Menschen den Adelsberger Grotten einen Besuch abgestattet. Seit 1974 weiß man, daß die Adelsberger Grotten, die nördlich anschließende Pivka-Höhle und die noch weiter entfernte Planina-Höhle durch Klüfte und Wasserläufe miteinander verbunden sind.

Tips für die Besichtigung

Im Innern der Adelsberger Grotten herrscht das ganze Jahr über eine ziemlich konstante Temperatur von 8°C. Warme Kleidung ist für die ca. 1 1/2 Stunden dauernde Besichtigungstour unbedingt angeraten. Auch gegen Sickerwasser, das von den Höhlendecken tropft, sollte man sich schützen. Ein elektrisches Höhlenbähnchen fährt etwa 2,5 km tief in die Höhle hinein.

Tips (Fortsetzung)

In den Sommermonaten muß man wegen des Besucherandrangs am Höhleneingang mit längeren Wartezeiten rechnen.

Führungen

Januar, Februar, November, Dezember werktags 10.00 und 14.00, Sa., So., Fei. auch 12.00 und 16.00 Uhr; März, April, Oktober täglich 10.00, 12.00, 14.00 und 16.00 Uhr; Mai bis September tgl. 9.00 bis 18.00 Uhr jeweils zur vollen Stunde.

Phantastische Unterwelt in den Adelsberger Grotten, wo riesige Tropfsteinbildungen von der Decke hängen oder aus dem Boden ragen

Besichtigung

Gleich neben dem Haupteingang verschwindet das Flüßchen Pivka im Karstgebirge. Mit dem Höhlenbähnchen fährt man zunächst durch einen künstlichen Stollen in einen 'Umgekipptes Schiff' genannten, etwa 10 m hohen Gang. Hier befand sich während des Zweiten Weltkrieges ein Treibstofflager, das 1944 explodierte. Bei diesem Unglück verlor der etwa 120 m lange, 50 m breite und über 30 m hohe 'Große Dom' seinen Tropfsteinschmuck. Als nächstes folgt der 20 m breite und 13 m hohe 'Gotische Saal' mit seinen eindrucksvollen hellen Sinterbildungen sowie beachtlichen Decken- und Bodentropfsteinen.
Nächste Station der Höhlenfahrt ist der 'Kongreßsaal' (früher: 'Tanzsaal'), so benannt, weil hier 1965 Höhlenforscher aus aller Welt zu einem Meinungsaustausch zusammenkamen. Diese Höhle besitzt eine 9 m hohe Tropfsteinsäule. Die Szenerie wird durch einen Lüster effektvoll illuminiert. Danach fährt das Bähnchen durch die 'Waschklammer' und durch den 'Kristallgang' zu den 'Kleinen Höhlen'. An der rechten Höhlenwand sieht man einen 'Vorhang' aus hauchdünnem Sinter, der in gelblichen und rötlichen Farbtönen schimmert. Anschließend passiert das Bähnchen die Abzweigungen zum 'Namenlosen Gang' bzw. zum 'Bunten Gang' und fährt unter einer umgestürzten, etwa 5 m dicken Tropfsteinsäule hindurch. Die Bahnfahrt endet am 'Großen Berg' mit einem ca. 300 m weiten Höhlengewölbe. Hier beginnt der Rundweg, der über den 'Großen Berg' und über die 'Russische Brücke' zu den etwa 500 m langen 'Schönen Höhlen' mit

Höhlenbesichtigung (Fortsetzung)

ihren prachtvollen Sinter- und Tropfsteinbildungen führt. Die Stalagmiten und Stalaktiten haben so klangvolle Namen wie 'Schiefer Turm von Pisa' oder 'Makkaroni'. Vom 'Roten Saal' geht es in den 'Tigersaal' und in den 'Wintersaal'. Schließlich erreicht man den besonders schönen 'Gang der Brillanten', wo es nur so glitzert und funkelt.

Grottenolme

In einem Höhlenteich schwimmen fleischfarbene, aalähnliche Grottenolme der Spezies Proteus anguineus, also jene sagenhaften blinden Schwanzlurche, die heute nur noch in den wasserführenden Karsthöhlen Südosteuropas anzutreffen sind.

'Konzertsaal'

Vom Teich der Grottenolme steigt man hinauf zum 'Konzertsaal', einer riesigen, bis zu 40 m hohen Halle mit außergewöhnlich guter Akustik. Unter dem 'Konzertsaal' besteigt man wieder das Höhlenbähnchen und fährt zurück zum 'Großen Dom' am Höhleneingang.

Umgebung der Adelsberger Grotten

*Pivka-Höhle

Etwa 5 km nördlich von Postojna erreicht man die Pivka jama, die 'kleine Schwester' der großen Adelsberger Grotten, mit der sie durch einen unterirdischen Wasserlauf verbunden ist. Die Pivka-Höhle ist eine Flußhöhle mit großen Hallen sowie bemerkenswerten Sinter- und Tropfsteinbildungen. Sie kann jedoch nur in den Sommermonaten betreten werden, wenn die Pivka wenig Wasser führt. Warme Kleidung und gutes rutschfestes Schuhwerk sind für Besucher unerläßlich! Führungen: Juni, Juli, August nach Bedarf mehrmals täglich.

Schwarze Höhle

Südlich, in Richtung Adelsberger Grotten, schließt die Črna jama an. Ihren Namen hat sie von den sehr dunklen Sinterbildungen. In der Črna jama kann man noch zahlreiche Grottenolme beobachten.

Höhlenburg von Predjama

Ca. 10 km nordwestlich von Postojna erreicht man die am Westabfall des Karstgebirgszuges Hrušica errichtete Predjamski grad, die am Ausgang einer großen Karstgrotte steht. Im 13. Jh. hatte man hier eine Feste errichtet, die im 14. Jh. in die Hände der Habsburger kam. Das heutige Schloß wurde 1583 auf Anordnung von Johann von Kobenzl errichtet. Während des Zweiten Weltkrieges diente die Burg Titos Partisanen als Unterschlupf. Heute ist sie ein Museum, in dem nicht nur Waffen und Trophäen ausgestellt sind, sondern auch steinzeitliche Artefakte aus der Höhle.

Planina

Ca. 8 km nordöstlich von Postojna liegt die Ortschaft Planina in dem flachen, von Kalkfelsen gerahmten Becken Planinsko Polje, das von dem Fluß Unica durchflossen wird. Sehr beeindruckend ist das gewaltige Felstor der Planinska jama (Flußhöhle), aus dem die Unica heraustritt. In der Ortschaft Planina selbst ist eine mittelalterliche Burganlage beachtenswert.

Rakov škocjan

Östlich und südöstlich von Postojna erstreckt sich der bis zu 1269 m hohe Karstgebirgszug mit dem Namen Javorniki. Es ist das letzte größere Rückzugsgebiet von Wildtieren in Slowenien. Hier leben noch etliche Wölfe, Bären und Luchse. An seiner Nordflanke ist der Natur- und Erholungspark Rakov škocjan ausgewiesen. Die besonderen Attraktionen dieses Gebietes sind eine kleine und eine große Naturbrücke, die als die letzten Reste einer im slowenischen Karst angelegten Flußhöhle anzusehen sind.

*Cerkniško jezero

In der niederschlagsreichen Zeit füllt der etwa 20 km südöstlich von Postojna gelegene Zirknitzer See (Cerkniško jezero) eine Karstsenke. Der periodische See verlandet im Sommer gänzlich, so daß die Bauern der Gegend hier sogar Heu ernten können. Der Zirknitzer See gilt geradezu als Musterbeispiel eines periodischen Karstsees: Er hat mehrere Zuflüsse, aber keinen oberirdischen Abfluß. Das einzigartige Feuchtgebiet, das für viele Zugvögel ein wichtiger Rastplatz ist, soll demnächst als Schutzgebiet der Stiftung 'Europäisches Naturerbe' ausgewiesen werden.

Cerkniško jezero (Fortsetzung)

Sneżnik

Etwa eine Autostunde südöstlich der Adelsberger Grotten erhebt sich das Bergmassiv des 1796 m hohen Snežnik. Ganz im Gegensatz zur kargen Karstlandschaft auf der Halbinsel Istrien trifft man hier auf üppigen Bewuchs. Flora und Fauna des Snežnik-Massivs sind überaus vielgestaltig. Seine Urwälder sind eines der letzten Rückzugsgebiete des europäischen Braunbären. Vom Gipfel des Snežnik bietet sich bei günstiger Witterung ein geradezu überwältigender Ausblick auf die Halbinsel Istrien, den Golf von Triest und die Bucht von Rijeka. An der Nordostseite des Bergmassivs lädt die mittelalterliche Burg Snežnik zu einem Besuch ein.

*Križna jama

Unter Insidern gilt die Križna-Höhle, etwa 8 km nördlich der Burg Snežnik gelegen, als schönste aktive Flußhöhle im slowenischen Karst. Die Höhle kann auf etwa 8 km Länge befahren werden (Höhlenexpeditionen mit dem Schlauchboot). Dabei durchquert man etwa zwei Dutzend Höhlenteiche, in denen noch etliche Grottenolme leben. Außerdem sind traumhaft schöne Tropfstein- und Sinterbildungen zu beobachten.

Höhlen von St. Kanzian · Škocjanske jame

Lage und **Bedeutung

Etwa 30 km südwestlich von Postojna und der Postojnska jama, 5 km südlich der Ortschaft Divača (Autobahnanschluß), erreicht man die wildromantischen Grotten, Höhlen und Katarakte von Škocjan, die der am Snežnik entspringende Fluß Reka in der hiesigen Karstlandschaft geschaffen hat. Der Fluß selbst verschwindet hier im Karstgebirge und tritt erst nach rund 40 km langem unterirdischen Lauf auf italienischem Gebiet (bei Monfalcone bzw. Duino) wieder zutage. Bei der kleinen Ortschaft Matavun befindet sich das Besucherzentrum der Höhlen, die von der UNESCO in das Welterbe aufgenommen wurden.

**Rundgang

Während eines ca. zweistündigen Rundgangs lernt man zunächst die 'Tiha jama' ('Stille Höhle') kennen. Im 'Paradies' gibt es herrliche Sinterbildungen, im 'Großen Saal' imposante Tropfsteine zu bewundern. Highlights sind jedoch die 'Riesentorklamm' und der 'Müllersee'. Hier hat die schäumende und tobende Reka einen der größten bislang bekannten unterirdischen Canyons förmlich ausgefräst. Etwas Mut kostet die Überquerung der gähnenden Schlucht auf der gewagt konstruierten "Hankesbrükke". Am Ende des Rundgangs kommt man in die ca. 300 m tiefe und rund 50 m hohe Tominč-Höhle, die bereits in der Steinzeit als Siedlungsplatz diente.

Führungen

Die Höhlen von St. Kanzian sind das ganze Jahr über geöffnet. Führungen gibt es von Juni bis September täglich 10.00, 11.30, 13.00, 14.00, 15.00, 16.00 und 17.00 Uhr, sonst 10.00 und 15.00 Uhr.

Brač (Insel) P/Q 18 – 21

Kroatien, Gespanschaft Split-Dalmatien
Höhe: 0 – 778 m ü .d. M.
Bewohnerzahl: 15 000

Lage und *Bedeutung

Brač ist mit fast 395 km² die größte der mitteldalmatinischen Inseln und die drittgrößte in der Adria. Lange Zeit kannte man Brač nur als Heimat des berühmten marmorähnlichen Kreidekalksteins, der u. a. beim Diokletianpalast in Split, beim Berliner Reichstag und beim Weißen Haus in Washington Verwendung fand. Touristisch stand Brač immer ein wenig im Schatten der Nachbarinsel Hvar, doch damit ist es spätestens seit dem Bau des Flug-

Wird als der schönste Sandstrand an der östlichen Adriaküste gerühmt – Zlatni rat, das "Goldene Horn"

Lage und Bedeutung (Fortsetzung)

hafens bei Gornji Humac Anfang der 90er Jahre vorbei. Nicht zuletzt dank ihrer herrlichen Bade- und Freizeitmöglichkeiten entwickelte sich Brač zu einer vielbesuchten Urlaubsinsel.

Landschaftsbild

'Insel ohne Brot, ohne Wasser, ohne Wege, ohne Rebe und Ölbaum' nannte der kroatische Dichter Vladimir Nazor (1876–1949; → Berühmte Persönlichkeiten) Brač. Tatsächlich war die Insel früher ausgesprochen wasserarm, denn sie besitzt keine oberirdischen Wasserläufe und nur einige Süßwasserquellen in der Umgebung von Bol. Dennoch wirkt die Landschaft von Brač bei weitem nicht so herb, wie das Urteil von Nazor vielleicht vermuten ließe. Ein großer Teil der hügeligen, überwiegend grünen Insel ist von Macchia sowie ausgedehnten Pinien- und Föhrenwäldern bedeckt. Insgesamt nehmen die Wälder mehr als ein Viertel der Inselfläche ein. Auf den landwirtschaftlich genutzten Flächen werden vor allem Wein, Feigen, Kirschen und Oliven angebaut sowie Schafe gezüchtet. Die meisten Ortschaften liegen an der reich gegliederten Nordküste – bis auf Bol, das Fremdenverkehrszentrum von Brač an der kaum besiedelten Südseite der Insel.

Anreise

Von Split aus ist die Insel in etwas mehr als einer Stunde zu erreichen. Etwa zehnmal täglich verkehren die Fähren zwischen Split und Supetar, deutlich niedriger ist die Frequenz auf der Strecke von Makarska nach Sumartin, dem ganz im Osten der Insel gelegenen Hafen. Personenschiffe und Ausflugsboote verbinden die Küstenorte der Insel auch untereinander. Der Flughafen (bei Gornij Humac) wird von Zagreb aus angeflogen. In der Hochsaison gibt es auch Charterflüge direkt von Augsburg und Stuttgart nach Brač (→ Praktische Informationen, Anreise).

Verkehr

Das Straßennetz auf Brač ist mittlerweile gut ausgebaut. Zwischen den wichtigsten Inselorten verkehren mehrmals täglich Busse.

Bademöglichkeiten

Der bekannteste Strand auf Brač ist der Sandstrand Zlatni rat an der Südküste bei Bol, eine Landzunge, die je nach Wind und Wasserströmung ihre Gestalt verändert (siehe unten). Schöne Sand- und Kiesstrände sowie abgelegene Badebuchten gibt es auch in der Umgebung von Milna (Westküste) und Supetar (dort gibt es auch ein Tauchcenter).

Geschichte

Systematisch besiedelt wurde Brač von den Illyrern und später von den Römern. Nach der ohnehin unruhigen Völkerwanderungszeit und dem Vordringen der Kroaten zur Adria folgte eine längere Periode wechselnder Herrscher. Erst von 1420 an gehörte die Insel dauerhaft zu Venedig, ab 1797 stand sie, mit einer kurzen Unterbrechung, bis 1918 unter österreichischer Herrschaft. In dieser Zeit lebte die Insel zwar wirtschaftlich auf, doch da der bescheidene Wohlstand nicht für alle reichte und die Industrie in den benachbarten Küstenstädten viele Arbeitsplätze schuf, gab es in der zweiten Hälfte des 19. Jh.s auch eine große Abwanderungswelle. Im Zweiten Weltkrieg kämpften Titos Partisanen zuerst gegen die italienische, dann gegen die deutsche Besatzung auf Brač. Zeitweise war Brač auch Stützpunkt für Schiffe der kommunistischen Volksbefreiungsarmee. Mit dem Bau einer Wasserleitung vom Festland nach Brač 1977 konnten sowohl die touristische Erschließung als auch die Intensivierung der Landwirtschaft vorangetrieben werden.

Sehenswertes auf Brač

Bol

Bol (1000 Einw.) ist die einzige größere Siedlung im Süden von Brač und neben Supetar im Norden das bekannteste Ferienziel auf der Insel. Eng schmiegt sich der kleine Ort an den Uferstreifen, hinter dem der Höhenzug mit dem Vidova Gora (778 m) und dem Draževo Brdo (627 m) aufragt.

Sehenswertes

In der Ortsmitte steht die sehenswerte Kirche "Unserer Lieben Frau vom Karmel" (Gospa od Karmela). Mit dem Bau des Gotteshauses wurde im 17. Jh. begonnen, vollendet wurde es 1778 im barocken Stil. Das Gemälde der Muttergottes vom Karmel schuf 1790 der einheimische Künstler Feliks Tironi aus Supetar. Die ältesten Gebäude des Ortes befinden sich in Ufernähe, so der gotische Palazzo mit gedoppelten Spitzbogenfenstern, der Renaissancepalast der Familie Jelčić und ein Kastell aus dem 17. Jahrhundert. Nur teilweise erhalten blieb der barocke Park, den sich die Familie Martinis-Marchi im 17. Jh. anlegen ließ.

Dominikanerkloster

Das aus kunsthistorischer Sicht interessanteste Bauwerk Bols, das Dominikanerkloster aus dem 15. Jh., liegt östlich des Ortszentrums malerisch auf einer kleinen Landzunge. Es wurde im 17. Jh. erweitert. Den Hauptaltar der gotischen Klosterkirche schmückt eine gemalte "Madonna mit Heiligen" aus der Schule Tintorettos (16. Jh.). Aus derselben Zeit stammt die bemalte Decke. Sehenswert ist auch die kunst- und kulturgeschichtliche Sammlung des Klosters mit Fundstücken aus der langen Besiedlung von Bol z. B. römische Amphoren, Münzen aus verschiedenen Epochen, Gemälden, liturgischen Büchern und alten Handschriften. Neben dem Kloster steht die kleine dreischiffige Kirche St. Johannes und St. Theodor (Sveti Ivan i Tudor), ein Bauwerk aus altkroatischer Zeit (10./11. Jh.). Vor der Kirche wurden Mauerreste einer spätantiken Halle freigelegt.

**Zlatni rat

Bols Wahrzeichen ist freilich kein Bauwerk und kein Kunstschatz, sondern die nur wenige Schritte nordwestlich der Hotelanlagen ins Meer ragende, mehr als 600 m lange Sandhalbinsel Zlatni rat, die an der häufig steinig-felsigen Adriaküste eine einzigartige Bademöglichkeit darstellt. Unter dem Einfluß der Meeresströmung wächst die Spitze von Zlatni rat jährlich um rund 30 cm und wandert dabei um bis zu 20 Grad. Die Halbinsel ist ein beliebter, besonders für Kinder geeigneter Strand mit separaten FKK-Bereichen. Aufgrund der idealen Windverhältnisse wird am Zlatni rat auch gerne und gut gesurft (Surfschule und Brettverleih).

Umgebung von Bol,
*Vidova Gora

Von Bol aus kann man in etwa zwei Stunden auf die höchste Erhebung aller adriatischen Inseln, den Berg Vidova gora (778 m) steigen, der den Ort von Norden her abschirmt. Vom Gipfel aus bietet sich an schönen Tagen ein phantastischer Rundblick. Drachenflieger nutzen den Gipfel als Startplatz. Das Bergmassiv ist bislang eine weitgehend unberührte Naturlandschaft; Pläne für den Bau einer Bergbahn werden hoffentlich so rasch nicht verwirklicht werden können. In der Nähe des Funkturms befand sich einst eine slawische Kultstätte.

Murvica

6 km westlich von Bol liegt Murvica, ursprünglich ein Kloster und eine Einsiedelei. In der Nähe des winzigen Ortes kann man die sogenannte Drachenhöhle besichtigen. Die dortigen Wandbilder stammen von Mönchen, die im 15. Jh. in der Grotte eine kleine Kapelle einrichteten. Zu Fuß kann man von Murvica aus in rund 2 Stunden die westlich landeinwärts gelegene Einsiedelei Blaca erreichen. Sie wurde im 16. Jh. von Mönchen gegründet, die vor den Türken vom Festland hierher geflohen waren und eine Kirche sowie ein Kloster errichteten. In der Einsiedelei werden einige wertvolle Bilder und kirchliche Bücher in glagolitischer Schrift aufbewahrt.

Milna

Der Ort Milna (900 Einw.) liegt in einer schönen Bucht an der Westküste. Milna besitzt den besten Hafen auf ganz Brač; Skippern steht eine Marina mit allen Serviceeinrichtungen und einer Werft zur Verfügung. Vor der Küste von Milna fand 1806 eine Seeschlacht zwischen französischen und russischen Schiffen statt. Die siegreiche zaristische Marine machte deshalb Milna für kurze Zeit zum russischen Flottenstützpunkt. Heute leben die Einwohner vor allem vom Fremdenverkehr sowie von Fischfang und Fischverarbeitung. In der barocken Pfarrkirche finden sich beachtenswerte Gemälde, die einem venezianischen Meister des 18. Jh.s zugeschrieben werden. Oberhalb des winzigen Ortes Bobovišća, wenige Kilometer nördlich von Milna, steht die frühmittelalterliche Martinskirche (Sveti Martin). Auf dem Altar findet sich ein interessantes Steinrelief.

Sutivan

Das Dorf Sutivan, knapp 10 km nördlich von Milna, entstand im 15. Jh. an der Stelle eines Johannesheiligtums aus frühchristlicher Zeit. Von der Johanneskirche aus dem 6. Jh. sind noch Ruinen erhalten. Die Pfarrkirche daneben stammt aus dem 16. Jh., wurde aber mehrfach umgebaut. Am Ufer steht das Kastell der Familie Marjanović aus dem 17. Jh. mit einer Sonnenuhr. Sehenswert sind außerdem die alte Windmühle, ebenfalls am Ufer, sowie die von einem Park umgebene Barockvilla, ehemals Wohnsitz eines Dichters, heute ein Hotel.

Supetar auf Brač

Supetar

Die meisten Besucher betreten im Hafen von Supetar Bračer Boden. Das im Nordwesten der Insel gelegene Städtchen (2000 Einw.) ist mit seinen Sandstränden und Föhrenwäldern nach Bol das wichtigste Fremdenverkehrszentrum auf Brač. Die barocke Pfarrkirche St. Peter (Sveti Petar) wurde in ihrer heutigen Form im 18. Jh. errichtet. In ihr sind Bilder des einheimischen Künstlers Feliks Tironi zu sehen, der ebenfalls im 18. Jh. wirkte.

Supetar (Fortsetzung)

Am Ende des langen Badestrandes von Supetar liegt der Friedhof des Ortes mit einem sehenswerten Mausoleum. Der Bildhauer Toma Rosandić entwarf die im orientalisch-byzantinischen Stil erbaute Grabstätte für die Reeder-Familie Petrinović, die nach Chile ausgewandert war. Auch andere wohlhabende Inselbewohner ließen sich auf dem Friedhof von Supetar aufwendige Grabmäler errichten.

*Petrinović-Mausoleum

An der Straße nach Donij Humac, südlich von Supetar, liegt die vorromanische Lukaskirche aus dem 10. oder 11. Jahrhundert. Aus dieser Zeit stammt auch die dortige Wandzeichung eines Segelschiffs, vermutlich die älteste Darstellung dieses Sujets an der kroatischen Adriaküste.

Sv. Luka

Nerežišća

Das Dorf Nerežišća, 10 km südlich von Supetar, war lange Zeit Verwaltungszentrum der Insel. Sehenswert sind die die gotische Kirche St. Peter (Sveti Petar; 14. Jh.), die große Pfarrkirche St. Maria (Sveta Marija), die ihr heutiges Aussehen im Barock erhielt und das fürstliche Renaissancepalais Harašić, vor dem eine mit dem venezianischen Löwen verzierte Fahnensäule steht.

Splitska

Fährt man von Supetar an der Küste entlang in Richtung Osten, so erreicht man nach 4 km Splitska. Hier wurden in römischer Zeit die Quader aus den Bračer Steinbrüchen verladen und an die gegenüberliegende Festlandküste verschifft. An der Hafenbucht steht die im 16. Jh. erbaute Pfarrkirche St. Maria (Sveta Marija) mit einem hübschen, schlanken Turm und einem Madonnen-Gemälde von Leandro Bassano im Innern. Das mächtige Renaissance-Kastell der Familie Cerineo-Cerinić an der Abzweigung nach Škrip birgt eine schöne Tafel von Bernardin dei Conti aus dem späten 15. Jh. ("Muttergottes mit Kind").

1 km von Splitska entfernt, im Steinbruch Rasoha aus römischer Zeit, befindet sich noch eine in Stein gemeißelte Herakles-Figur aus dem 3. Jh., die bedeutendste antike Skulptur der Insel.

Rasoha

Škrip

Škrip, ein Ort mit heute kaum noch 500 Einwohnern (11 km südöstlich von Supetar), ist die älteste Siedlung auf Brač. In einem alten Wehrturm, der als solcher wohl schon von den Illyrern und Römern, schließlich von den Venezianern genutzt wurde, ist das Museum der Insel Brač mit einer archäologischen, ethnographischen und kulturgeschichtlichen Sammlung untergebracht. Gleich daneben sind Reste einer illyrischen Zyklopenmauer erhalten geblieben sowie – aus römischer Zeit – mehrere Gräber, Sarkophage und das Mausoleum eines hohen Würdenträgers. Zum Teil sind diese Funde in dem Museum des Radojković-Wehrturms ausgestellt. In der Pfarrkirche St. Helena (Sveta Jelena) aus dem 18. Jh. stammt ein Altarbild von dem venezianischen Künstler Palma Giovane. Über dem Ort thront eine Burg, die Anfang des 17. Jh.s erbaut wurde. Östlich von Škrip befinden sich die berühmten, heute von Strauchwerk überwucherten Steinbrüche, die schon in der Antike ausgebeutet wurden.

Postira

Von Splitska aus gelangt man auf der Küstenstraße nach Postira (1200 Einw). Das kleine Städtchen ist vor allem als Geburtsort des kroatischen Schriftstellers und Politikers Vladimir Nazor (→ Berühmte Persönlichkeiten) bekannt (1876–1949). Das Geburtshaus ist ein schönes Renaissancegebäude. Ebenfalls aus Postira stammt der Renaissance-Bildhauer Nikola Lazanić, dessen Familie im Ort ein Kastell besaß. Östlich von Postira, in der Bucht Lovrečina, stehen die Ruinen einer dreischiffigen altchristlichen Basilika, die wahrscheinlich bereits im 5. oder 6. Jh. erbaut wurde.

3 km südlich von Postira liegt Dol, interessant vor allem wegen der kleinen altkroatischen Kirchen rundherum sowie wegen den eingeschossigen, auf Naturfelsen erbauten Häusern, die besonders anschauliche Beispiele für die volkstümliche Architektur auf Brač darstellen.

Dol

Das an der Nordküste von Brač gelegene Städtchen Pučišća kennt man vor allem als Zentrum der Steinmetzkunst. Der berühmte Kalkstein von Brač wird in der Nähe von Pučišća abgebaut.

Pučišća

22 km östlich von Supetar liegt der zweitgrößte Ort der Insel, Pučišća (1700 Einw.). Die an einer tief eingeschnittenen Bucht gelegene Stadt ist touristisch eher unbedeutend, dafür aber als Zentrum der Steinmetzkunst bekannt, denn in der Nähe befinden sich gleich mehrere Steinbrüche. Schon im 15. Jh. wurden Steinblöcke aus Pučišća nach Šibenik verfrachtet, wo sie zum Bau der Kathedrale verwendet wurden. Aus der Blütezeit der Stadt im 15. und 16. Jh. sind noch mehrere Kastelle erhalten. Mehr als andere Siedlungen auf der Insel war Pučišća von den Türken bedroht. In der Pfarrkirche St. Hieronymus (Sveti Jerolim), 1566 erbaut und 1750 barockisiert, finden sich ein sehenswerter, dem hl. Antonius geweihter Altar, einige wertvolle Gemälde, außerdem ein Holzrelief aus der Renaissance von Franjo Čiočić. Im Pfarramt des Ortes wird die berühmte Urkunde Povljanska listina aufbewahrt (siehe Povlja).

Pražnice

6 km südlich von Pučisća liegt auf fast 400 m Höhe der kleine mittelalterliche Ort Pražnice. Auf dem Friedhof steht die romanisch-gotische Kirche St. Cyprianus (Sveti Ciprijan), die ein steinernes Renaissancerelief aus der Werkstatt von Niccolo Fiorentino bewahrt.

Selca

Über Gornij Humac erreicht man die Ortschaft Selca. Die etwas oberhalb des Dorfes gelegene Nikolauskirche (Sveti Nikola) aus dem 11./12. Jh. zählt zu den bedeutendsten mittelalterlichen Baudenkmälern auf der Insel. Außerdem steht in dem Ort ein Denkmal zu Ehren des russischen Schriftstellers Leo Tolstoj, das dort bereits 1911, ein Jahr nach seinem Tod, aufgestellt wurde.

Povlja

6 km nördlich von Selca liegt Povlja. Der Ost am nordöstlichen Ende der Insel Brač war in antiker Zeit Ankerplatz für römische Galeeren. Tatsächlich sind noch Mauerreste aus römischer Zeit erhalten. In das Baptisterium der

Brač, Povlja (Fortsetzung)

Pfarrkirche sollte man wegen der dortigen Fresken und dem altchristlichen Taufbecken, Relikt einer Basilika aus dem 5./6. Jh., einen Blick werfen. der Wehrturm neben der Kirche wurde im 16. Jh. zum Schutz gegen die Türken erbaut wurde.
In der Umgebung von Povlja finden sich einige hübsche Badebuchten. Da es bislang nur ein Hotel gibt, ist der Ort ruhig und beschaulich geblieben.

"Povljanska listina"

Povljas Name bleibt aber vor allem mit einem bedeutenden Zeugnis kroatischer Schriftkultur verbunden, der "Povljanska listina". Es handelt sich um die Liste der Besitztümer einer Benediktiner-Abtei aus dem Jahr 1250. Die in kyrillischen Lettern geschriebene Urkunde ist die älteste in kroatischer Sprache.

Brijuni (Inselgruppe) F 2

Kroatien, Gespanschaft Istrien
Höhe: 0 – 50 m ü. d. M.

Lage und *Bedeutung

Der aus 14 kleinen Inseln und winzigen Inselchen bestehende Archipel vor der südwestlichen Küste Istriens, nur wenige Kilometer Luftlinie von Pula entfernt, gilt als kleines Naturparadies mit einer ungewöhnlich üppigen Vegetation. Was Brioni – so der italienische und auch deutsche Name – darüber hinaus zu bieten hat, ist eine reiche Vergangenheit, der man an vielen Orten nachspüren kann. Außerdem hat die Inselgruppe offenbar schon immer illustre Persönlichkeiten angezogen, wohlhabende römische Bürger in der Antike ebenso wie österreichische Industrielle um die Jahrhundertwende; das Staatsoberhaupt des kommunistischen Jugoslawien ebenso wie den kroatischen Präsidenten Franjo Tudjman (siehe dazu das *Baedeker*

Schon im Altertum galt Brijuni als angenehmes Refugium – die Mauerreste des großzügigen römischen Landsitzes sind Zeugnis dafür.

Special S. 74). Bis nach Titos Tod waren die Inseln weitgehend gesperrt, und auch heute noch ist nur Veli Brijun für jedermann zugänglich.

Anreise

Von dem kleinen Küstenort Fažana (→ Pula, Umgebung) und von Pula aus werden organisierte Ausflugsfahrten nach Brijuni angeboten, in denen ein Besichtigungsprogramm enthalten ist. Rechtzeitige Anmeldung (mindestens einen Tag im voraus) in den Touristbüros von Pula bzw. in Fažana ist erforderlich. Auch von Rovinj aus gibt es die Möglichkeit zu einer Ausflugsfahrt nach Brijuni. Besucher, die in einem der Hotels auf Brijuni wohnen, können von Fažana aus häufiger übersetzen.

*Nationalpark

Die Brijuni-Inseln wurden 1983 zum Nationalpark erklärt. Dieser umfaßt eine Fläche (einschließlich Meer) von 36 km². Die größte Insel ist Veli Brijun mit 690 ha. Bedeutend kleiner sind Mali Brijun, Sveti Marko, Gaz, Obljak (Okrugljak), Supin, Supinić, Galija, Grunj, Vanga, Pusti (Madona), Vrsar, Sveti Jerolim und Kotež (Kozada).
Das rot gefärbte Gestein der Inseln belegt, daß sie ursprünglich mit dem Festland von Istrien verbunden waren, von dem sie sich erst vor etwa 10 000 Jahren lösten. Am Kap Barban an der Nordostspitze von Veli Brijun kann man im Gestein die Fußabdrücke eines Dinosauriers sehen. Die Vegetation der Inseln ist außerordentlich vielfältig: Über 700 einheimische, aber auch zahlreiche exotische Pflanzen gedeihen hier, Pinien, Lorbeerbäume, Myrten, Aleppo-, Strand- und Schwarzkiefern, Erdbeerbäume, Zypressen, Libanonzedern, Steineichen, Agaven, Eukalyptusbäume, Palmen und viele mehr. Ursprünglich waren die Inseln hauptsächlich mit Macchia bedeckt, bis man Ende des vergangenen Jahrhunderts damit begann, die Hauptinsel Veli Brijun in einen großen Park umzuwandeln.

Geschichte

Daß die Brionischen Inseln bereits in prähistorischer Zeit besiedelt waren, ist durch Grabfunde, Fluchtburgen, Gebrauchsgegenstände aus Stein und Metall bestätigt. Im Jahr 177 v. Chr. geriet Brijuni wie auch die gegenüber-

Geschichte (Fortsetzung)

liegende Festlandküste unter römische Herrschaft. Schon damals nutzten reiche Bürger aus dem nahen Pietas Juliae (Pula) die Inseln als Sommerfrische. Nach dem Ende der römischen Herrschaft wechselten die Brijuni-Inseln häufig den Besitzer; 1331 schließlich übernahm Venedig auch hier das Ruder. Das Interesse an Brijuni ließ jedoch im Laufe der Jahrhunderte deutlich nach, so daß die Inseln verödeten.
Die zweite Blüte von Brijuni wurde durch den österreichischen Fabrikanten Paul Kupelwieser initiiert, der die Inseln 1893 für 75 000 Gulden erwarb und sie in ein exklusives Urlaubsparadies verwandelte. Er ließ Badeanstalten und Hotels bauen, Macchia roden und Wein anbauen, Strom-, Telefon- und Wasserleitungen legen und die archäologischen Fundstätten sichern. Gärtner machten weite Flächen der Hauptinsel Veli Brijun zu Blumen- und Pflanzenparadiesen. Der bekannte Bakteriologe Robert Koch wurde gerufen, um die Sümpfe trockenzulegen und die Inseln von der Malaria zu befreien. In den Jahren vor dem Ersten Weltkrieg gaben sich auf Brijuni Geldadel und Geburtsadel ein Stelldichein. Der deutsche Kaiser Wilhelm II. traf sich 1912 auf Brioni mit dem österreichischen Erzherzog Franz Ferdinand. Im Zweiten Weltkrieg waren die Inseln zuerst von italienischen, dann von deutschen Truppen besetzt. Noch im April 1945 kam es zu alliierten Luftangriffen vor allem auf Veli Brijun, weil sich dort SS-Truppen verschanzt hatten. Nach dem Zweiten Weltkrieg machte Tito die Brijuni-Inseln zu seiner Sommerresidenz.

Sehenswertes auf Veli Brijun

Hafen

Der Hafen von Veli Brijun liegt an der Ostküste der Insel. Dort befinden sich auch die Hotels, die alle zur gehobenen Kategorie gezählt werden müssen. Die Sehenswürdigkeiten und Parks sind durch eine Mini-Eisenbahnstrecke verbunden (Benutzung im Ausflugsprogramm von Pula bzw. Fažana aus inbegriffen). Man kann die Insel auch mit dem Fahrrad oder mit einem Elektromobil erkunden. Einen Badestrand gibt es ebenfalls an der Ostküste, nicht weit vom Hafen entfernt.

Brijun

In der Nähe des Hafens, etwa in der Mitte der Insel, liegt auch der Ort Brijun, mit dem bedeutendsten mittelalterlichen Bauwerk auf Veli Brijun, einem viereckigen Wehrturm aus dem 12. Jahrhundert. Gleich daneben wurde Anfang des 16. Jh.s ein Kastell errichtet (1955 wiederaufgebaut). Es beherbergt ein Heimatmuseum mit archäologischen und kulturgeschichtlichen Exponaten. Unter freiem Himmel aufgestellt sind rund 70 Skulpturen , darunter auch ein Gedenkbrunnen für Tito aus dem Jahr 1955 von Frano Kršinić.

Festung Tegetthoff

Südlich des Ortes blieben Teile des österreichischen Befestigungssystems aus dem 19. Jh. erhalten (Festung Tegetthoff). Hier befand sich lange auch ein zoologischer Garten mit Bären, Löwen, Tigern, Leoparden, Panthern, Pumas und Geparden.

*Villa rustica (Abb. S. 71)

An der Ostküste von Veli Brijun, in der Bucht Verige, wurden die Überreste eines römischen Landsitzes freigelegt. Die terrassenförmig an den Hang gebaute, nahezu 5 ha große villa rustica zieht sich mehr als einen Kilometer an der Küste entlang. Im Zentrum der Anlage standen drei Tempel, die Venus, Neptun und einer weiteren, nicht näher bekannten Gottheit geweiht waren. Im Umkreis der Tempel befanden sich Priesterwohnungen, Stallungen, Thermen, Magazine und Empfangsräume. Miteinander verbunden waren die verschiedenen Gebäude durch einen zum Meer hin offenen Wandelgang.

*Byzantinisches Castrum

An der Westküste der Insel, in der Bucht Dobrika, kann man die Ruinen eines byzantinischen Castrums besichtigen. Der Gebäudekomplex mit starken Wehrmauern und -türmen wurde bis ins 14. Jh. genutzt. Die genaue Bauzeit dieses Castrums ist ungeklärt; sicher ist nur, daß die byzanti-

Baedeker Special

Prominenz unter sich

Daß die Mächtigen dieser Welt sich nur allzugern dem privaten Luxus hingeben, ist hinlänglich bekannt – Beispiele dafür gibt es in der Geschichte genug, vom römischen Kaiser Nero bis hin zum französischen König Ludwig XIV. Josip Broz Tito, der Kommunistenführer, war da keine Ausnahme. Im Gegenteil, dieser aus einfachsten Verhältnissen stammende Mann ist ein besonders eindrucksvolles Beispiel für die Freude an Prunk und weltlichen Vergnügungen.

Noch heute wird darüber gestritten, wieviele Wochenendhäuser, Residenzen, Jagdhütten und ganz allein für ihn bestimmte Nobelherbergen er bei seinen Reisen durchs Land nutzte. War es ein Dutzend, waren es zwanzig? Oder gar noch mehr? Sicher ist nur soviel: Der Arbeiterführer hatte eine Lieblingsresidenz: Brioni. Dort verbrachte er fast immer die Sommermonate, und sein 'Hofstaat' sorgte dafür, daß es dem Präsidenten und Marschall der Sozialistischen Föderativen Republik Jugoslawien an nichts fehlte. Nur zu gern empfing Tito auf Brioni wichtige Staatsgäste. Gewöhnlichen Sterblichen war es dann vorbehalten, die Barkassen mit prominenten Besuchern von der Ferne zu beobachten, wenn sie in Fažana bei Pula ab- oder anlegten.

Die herrliche Brionische Inselwelt war Sperrgebiet. Wer aber doch in den Genuß einer Sondergenehmigung gekommen war, der konnte hier alles treffen, was Rang und Namen hatte im früheren Jugoslawien: persönliche Berater Titos, Generäle und Admiräle, ZK-Mitglieder und Parteifunktionäre. Auch ausländische Politiker und andere Persönlichkeiten, darunter Nikita Chruschtschow, Willy Brandt, aber auch Filmschauspieler wie Liz Taylor und Richard Burton, machten dem hochangesehenen Staatsmann auf Brioni ihre Aufwartung. Tito hatte für seine Gäste luxuriöse Domizile bauen oder herrichten lassen, so die Villa Jadranka, die Weiße Villa und die Villa Brionka. Selten ließ er es sich nehmen, den Besuchern persönlich die mediterrane Pflanzenwelt oder die historischen Gemäuer zu zeigen. Wichtige, politische Entscheidungen wurden ebenfalls hier getroffen. In den 50er Jahren entwickelte Tito auf Brioni gemeinsam mit Indiens Präsident Nehru und Ägyptens Staatschef Nasser die Idee der blockfreien Staaten, und 1966 wurde hier der Serbe Alexander Ranković, Polizeichef Jugoslawiens und lange Zeit der zweitmächtigste Mann in der Partei, seiner Posten enthoben.

Als Hausherr der Inseln trat der 1999 verstorbene erste Präsident des unabhängigen Kroatien, Franjo Tudjman, zu Beginn der 90er Jahre wie selbstverständlich die Nachfolge des Kommunisten Tito an. Auch er erkor sich Brioni als Sommerresidenz, auch er empfing dort wichtige Gäste. Tudjman begeisterte sich wie sein Vorgänger für das großbürgerliche Ambiente. Titos private Insel Vanga wurde sein Reich. Die einstige Residenz des frühe-ren jugoslawischen Staatschefs ließ er zu diesem Zwecke eigens renovieren und erweitern. Für Ausflüge lag im Hafenbekken eine riesige Luxusjacht bereit, und ein Hubschrauberlandeplatz stand Franjo Tudjman hier ebenfalls zur Verfügung.

Skurrile Geschichten wurden in den kroatischen Medien um Titos einstigen Liebling, den Papagei Koko, kolportiert. Während die einen behaupteten, daß Koko längst verschieden sei, erzählten andere, Koko sei noch am Leben, doch habe er sich nicht an die neue Zeit anpassen können. Statt "Kako si Franjo?" (Wie geht es Dir, Franjo?) habe er nach wie vor "Kako si Tito?" (Wie geht es Dir, Tito?) gefragt. Und das, so wurde gemunkelt, ärgerte Tudjman natürlich sehr.

nische Herrschaft auf den Brijuni-Inseln mit kurzen Unterbrechungen von 539 bis 778 dauerte.

Brijuni, Castrum (Fortsetzung)

Basilika

In der Gospa-Bucht sind noch Ruinen einer frühchristlichen dreischiffigen Basilika aus dem 6. Jh. erhalten. Die Benediktiner errichteten neben dem Gotteshaus später eine Abtei, die sie im 14. Jh. nach einer Epidemie auf der Insel verließen.

Villa Brionka, Weiße Villa

In der nahegelegenen, 1957 erbauten Villa Brionka nächtigten Titos Gäste. Am Nordufer der Bucht steht die Weiße Villa (Bijela vila), ein Gebäude aus venezianischer Zeit, das 1721 restauriert wurde. Es diente Tito zu Empfängen und wichtigen politischen Begegnungen, zum Beispiel mit der englischen Königin Elisabeth II. Ebenfalls als Unterkunft für Staatsgäste diente die etwas nördlicher gelegene Villa Jadranka.

Villa Jadranka

Safaripark

Exotische Tiere wie Elefanten, Antilopen, Gazellen, Zebras, Steinböcke und Kamele gibt es im Safaripark im Nordosten der Insel. Heimische Tierarten wie Hirsche, Rehe, Hasen oder Pfauen und Mufflons, leben hier in freier Wildbahn.

Insel Vanga

Eine halbstündige Bootsfahrt von Veli Brijun entfernt liegt in westlicher Richtung die kleine Insel Vanga. Hier befindet sich Titos eigentliches Privatanwesen, das er von 1954 bis zu seinem Tod 1980 für politische Gespräche und private Begegnungen nutzte.

Buzet C 3

Kroatien, Gespanschaft Istrien
Einwohnerzahl: 800
Höhe: 151 m ü. d. M.

Lage und Bedeutung

Das hübsche Städtchen liegt auf einem Hügel am Fuße des Ćićarija-Massivs, exakt in der Mitte Nordistriens: Nach Rijeka sind es 48 km, nach Poreč an der istrischen Westküste 45 km. Nur 10 km nördlich verläuft die kroatisch-slowenische Grenze; leicht ist Buzet daher auch von Koper oder der slowenischen Hauptstadt Ljubljana aus zu erreichen. Da die Hauptverkehrsadern im Mirna-Tal liegen und sich dort kreuzen, bleibt das kleinstädtische Leben im alten Ortskern ungestört. Die Region von Buzet, Buzeština genannt, hat für Kroatien eine eminente historische Bedeutung, denn hier befand sich einst ein Zentrum des glagolitischen Schrifttums (→ Natur, Kultur, Geschichte, Kapitel “Sprache und Literatur”).

Geschichte

In der Stadt und in ihrer unmittelbaren Umgebung wurden Siedlungsspuren aus der Völkerwanderungszeit entdeckt, u. a. auch ein Vorratslager aus der Zeit der langobardisch-awarisch-slawischen Migration. Buzet selbst gilt als slawische Gründung. Im Mittelalter gehörte der Ort den Patriarchen von Aquileja und verschiedenen kleineren Feudalherren, ehe er 1421 von den Venezianern eingenommen wurde. Zeitweise war Buzet Sitz des Militärverwalters von Venezianisch-Istrien. In den vergangenen Jahrzehnten hat sich Buzet in der Talebene ausgebreitet.

Sehenswertes

Von der Stadtmauer, die die Venezianer im 15. und 16. Jh. zum Schutz vor den Türken errichten ließen, sind das Große Tor (Vela vrata; 1547) und das Kleine Tor (Mala vrata; 1592) erhalten geblieben. Oben auf dem Hügel, auf einer in den Fels gehauenen Terrasse, steht die Pfarrkirche Mariä Himmelfahrt (Uznesenje Bogorodice), die ihr heutiges Aussehen Ende des 18. Jh.s erhielt. In der Bruderschaftskirche St. Georg (Sveti Juraj) am Nordrand der Altstadt befindet sich ein Gemälde aus der Schule von Tiepolo (“Wunder des hl. Antonius von Padua”). Einblicke in die Geschichte der Buzeština gewährtdas Heimatmuseum in Buzet. Neben archäologischen Funden

Sehenswertes (Fortsetzung)

werden hier vor allem ethnographisch und kulturgeschichtlich interessante Stücke gezeigt, so etwa Trachten und Möbel, aber auch Werkstätten von Bäckern, Töpfern, Kammachern, Schuhmachern und Schmieden.

Umgebung von Buzet

***Roč**

Nach 10 km Fahrt auf der Straße nach Rijeka kommt man in das mittelalterliche Städtchen Roč. In der Umgebung sind einige altslawische Gräber gefunden worden. Die Stadt besaß einige bedeutsame glagolitische Schriften geistlichen und weltlichen Inhalts. Diese Kodizes, Breviare und Meßbücher werden heute in Museen in aller Welt aufbewahrt, u. a. in Wien, Kopenhagen und Zagreb. In der Nähe von Roč wurde das bekannte Novak-Missale gedruckt, das als Vorlage für das erste gedruckte kroatische Buch (1483) diente.

Sehenswertes

Ein Großteil der Stadtmauern und der Wehrtürme von Roč ist noch intakt. Wer den Wagen außerhalb der Mauern abstellt, um zu Fuß ins Innere dieser wehrhaften Stadt zu gelangen, hat unweigerlich das Gefühl, die Zeit sei stehengeblieben. Indes zeigen spielende Kinder und die an einer Leine im Wind flatternde Wäsche an, daß hier durchaus noch Menschen leben. Viele sind es allerdings nicht mehr, so daß das Städtchen wie ein Freilichtmuseum wirkt – keines jedoch, in das große Touristenscharen strömen. Das bedeutendste mittelalterliche Bauwerk in Roč ist die romanische Kapelle St. Rochus (Sveti Rok). Im Innern dieser Kirche sind Fresken aus dem 14. und 15. Jh. zu sehen. Von der einstigen Blüte des Städtchens zeugt auch die dreischiffige Bartholomäuskirche (Sveti Bartol). Der freistehende barocke Glockenturm ist 1676 errichtet worden. Unmittelbar neben der Bartholomäuskirche steht die gotische Antoniuskirche (Sveti Antun) aus dem 12. Jahrhundert. In den Votivkreuzen dort ist das glagolitische Abecedarium von Roč (um 1200) eingeritzt.

Glagoliter-Allee

Nicht nur Roč, sondern auch das 6 km südlich gelegene Dorf Hum ist eng mit der Pflege der glagolitischen Schrift (→ Natur, Kultur, Geschichte, Kapitel "Sprache und Literatur") verbunden. Die zehn Skulpturen entlang des schmalen, leicht ansteigenden Landsträßchens von Roč nach Hum nehmen darauf Bezug. Die steinernen Bildwerke, Ende der 70er, Anfang der 80er Jahre entstanden, erinnern an historische Persönlichkeiten, die an der Entstehung und Verbreitung dieser Schrift mitgewirkt haben, so z. B. an die ersten 'Slawenapostel' Kyrill und Method (9. Jh.) oder an den kroatischen Bischof Grgur von Nin (9./10. Jh.).

****Hum**

Den Abschluß der Glagoliter-Allee bildet das Stadttor von Hum, ein massives, zweiflügeliges Tor mit Türgriffen in Form von Ochsenhörnern. Die Inschriften in den Türklopfern enthalten Willkommensgrüße. Halbkreisförmig sind am Tor oben zwölf Medaillons mit Darstellungen des Landlebens angebracht. Die 'kleinste Stadt der Welt', wie Hum ganz offiziell genannt werden darf, zählt heute noch knapp 20 Einwohner. Die meisten von ihnen dürften mit der Zubereitung der leiblichen Genüsse in der Humer Weinstube (Humska Konoba mit einigen deftigen istrischen Spezialitäten; → Praktische Informationen, Restaurants) zu tun haben.

Ortsbild

Das Ortsbild von Hum gleicht einer Filmkulisse: Wären da ein paar Waschfrauen, gesattelte Pferde, der Karren eines Marketenders und womöglich noch ein gespornter Edelmann – man glaubte sich in einen Mantel- und Degenfilm versetzt.

Sehenswertes

Bereits in prähistorischer Zeit und während der Völkerwanderung besiedelt, entstand Hum im Mittelalter als Schutzort und Verteidigungssiedlung. Von der einstigen Wehrhaftigkeit der Stadt zeugen nicht nur die gut erhaltenen Türme, Tore und Mauern, sondern auch die Ruinen des Kastells. Der mächtige, 22 m hohe Glocken- und Verteidigungsturm wurde im 16. Jh.

Umgebung von Buzet, Hum (Fortsetzung)

errichtet. Gleich daneben befindet sich die kleine, rustikal wirkende Stadtloggia, einst Mittelpunkt des Humer Lebens. Die heutige Pfarrkirche Maria Himmelfahrt (auch Kirche St. Petrus und Paulus genannt) mit einer klassizistischen Fassade entstand 1802 an der Stelle einer Vorgängerkirche.

Das Ölgemälde über dem Hauptaltar aus dem 16. Jh. stammt von dem venezianischen Maler Baldassare d'Anna. Die Kirche besitzt eine wertvolle Sammlung von spätgotischen Kelchen, Monstranzen und anderem Kirchengerät. Auf dem Friedhof, wenige Meter außerhalb der Stadtmauer, steht die romanische Hieronymuskirche (Sveti Jeronim) mit wertvollen Fresken aus dem 12. Jh., die noch den Einfluß der byzantinischen Malerei erkennen lassen.

*__Draguć__

14 km südöstlich von Buzet liegt auf einem Plateau der kleine, überaus malerische Ort Draguć. Wie auch andere Dörfer und Städte in der Umgebung wurde Draguć im Mittelalter von den Venezianern befestigt – vor allem wegen der Türken, aber auch der berüchtigten Uskoken wegen, die von Senj bis hierhin ins Landesinnere Istriens vordrangen.

Sehenswertes

Am Ortseingang, an der einzigen Zufahrtsstraße, steht auf dem Friedhof die romanische Elisäuskirche (Sveti Elizej). In ihr kann man romanische Wandmalereien sehen, die wohl aus dem 13. oder 14. Jh. stammen. Auf der anderen Seite von Draguć befindet sich ein weiteres Kleinod, die im 16. Jh. erbaute Votivkirche St. Rochus (Sveti Rok). Die dortigen Fresken, ein sehenswertes Beispiel für die volkstümliche Malerei in der Zeit der Renaissance, schuf im 16. Jh. ein Künstler namens Anton aus Padova.

Motovun

→ dort

Cavtat U 29

Kroatien, Gespanschaft Dubrovnik-Neretva
Höhe: 2 m ü. d. M.
Einwohnerzahl: 1500

*Lage und Allgemeines

Cavtat ist die südlichste Küstenstadt Kroatiens. Der Ort liegt auf einer weit ins Meer hineinragenden, bewaldeten Halbinsel, 17 km südlich von Dubrovnik. Seine Lage an einer schönen Bucht (Župski zaljev), die hübsche Strandpromenade, Hotels unterschiedlichster Kategorien mit einem breitgefächerten Freizeitangebot und einige kunsthistorische Sehenswürdigkeiten machen es zu einem beliebten Reiseziel. In den 1980er Jahren gehörte es zu den meistbesuchten Seebädern an der kroatischen Adria. Tagesausflüge nach Dubrovnik sind von Cavtat aus problemlos möglich, denn zwischen dem Badeort und Dubrovnik bestehen gute Busverbindungen. Zum Dubrovniker Flughafen Čilipi sind es von Cavtat aus nur 3 km.

Freizeit- und Bademöglichkeiten

Wassersport und Baden werden in Cavtat groß geschrieben. Schöne Fels- oder Kiesstrände findet man vor allem auf der parallel zur Altstadthalbinsel gelegenen Landzunge Sustjepan, wo sich auch das Croatia, das größte Hotel von Cavat, befindet.

Geschichte

Die Halbinsel wurde bereits im 7. Jh. v. Chr. von Illyrern besiedelt. Im 4. Jh. gründeten Griechen an dieser Stelle die Stadt Epidauros. Der Name rührt von dem Asklepios-Heiligtum und der gleichnamigen Handels- und Hafenstadt auf der Halbinsel Peloponnes her. Im 3. Jh. v. Chr. nahmen Römer die Stadt ein und nannten sie fortan Epidaurum. Im 4 Jh. n. Chr. wurde diese Siedlung durch ein Erdbeben weitgehend zerstört. Dabei versank der größte Teil von Epidaurum in der Bucht. Als die Awaren und Slawen die wiederaufgebaute Stadt im 7. Jh. erneut zerstörten, flüchteten die Einwohner und gründeten am nördlichen Ende der Bucht Ragusa (Dubrovnik) – deshalb

Geschichte (Fortsetzung)

wurde Cavtat früher auch Ragusavecchia, 'das alte Ragusa', genannt. Eine Stadt entstand an der Stelle des einstigen Epidauros erst wieder im 15. Jh., als sich hier nun umgekehrt Bürger und Kaufleute aus Ragusa niederließen. Noch im selben Jahrhundert gelangte Cavtat durch Kauf in den Besitz Dubrovniks. Zu der unabhängigen Handelsrepublik gehörte das Städtchen bis 1806, als französische Truppen Istrien und Dalmatien besetzten. Der Fremdenverkehr in Cavat entwickelte sich erst seit den 60er Jahren dieses Jahrhunderts kontinuierlich. Die Zerstörungen aus der Zeit der serbischen Besetzung 1991/92 hielten sich in Grenzen – sie waren auf jeden Fall weit weniger schlimm als im benachbarten Dubrovnik.

Sehenswertes in Cavtat

*Uferpromenade

Mittelpunkt Cavtats ist die geschwungene, von Palmen beschattete Uferpromenade. Hier befinden sich einige Cafés und kleine Läden, Cavtats bedeutendste Bauwerke und natürlich der große Hafen (für Fischerboote und Jachten).

Cavtat – beliebter Badeort im äußersten Süden von Dalmatien

Rektorenpalast (Stadtmuseum)

Am Beginn der Uferpromenade (Obala Dr. Ante Starčevića, früher Titova obala) steht der ehemalige Rektorenpalast (Knežev dvor), in dem einst der aus Ragusa entsandte Kapitän amtierte. Das Renaissance-Gebäude, um 1550 errichtet, beherbergt heute das Stadtmuseum, das allemal einen Besuch lohnt. Untergebracht sind hier eine bedeutende Sammlung von Graphiken aus dem früheren Besitz des Rechtswissenschaftlers und Historikers Baltazar Bogišić (1834–1908), eine Münzsammlung und eine Bibliothek mit 15 000 Bänden, ebenfalls aus dem Besitz von Bogišić, außerdem eine Reihe volkskundlicher Exponate wie z. B. alte Trachten und Waffen. Von dem Maler Vlaho Bukovac (1855–1922), einem Freund von Bogišić und Wegbereiter des Impressionismus in Kroatien, besitzt das Museum einige Gemälde.

Zwischen dem Rektorenpalast und dem Ufer befindet sich in einer kleinen Grünanlage ein Denkmal des aus Cavtat stammenden Gelehrten Bogišić. Neben dem Rektorenpalast sind noch Reste der einstigen Stadtbefestigung zu sehen.

Denkmal für Bogišić

Gleich neben dem Rektorenpalast erhebt sich die Bischofskirche St. Nikolaus. Das ursprünglich mittelalterliche Gotteshaus erhielt im 17. Jh. nach dem schweren Erdbeben ein barockes Kleid. Auch der Campanile mit einem später eingebauten, pseudo-romanischen Zwillingsfenster stammt aus dem 17. Jahrhundert. Im Innern sind der Altar eines sizilianischen Künstlers aus dem frühen 19. Jh. beachtenswert sowie zwei Altarbilder desselben Malers mit Ansichten der Städte Cavtat und Dubrovnik, auf denen auch die jeweiligen Schutzpatrone Nikolaus und Blasius abgebildet sind. Auch in dieser Kirche finden sich Gemälde von Vlaho Bukovac.

Sv. Nikola

In der kleinen Gasse, die zwischen dem Museum und Sv. Nikola bergan führt, liegt rechterhand die Galerie Bukovac (auch Pinakothek genannt) mit Zeichnungen und weiteren Bildern von Bukovac, sowie Möbeln und anderen Erinnerungsstücken des bekannten kroatischen Malers. Er wurde in diesem Haus geboren.

Galerie Bukovac

Am anderen Ende der Uferpromenade steht das Franziskanerkloster mit der Kirche St. Blasius. Der einschiffige Sakralbau wurde in der zweiten Hälfte des 15. Jh.s errichtet. Die Kirche selbst und der sich anschließende Kreuzgang weisen Merkmale sowohl der späten Gotik als auch der beginnenden Renaissance auf. In der Seitenkapelle hängt ein schönes Bild des aus Kotor (Montenegro) stammenden Malers Lovro Dobričević, das ebenfalls schon deutlich den Einfluß der italienischen Renaissance erkennen läßt. Wie in der Nikolauskirche befindet sich auch hier ein monumentales Fresko von Vlaho Bukovac mit einer Ansicht von Cavtat.

Sv. Vlaho

Direkt hinter Kirche und Kloster kann man auf einem Stufenweg eine bewaldete Anhöhe, den höchsten Punkt der Halbinsel, erreichen. Oben liegt nicht nur ein Friedhof, hier steht auch das Mausoleum der Cavtater Reederfamilie Račić, 1920–1922 von Kroatiens berühmtem Bildhauer Ivan Meštrović (→ Berühmte Persönlichkeiten) geschaffen. Der Eingang des 13,5 m hohen Kuppelbaus wird von zwei säulenförmigen Karyatiden flankiert, die Mutterschaft und Schöpfung symbolisieren sollen. Auf der Kuppel steht ein Engel, der die Gebete für die Verstorbenen sammelt und sie gen Himmel schickt. In die Innenwände sind gleichfalls Engelsköpfe eingelassen. Von dem Mausoleum aus hat man einen herrlichen Blick auf die Bucht Župski zaljev.

*Mausoleum

Umgebung von Cavtat

Südöstlich von Cavtat breitet sich das fruchtbare Konavle-Tal aus, in dem vor allem Wein angebaut wird. Außerdem gedeihen hier Feigen und Oliven, Obst und Gemüse – nicht umsonst wird die Gegend als ‘Garten Dubrovniks’ bezeichnet. Das weitläufige Tal, dessen Name auf ein ausgeklügeltes System von Kanälen (canales) aus antiker Zeit zurückgeht, wird auf der Seeseite von einem dichtbewaldeten, halbhohen Höhenzug und im Landesinnern von dem 1324 m hohen Snježnica-Massiv eingerahmt. Nördlich davon verläuft die Grenze zu Bosnien-Herzegowina, genauer zur Serbischen Republik, östlich davon ist die Grenze zu Montenegro (Bundesrepublik Jugoslawien). Einen ganz unverwechselbaren Charakter verleihen der Landschaft von Konavle die vielen schlanken Zypressen, die wohl nirgendwo an der dalmatinischen Küste in dieser Häufigkeit anzutreffen sind.

*Konavle-Tal

Die Gegend ist für ihre ungewöhnlichen Trachten bekannt: Die Frauen tragen eine eigenartige weiße Kopfbedeckung, die manch einen an die Hauben von Klosterfrauen erinnern mag.

Lokale Besonderheit

Cavtat, Umgebung Gruda

Der Hauptort von Konavle, Gruda, liegt knapp 16 km südöstlich von Cavtat. In der Nähe, wenige Kilometer nördlich, befindet sich das traditionsreiche Restaurant Konavoski dvori (Konavler Hof) direkt neben einem wildromantischen Bach.

Molunat

Noch einmal ungefähr 10 km weiter südöstlich liegt Molunat, der letzte und südlichste kleine Badeort an der kroatischen Küste. Umgeben von dichtem Grün, befindet sich der Ort genau an der Stelle, wo das Festland in die kleine Halbinsel Rat übergeht, so daß Molunat zwei Buchten hat. Von hier aus kann man die langgestreckte Halbinsel Prevlaka überblicken, die weit in die (montenegrinische) Bucht von Kotor hineinragt – während des Krieges im früheren Jugoslawien ein höchst umstrittener Landzipfel. In der Nähe von Molunat wurden prähistorische Gräber gefunden.

Cres (Insel) D – H 5/6

Kroatien, Gespanschaft Primorsko-Goranska/Rijeka
Höhe: 0 – 650 m ü. d. M.
Bewohnerzahl: 3200

Allgemeines und *Landschaftsbild

Kahle Hügelketten, von unzähligen Trockenmäuerchen zum Schutz gegen die heftige Bora überzogen – das ist der erste Eindruck, mit dem Cres seine Besucher empfängt. Ganz so unwirtlich, wie es auf den ersten Blick scheinen mag, ist die knapp 68 km lange und zwischen 2 und 13 km breite Insel in der Kvarner Bucht dann aber doch nicht. Die 404 km² Inselfläche bedecken im nördlichen Teil auch kleine Wälder mit Steineichen und Hainbuchen, während es weiter im Süden sogar Olivenhaine und Weingärten gibt. Landwirtschaft, Fischfang, Bootsbau und Schafzucht bildeten jahrhundertelang die Haupterwerbsquellen der Inselbewohner. Viele von ihnen sind abgewandert, nur die größeren oder günstig gelegenen Dörfer haben überlebt. Der Tourismus auf Cres konzentriert sich auf ein paar Orte – Cres, Osor, Martinšćica und Valun –, und auch dort geht es immer noch etwas gemächlicher zu als auf der benachbarten Insel Lošinj. Hotels und Restaurants gibt es noch nicht im Überfluß, und die Privatzimmer sind im Sommer oft schon lange im voraus ausgebucht. Alle Zimmer werden zentral vom Tourismusbüro in Cres vermittelt. Dagegen ist die Situation für Campingfreunde recht gut: Neben ein paar kleineren Plätzen besitzt die Insel mit Kovačine und Baldrian zwei große Anlagen mit allen notwenigen Einrichtungen. Die insulare Küche ist einfach, aber schmackhaft – vor allem dann, wenn es sich um Lammgerichte handelt.

Anreise

Cres ist durch zwei Fährlinien erreichbar: Zwischen Brestova (etwa 30 Kilometer südlich von Opatija) und Porozina sowie zwischen Valbiska (Krk) und Merag (auf der Höhe von Cres) bestehen regelmäßige Fährverbindungen.

Freizeit- und Bademöglichkeiten

Das größte Freizeitangebot hat man in den Feriensiedlungen (Hotelanlage Kimen und Camingplatz Kovačine) westlich der Stadt Cres. Sie liegen nur wenige Gehminuten vom Ortskern entfernt. Die dortigen Fels- und Kiesstrände, zum Teil auch mit betonierten Liegeflächen und FKK-Bereich, gehören zu den schönsten auf der Insel. Bekannt sind auch die Strände bei Valun und im Süden von Cres, bei Punta Križa. Von der Stadt Cres aus bieten sich viele Möglichkeiten zu Bootsausflügen, u. a. zur 'Blauen Grotte' an der Westküste, unterhalb von Lubenice. Skipper können in der großen Marina von Cres (sehr geschützt) ihre Boote anlegen.

Geschichte

Die historische Entwicklung von Cres ist nahezu identisch mit der Geschichte der Nachbarinsel → Lošinj. Die ältesten Funde, die auf eine menschliche Besiedlung schließen lassen, stammen aus der Jungsteinzeit und wurden in Höhlen auf Cres gefunden. Die Illyrer gründeten die beiden

Das Städtchen Cres ist der Dreh- und Angelpunkt auf der gleichnamigen Insel. Damit auch Skipper hier bequem an Land gehen können, wurde südlich der Altstadt eine große, moderne Marina gebaut.

Geschichte (Fortsetzung)

Orte Cres und Osor, wobei Osor wegen seiner strategisch günstigen Lage die größere Bedeutung zukam. Römer, Byzantiner und Kroaten regierten nacheinander die Insel. Während der Zugehörigkeit zu Venedig (1409–1797) stagnierte die wirtschaftliche Entwicklung; insbesondere Handel und Seefahrt gingen zurück, da von der 'Serenissima' keine Konkurrenz geduldet wurde. Im 19. Jh., unter österreichischer Herrschaft, lebten die Inseln wirtschaftlich wieder auf, doch mit dem Aufkommen der Dampfschiffahrt verloren die Inselbewohner einen wichtigen Erwerbszweig, den Schiffsbau. Heute ernähren Landwirtschaft (Schafzucht, Wein- und Olivenanbau) und Tourismus die Mehrheit der Bewohner.

Beli

Lage

Beli, der einzige bedeutendere Ort im Norden der Insel, liegt malerisch auf einem Hügel hoch über dem Meer, knapp 20 km nördlich von Cres. Das nur noch von wenigen Einwohnern bevölkerte Städtchen war bereits in prähistorischer Zeit ein befestigter Stützpunkt. Später kontrollierten hier römische Legionäre den Schiffsverkehr zwischen Cres und Krk.

Sehenwertes

Auf der Spitze des Hügels beherrscht die Pfarrkirche mit ihrem Glockenturm den aussichtsreichen Marktplatz. Glagolitische Inschriften entdeckt man auf einer Steintafel in der linken Wand einer Seitenkapelle der Kirche sowie auf einer Grabplatte im Fußboden. Ein steiler Pfad führt hinunter zur Bootsanlegestelle und zum Strand. Im Pflaster lassen sich tiefe Schleifspuren ausmachen, die einst von den Ochsenfuhrwerken eingeschnitten wurden, die Holz von der Insel zum Verschiffen nach Venedig abwärts transportierten. Da es noch keine Bremsen gab, nahmen die Fuhrleute den Karren die Hinterräder ab.

Dragozetići

Auf der Fahrt von Porozina (Fähranlegestelle) nach Beli passiert man das Dorf Dragozetići, das nur noch von wenigen Menschen bewohnt wird. Der altertümliche Ort mit geduckten Häuschen, Weinlauben und Zisternen breitet sich unterhalb eines Hügels aus, der ihn vor der Bora schützt.

Cres (Stadt)

Lage und *Stadtbild

Cres (2300 Einw.) ist der größte Ort auf der Insel und nicht zuletzt auch wegen seiner neuen Marina während der Saison ein lebendiges und vielbesuchtes Städtchen. Hübsch ist nicht nur die geschützte Lage der alten Hafenstadt in einer tiefen Bucht, umgeben von sanft ansteigenden Hügelketten, sondern auch das historische Ortsbild mit Türmen und Toren, verwinkelten Gassen und verschwiegenen Innenhöfen. Cafés und Restaurants gibt es vor allem am alten Hafenbecken und an der Promenade, die an der Stelle der alten Stadtbefestigung verläuft. Autos haben hier keinen Platz – sie werden an der Promenade und auf den dortigen (gebührenpflichtigen) Parkplätzen abgestellt.

Klein, aber fein – so präsentieren sich die Häuser am inneren Hafenbecken von Cres, dem anmutigen Inselhauptstädtchen.

Stadtbefestigung

Die mittelalterliche Stadtbefestigung legt sich in der Form eines Fünfecks um das zentrale Hafenbecken. An ihrer Stelle verläuft heute eine Ringstraße um die Altstadt. Teile der Mauer sowie zwei Tore, das Bragadina-Tor (1581) und das Marcella-Tor (1588), sind erhalten geblieben. Dogenwappen und Markuslöwen erinnern an die venezianischen Stadtfürsten, nach denen die Tore benannt wurden.

*Hafenbecken, Marktplatz

Das von hübschen, farbenfroh getünchten Häuserfassaden umgebene alte Hafenbecken ('Mandrac') bildet den Mittelpunkt von Cres. Direkt am Hafenbecken liegt auch der Marktplatz mit der Stadtloggia aus dem 15./16. Jh., vor der heute die Marktfrauen Gemüse und frischen Fisch verkaufen.

Marktplatz (Fortsetzung)

Daneben, in der Zeile der pastellfarbenen Hafenhäuser, ragt der Uhrturm auf, durch den man zur Pfarrkirche Maria Schnee gelangt.

Sv. Marija Snježna

Das dreischiffige, im 15./16. Jh. erbaute Gotteshaus besitzt ein schönes, reich verziertes Portal und einen Campanile, der erst im 17. Jh. fertiggestellt wurde.

Sv. Sidar

Geht man an der Längsseite der Kirche Sv. Marija Snježna vorbei, so steht man alsbald vor der Kirche St. Isidor (Sv. Sidar), dem ältesten Gotteshaus der Stadt mit der im 14. Jh. gegossenen ältesten Glocke der Insel. Beachtenswert sind die romanische Apsis der Kirche mit kunstvollem Rundbogenfries und eine Isidor-Plastik aus dem 15. Jahrhundert.

Stadtmuseum

Das Stadtmuseum befindet sich im Palast Arsan-Petrić, in dem 1529 der Philosoph Franjo Petrić geboren wurde. Die Exponate vermitteln dem Besucher einen Überblick über die Geschichte der beiden Inseln Cres und Lošinj. Auch die Gegenstände, die aus einem gesunkenen Handelsschiff am Kap Pernat geborgen wurden, sind hier ausgestellt.

Sv. Franjo

Beim außerhalb der Altstadt gelegenen, um 1300 erbauten Franziskanerkloster sollte man die zugehörige Kirche (16. Jh.) besichtigen. Besonders schön ist das holzgeschnitzte Chorgestühl aus dem 15. Jahrhundert. Die drei eingeschnitzten Delphine stellen das Wappen eines Stadtfürsten dar.

Valun

*Lage und Ortsbild

Egal, ob man sich dem Fischerdorf vom Meer her oder über die Landstraße oberhalb des Ortes nähert – in beiden Fällen wirken die an den steilen Hang geschmiegten, von Olivenhainen und Obstbaumwiesen umgebenen Häuser von Valun, der kleine Hafen und die sauberen Kiesstrände am türkisblauen Meer wie ein Motiv aus einem Urlaubsprospekt. Skipper gehen hier gerne vor Anker, um in den Restaurants am Hafen ein leckeres Menü zu genießen oder ein Glas Wein zu trinken. Von Cres aus kann man Valun auch mit dem Ausflugsboot erreichen.

Sehenswertes

Die ansonsten schlichte Marien-Pfarrkirche (Sv. Marija) birgt in ihrer Sakristei den kostbarsten Fund der Insel, eine Grabplatte aus Kalkstein, genannt 'Valunska ploča'. Neben der Tafel von Baška auf der Insel → Krk ist die ins 11. Jh. datierte Inschrift dieser Grabplatte das älteste kroatische Schriftdenkmal. In der ersten Zeile steht in glagolitischer Schrift: "Teha Sin Vnuk Juna" (Teha, Sohn und Enkel Juna), während die beiden Zeilen darunter in lateinischer Schrift lauten: "Techa et filius eius Bratohna et Junna nepus eius" (Teha, ihr Sohn Bratohna und Juna, ihr Enkel). Drei Generationen einer Familie waren also in diesem Grab beigesetzt, für das die Inschrift angefertigt wurde.

***Lubenice**

Knapp 5 km südlich von Valun erreicht man über eine schmale, kurvenreiche Straße das Bergdorf Lubenice. Die Häuser der alten Ortschaft sitzen auf steil abfallenden Felsen – daß die Aussicht von hier oben prächtig ist, versteht sich beinahe von selbst. In der Dorfkonoba am Hauptplatz werden auf Vorbestellung Lammgerichte und andere Inselspezialitäten serviert. Baden kann man am hellen Kiesstrand unterhalb des Dorfes – der Ab- und Aufstieg kosten allerdings etwas Zeit und Kondition.

Vransko jezero

Auf die Hauptstraße zwischen Cres und Osor zurückgekehrt, erreicht man nach 7 km in Richtung Osor das Dorf Vrana. Dahinter erstreckt sich der Vrana-Süßwassersee, ein besonderes Naturphänomen der Insel. Der grüne Wasserspiegel des Sees liegt 68 m über dem Meeresspiegel, sein Boden aber bis zu 16 m darunter, so daß die größte Tiefe 84 m beträgt. Früher wurde von Wissenschaftlern angenommen, daß der See, der sowohl ganz Cres als auch Lošinj mit Trinkwasser versorgt (daher ist das

Baden strengstens verboten), sein Wasser durch 'kommunizierende Röhren' unter dem Meer vom karstigen Festland erhält. Diese Theorie hat sich als falsch erwiesen. Der See ist lediglich das Sammelbecken des Niederschlagswassers der Umgebung, dessen weiteres Versickern durch eine 'Plombe' aus Dolomitgestein am Boden des Sees verzögert wird.

Cres, Vransko jezero (Fortsetzung)

Martinšćica

Eine relativ junge Siedlung in einer flachen Bucht an der Westküste ist Martinšćica. Die Bewohner von Martinšća, früher vor allem Fischer und Landwirte, heute meist in Industriebetrieben von Rijeka beschäftigt, vermieten einen Teil ihrer Häuser an Urlauber. Der flache Kiesstrand ist besonders bei Familien mit kleinen Kindern beliebt. Im Hieronymus-Kirchlein des noch bewohnten Klosters ist ein kunstvolles Altargemälde zu sehen.

Osor

Lage und *Ortsbild

Zwangsläufig fährt jeder, der nach Lošinj will, durch den kleinen, gerade mal 60 Einwohner zählenden Ort im Süden von Cres, an der Brücke über den schmalen, künstlich geschaffenen Wasserweg zwischen den beiden Inseln. Von der Durchgangsstraße aus wirkt er unbedeutend und wenig attraktiv, doch ein Gang zum Hauptplatz mit der Marienkathedrale, dem Bischofspalast und dem Rathaus korrigiert den ersten Eindruck schnell. Spätestens hier kann man sich vorstellen, daß Osor in vergangenen Zeiten mehr als 200 Einwohner hatte und der wichtigste Ort auf Cres war. Seit 1976 veranstaltet Osor im Sommer vielbeachtete klassische Konzerte, die jeweils einem bestimmten Künstler gewidmet sind.

Sehenswertes

Mittelpunkt des Ortes ist der ufernahe Hauptplatz, an dem auch das Touristbüro seinen Sitz hat. Beherrscht wird der Platz von der Marienkathedrale mit ihrem schönen Renaissanceportal. Im Innern der Bischofskirche, die 1464–1498 im Frührenaissancestil erbaut wurde, befindet sich unter dem barocken Hauptaltar das Reliquiengrab des hl. Gaudentius, der in Osor Bischof war. Auf seine Fürbitte hin soll es gelungen sein, alle Giftschlangen von den Inseln Cres und Lošinj zu vertreiben. Der mächtige, vom Dom abgesetzte Glockenturm ist erst im 17. Jh. hinzugefügt worden.
Das Gebäude mit dem großen halbrunden Arkadenbogen ist das ehemalige Rathaus der Stadt und beherbergt heute im Obergeschoß das stadtgeschichtliche und archäologische Museum. Schräg gegenüber steht der ehemalige Bischofspalast aus dem 15. Jahrhundert. Prägend für das Erscheinungsbild des Ortes sind auch die musizierenden Figuren, moderne Plastiken, die am Hauptplatz und in den benachbarten Gassen aufgestellt sind. Die "Flötenspielerin" vor der Kathedrale ist ein Werk von Ivan Meštrović (→ Berühmte Persönlichkeiten).

Punta Križa

Die bewaldete Südspitze von Cres ist vor allem Camping- und Badefans ein Begriff: In den zerklüfteten Buchten, die über das Dorf Punta Križa oder nur vom Meer aus erreicht werden können, gibt es herrliche Badeplätze.

Crikvenica **D 8**

Kroatien, Gespanschaft Primorsko-Goranska/Rijeka
Höhe: 5 m ü. d. M.
Einwohnerzahl: 6500

Lage und Bedeutung

Die kleine Stadt im Norden der Kvarner Bucht, rund 40 km südlich von Rijeka, gehört zu den bedeutendsten Fremdenverkehrszentren an der dalmatinischen Küste. Im Sommer ist denn auch die Zahl der Gästebetten mehr als dreimal so hoch wie die Zahl der Einwohner. Wegen der vielen

◂ *Valun – ein Fischerdorf wie aus dem Bilderbuch*

Lage und Bedeutung (Fortsetzung)

Ferienwohnungen eignet sich Crikvenica auch gut für einen Familienurlaub. Zu den Vorzügen von Crikvenica gehören die langen Kiesstrände, eine gut ausgebaute touristische Infrastruktur und ein besonders angenehmes Klima mit milden Wintern und warmen, trockenen Sommern. Als heilklimatischer Kurort wird Crikvenica selbst im Winter gern besucht. In den diversen Kureinrichtungen (Thalassotherapie) werden v. a. asthmatische Erkrankungen, Bronchitis, Rheuma und Bandscheibenschäden behandelt. Die Fährverbindung von Crikvenica zur gegenüberliegenden Insel Krk hat nach der Eröffnung der Brücke bei Kraljevica im Jahr 1980 an Bedeutung verloren und wurde deshalb vorübergehend eingestellt.

Vinodol

Crikvenica gehört zur Region Vinodol, was so viel bedeutet wie 'Weintal'. Das eigentliche Vinodol erstreckt sich, durch einen etwa 300 m hohen Bergrücken von der Küste getrennt, von der Bucht von Bakar im Norden bis nach → Novi Vinodolski im Süden. Für die Küstenorte war das Vinodol in der Vergangenheit als Wein- und Olivenanbau- sowie als Weidegebiet von großer wirtschaftlicher Bedeutung.

Freizeit- und Sportmöglichkeiten

In dem kleinen Hafen von Crikvenica können auch Jachten anlegen. Das Angebot an sportlichen Vergnügungen ist groß: Es reicht vom Segeln, Rudern, Motorbootfahren und Surfen bis zu Tennis.

Geschichte

An der Stelle Crikvenicas befand sich bereits in römischer Zeit eine Siedlung um den Militärstützpunkt Ad Turres. Den Namen Crikvenica erhielt die Stadt von der Kirche (kroat. crkva), die Ende des 14. Jh.s an der Mündung des Baches Dubračina erbaut wurde. Die Frankopanen, ein altes kroatisches Adelsgeschlecht, errichteten daneben im 15. Jh. ein Kastell. Crikvenica blieb ein eher unbedeutendes Fischerdorf, bis 1873 die Wiener Südbahn eine Nebenstrecke der Verbindung Wien–Triest nach Rijeka eröffnete. Vier Jahre später wurde in Crikvenica ein Hafen angelegt, 1888 eine Badeanstalt gebaut. Bereits 1891 erschien in Österreich der erste Reiseführer über die kleine Stadt ("Curort und Seebad Crikvenica"), und um die Jahrhundertwende warteten bereits die ersten Hotels – Therapia, Crikvenica, Miramare und Bellevue – auf Gäste.

Sehenswertes in Crikvenica

Kastell Frankopan

An historischen Sehenswürdigkeiten hat Crikvenica nicht viel zu bieten. Auch gibt es keine Altstadt mit schmalen Gassen und malerischen Winkeln. Die meisten Hotels, Restaurants und Cafés liegen an der Strandpromenade. Das einzige Bauwerk von Bedeutung ist das am Ufer aufragende Kastell Frankopan (Kastel). Es wurde von dem kroatischen Fürsten Nikola Frankopan aus Krk erbaut, der seinen Namen auf die angebliche Verwandtschaft mit den römischen Adeligen Frangipani zurückführte, was vom Papst 1430 auch anerkannt wurde. Nach Nikola Frankopans Tod richtete der Paulaner-Orden hier ein Kloster und eine Schule ein. Das Kastell, ein zweistöckiges Bauwerk mit einem runden Wehrturm, bildet zusammen mit der barockisierten Kirche einen geschlossenen Komplex. Nach der Auflösung des Klosters im Jahr 1786 fiel es an die Gemeinde Crikvenica, die es später dem österreichischen Erzherzog Joseph vermachte. Dieser richtete in dem Gebäude ein Heim für kranke Offiziere ein. In der Zeit zwischen dem Ersten und dem Zweiten Weltkrieg befand sich in den Räumen des Kastells ein Kinderheim, das eine Zeit lang der kroatische Schriftsteller Vladimir Nazor (→ Berühmte Persönlichkeiten) verwaltete. Inzwischen ist das Kastell zu einem Hotel umgebaut und vollständig renoviert worden.

Strandpromenade

Am Hafen beginnt eine hübsche, meist schattige Strandpromenade, die Crikvenica mit den anderen Orten an der 'Riviera' zwischen der Halbinsel Kačjak im Norden und Selce im Süden verbindet. Dieser Weg führt auch zu kleineren Badebuchten (meist felsig).

Erst Burg, dann Kloster, heute Hotel – das direkt hinter dem Uferstreifen gelegene Kastell Frankopan, Wahrzeichen des Seebades Crikvenica

Umgebung von Crikvenica

Dramalj

Beinahe nahtlos geht Crikvenica in das 2 Kilometer nördlich gelegene Dramalj über. Die Touristensiedlung mit Hotels, Appartements, vielen Privatzimmern und einem Campingplatz besitzt ebenfalls schöne lange Strände.

Grižane

Grižane, 5 km nordöstlich von Crikvenica, erstreckt sich am Fuß des Bergmassivs Velika Kapela. An einem Abhang sind Überreste einer mittelalterlichen Burg zu sehen, die zuerst den Frankopanen, später den Zrinis, dem zweiten bedeutenden Adelsgeschlecht Kroatiens, gehörte. In Grižane wurde 1498 der kroatische Miniaturmaler der Renaissance, Julije Klović, geboren. Ein Denkmal zu Ehren von Klović, errichtet 1978 von Zvonko Car, steht im Nachbarort Drivenik, 8 km nördlich von Crikvenica, im Hof der Grundschule.

Selce

Selce, 3 Kilometer südöstlich von Crikvenica und ebenfalls an der Küstenmagistrale gelegen, ist ein weiterer beliebter Ferienort im Vinodol. Auch hier entwickelte sich der Tourismus bereits Ende des vergangenen Jahrhunderts nach dem Beispiel von Opatija, Crikvenica und Novi Vinodolski. 1894 wurde hier die “Genossenschaft der Meeresbadeorte” ins Leben gerufen und eine erste Badeanstalt gegründet. Sehenswert ist die kleine Pfarrkirche St. Katharina aus dem 15. Jahrhundert.

Bribir

In der Ebene des Vinodol, 4 km östlich von Selce, liegt Bribir. Der Ort eignet sich als Ausgangspunkt für Bergwanderungen auf die nahegelegenen Gipfel im Gebiet des Küstengebirges Velika Kapela, die eine Höhe von mehr als 1400 m erreichen.

Dubrovnik U 28

Kroatien, Gespanschaft Dubrovnik-Neretva
Höhe: 5 m ü. d. M.
Einwohnerzahl: 50 000

**Lage und Bedeutung

Südslawische Dichter haben die Stadt besungen, George Bernard Shaw schwärmte vom "Paradies auf Erden". Kein Wunder, denn dieser faszinierende Ort zieht jeden Fremden sofort in seinen Bann. Die Lage der mittelalterlich anmutenden Altstadt auf einem ansteigenden Felsen, vom Meer an drei Seiten umspült, von gewaltigen Festungsmauern umgeben; Sehenswürdigkeiten und Kunstschätze von Weltrang und nicht zuletzt der südlich-mediterrane Charme (Dubrovnik liegt fast schon auf der Höhe von Rom) – dies sind nur einige der Gründe, weshalb Dubrovnik, das alte Ragusa, unbedingt einen Besuch wert ist. Ironie des Schicksals, daß gerade hier, in dieser zum Weltkulturerbe erhobenen, einmaligen Museumsstadt, der Krieg im ehemaligen Jugoslawien seine Spuren hinterließ. Doch die Wiederaufbau- und Renovierungsarbeiten haben die "Wunden" beseitigt, und nur der aufmerksame Betrachter und natürlich der, der die Stadt aus früheren Besuchen kennt, wird die restaurierten Gebäude mit Sicherheit ausmachen.
Ihren ganz besonderen Zauber entfaltet die Festungsstadt abends, wenn sich der Stradun in ein großes Wohnzimmer verwandelt, wenn die Schwalben in den engen Gassen ihre Flugkünste vorführen und aus jedem Winkel die Lichter der Restaurants schimmern. Wer möchte da noch behaupten, Dubrovnik sei nicht "das Paradies auf Erden"?

Klima und Vegetation

Nicht nur das städtische Ambiente und die zahllosen Kulturdenkmäler, auch das milde Klima machen Dubrovnik zu einem – vor allem außerhalb der Sommersaison – hochbeliebten Reiseziel. 250 Sonnentage im Jahr sind hier keine Seltenheit. Das mediterrane Klima verdankt der Ort auch dem Berg Srđ (412 m), der unmittelbar hinter dem historischen Altstadtkern steil ansteigt und die Stadt nach Nordosten hin abriegelt. Die steileren Berghänge sind weitgehend kahl; ansonsten wächst in der Umgebung vor allem Macchia. In den privaten Gärten und den Parks auf Lapad im Stadtteil Ploče gedeihen Pinien, Zypressen und Palmen, entfalten Oleander und Hibiskus ihre Blütenpracht.

Freizeit- und Bademöglichkeiten

Die meisten großen Hotels in Dubrovnik verfügen über kleine eigene Strandabschnitte (zumeist Felsbuchten). Beliebte Badeausflugsziele sind die Dubrovnik vorgelagerte Insel Lokrum und die → Elaphitischen Inseln. Ansonsten bleibt noch die Möglichkeit, in die Orte südlich von Dubrovnik (siehe unten, Riviera von Dubrovnik) auszuweichen.

Anreise

Um die Stadt mit dem Auto zu erreichen, muß man viele Mühen auf sich nehmen oder eben einfach Geduld haben: Für die 600 km auf der Küstenmagistrale von Rijeka aus braucht man länger als es die Entfernung vermuten läßt – die Strecke ist sehr kurvenreich, und man kommt nur sehr langsam voran. Mit der Eilfähre vom nordkroatischen Hafen Rijeka aus dauert die Anreise nicht viel mehr als einen Tag und die Passage lohnt sich schon allein wegen der herrlichen Inselwelt, die man so zumindest im Vorbeifahren kennenlernt. Seit Ende 1995 ist auch der 20 km südlich der Stadt gelegene Flughafen Čilipi wieder in Betrieb. Mit der kroatischen Hauptstadt Zagreb gibt es gute Linienflugverbindungen, aber auch der Charterflugverkehr von Deutschland aus wurde mit dem Beginn der Saison 1997 wieder aufgenommen.

Geschichte

Über mehrere Jahrhunderte hinweg war Dubrovnik, das alte Ragusa, eine unabhängige, wirtschaftlich prosperierende Stadtrepublik, in der sich ein

Früher hieß sie Placa, heute Stradun: die Hauptachse in Dubrovnik ▸

EXCHANGE

1	Sv. Spas	4	Roland-Denkmal	7	Ploče-Tor	10	Ehem. Ratspalast
2	Großer Onofrio-Brunnen	5	Sponza-Palast	8	St.-Lukas-Turm	11	Kathedrale Sv. Gospa
3	Sv. Vlaho	6	Uhrturm	9	Ehem. Bootshaus	12	Bischöfliches Palais

Geschichte (Fortsetzung)

reges kulturelles und geistiges Leben entfalten konnte. Deshalb stellten selbst mächtige Nachbarn wie die Venezianer, Ungarn oder Osmanen die Freiheit Ragusas nie ernsthaft in Frage. Und deshalb auch waren gerade hier viele der bedeutendsten Persönlichkeiten der südslawischen Geistes- und Kulturgeschichte zu Hause.

Zwei Siedlungen: Ragusa und Dubrava

In der Umgebung von Dubrovnik sind Siedlungsspuren sowohl aus römischer als auch aus illyrischer Zeit gefunden worden. Die systematische Besiedlung der heutigen Stadt setzte allerdings erst im 7. Jh. ein, als nach dem Vordringen der Awaren und Slawen zur Adriaküste die Einwohner von Epidaurum, dem heutigen Cavtat, auf die Felseninsel Dubrovnik flüchteten. Etwa um dieselbe Zeit, als sich die Flüchtlinge aus Cavtat auf der Felseninsel ‘Lausa’ (woraus später der Name Rausa und schließlich Ragusa wurde) niederließen, entstand wenige hundert Meter entfernt, am Fuße des Berges Srđ, eine slawische Siedlung mit dem Namen Dubrava (‘Eichenhain’). Die Bevölkerung beider Gründungen vermischte sich zusehends. So entstand die unabhängige, wenn auch formell unter byzantinischer Oberhoheit stehende Republik, zugleich ein florierender Handelsplatz in günstiger Lage zwischen den Mittelmeerländern und dem Balkanhinterland. Schon im 11. und 12. Jh. versuchten die Venezianer, die Rivalin unter Kontrolle zu bekommen. 1205 gelang es ihnen schließlich, allerdings nur für anderthalb Jahrhunderte. Im Jahr 1358, nach dem Friedensschluß von Zadar, erhielt die Stadt ihre Unabhängigkeit zurück, offiziell unterstand sie bis 1526 den kroatisch-ungarischen Herrschern.

Geschichte (Fortsetzung) 14.–16. Jh.: Dubrovnik auf dem Höhepunkt seiner Macht

Bereits unter den Venezianern hatten sich die freiheitsliebenden Bürger Dubrovniks durch geschickte diplomatische Schachzüge so manchen Spielraum für die kulturelle und wirtschaftliche Entwicklung erkämpft. Im 13. und 14. Jh. ging das von Patriziern und mächtigen Kaufleuten regierte Dubrovnik daran, seinen Einfluß auszudehnen. Nach und nach gelangten die Inseln Lastovo, Mljet, die Halbinsel Pelješac sowie auch größere Regionen an der Festlandsküste in ihren Besitz. Vom 14. bis 16. Jh. erlebte die Stadtrepublik ihre größte Blüte als Handelsmacht und Metropole, in der Wissenschaften und Künste sich entfalteten. Schriftsteller und Philosophen, Ärzte, Physiker wirkten hier zur Zeit des Humanismus und der Renaissance, einige sogar von europäischem Rang. Bereits im 14. Jh. gab es so fortschrittliche Einrichtungen wie einen öffentlichen Gesundheitsdienst, eine Apotheke oder ein Altersheim. Der Sklavenhandel wurde Anfang des 15. Jh.s abgeschafft. Ebenfalls schon im 14. und 15. Jh. leistete sich der Stadtstaat ein weitverzweigtes Netz von diplomatischen Vertretungen in allen Teilen Europas. Auch mit den Türken, die im 16. Jh. große Teile des Balkans unter ihre Kontrolle brachten, schloß man Verträge und profitierte von dem Einvernehmen. Am Ende des 16. Jh.s hielt sich die Stadtrepublik eine Flotte mit fast 200 Schiffen und 5000 Seeleuten. Am 6. April 1667 erschütterte ein verheerendes Erdbeben die Stadt, dem viele Menschen zum Opfer fielen. Auch große Teile der mittelalterlichen Bausubstanz wurden vernichtet. Von dieser Katastrophe erholte sich die Stadt nur langsam, und im 18. Jh. zeichnete sich das Ende der Ragusaner Herrlichkeit bereits ab.

1808: Das Ende der Republik

Im Januar 1808 lösten die Franzosen die aristokratisch regierte Republik formal auf – viele hundert Jahre eigenständiger Geschichte waren damit zu ihrem Ende gekommen. Der Wiener Kongress sprach Dubrovnik 1815 Österreich zu, bei dem es bis 1918 verblieb. In diese Ära der Stadtgeschichte fallen der Kauf der Insel Lokrum durch Erzherzog Maximilian von Habsburg im Jahr 1858 sowie der Bau des Hotels Imperial kurz vor der Jahrhundertwende. Damit war die Stadt als Kurort 'positioniert', und die Entwicklung des modernen Fremdenverkehrs konnte beginnen. Nach dem Zweiten Weltkrieg nahm der Tourismus eine stürmische Entwicklung. Dubrovnik wurde seit den 60er und 70er Jahren zu einem der beliebtesten Reiseziele im Mittelmeerraum.

Zerstörung und Wiederaufbau eines Kulturdenkmals

In die internationalen Schlagzeilen geriet Dubrovnik im Herbst und Winter 1991, als Einheiten der Jugoslawischen Volksarmee im Verein mit serbischen und montenegrinischen Freiwilligen-Verbänden bis vor die Tore Dubrovniks vordrangen, vor allem die Orte südlich der Stadt verwüsteten und die Dörfer ausplünderten. Von den Bergen im Südosten und von der hochgelegenen Küstenstraße aus beschossen sie die Stadt samt dem denkmalgeschützten Zentrum auf der Felseninsel. Allein am 6. Dezember 1991 fielen 600 Granaten auf den Altstadtkern und richteten schwere Schäden an. Sieben Paläste wurden bis auf die Grundmauern zerstört, die Granaten beschädigten zahlreiche Gebäude, Kirchen und auch die Hauptstraße Stradun.
1992 schließlich zogen sich die serbischen Truppen, nachdem sie auf erbitterten Widerstand der Bevölkerung gestoßen waren, allmählich zurück. Möglicherweise hat dabei auch der empörte Aufschrei von Politikern und Persönlichkeiten in aller Welt seine Wirkung nicht verfehlt. Die Wiederherstellung der meisten Gebäude ist längst bewerkstelligt, und die Stadt erstrahlt seither schöner denn je. An manchen Gebäuden wurde so gründlich restauriert, daß man schon genau hinschauen muß, um die "Wunden" noch zu erkennen.

Sehenswertes in Dubrovnik

Tips für die Stadtbesichtigung

Die Altstadt von Dubrovnik ist autofrei; Parkplätze gibt es rings um die Stadtmauer, die meisten sind gebührenpflichtig. Die wichtigsten Sehenswürdigkeiten liegen verhältnismäßig dicht beeinander und sind zu Fuß leicht erreichbar. Um sich einen Überblick zu verschaffen, sollte man zuerst auf die Festungsmauern hinaufsteigen und dort die Stadt umrunden.

Auf den Wehrmauern von Dubrovnik

**Rundgang auf den Stadtmauern

Unbedingt zu empfehlen ist ein Spaziergang auf den Wehrmauern der Stadt, die fast auf der ganzen Länge – knapp 2 km – begehbar sind. Es gibt mehrere Aufgänge; am schnellsten zu erreichen ist der direkt hinter dem Pile-Tor an der Ostseite (die Treppe liegt zwischen der Mauer und der Kirche Sv. Spas).

**Festung Dubrovnik

Zwischen dem 12. und dem 17. Jh. entstand die einzigartige Befestigungsanlage, die heute zu den eindrucksvollsten Bauzeugnissen der Stadt gehört. Uneinnehmbar scheinen die Mauern, die an der Landseite 4 m bis 6 m, an der Seeseite 1,5 bis 3 m stark und fast überall rund 25 m hoch sind. Die gotische Stadtbefestigung wurde im Spätmittelalter durch einen zweiten Mauerring mit Kasematten, Doppeltoren und einen Wehrgraben (heute Parkplatz) erweitert und durch den Bau von Bastionen und Festungen verstärkt. Im Nordosten sichert die Festung Revelin aus dem 16. Jh. den Zugang zur Stadt. Die für den Schutz des Hafens und des Arsenals erbaute seeseitige Festung Sv. Ivan erhielt ebenfalls im 16. Jh. ihr heutiges Aussehen. Ein markanter Blickfang ist der zinnenbekrönte Rundturm Minčeta in der nordwestlichen Ecke, der im 14. und 15. Jh. gebaut wurde. Eine weitere Bastion, die Feste Lovrijenac, liegt westlich vor den Toren der Stadt. Zu dem Festungsbauwerk gehören ferner auch drei runde und zwölf viereckige Wehrtürme.

Vom Pile-Tor zum Fort Revelin

*Pile-Tor

Das Pile-Tor ist auch heute der wichtigste Zugang zur Altstadt. Es besteht aus einem äußeren Tor (1537) und aus einem inneren Tor (1460) mit der Statue des Stadtpatrons, des hl. Blasius (Sv. Vlaho). Sie ist ein Werk des kroatischen Bildhauers Ivan Meštrović (→ Berühmte Persönlichkeiten). Hinter dem Tor betritt man die Hauptachse der Stadt, Stradun genannt.

Sv. Spas

Nach dem Passieren des Tores erblickt man links die Erlöserkapelle Sveti Spas, die um 1520 nach Plänen des dalmatinischen Architekten Petar Andrijić entstand. Hinter der schlichten Fassade mit einer gotischen Fensterrose verbirgt sich ein einschiffiger Renaissancebau, der heute – wie viele historische Gebäude in der Stadt – für Ausstellungen genutzt wird.

Franziskanerkloster, *Kreuzgang

Durch den schmalen Durchgang zwischen Sv. Spas und der Franziskanerkirche mit einer schönen Pietà am Südportal gelangt man in das Franziskanerkloster, mit dessen Bau 1317 begonnen wurde. Ein eindrucksvolles Zeugnis mittelalterlicher Baukunst ist der herrliche untere Kreuzgang mit seinen filigranen Doppelsäulen, die der Steinmetz Mihije Brajkov aus Bar mit maskenbesetzten Kapitellen ausstattete.

*Museum

Durch den Kreuzgang gelangt man zur Museumssammlung des Franziskanerklosters. Sie beherbergt die 1317 gegründete und im ursprünglichen Zustand erhaltene Apotheke, die zu den ältesten in Europa zählt. Ferner sind Goldschmiedearbeiten des 17.–19. Jh.s und Gemälde ausgestellt, darunter auch eine detailreiche Stadtansicht, die Dubrovnik vor dem Erdbeben von 1667 widergibt. Die Klosterbibliothek bewahrt rund 20000 kostbare Handschriften und Inkunabeln.

Großer Onofrio-Brunnen

Rechter Hand hinter dem Pile-Tor errichtete Onofrio della Cava, der Baumeister des Rektorenpalastes, im Jahre 1438 einen großen, mit 16 Wasserspeiern geschmückten Brunnen. Bereits seit dem 14. Jh. besaß Dubrovnik ein ausgeklügeltes Wasserversorgungssystem. Aus einer 12 km entfernten Quelle wurde das Trinkwasser in die Stadt gepumpt und durch Rohre weiterverteilt.

*Stradun (Placa)

Der Stradun, früher Placa genannt, ist die lebendige, von Geschäften, Reisebüros und Cafés gesäumte Hauptstraße in der Altstadt von Dubrovnik. Sie verläuft an der Stelle des zugeschütteten Meereskanals, der in den Anfängen der Stadt die beiden Siedlungen Ragusa und Dubrava getrennt hatte. Das aus glattgeschliffenen Platten bestehende Straßenpflaster haben nicht – wie fälschlich angenommen – die Römer verlegt, sondern 1468 die Bewohner von Dubrovnik selbst, nachdem unter der Straße eine Wasserleitung eingerichtet worden war. Die schlichten, unverputzten Steinhäuser zu beiden Seiten waren beim Erdbeben von 1667 bis auf das Erdgeschoß zerstört worden und wurden anschließend einheitlich wiederaufgebaut.

Die Apotheke im Franziskanerkloster gehört zu den ältesten Europas

Sv. Vlaho

Dort, wo sich der Stradun zum Luža-Platz weitet, ist sie wieder von repräsentativen Gebäuden umringt. Rechts führen ein paar Stufen vor die Fassade der barocken St.-Blasius-Kirche, die nach einem Brand 1706–1715 von dem venezianischen Baumeister Marino Gropelli an der Stelle einer romanischen Vorgängerkirche neu erbaut wurde. Die vergoldete Silberstatue des Schutzheiligen auf dem Hochaltar fertigte im frühen 15. Jh. ein Dubrovniker Goldschmied. Das kostbare Stück wurde früher jeweils am 3. Februar in großer Prozession durch die Stadt getragen.

Roland-Denkmal

Vor der Kirche erinnert das steinerne Roland-Denkmal daran, daß der im Mittelalter viel besungene Held Orlando (Roland) den Bürgern von Dubrovnik bei der Belagerung durch arabische Piraten im 8. Jh. beistand, wofür sie ihm den Gedenkstein mit seiner Standfigur in mittelalterlicher Ritterrüstung (1418) errichteten.

*Sponza-Palast

Zu den wenigen Gebäuden, die das Erdbeben von 1667 überstanden, gehört auch der Sponza-Palast schräg gegenüber von Sv. Vlaho. Das stattliche Bauwerk, von einheimischen Architekten und Steinmetzen im Übergangsstil von der Spätgotik zur Renaissance (1516–1522) erbaut, diente zunächst als Zollamt und Lagerhaus, nahm später aber auch die städtische Münze und die Akademie auf. Im Kellergeschoß saßen die Gefangenen ein. Architektonisch bemerkenswert ist nicht nur die dreigeschossige Fassade mit zierlichen Arkaden im Erdgeschoß und herrlichen gotischen Maßwerkfenstern im Hauptgeschoß, sondern auch der von Säulen getragene Innenhof. Der Stadtpatron von Dubrovnik, St. Blasius, steht in einer Nische über dem mittleren Drillingsfenster an der Straßenfront.

Uhrturm

Neben dem Sponza-Palast erhebt sich der 1444 erbaute, 31 m hohe Uhrturm (zvonik), dessen Glocken früher die Räte der Republik zu den Sitzungen zusammenriefen oder aber auch das Herannahen einer Gefahr signalisierten. Die angrenzende Glockenloge, 1463 errichtet und Mitte des 19. Jh.s zum Bau einer Wohnung für den österreichischen Stadtkommandanten niedergerissen, wurde 1952 im ursprünglichen Zustand wiederhergestellt.

*Dominikanerkloster

Hinter dem Torbogen zwischen Uhrturm und Sponza-Palast führt eine Gasse entlang der Festungsmauern zum Dominikanerkloster und zur mächtigen Festung Revelin an der Ostseite der Stadt. Anfangs lag der 1310 begonnene Klosterkomplex außerhalb der Stadtmauern an einer strategisch wichtigen Position – deshalb der wehrhafte Charakter der Anlage. Wenig später wurde er jedoch durch die Erweiterung der Mauern und den Bau des Ploče-Tores in die Verteidigungsanlagen einbezogen und bis zum 16. Jh. ausgebaut. Das romanische Südportal der Kirche wurde 1419 durch eine Kalksteinfassung von Meister Bonino aus Mailand dem Zeitgeschmack angepaßt. Eine Besichtigung des Klosters beginnt im Kreuzgang, der den Besucher mit einer Atmosphäre klösterlicher Ruhe und Meditation empfängt. Typisch für die Baukunst Dalmatiens ist wiederum die Mischung aus Renaissance (weite Arkadenbögen) und Gotik (Maßwerkfenster).

Museum

Im ehemaligen Kapitelsaal und in der Sakristei ist heute das sehenswerte Klostermuseum eingerichtet. Neben altem Schmuck, Kirchengerät und Reliquiaren sind vor allem die mittelalterlichen Handschriften sowie die Gemälde interessant. Insbesondere die großformatigen Altarbilder von Nikola Božidarević (vermutlich 1476–1517/1518) belegen das hohe Niveau der dalmatinischen Renaissancemalerei.

Kirche

Die Klosterkirche, gemäß den Ordensregeln architektonisch schmucklos, ist dagegen nur mäßig beeindruckend – vielleicht deshalb, weil die barocke Ausstattung (Altäre) nicht recht mit dem mittelalterlichen Kirchenraum harmoniert. Das Spitzenstück der Ausstattung, ein monumentales gemaltes Kruzifix von Paolo Veneziano (14. Jh.), ist leider nicht mehr an seinem Platz im Triumphbogen. Mit einer herrlich anrührenden Darstellung vom “Wunder des hl. Dominik” ist auch der aus Cavtat gebürtige kroatische Maler Vlaho Bukovac in der Kirche vertreten.

Ploče-Tor

Am Dominikanerkloster vorbei führt die Gasse zum Ploče-Tor, dem großen Eingang am Ostende der Altstadt. Auch dieses Tor besteht aus einem äußeren, 1450 von Simeon della Cava erbauten und im 19. Jh. erweiterten Tor und einem inneren Torbau, überragt von einem Wehrturm aus dem 14. Jahrhundert. Dahinter geht es über eine den früheren Stadtgraben überspannende steinerne Brücke, die 1449 vollendet wurde, zum Fort Revelin. Hinter einem zweiten Tor beginnt der Stadtteil Ploče, wo sich – vor allem an der Uferstraße Frana Šupila – alte Villen mit terrassenartig angelegten, üppig bewachsenen Gärten und einige renommierte Hotels den Blick auf die Altstadt von Dubrovnik teilen. Schaut man dagegen nach rechts zurück, so sieht man den gesamten alten Hafen.

*Stadtteil Ploče

Fort Revelin

Die monumentale Revelin-Festung wurde außerhalb der Stadtmauern im 16. Jh. nach Entwürfen von Anton Ferramollino in Form eines unregelmäßigen Vierecks angelegt, um den Schutz des Stadthafens zu gewährleisten.

Alter Hafen

Das Fort Revelin und die gegenüberliegende Festung Sv. Ivan dienten auch dem Schutz des alten Hafens, der heute nur noch als Bootshafen dient. Auch die Ausflugsboote zur Insel Lokrum legen hier an und ab. In dem neu aufgebauten, niederen Bootshaus mit rundbogigen Einfahrten lagen früher die Staatsbarkassen der Patrizier von Ragusa bereit. Heute ist hier der hafenseitige Eingang zu dem großen Café – dem schönsten am Platz –, das sich im Erdgeschoß des angrenzenden ehemaligen Ratspalastes fortsetzt.

Ehemaliger Ratspalast

Durch das Tor in der Stadtmauer gelangt man wieder auf den Luža-Platz. An den Uhrturm schließt sich rechter Hand ein neogotisches Gebäude (1862) an. Es ersetzt den im 14. Jh. erbauten Palast des Großen Rates, der 1816 einem Brand zum Opfer fiel. Heute nimmt es die Stadtverwaltung, ein Theater sowie – im Erdgeschoß – das Stadtcafé auf.

Stolzes Zeugnis aus der Blütezeit der einst mächtigen Stadtrepublik – der Rektorenpalast, im 15. Jh. von Michelozzo Michelozzi im "modernen" Renaissancestil erneuert

Rektorenpalast

Allgemeines und **Bedeutung

Unter den Profanbauten der Stadt rangiert der Rektorenpalast zweifelsohne an erster Stelle. Der zwischen 1435 und 1451 an der Stelle des Kastells von Onofrio Giordano della Cava aus Neapel – dem Erbauer der beiden gleichnamigen Brunnen – als Sitz des Großen und des Kleinen Rats sowie als Wohnung für den Rektor errichtete Palast wurde 1463 von Michelozzo Michelozzi erneuert und nach dem Erdbeben von 1667 originalgetreu wiederaufgebaut. Das Erdbeben von 1979 erforderte eine weitere Restaurierung des Gebäudes zwischen 1982 und 1984. Der Palast umschließt mit vier Flügeln einen offenen Innenhof mit einer barocken Treppe. Der Hof wird wegen der guten Akustik für Kammerkonzerte des Sommerfestivals genutzt. Im Säulengang erzählt eine Tafel die Äskulap-Legende, wonach der griechisch-römische Gott der Heilkunde aus dem nahegelegenen Städtchen Epidaurus, dem heutigen Cavtat, stammen soll. Die 1638 geschaffene Büste von Miho Pracat – das einzige öffentliche Denkmal aus den Zeiten der Republik – soll daran erinnern, daß der Reeder und Mäzen aus Lopud (→ Elaphitische Inseln) sein umfangreiches Vermögen der Stadt vermacht hatte.

***Stadtmuseum**

Im Zwischengeschoß und in den Wohn- und Repräsentationsräumen des Rektors im Obergeschoß zeigt das Stadtmuseum von Dubrovnik seine Schätze. Seit 1996 sind auch die Gemälde aus der Pinakothek auf diese Räume verteilt.

Rektorenpalast • Stadtmuseum von Dubrovnik

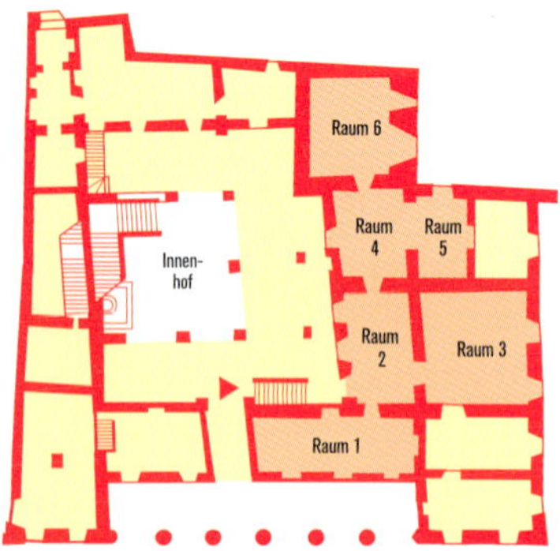

Zwischengeschoß

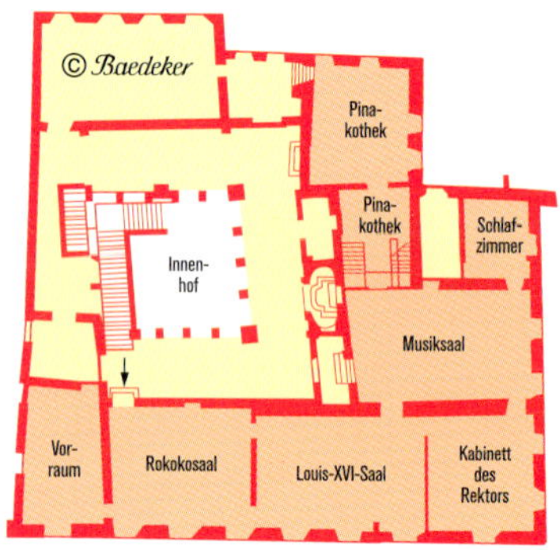

Erstes Obergeschoß

Zwischengeschoß

Raum 1: Rokoko-Sänften von Dubrovniker Adelsfamilien, Porträts und Kostüme des 18. Jh.s sowie eine Stadtansicht aus dem 17. Jahrhundert.
Raum 2: Münzprägungen aus Dubrovnik vom 13. bis 19. Jh., Medaillen, Siegelringe, Originalmaße von Dubrovnik.
Raum 3: Möbel aus dem 17. und 18. Jh., Porträts bedeutender Bürger von Dubrovnik, u. a. von Ivan Gundulić (→ Berühmte Persönlichkeiten).
Raum 4: Majolika aus dem 17. Jahrhundert.
Raum 5: Fayencen, Gefäße aus der Apotheke Domus Christi (18. Jh.).
Raum 6: Teile von Rüstungen, Kanonenkugeln, Säbel und andere Waffen.

Obergeschoß, Vorraum

Von dem Mobiliar aus dem 18. Jh. sei besonders auf den mit Rokoko-Motiven verzierten Schrank hingewiesen. Die Tabernakel-Uhr auf der Konsole stammt aus der Werkstatt von Johann Georg Gstatter aus Wien (18. Jh.), die Gemälde an den Wänden sind Porträts vornehmer Bürger aus Dubrovnik aus dem 18. Jahrhundert.

Rokokosaal

Auch hier stammt das Mobiliar mit Ausnahme der Konsolen aus dem 18. Jahrhundert. In den Porträts an den Schmalseiten (Ende 17. bzw. Anfang

18. Jh.) sind vier adelige Dubrovniker dargestellt. Über den Türen der Südwand zwei Darstellungen der Türkenkriege von Antonio Calza (18. Jh.).

Rektorenpalast (Fortsetzung)

Louis-XVI-Saal

Den Namen erhielt dieser Saal wegen des Mobiliars (u. a. ein großer Lüster aus Muranoglas) aus der zweiten Hälfte des 18. Jh.s im Stil Louis XVI. Unter den Gemälden befindet sich auch ein "Engelsturz" von Antonio Pellegrini (1710) sowie eine schöne "Susannah" aus der Schule von Guido Reni (17. Jh.).

*Kabinett des Rektors

Mit dem ehemaligen Arbeitszimmer des Rektors betritt man das Herzstück des oberen Geschosses. Gleich rechts neben der Tür hängt ein Hauptwerk der Dubrovniker Malerei, eine 1508 für den Rektorenpalast geschaffene "Taufe Christi" von Mihajlo Hamzić. Auf der Kommode darunter steht eine Uhr (17. Jh.) ohne Zeiger. Ihre römischen Ziffern bewegen sich im Halbkreis von links nach rechts. Das Gemälde "Venus und Adonis" an der gegenüberliegenden Wand stammt von dem berühmten italienischen Maler Paris Bordone (16. Jh.). In dem intarsiengeschmückten Kästchen auf dem Arbeitstisch liegen die vier Schlüssel der beiden Stadttore (je ein Schlüssel pro Türflügel), die von den Rektoren aufbewahrt wurden. Ein Meisterwerk der Möbelkunst ist der Kabinettschrank, der Ende des 17. Jh.s in einer neapolitanischen Werkstatt entstand. Die Landschaften und mythologischen Szenen sind in Tempera auf Glas gemalt. Interessant ist auch das Gemälde rechts neben der Tür zum Musikzimmer mit dem "Hl. Blasius" (16. Jh.), hinter dem bei der Restaurierung ein zweites, älteres Blasius-Porträt aus dem 15. Jh. zum Vorschein kam.

Musiksaal

Das Mobiliar stammt aus der zweiten Hälfte des 18. Jh.s. Die große Uhr auf der Kommode schenkte Marschall Marmont 1809 dem ersten Bürgermeister Dubrovniks nach der Auflösung der Republik. Die großformatigen Gemälde in diesem Raum haben vor allem historische Themen und Motive aus der Sagenwelt.

Schlafzimmer

Das kleine Eckzimmer diente dem Rektor als Schlafzimmer. Die Einrichtung stammt überwiegend aus der ersten Hälfte des 18. Jh.s, unter den Gemälden sind vor allem die "Allegorie der Nacht" von Solimena (17./18. Jh.) und die "Hl. Familie mit hl. Philipp" von Carlo Maratta (17. Jh.) beachtenswert.

Pinakothek

In zwei Räumen am Ende der Raumflucht sind hauptsächlich die Gemälde des 15. und 16. Jh.s versammelt, u. a. eine schöne Altartafel von Blaž Jujev aus Trogir (15. Jh.) und ein zweiteiliges Gemälde "Verkündigung an Maria" aus dem frühen 16. Jh. (anonym).

Vom Rektorenpalast zur Festung Sv. Ivan

*Gundulićeva Poljana

Vom Rektorenpalast lohnt ein kleiner Abstecher hinüber zur Gundulićeva poljana, dem Marktplatz von Dubrovnik. Vom hohen Sockel seines Denkmals blickt Ivan Gundulić (→ Berühmte Persönlichkeiten) auf das bunte Markttreiben herab.

Kathedrale

Vom Rektorenpalast aus sind es nur wenige Schritte zur Kathedrale Maria Himmelfahrt (Gospa). Einer Legende nach soll der englische König Richard Löwenherz auf der Rückkehr vom dritten Kreuzzug 1192 in einem Sturm bei der Insel Lokrum Schiffbruch erlitten haben. Aus Dankbarkeit, daß sein Leben gerettet wurde, stiftete er eine große Summe, mit der die Stadt wenig später die erste Kathedrale erbaute. Das Gotteshaus wurde beim Erdbeben 1667 zerstört; der von italienischen Architekten entworfene Neubau entstand 1673–1713 im Stil des römischen Barock. Der schlichte, auf monumentale Wirkung bedachte Innenraum läßt die qualitätvollen Altarblätter bestens zur Geltung kommen. Von Venedigs Renaissance-Genie Tizian stammt die "Maria Himmelfahrt" (16. Jh.) am Hauptaltar. Die anderen Altarbilder sind ebenfalls überwiegend Werke namhafter italienischer Künstler wie Andrea del Sarto oder Parmigianino.

*Schatzkammer

Die Schatzkammer des Doms gehörte vor dem großen Erdbeben von 1667 zu den reichsten ihrer Art in Europa. Zu den erhaltenen Kostbarkeiten zählen heute 138 Reliquien vom 9. Jh. an. Wertvollster Besitz sind ein im byzantinischen Stil mit Silber, Gold und Edelsteinen verziertes Hand- sowie

Ein Panoramablick der Superlative: Dubrovniks Altstadt von der Küstenstraße aus

Schatzkammer im Dom (Fortsetzung)

ein Schädelreliquiar aus dem 11./12. Jh. des Schutzpatrons der Stadt, des hl. Blasius. Das flämische Triptychon in der Kirche nahmen früher die Gesandten Ragusas auf ihren Dienstreisen als 'Reisealtar' mit.

Festung Sv. Ivan, Schiffahrtsmuseum

Nach dem Dom passiert man rechts das Bischöfliche Palais und erreicht, wenn man der parallel zum Hafenbecken verlaufenden Gasse folgt, das auf der Landzunge thronende Fort Sv. Ivan. Auf zwei Etagen ist hier das Schiffahrtsmuseum (Pomorski Muzej) der Stadt Dubrovnik untergebracht, das anhand von Schautafeln (leider nur auf kroatisch beschriftet) und Exponaten über die Geschichte der Seefahrt und ihre Bedeutung für die Stadt informiert. Im Erdgeschoß werden Schiffsmodelle aus dem 16. und 17. Jh., Seekarten, Frachtbriefe und andere Dokumente zum Thema Seefahrt gezeigt. Die beiden Räume des ersten Obergeschosses sind der Seefahrt im 19. und 20. Jh. gewidmet, die u. a. mit einem großen Modellschiff (19. Jh.), diversen Navigationsgeräten und Fotografien von Schiffen veranschaulicht wird.

Römischer Barock in Dalmatien: Kathedrale Maria Himmelfahrt

Aquarium

Das 1997 neu eröffnete Aquarium, das über Flora und Fauna der Adria informiert, befindet sich im Erdgeschoß der Festung.

Von der Festung Sv. Ivan durch die südliche Altstadt

Ältester Stadtteil von Dubrovnik

Die auf den Felsen erbaute südliche Altstadt ist der älteste Teil von Dubrovnik, der Kern der ehemaligen Siedlung 'Lausa' mit steilen, engen Gassen und vielen malerischen Winkeln und gotischen Adelspalästen.

*Jesuitenkirche Sv. Ignacijo

Von der Festung Sv. Ivan mit dem Schiffahrtsmuseum geht es wieder zurück zur Kathedrale. Hinter der Kirche überquert man den hübschen Bunić-Platz (Bunićeva poljana) und steigt über die herrliche Barocktreppe zur Jesuitenkirche St. Ignatius hinauf. Die Jesuiten waren seit dem frühen 17. Jh. in Dubrovnik vertreten und beeinflußten nachhaltig das kulturelle Leben in der Stadt. Für den Bau ihres Gotteshauses, das zu den größten Barockkirchen in Dalmatien gehört, beriefen sie aus Rom den vielbeschäftigten Architekten Andrea Pozzo, nach dessen Plänen 1699–1735 der Bau ausgeführt wurde. Das große Vorbild war, wie vor allem im Innern deutlich wird, die 'Mutterkirche' der jesuitischen Ordensbaukunst, Il Gesù in Rom. Ebenso wie dieses Bauwerk wurde Sv. Ignacijo als tonnengewölbter, einschiffiger Raum mit seitlichen Kapellen angelegt. Die Fresken und Altarbilder erzählen aus dem Leben des Ordensgründers, des hl. Ignatius von Loyola. In der vollständig ausgemalten Chorapsis wird die "Aufnahme des hl. Ignatius in den Himmel" geschildert.

Auf der Gundulićeva Poljana kann man alles kaufen, was auf den Feldern und in den Gärten um Dubrovnik wächst.

Museum Rupe

Unterhalb der Barocktreppe von Sv. Ignacijo beginnt linkerhand die hübsche Strosmajerova ulica. In dieser alten Gasse befindet sich der im 16. Jh. für den Fall einer Belagerung oder einer Hungersnot angelegte Getreidespeicher, genannt Rupe. Er bestand aus 15 in den Fels gehauenen 'Silos', die mit einer wasserundurchlässigen Beschichtung ausgekleidet wurden. Heute zeigt hier ein Museum volkskundliche Exponate aus der Geschichte Dubrovniks von der Antike bis zum Mittelalter.

Ehemaliges Klarissinnenkloster

Bereits im ausgehenden 13. Jh. ließen sich die Klarissinnen an der Stelle nieder, wo sie nach dem Erdbeben 1667 den heute noch bestehenden Neubau errichteten. Ein Teil des ehemaligen Klosterkomplexes an der östlichen Stadtmauer, so die Arkaden um den quadratischen Innenhof, werden heute vom Restaurant Jadran genutzt.

Sehenswertes außerhalb der Altstadt

Festung Lovrijenac

Geht man durch das Pile-Tor und über den Brsalje-Platz, so erreicht man, immer links bleibend, am westlichen Zugang der Stadt das gewaltige Kastell Lovrijenac. Die auf einem 37 m hohen Felsen angelegte Festung soll laut der Stadtchronik im 11. Jh. entstanden sein. Über dem Eingangstor steht ein Wahlspruch der ehemaligen Republik Dubrovnik: "Non bene pro toto libertas venditur auro" ("Für alles Gold in dieser Welt werden wir unsere Freiheit nicht verkaufen").

Gruž (Hafen)

Lohnend ist auch ein Besuch des Dubrovniker Hafens Gruž westlich der Altstadt. Hier legen die Kreuzfahrtenschiffe an, Handelsschiffe löschen ihre Ladung und zahlreiche Ausflugsboote starten zu den umliegenden Inseln. Im Stadtteil Gruž befinden sich auch alle Hafeneinrichtungen, Schiffsagenturen sowie der Autobusbahnhof.

*Lapad

An der Westseite des Hafens von Gruž beginnt die reizvolle Halbinsel Lapad mit zahlreichen modernen Hotels und alten Villen sowie schönem, z. T. parkartigem Baumbestand (Aleppokiefern, Zypressen, Föhren, Ölbäume u. a.). An der Westseite der Halbinsel liegt in der hübschen Bucht Sumartin ein vielbesuchtes Strandbad. Im südlichen Teil von Lapad lohnt sich der Besuch der hochgelegenen St.-Blasius-Kapelle (Sv. Vlaho). Von dieser Anhöhe (197 m) bietet sich ebenso wie vom Petka-Berg eine grandiose Aussicht.

*Sergiusberg

Ein herrlicher Rundblick über die Stadt eröffnet sich nicht nur auf der oberen Umgehungsstraße (Abzweigung im Norden am Küsteneinschnitt Rijeka, im Süden bei Dubac), sondern auch vom 412 m hohen Brdo Srđ dem Sergiusberg. Die Seilbahn dort hinauf ist leider zerstört worden, aber man kann den Hausberg von Dubrovnik auch mühelos zu Fuß besteigen.

*Lokrum

Die überwiegend bewaldete Insel, die in Sichtweite vor dem südöstlichen Stadtteil Ploče liegt, ist schon seit langem ein Refugium für die Bewohner Dubrovniks. Im Sommer pendeln in kurzen Abständen die Ausflugsboote zwischen dem alten Hafen und dem grünen Eiland. Lokrum besitzt schöne Badebuchten (Felsstrände; auch FKK) und eine artenreiche subtropische Vegetation. Der kleine Salzsee im Südteil der Insel wird Mrtvo more, Totes Meer, genannt. Bereits im 11. Jh. ließen sich Benediktiner auf Lokrum nieder und gründeten ein Kloster. Im Jahr 1858 erwarb der habsburgische Erzherzog Maximilian die Insel. In einem Teil des Klosters richtete er seinen Sommersitz ein und um das Kloster ließ er einen Park mit Zypressen und anderen mediterranen Baumarten anlegen.

Elaphitische Inseln

Vom alten Hafen Dubrovniks fahren regelmäßig Ausflugsboote zu den → Elaphitischen Inseln (Koločep, Šipan, Lopud).

Riviera von Dubrovnik (Von Norden nach Süden)

Slano

Slano liegt rund 40 km nordwestlich von Dubrovnik am tiefsten Punkt einer langgestreckten Bucht, etwa auf der Höhe der Nordspitze von Šipan (→ Elaphitische Inseln). Der bislang noch nicht sehr touristische Ort besitzt an der Hafenbucht einen Kiesstrand.
Besichtigen kann man die 1420 erbaute Franziskanerkirche sowie die Pfarrkirche St. Blasius (Sv. Vlaho) aus dem Jahr 1758. Die Gegend von Slano war schon in vorgeschichtlicher Zeit besiedelt; seit dem Jahr 1399 gehörte der Ort zur Republik Ragusa/Dubrovnik.

Trsteno

Park Gutečić

Etwa 15 km südlich von Slano führt die Küstenmagistrale durch Trsteno. Die Hauptattraktion des kleinen Ortes ist der herrliche, beinahe 3 ha große Park mit exotischen, zum Teil sehr seltenen Bäumen aus beinahe allen Ländern der Welt. Den alten Teil des Parks mit rund 250 Pflanzenarten hatte 1502 die Dubrovniker Patrizierfamilie Gutečić-Gozze um eine neu erbaute, prunkvolle Renaissancevilla angelegt. Später, im 17. und 18. Jh., kamen ein Springbrunnen sowie künstliche Ruinen hinzu. Nach dem Ersten Weltkrieg veranlaßte der letzte Besitzer die Erweiterung des Parks, der 1991 in Brand gesteckt und teilweise unwiederbringlich zerstört wurde.

Orašac

2 km südlich von Trsteno und nur noch 20 km von Dubrovnik entfernt, liegt Orašac, ein ehemaliges Dorf, das sich in den 80er Jahren zu einem Ferienort gemausert hat. Auftrieb erhielt die touristische Entwicklung vor allem durch den Bau der exklusiven, mit Restaurants, Tennisplätzen und Meerwasserschwimmbecken ausgestatteten Appartementanlage 'Sonnengärten von Dubrovnik'. Von dem ehemaligen Schloß Arapovo des Venezianers Pietro Soderini (16. Jh.) sind nur Ruinen erhalten.

Srebreno

10 km südlich von Dubrovnik und 2 km hinter Kupari, wo es einen schönen Strand gibt, erreicht man Srebreno, das sich im Schutz der dahinter-

liegenden Gebirgsketten an der weiten Bucht Župski zaliv ausbreitet. Baden kann man hier am langen Sandstrand oder an felsigen Küstenabschnitten.

Riviera von Dubrovnik, Srebreno (Forts.)

Beinahe nahtlos gehen Srebreno und Mlini ineinander über. Auch dieser Ort verfügt über einen schönen, flachen Strand. Der Name Mlini bedeutet soviel wie 'Mühle' und weist darauf hin, daß die Bäche in der Umgebung von Mlini einst Wassermühlen antrieben. Die reichlich vorhandenen Quellwasser sorgten auch dafür, daß Mlini von üppigem Grün umgeben ist.

Mlini

Nur 3 km weiter beginnt Plat, ebenfalls ein Badeort an der Župski zaliv, der mit Stränden, modernen Hotels und landschaftlich schöner Umgebung aufwartet.

Plat

→ dort

Cavtat

Dugi Otok (Insel) L/M 9/10

Kroatien, Gespanschaft Zadar-Knin
Höhe: 0 – 338 m ü. d. M.
Bewohnerzahl: 2800

Knapp 44 km lang und höchstens 5, stellenweise sogar nur 1,5 km breit ist Dugi Otok, zu deutsch die 'lange Insel'. Mit 114 km² gehört sie zu den größten Inseln im norddalmatinischen Archipel. Sie erstreckt sich auf der Höhe von Zadar parallel zur Insel Ugljan (→ Ugljan · Pasman). Eine einzige Straße – zwischen dem im Nordwesten gelegenen Hafenort Božava und dem

Lage und Allgemeines

Die Südspitze der Insel Dugi Otok besteht aus steil abfallenden, schroffen Kalkfelsen und sanft geschwungenen Buchten. Im Hintergrund sieht man die benachbarten Kornaten-Inseln.

Lage und Allgemeines (Fortsetzung)

Fährhafen Sali an der Südostküste – erschließt die Insel, und auch das erst seit dem Jahr 1980. Die Ostküste von Dugi Otok ist verhältnismäßig flach, wohingegen die Westküste vor allem im äußersten Süden in bis zu 100 m hohen Felswänden steil zum Meer hin abfällt. Dugi Otok besitzt weder Quellen noch oberirdische Wasserläufe, doch füllen sich im Winter die Karstfelder Malo jezero, Velo jezero und Dugo polje mit Süßwasser und werden zu Seen. Im übrigen reichen die Niederschläge und die Bodenfeuchtigkeit aus, um auf Dugi Otok Weinreben, Oliven, Gemüse, Kiefern und Pinien gedeihen zu lassen.
Die südöstlichste Bucht der Insel, Telašćica ist als Teil des Nationalparks → Kornaten ein beliebtes und im Sommer stark frequentiertes Ausflugsziel. Ansonsten konzentriert sich der Tourismus auf die Orte Božava, Sali und Luka, wo es Hotels und Privatunterkünfte gibt.

Anreise

Von Zadar aus gibt es zur Zeit zwei Fährverbindungen zur Insel Dugi Otok, eine zum Fährhafen Zaglav bei Sali und eine nach Brbinj. Die Fähre von Ancona (Italien) nach Šibenik macht einmal wöchentlich in Brbinj halt.

Freizeit- und Bademöglichkeiten

Die Möglichkeit zu sportlichen Aktivitäten bietet sich vor allem in Božava, wo man Boote sowie Surfbretter, Wasserskier und Tauchgeräte (Tauchschule) mieten kann. Einige Gebiete um Dugi Otok sind allerdings für Taucher gesperrt. Nähere Informationen darüber erteilen die Hotels von Božava. Die Badeplätze haben größtenteils Felseinstieg, z. T. mit betonierten Liegeflächen, es gibt aber auch einige kleine Kiesstrände. Einen Sandstrand findet man in der südlich von Božava gelegenen Bucht Saharun.

Geschichte

Die ältesten Siedlungsfunde auf Dugi Otok stammen aus der Jungsteinzeit und wurden bei der Ortschaft Žman freigelegt. Auf Anhöhen der Insel erkennt man noch heute Reste illyrischer Befestigungen und Grabhügel. An die römische Besiedlung erinnert eine villa rustica auf der Landenge Proversa, von der Fundamente an Land und Reste der Kanalisation samt einem Wasserbecken im Meer erhalten blieben. Ein Mosaikfußboden aus dem antiken Landhaus wird im Museum in Zadar aufbewahrt. Aus altkroatischer Zeit besitzt Dugi Otok noch einige kleine Kirchen, Häuser und Grabstätten. Urkundlich tritt das Eiland erstmals im 10. Jh. in Erscheinung – zu einer Zeit, als Dugi Otok sich im Besitz von Zadar befand. Aus späteren Jahrhunderten haben sich kaum bauliche Zeugnisse erhalten.

Sehenswertes auf Dugi Otok

Božava

Touristischer Mittelpunkt von Dugi Otok ist das am Nordwestzipfel der Insel gelegene Božava (140 Einwohner), das sich an einer kleinen Bucht ausbreitet und von Obstgärten, Olivenhainen und einem Föhrenwäldchen umgeben ist. Das kristallklare Meer lockt nicht nur Badende, sondern auch viele Segler, Surfer und Taucher an. Bereits die Illyrer und später die Römer siedelten auf zwei Hügeln in der Nähe von Božava. Zum ersten Mal schriftlich erwähnt wurde der Ort im 14. Jahrhundert. Die frühmittelalterliche Pfarrkirche, angeblich aus dem 9. Jh., besitzt drei gotische Prozessionskreuze.

Savar, *Sv. Pelegrin

Nur 1 km östlich vom Hafen Brbinj liegt das Dorf Savar (100 Einw.), dem man wegen der dortigen Kirche Sv. Pelegrin einen Besuch abstatten sollte. Der im 13. Jh. auf der Friedhofshalbinsel errichtete Bau gehört zu den bedeutendsten altkroatischen Kirchen. Typisch für diese Epoche der kroatischen Kunst ist die plastische Auffassung des Baukörpers, wie man am runden Chorraum von Sv. Pelegrin leicht beobachten kann.

Sali

Sali, mit 900 Einwohnern der größte Ort, ist vor allem vom Fischfang geprägt. Die Erträge der Fischerei werden u. a. in der örtlichen Konservenfabrik verarbeitet. Die gotische Pfarrkirche von Sali besitzt einen geschnitzten Altar sowie Epitaphe mit glagolitischen Inschriften. Vom Hafen mit einer kleinen Schiffswerft führt ein bequemer Spazierpfad in den oberen Teil des Dorfes. Er endet am Friedhof, der eine innerhalb der Adria-Inseln nur hier zu beobachtende Beisetzungsart zeigt: Steingrüfte werden zur Aufnahme der Särge in den Fels gesprengt. Dann verschließt man die Grabkammern mit Steinplatten. Das Hotel in Sali liegt ca. 10 Gehminuten außerhalb des Ortes und besitzt einen teilbetonierten Fels- sowie einen Kiesstrand.

Dugi Otok, Sali (Fortsetzung)

Einen schönen Blick auf die norddalmatinische Inselwelt genießt man vom Hausberg Brčastac (200 m).

Brčastac

Wanderwege führen von Sali zur über 8 km langen und 0,5 bis 2 km breiten Bucht Telašćica am stark zergliederten Südzipfel von Dugi Otok. Die Bucht ist bereits Teil des Nationalparks → Kornaten und wird deshalb meist im Rahmen einer organisierten Rundfahrt durch die Inselwelt der Kornaten angefahren. Außerdem gehört sie zu den am besten geschützten Naturhäfen in der Adria. Nur knapp 40 m vor der Küste liegt die kleine Insel Katina. Bereits von weitem erblicken Besucher, die während des Sommers hier zahlreich mit ihren Booten einlaufen, den kegelförmigen Inselberg Školj inmitten der Bucht.

*Telašćica-Bucht

Elaphitische Inseln (Šipan, Koločep, Lopud) T 27/28

Kroatien, Gespanschaft Dubrovnik-Neretva
Höhe: 0 – 243 m ü. d. M.
Bewohnerzahl: 1000

Vor der süddalmatinischen Küste, zwischen der Halbinsel Pelješac und der Dubrovniker Halbinsel Lapad, liegen neben einigen kleineren Eilanden und Riffen die bewohnten Inseln Šipan, Lopud und Koločep, die auch als Elaphitische Inseln bezeichnet werden. Berühmt sind die Inseln für ihre üppige suptropische Vegetation sowie für ihre schönen Badestrände. Als Naherholungsziel für die Bewohner von Dubrovnik stehen die Elaphitischen Inseln nicht erst in jüngster Zeit hoch im Kurs; bereits im 15. und 16. Jahrhundert verbrachten Adelige und hohe kirchliche Würdenträger hier gerne die heißen Sommermonate. Ausländische Besucher kommen meist im Rahmen einer Tagestour mit dem Boot von Dubrovnik aus auf die Inseln. Man kann aber auch länger bleiben – Hotels und Privatquartiere stehen für die Unterkunft zur Verfügung. Wer vor allem Ruhe und Erholung sucht, keinen Wert auf ein breites Unterhaltungsangebot legt, sondern in erster Linie die Natur genießen, baden und faulenzen möchte, ist auf den Elaphitischen Inseln genau richtig.

Lage und Allgemeines

Kleine Schiffe pendeln regelmäßig zwischen Dubrovnik und den drei autofreien Inseln Koločep, Šipan und Lopud.

Anreise

Die Geschichte der Elaphitischen Inseln ist eng mit der von Dubrovnik verbunden. Alle Inseln waren von griechischen Siedlern bewohnt. Die Bezeichnung Elaphiten taucht erstmals bei dem römischen Schriftsteller Plinius dem Älteren auf. Sie leitet sich her von dem altgriechischen Wort ‘elaphos’, was soviel wie ‘Hirsch’ bedeutet. Unter der Herrschaft von Dubrovnik erhielten Lopud und Koločep 1457 einen eigenen Rektor. Im 15. und 16. Jh. entdeckten begüterte Bürger aus Dubrovnik den Reiz der Inseln und ließen sich dort stattliche Landsitze errichten, von denen insbesondere auf Šipan einige erhalten sind. Viele Wehrtürme, die heute noch markante Punkte der Inseln beherrschen, wurden im 16. Jh. erbaut, als die Türken die Inselbewohner in Angst und Schrecken versetzten. Im Jahr 1571 überfiel sogar der berüchtigte Pirat Ulič-Ali die Inseln Lopud und Koločep. Als Napoleon 1808 die Republik Dubrovnik auflöste, wurden auch die Elaphitischen Inseln den Illyrischen Provinzen zugeschlagen.

Geschichte

Šipan

*Landschaftsbild

Mit knapp 17 km^2 ist Šipan die größte der Elaphitischen Inseln. Das Eiland liegt am weitesten von Dubrovnik entfernt. Wanderwege erschließen die Insellandschaft mit ausgedehnten Kiefernwäldern, Zypressenhainen und Palmenparks. In den fruchtbaren Tälern werden Oliven, Feigen und Weinreben angebaut. Auch Johannisbrot-, Mandel- und Granatapfelbäume prägen das Bild der Insel.

Šipanska Luka

Die in einer tiefen Bucht versteckte Hauptsiedlung Šipanska Luka (300 Einw.) im Nordwesten der Insel ist bis dato noch nicht von Touristen überlaufen. Einen Nachweis früher Besiedlung liefern die Überreste einer römischen villa rustica.

Vom Glanz vergangener Zeiten zeugt der über der Ortschaft liegende gotische Rektorenpalast, der während der Herrschaft Dubrovniks erbaut wurde. Die Inschrift über dem Hofeingang stammt aus dem Jahr 1450.

Von den Kirchen von Šipanska Luka ist vor allem die Anfang des 12. Jh.s erbaute, später jedoch mehrfach umgestaltete Pfarrkirche sehenswert. Sie birgt einige Gemälde vorwiegend einheimischer Künstler, u. a. eine "Muttergottes, die dem Jesuskind huldigt" von dem venezianischen Maler Maestro Pantaleone (15. Jh.).

Ferienziel ohne Allüren: Auf Šipan, der größten der Elaphitischen Inseln, hat der Massentourismus noch nicht Einzug gehalten.

Sugjuraj

Ein Fußweg zu der 4 km von Šipanska Luka entfernten Ortschaft Sugjuraj führt an den Überresten der ehemaligen Sommerresidenz der Bischöfe von Dubrovnik vorbei (16. Jh., teilweise restauriert). Mit diesem Ort verbindet sich vor allem der Name des Bischofs Ludovico Beccadelli (1501 bis 1572), einem bedeutenden Humanisten und Freund Michelangelos, der hier intellektuelle Zirkel über wissenschaftliche und literarische Themen abhielt. In Sugjuraj selbst steht ein befestigtes Schloß der Familie Škočibuha, das 1539 erbaut und 1577 durch einen Wehrturm erweitert wurde.

Lopud

Allgemeines und *Landschaftsbild

Lopud (380 Einw.) ist mit 4,6 km^2 die zweitgrößte der Elaphitischen Inseln. Der Name Lopud leitet sich aus dem griechischen Delaphodia ab, das zum römischen Lafota und später zum kroatischen Lopud wurde. Aufgrund seiner Lage zwischen Koločep und Šipan hieß die Insel bei den Römern und Dubrovnikern auch Insula Media. Über 30 Ruinen von Kirchen und Kapellen, ein Dominikaner- und ein Franziskanerkloster künden noch heute von den zahlreichen kirchlichen Förderern des Eilands. Da es auf Lopud Süßwasserquellen gibt, gedeiht die subtropische Flora noch üppiger als auf Šipan. Überall wachsen Palmen, Pinien, Zypressen, Aloen und Kakteen, gedeihen Wein, Oliven, Zitrusfrüchte, Johannisbrot und Feigen.

Bademöglichkeiten

Sandstrände findet man beim Hotel Lafodia (Sandstrand mit FKK-Bereich) und in der Šunj-Bucht, wo der Strand langsam abfällt (auch FKK). An der Nordostküste gibt es hauptsächlich Badeplätze mit Felseinstieg (FKK).

*Lopud (Ort)

Die einzige Siedlung, der Ort Lopud, liegt an einer Bucht im Nordwesten. Als die Insel Lopud im 16. Jh. eines der acht Fürstentümer bzw. Verwaltungsbezirke von Dubrovnik war, residierte der hierher entsandte Rektor in beherrschender Höhenlage über der Ortschaft. Sein Amtssitz ist als Ruine erhalten. Lopud ist ein beschaulicher Ort mit mediterraner Ausstrahlung. An der hübschen Hafenpromenade reihen sich Eisdielen, Cafés und gemütliche Tavernen aneinander, vor deren Kulisse im Sommer die Jachten vor Anker gehen. Die stattlichen Marmorvillen an der Uferpromenade wurden einst von reichen Familien aus Dubrovnik erbaut. Empfehlenswert ist von hier aus auch ein Spaziergang durch den kleinen Palmenpark, der Anfang der vierziger Jahre angelegt wurde.

Miho Pracat

In Lopud wurde 1528 Miho Pracat geboren, der einzige Privatmann, dem die Stadt Dubrovnik ein Denkmal setzte – im Innenhof des Rektorenpalastes. Der Grund: Pracat erbte ein Vermögen, das er geschickt vermehrte und schließlich Dubrovnik vermachte.

Franziskanerkloster

Das 1483 im Übergangsstil von der Gotik zur Renaissance vollendete Franziskanerkloster wurde im 16. Jh. durch Wehranlagen verstärkt, um den Bewohnern vor Piratenüberfällen Schutz zu gewähren. Seit 1808 ist das Kloster aufgelassen und dem Verfall preisgegeben. Sehenswert ist aber die als Pfarrkirche genutzte ehemalige Klosterkirche Sv. Marija od Špilice. Das romanische Gotteshaus besitzt einige sehenswerte Ausstattungsstücke, u. a. ein Chorgestühl von 1480 sowie mehrere Altarbilder aus dem 16. Jahrhundert.

Museum

Im Pfarramt ist ein Inselmuseum eingerichtet worden, in dem systematisch historische Gegenstände aus der langen Geschichte der Insel gesammelt wurden.

Sv. Gospa od Šunja

Im Osten der Insel steht oberhalb der weiten Šunj-Bucht die Votivkirche Sv. Gospa od Šunja, die im 12. Jh. erbaut, mehrfach umgestaltet und in jüngster Zeit liebevoll restauriert wurde. Sie birgt einige Gemälde aus der Renaissance- und Barockzeit. Die lebensgroßen Apostelfiguren des Hauptaltars soll Miho Pracat im 16. Jh. von der Londoner Westminster Abbey erworben haben, als Heinrich VIII. alle Altarbilder entfernen ließ.

Koločep

Allgemeines

Mit nur 2,5 km^2 ist Koločep das kleinste Eiland der Inselgruppe. Die Insel liegt nur etwa 4 km vom Hafen von Dubrovnik entfernt. Es gibt zwei Ortschaften auf Koločep, Gornje Čelo und Donje Čelo. Zusammen haben sie etwa 150 Einwohner, die in Dubrovnik arbeiten oder vom Tourismus leben und nebenbei Obst, Gemüse und Wein anbauen. Bis ins 19. Jh. war die Korallenfischerei ein wichtiger Erwerbszweig der Inselbewohner.

Elaphitische Inseln, Koločep (Fortsetzung)
*Landschaftsbild

Die stark zerklüftete Küste von Koločep fällt im Südwesten fast senkrecht bis zu 40 Meter ab, während sich die Landschaft im Norden und Osten terrassenförmig zum Meer senkt. Die höchste Erhebung von Koločep ist der Čavalika brdo (125 m). Obwohl die Insel aus Kalkstein besteht und keine oberirdischen Gewässer besitzt, ist sie ein grünes Paradies. Durch die von Zypressen, Aleppokiefernwäldern, Palmen, Pinien und Kakteen bewachsene Insel führen markierte Wanderwege. Wegen der schönen Kiesel- und Sandstrände ist Koločep ein beliebtes Ausflugsziel bei den Dubrovnikern.

Inselname

Die Griechen verliehen der Insel den Namen Kalamota (griech. 'kalos'= schön), die Römer nannten sie Calaphodia, woraus später Koločep wurde.

Donje Čelo

In Donje Čelo, dem touristischen Zentrum an der Nordwestseite der Insel, lohnt sich ein Besuch der Pfarrkiche (13./15. Jh.), deren Wände Bruchstükke römischer Marmorskulpturen und Teile einer frühmittelalterlichen Flechtornamentik enthalten. Oberhalb der Kirche thront ein viereckiger Wehrturm, ursprünglich Teil eines Mauerrings, den die Bewohner von Koločep im 16. Jh. zum Schutz vor den Türken errichteten. Geschützte Badestrände findet der Besucher in der sog. Malerbucht, die gegenüber von Dubrovnik liegt, und bei der Villa Ruža (kleiner Sandstrand). Westlich von der Villa Ruža gibt es Fels- und Kiesstrände für FKK-Anhänger.

Gornje Čelo

Auf dem Weg nach Gornje Čelo, der zweiten Ortschaft in einer kleinen Bucht am Ostende von Koločep, passiert man die Ruinen einer mittelalterlichen Festung. Unweit von Gornje Čelo stehen zudem zwei verfallene Kirchen aus dem 9. Jahrhundert. Die vorromanische Kirche St. Anton von Padua wurde im 18. Jh. restauriert. Bademöglichkeiten findet man westlich unterhalb des örtlichen Sportplatzes und an der Steilküste, wo über einhundert Stufen zu einem Kiesstrand hinunterführen.

Hvar (Insel) Q/R 18 – 23

Kroatien, Gespanschaft Dalmatien-Split
Höhe: 0 – 626 m ü. d. M.
Bewohnerzahl: 11 200

Allgemeines

Lavendel- und Rosmarinfelder, blühende Gärten mit Zypressen, Oleander, Orangen- und Zitronenbäumen, schmale, kurvenreiche Landsträßchen und zahllose einsame Wanderwege mit herrlichen Ausblicken auf das türkisblaue Meer – Hvar gehört ohne Zweifel zu den Inseln, deren Reizen man sich schwerlich entziehen kann. Zugegeben: In den Sommermonaten, wenn die Ferienorte Hvar, Stari Grad, Vrboska und Jelsa ausgebucht sind, wird es auf der 68 km langen und maximal 10,5 km breiten Insel zuweilen recht eng. Doch in der Vor- und Nachsaison sind Ferien auf Hvar ein Vergnügen von besonderem Reiz, denn Schnee, Nebel und Minusgrade sind selbst zwischen Dezember und März äußerst selten. Mit durchschittlich 2718 Sonnenscheinstunden im Jahr liegt Hvar in der Rangliste der sonnenbeständigen Adriareiseziele ganz vorne.

Lage und
**Landschaftsbild

Hvar erstreckt sich zwischen der Insel Brač und der Halbinsel Pelješac und gehört zu den mitteldalmatinischen Inseln. Mit knapp 300 km² ist sie die viertgrößte Adriainsel. Der größte Teil der Insel, vor allem aber das flache Gebiet zwischen Stari Grad und Vrboska, wird landwirtschaftlich genutzt: Felder, Olivenhaine, Gemüse- und Obstanbau sowie Weingärten dominieren das Bild. Den Gebirgsrücken, der sich von Ost nach West zieht, bedekken Wälder, Schafweiden und Macchia. Eine Fahrt über die Insel führt durch kleine und winzige Ortschaften und ist von herrlichen Landschaftseindrücken, Ausblicken auf die weit unten liegende Küste und nicht selten vom Duft des Lavendels begleitet. Nicht vergessen sollte man allerdings, daß die kurvenreichen und zum Teil unbefestigten Straßen auch erhöhte Aufmerksamkeit und etwas mehr Zeit erfordern als gewohnt.

Lage und Landschaftsbild (Fortsetzung)

Anreise und Verkehr

Autofähren verkehren täglich mehrmals von Split nach Stari Grad und von Drvenik nach Sućuraj. Auch die Küsteneilfähre von Rijeka nach Dubrovnik hält in Stari Grad. Von Ancona (Italien) kann man einmal pro Woche nach Stari Grad übersetzen. Zwischen den wichtigsten Orten auf der Insel gibt es regelmäßige Busverbindungen.

Freizeit- und Bademöglichkeiten

Obwohl der Tourismus auf Hvar verhältnismäßig stark entwickelt ist, muß man sich hier beim Baden nicht auf die Füße treten, denn es gibt – bedingt durch die stark gegliederte Küste – noch viele unverbaute kleine Buchten mit Kies- oder Sandstränden sowie eine Reihe von winzigen Inseln, die regelmäßig von Ausflugsbooten angefahren werden. In der Stadt Hvar sind die Bademöglichkeiten mäßig; vor den Hotelkomplexen der Stadt wurden

Menschenleere Felsbuchten, türkisblaues Meer und ungezählte Sonnenstunden: Die süddalmatische Insel Hvar ist ein kleines Urlaubsparadies.

Felsen ausbetoniert und Stege gebaut. Vom Hafenbecken in Hvar setzen täglich Boote zur FKK-Insel Jerolim und zu den Hölleninseln über. Einen etwas besseren Strand gibt es bei den Hotels vor Stari Grad – vom Schwimmen im inneren Buchtbecken ist allerdings abzuraten. Auch hier kann man sich mit dem Boot zu einem naheliegenden Strandabschnitt bringen lassen. Vor den Hotels in Jelsa breitet sich ein Felsstrand aus; FKK-Anhänger bevorzugen die Insel Zečevo. Die Hotels aller Ferienorte sind vorzüglich mit Sporteinrichtungen ausgestattet. Das Hotel Amfora in Hvar besitzt eine große überdachte Schwimmhalle mit gewärmtem Meerwasser. Füllstationen für Tauchgeräte gibt es in Hvar ebenfalls. Ferner können Boote, Surfbretter, Tauchzubehör und Wasserskier ausgeliehen werden. Ausflugsfahrten zu einer der zahlreichen Buchten oder zu den vorgelagerten Hölleninseln werden von den Reisebüros in Hvar und Stari Grad täglich organisiert.

Geschichte

Die Insel blickt auf eine bewegte Geschichte zurück. Höhlenfunde belegen, daß Hvar schon während der Jungsteinzeit besiedelt war. Im Jahre 384 v. Chr. gründeten Griechen an der Stelle des heutigen Stari Grad eine Kolonie, die sie nach ihrer Heimatinsel Pharos nannten, und kurz darauf eine zweite, kleinere Siedlung namens Dimos – dort, wo heute die Stadt Hvar liegt. Die Römer hinterließen auf der Insel keine nennenswerten Spuren. Ab dem 7. Jh. wurde Hvar von Slawen aus dem Neretva-Gebiet besiedelt. Kroatische Könige und Byzanz regierten vom 9. bis 12. Jh. abwechselnd die Insel. In den folgenden Jahrhunderten kämpften die ungarisch-kroatischen Könige, Venedig, schließlich auch Bosnien und die Republik Dubrovnik um Hvar, bis 1420 Venedig endgültig die Herrschaft über die Insel an sich riß. Das ständige Hin- und Hergerissenwerden zwischen verschiedenen Mächten wiederholte sich ab 1797 erneut – diesmal waren Österreich, Frankreich und später auch Italien die beteiligten Parteien. 1922 fiel die Insel an das Königreich der Serben, Kroaten und Slowenen, das spätere Königreich Jugoslawien. Im April 1941 wurde Hvar von italienischen Truppen besetzt, die nach der Kapitulation Italiens 1943 durch deutsche Verbände abgelöst wurden. Im September 1944 eroberten jugoslawische Partisanen die Insel. Nach dem Zweiten Weltkrieg entwickelte sich der Fremdenverkehr zum wichtigen Wirtschaftsfaktor.

Hvar (Stadt)

**Stadtbild

In einer geschützten Bucht an der Südwestküste der Insel, zu Füßen der hoch gelegenen Festung Španjola, breitet sich das hübsche, autofreie Städtchen aus. Sein Mittelpunkt ist der weitläufige Hauptplatz am Hafen, von dem links und rechts kleine verwinkelte Gassen abzweigen. An der Hangseite unterhalb der Spanischen Festung bauten sich die Patrizier ihre

Unbestrittener Mittelpunkt der Insel ist das gleichnamige Städtchen an der Westküste. Am weiträumigen Hauptplatz von Hvar erinnert die Kathedrale daran, daß der Ort Bischofssitz war und heute wieder ist.

Wohnhäuser, während auf der gegenüberliegenden Seite die Bürgerstadt entstand, die heute mit vielen kleinen Souvenirläden, Restaurants, Bars und Cafés das lebendige Zentrum von Hvar bildet. Auch an der palmenbestandenen Uferpromenade und am Hafenbecken laden viele gemütliche Cafés zur Einkehr ein. Von den Altstadthotels am rechten Hafenbecken (Blickrichtung Meer) führen Wege durch den hübschen Stadtpark zu den westlich von Hvar gelegenen modernen Hotelkomplexen.

Stadtbild (Fortsetzung)

Vom Parkplatz vor der Stadt gelangt man zu Fuß rasch zu dem schönen länglichen Hauptplatz, der sich bis zum kleinen Hafenbecken von Hvar erstreckt. Der große runde Steinbrunnen auf dem Platz stammt aus dem Jahr 1520.

*Hauptplatz

An der nördlichen Schmalseite schließt die Stephanskathedrale mit ihrem schlanken, romanische Formen zitierenden Campanile (1574) den Platz ab. Die dreischiffige Basilika wurde nach dem türkischen Feldzug 1571 an der Stelle eines Vorgängerbaus aus dem 12. Jh. errichtet. Ihre barocke Fassade konnte erst im 18. Jh. vollendet werden. Das schlichte Innere birgt ein paar interessante Altarblätter, u. a. eine “Madonna mit Heiligen” (Domenico Umberti, 1692), eine “Madonna mit dem Kinde” (Pisaner Schule des 13. Jh.s) sowie auf dem Hochaltar eine “Maria mit dem hl. Stephan” (Palma Giovane, 1626/1627).

*Kathedrale Sv. Stjepan

Im Bischofspalast daneben wurde ein kleines Museum mit sakraler Kunst von der Gotik bis zum Barock eingerichtet. Kostbarstes Stück der Sammlung ist der vergoldete Messingstab des Bischofs Pritić, den der aus Dubrovnik stammende Goldschmied Pavao Dubravčić 1509 schuf.

Museum

In einer Seitengasse auf der Burgseite des Platzes überragt der ehemalige Palast der Familie Hektorović mit seinen spätgotischen Spitzbogenfenstern die umstehenden Häuser. Auch als Ruine vermittelt er noch ein eindrucksvolles Bild von einem patrizischen Stadthaus. Der berühmteste Sproß dieser Familie, der Renaissancedichter Petar Hektorović (→ Berühmte Persönlichkeiten) baute sich in Stari Grad einen befestigten Landsitz, den man heute noch besichtigen kann (s. u.).

Hektorović-Palast

Auf der gleichen Platzseite, aber ganz vorne am Hafenbecken, stand einst die untere Stadtburg, Sitz der Rektoren und Stadtherren, von der nur der niedere Uhrturm aus dem 16. Jh. erhalten ist. Die Stelle der Burg nimmt heute das Hotel Palace ein. Die 1440/1450 entstandene, eingeschossige Loggia vor dem Hotel – von diesem als Festsaal genutzt – gehört zu den schönsten ihrer Art in Dalmatien. Ihre elegante Note erhält sie durch die obeliskenbekrönte Balustrade und die schlanken Marmorsäulen, die den Arkadenstützen vorgeblendet sind. Von dem Café vor der Loggia genießt man den besten Blick auf das Treiben am Hafenbecken.

Uhrturm, Hotel Palace, *Stadtloggia

Zur vornehmen Architektur der Stadtloggia bietet das gegenüber am Hafen liegende, wuchtige Arsenal einen schönen Kontrast. Es wurde 1579–1611 an der Stelle eines Vorgängerbaus aus dem 13. Jh. errichtet. Sein etwa 10 m weiter Arkadenbogen an der Hafenseite erlaubte sogar einer Kriegsgaleere die Einfahrt. Im Obergeschoß, zugänglich über die seitliche Treppe, ließ der Hvarer Fürst Pietro Semitecolo 1612 einen Theatersaal einrichten, eines der ersten kommunalen Theater Europas. Später wurde der Theatersaal im Stil des Klassizismus umgestaltet. Heute ist im Arsenal auch eine kleine Galerie mit Wechselausstellungen untergebracht.

*Arsenal, Theatersaal

Von der ehemaligen Dominikanerabtei westlich hinter dem Hafenbecken stehen nur noch die Ruine der Klosterkirche Sv. Marko sowie der grazile Glockenturm. Die Apsis der Kirche beherbergt heute ein Lapidarium sowie eine Sammlung archäologischer Exponate.

Sv. Marko

Am Arsenal beginnt die palmengesäumte Uferpromenade, an der die vielen kleinen Ausflugsboote auf Kundschaft warten, Händler auf Booten ih-

Uferpromenade

Uferpromenade (Fortsetzung)

ren Fisch oder ihr Gemüse verkaufen, Urlauber ihre Souvenirs erstehen und morgens die großen Dampfer auf dem Weg von Rijeka nach Dubrovnik anlegen.

*Franziskanerkloster

Von der Uferpromenade aus kann man in einem kurzen Spaziergang die Landzunge mit dem Franziskanerkloster südöstlich des Stadtzentrums erreichen. In der Kirche des im 15. Jh. gegründeten und nach dem Türkeneinfall 1571 wiederaufgebauten Klosters sind drei Altarblätter des venezianischen Malers Francesco di Santacroce aus dem 16. Jahrhundert zu sehen. Das ehemalige Refektorium und ein weiterer Raum wurden als Museum eingerichtet, in dem heute u. a. das monumentale "Letzte Abendmahl" aus der venezianischen Schule des späten 16. Jh.s sowie weitere italienische Gemälde des 15.–18. Jh.s, Münzen, moderne Kunst und diverse Kuriositäten versammelt sind. Länger verweilen möchte man vor allem in dem dahinterliegenden, hübschen Klostergarten mit einer über 200 Jahre alten Zypresse.

Festungen, Pakleni otoci

Empfehlenswert ist ein Aufstieg zu dem nördlich über der Stadt gelegenen Spanischen Fort (Španjola), das 1557 fertiggestellt wurde. Von dieser Festung genießt der Besucher einen herrlichen Blick über das Hafenbecken und die alte Stadt sowie auf die vorgelagerten Pakleni-Inseln (Hölleninseln), zu denen Ausflugsboote hinüberfahren. Noch weiter nördlich der Stadt thront die von den Franzosen erbaute Festung, die zwar gut erhalten, aber nicht zugänglich ist .

Stari Grad

Lage und Allgemeines

Um nach Stari Grad (1700 Einw., 20 km östlich von Hvar) zu kommen, muß man auf einer kurvenreichen, aber gut ausgebauten Straße das Bergmassiv überwinden – eine Fahrt, die sich schon wegen der herrlichen Ausblikke auf das Meer und die Küstenlandschaft der Insel lohnt. Der Ort erstreckt sich an einer weit ins Land eingeschnittenen Bucht an der Nordwestküste der Insel. Dort, wo sie sich etwas weitet, außerhalb des alten Städtchens, liegen die größeren Hotelanlagen, zumeist aus den 70er und 80er Jahren. Sie sind durch einen Promenadenweg mit dem Zentrum von Stari Grad verbunden.

Ortsbild

Wenn man von der Stadt Hvar oder auch von Jelsa kommend auf dem Hafenplatz von Starigrad landet, wird man zunächst vielleicht etwas enttäuscht sein, denn gerade hier präsentiert sich das Fischerstädtchen bei weitem nicht so pittoresk wie der Nachbarort Hvar. Doch das Bild wandelt sich etwas, wenn man sich auf einen Streifzug durch die Gassen begibt oder der Uferpromenade mit ihren Cafés und Restaurants folgt.

*Landsitz von Petar Hektorović

Dort, wo sich die Uferstraße zu einem länglichen Platz mit Palmen öffnet, ist auch schon die Hauptsehenswürdigkeit von Stari Grad erreicht, der 1520–1569 errichtete Landsitz des kroatischen Renaissance-Dichters Petar Hektorović (1487–1572; → Berühmte Persönlichkeiten). Hinter dem unscheinbaren Gebäude verbirgt sich ein bemerkenswertes Ensemble. Interessant ist weniger die kleine ethnografische Sammlung in dem ehemaligen Wohnhaus, sondern vielmehr der dahinterliegende, außerordentlich hübsche Garten. Durch eine gewölbte Halle im Erdgeschoß betritt man zunächst eine Art Laubengang, der um einen dunkelgrün schimmernden Fischteich angelegt wurde. Die lateinischen und kroatischen Inschriften sind Sentenzen des Hausherrn, der auf diese Art die Gäste mit seiner Philosophie vertraut machte. Angeblich wird das Bassin mit den Fischen durch eine Rohrleitung vom Hafen mit Meerwasser gespeist. In dem wildromantischen Garten gedeihen zahlreiche seltene Pflanzen neben den typischen Vertretern der hier heimischen Flora. Auf dem Platz vor dem Landhaus hat der Bildhauer Ivan Meštrović (→ Berühmte Persönlichkeiten) dem Dichter Hektorović ein Denkmal gesetzt (1956).

Idylle hinter wehrhaften Mauern: Ein meerwassergespeister Fischteich ist der Mittelpunkt des ehemaligen Landsitzes von Petar Hektorović.

Sehenswert in Stari Grad ist außerdem die 1605 fertiggestellte Pfarrkirche St. Stephan (Sv. Stjepan), die ein schönes dreiteiliges Altarbild von Francesco di Santacroce bewahrt. Für den Bau ihres freistehenden Glockenturms wurden Steinblöcke der antiken Stadtmauern verwendet. Der schönste Platz in Stari Grad liegt etwas nördlich unterhalb dieser Kirche und heißt Piazza Škor. Die anderen Kirchen des Städtchens – die gotische Johanneskirche (Sv. Ivan), die am Weg zum Friedhof erbaute Nikolauskirche (Sv. Nikola), die kleine Renaissancekirche St. Hieronymus (Sv. Jeronim) und die 1893 erbaute Kirche des Dominikanerklosters – sind kaum einen Umweg wert. Im Dominikanerkloster gibt es eine kleine archäologische Sammlung und barocke Gemälde zu besichtigen. Kirchen

Vrboska

Rund 8 km östlich von Stari Grad liegt sehr hübsch im äußersten Winkel einer engen Bucht zwischen Kiefernwäldern und Weinbergen der Ort Vrboska (500 Einw.). Von seiner schönsten Seite zeigt sich Vrboska an der schmalsten Stelle der Bucht, wo sich das Wasser auf die Breite eines Flüßchens verengt und kleine Brücken die beiden Ufer mit den niedrigen, einfachen Steinhäusern verbinden. Allgemeines

Die Pfarrkirche St. Laurentius wurde im 15. Jh. errichtet und im 17. Jh. barock umgestaltet. Sehenswert sind die Altarbilder im Inneren der Kirche, die zum Teil aus der Festungskirche Sv. Marija ausgelagert und hierher verbracht wurden. Bei dem großen, mehrteiligen Gemälde des Hochaltars, auf dem der hl. Laurentius, Johannes der Täufer und der hl. Nikolaus dargestellt sind, ist die hohe Qualität und die stilistische Nähe zur venezianischen Malerei des 16. Jh.s. auffällig. Möglicherweise, so wird spekuliert, ist das Bild ein Werk von Tizian oder von Paolo Veronese. Sv. Lovrinac

Vrboska (Fortsetzung)
***Sv. Marija**

Das ungewöhnlichste Gotteshaus der Insel Hvar steht auf einer Anhöhe oberhalb des alten Ortszentrums von Vrboska: Die im 16. Jahrhundert erbaute Sv. Marija ist Festung und Kirche in einem. Der fast völlig fensterlose Bau gibt sich nur von vorne als Gotteshaus zu erkennen, nach hinten mündet das von einem Zinnenkranz bekrönte Kirchenschiff in zwei wuchtige, halbrunde Wehrtürme.

Fischereimuseum

Ein kleines Fischereimuseum dokumentiert die Geschichte des Fischfangs auf Hvar vom 18. bis 20. Jahrhundert.

Viele stille Winkel, ein ruhiger Wasserlauf und auf dem Hügel eine ungewöhnliche Kirche – Vrboska empfängt den Besucher mit einer ganz eigenwilligen Atmosphäre.

Jelsa

Allgemeines

Etwa 5 km südöstlich von Vrboska liegt das im 18. und 19. Jahrhundert für seinen Schiffbau bekannte Städtchen Jelsa (1700 Einwohner), heute ein beliebter Ferienort, der von Jung und Alt vor allem wegen seiner guten Bademöglichkeiten aufgesucht wird. Am Hauptplatz sind noch einige hübsche Bürgerhäuser im Stil der Renaissance und des Barock versammelt. Hier steht auch die Johanneskirche (Sv. Ivan), die durch einen Umbau im 17. Jh. ihr barockes Aussehen erhielt. Bereits im 14. Jh. wurde die Pfarrkirche St. Fabian und St. Sebastian (Sv. Fabijan i Sebastijan) erwähnt. Aus dem 16. Jh. datiert ihre festungsartige Apsis. Die Hotelanlagen in Jelsa befinden sich abseits vom Hafen rechts und links auf den bewaldeten Berghängen.

Pitve

Drei Kilometer landeinwärts, zu Fuß leicht erreichbar, liegt Pitve, ein typisches Inseldorf. Das dortige Weinmuseum informiert anhand von Geräten, Fotografien und anderen Exponaten über den Weinanbau auf der Insel Hvar.

Izola B 1

Slowenien, Region Primorska
Höhe: 5 m ü. d. M.
Einwohnerzahl: 9000

Lage und Bedeutung

Das Fischerstädtchen liegt etwas abseits vom Durchgangsverkehr zwischen Koper (7 km) und Piran (12 km) auf einer Halbinsel. Früher war diese, wie der Stadtname noch zu erkennen gibt, eine Insel, die im 19. Jh. mit dem Festland verbunden wurde. Izola hat sich erst in jüngerer Zeit zu einem Ferienort mit eigener Marina (seit 1994) gemausert. Der Fremdenverkehr nimmt zwar an Bedeutung zu, die Mehrheit der Bewohner von Izola ist allerdings in der hier angesiedelten Konservenindustrie, in den Werften und den metallverarbeitenden Betrieben beschäftigt.

Stadtbild

Die venezianische Herrschaft hat in Izola markante Spuren hinterlassen, und noch heute wirkt der Ort wie ein italienisches Städtchen. Allenthalben blättert die Farbe, bröckelt der Putz, aber dennoch – oder gerade deswegen – ist Izola ausgesprochen malerisch. Fein herausgeputzt sind allerdings die Häuser am alten Hafenkai. Zusammen mit den unzähligen Booten und Segelschiffen bilden sie eine stimmungsvolle Kulisse. Abends ist der Hafen ein beliebter Treffpunkt, wo man sich zum Bummeln oder in einem der Restaurants zum Abendessen trifft. Die Sehenswürdigkeiten Izolas sind leicht zu überblicken, denn sie befinden sich ebenfalls alle in Hafennähe.

Izola, ein typisches Fischerstädtchen an der slowenischen Adriaküste

Freizeit- und Bademöglichkeiten

Bademöglichkeiten sind rar, es gibt lediglich ein paar betonierte Liegeplätze. In der Bucht Simonov zaliv, südlich des Städtchens, kann man am Kiesstrand baden. In der Touristensiedlung Belvedere, ebenfalls südlich

Izola, Bademöglichkeiten (Fortsetzung)

des Zentrums, besteht die Möglichkeit, zu segeln, Wasserski zu fahren und zu surfen. Badestege erleichtern hier den Einstieg ins Wasser.

Geschichte

In einer nahegelegenen Bucht ist eine Siedlung aus römischer Zeit nachgewiesen; Izola selbst wurde in der Völkerwanderungszeit erstmals besiedelt. Im 10. Jh. suchten Flüchtlinge aus Aquileja Schutz in dem kleinen Ort am Meer. Die weitere Geschichte Izolas gleicht derjenigen des größeren, benachbarten Hafens Koper. Nach einer Periode wechselnder Herrschaft fiel es um 1280 an Venedig. Zu dieser Zeit wurde auch der Name zum ersten Mal in einer Urkunde erwähnt. Auf der ältesten Landkarte Istriens aus dem Jahr 1525 ist die Stadt als befestigter Ort mit einer Mauer, 13 Türmen und zwei Toren dargestellt. Damals verband noch eine Brücke die Stadt mit dem Festland. Wie Koper fiel Izola nach dem Ersten Weltkrieg an Italien. Erst Jahre nach dem Zweiten Weltkrieg wurde es dem damaligen Jugoslawien zugesprochen.

Sehenswertes, Sv. Mauro

Die Pfarrkirche St. Maurus, Mitte des 16. Jh.s über einem romanischen Vorgängerbau errichtet und mehrmals umgebaut, steht auf einer kleinen Anhöhe. Ihre Fassade ist neoromanisch (1889), der freistehende Campanile imitiert – wie fast alle Glockentürme in Istrien – den der Markuskirche von Venedig. Im Innern gibt es einige sehenswerte Altarbilder, u. a. von Girolamo da Santacroce ("Maria mit Heiligen", 1537), Palma Giovane ("Grablegung") und anderen venezianischen Meistern.

Madonna-di-Alieto-Kirche, Rathaus

Miteinander verbunden sind die Madonna-di-Alieto-Kirche und das Rathaus. Beide Gebäude stammen aus dem 13. Jh., allerdings wurden sie mehrmals umgebaut. Die äußerlich unscheinbare Kirche besitzt ein gotisches Relief ("Maria mit dem Kind").

Bürgerhäuser und Paläste

Hinter der Kirche steht das wohl älteste Wohngebäude der Stadt, das 1470 erbaute Manzioli-Haus mit rötlicher Fassade und gotischen Fenstern. Das Lovisato-Haus gleich daneben ist im Renaissancestil gehalten (16. Jh.). Das ebenfalls nahegelegene, reichlich mit Stuck versehene Palais Besenghi ist ein schönes Beispiel spätbarocker Baukunst. Es wurde 1775–1781 von Filippo Donghetti errichtet. An der Fassade befindet sich die romanische Skulptur eines sitzenden Löwen, die früher eine alte Kirche geschmückt haben soll.

Karlobag H 10

Kroatien, Gespanschaft Lika-Senj
Höhe: 5 m ü. d.M.
Einwohnerzahl: 800

Lage und Bedeutung

Das etwa auf halber Strecke zwischen Crikvenica und Zadar gelegene Küstenstädtchen ist vor allem als Verkehrsknotenpunkt bedeutend: Von Karlobag führt eine Straße in Serpentinen nach Gospić in der Hochebene Lika und weiter zu den → Plitwitzer Seen. Die Paßstraße ist der niedrigste Übergang über das Velebit-Massiv. Reisende legen in der kleinen Stadt an der Küstenmagistrale gerne mal eine Pause ein, da es weit und breit keine größere Ortschaft gibt. Für einen längeren Aufenthalt hat Karlobag zu wenig zu bieten, es sei denn, man nützt es als Ausgangspunkt für Wanderungen und Bergtouren ins Velebit-Gebirge (→ Paklenica). Eine Erwähnung verdient Karlobag aber aus einem besonderen Grund: Das Städtchen wird seit jeher als Grenzort zwischen den historischen Regionen Kvarner (Kroatisches Küstenland) und Dalmatien angesehen. Selbst großserbische Nationalisten zogen zu Beginn des Krieges im früheren Jugoslawien (1991) an dieser Stelle eine imaginäre Grenze: Während sie die Küste südlich von Karlobag in Besitz nehmen wollten, überließen sie alles, was nördlich von Karlobag liegt, großzügig Kroatien.

Karlobag (Fortsetzung)
Geschichte

Zwei Daten in den Annalen der Stadt sind von besonderer Bedeutung. 1525 wurde der Ort von den einfallenden Türken völlig zerstört und 1579 ließ der österreichische Erzherzog Karl, zugleich der Begründer der Militärgrenze (Krajina), das Städtchen wiederaufbauen. Ihm verdankt Karlobag auch seinen Namen. Die Venezianer zerstörten Karlobag wenige Jahre später erneut. Doch wiederum war es einem Österreicher zu danken, daß es wieder aufblühte: Maria Theresias Vater Karl IV. sorgte dafür, daß der Hafen wie auch die Straße nach Gospić ausgebaut wurden.

Sehenswertes

Auf einer Anhöhe über der Stadt ragen die Ruinen einer mittelalterlichen Burg in den Himmel. Auch von der im Zweiten Weltkrieg zerstörten Karl-Borromäus-Kirche (Sveti Karlo Boromejski) stehen nur noch Ruinen. Das einzige intakte historische Gebäude ist das Kapuzinerkloster mit der Josephskirche, ein barocker Gebäudekomplex aus dem beginnenden 18. Jahrhundert. Im Kloster befinden sich eine kleine Sammlung liturgischer Geräte, eine Bibliothek und ein Archiv.

Koper B 2

Slowenien, Region Primorska
Höhe: 5 m ü. d. M.
Einwohnerzahl: 30 000

Lage und Bedeutung

Die nur etwas mehr als 20 km südlich von Triest gelegene und knapp 13 km von der italienisch-slowenischen Grenze entfernte Stadt ist gewissermaßen das Tor zu Istrien. Für das unabhängige Slowenien hat Koper eine überragende wirtschaftliche Bedeutung, denn die Stadt ist der einzige Seehafen und somit der wichtigste Warenumschlagplatz des Landes. Der Tourismus spielt in Koper immer noch eine untergeordnete Rolle gegenüber Industrie und Handel. Hafenanlagen und Industriebetriebe bestimmen denn auch den ersten Eindruck der Stadt, denn sie sind – egal, aus welcher Richtung man sich Koper nähert – schon von weitem zu erkennen. Um so überraschender ist dann die Erkenntnis, daß Koper, quält man sich

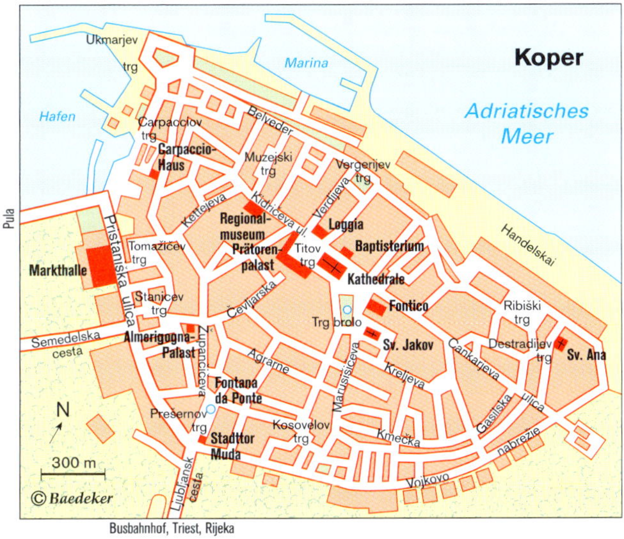

Lage und Bedeutung (Fortsetzung)

erst einmal über die weitläufigen Umgehungsstraßen in Richtung Zentrum, mit einer hübschen Altstadt und einer ganzen Reihe bedeutender Sehenswürdigkeiten aufwarten kann.

Geschichte

Die Geschichte von Koper war überaus wechselvoll, bevor die Stadt am 1. Mai 1945 zu Jugoslawien kam. In der Nähe von Koper sind Siedlungen aus prähistorischer Zeit nachgewiesen. Funde belegen, daß die Gegend von dem illyrischen Stamm der Histrer bewohnt war. Später gründeten Griechen auf der damaligen Insel von Koper eine Siedlung namens Aegida. Mit dem Beginn der römischen Herrschaft in Istrien (178/177 v. Chr.) entstand in Koper erstmals ein befestigter Stützpunkt. In der Völkerwanderungszeit – Koper hieß damals Justinianopolis – hatte sie nacheinander byzantinische, langobardische und fränkische Herrscher. Kaiser Konrad II. gestand Koper im 11. Jh. erstmals eine städtische Selbstverwaltung zu.
Die meisten Spuren in der Stadt haben die Venezianer hinterlassen, die 1279–1797 in Koper regierten. Capodistria ("Haupt Istriens"), wie Koper damals hieß, entwickelte sich zur Rivalin der benachbarten Hafenstadt Triest. Als diese 1719 den Status eines Freihafens erhielt, geriet Koper allerdings ins Hintertreffen. Das blieb auch so, nachdem die Österreicher die Macht übernommen hatten, denn sie brauchten in der unmittelbaren Umgebung Triests keinen zweiten Hafen. Die Habsburger herrschten in der Stadt bis 1918, sieht man von dem kurzen napoleonischen Interregnum 1805–1809 ab. Obwohl innerhalb der gemischten Bevölkerung zweifelsohne die Italiener das Sagen hatten, wurden im vergangenen Jahrhundert auch neue slowenische Institutionen gegründet, insbesondere Schulen, eine Genossenschaft, eine Bibliothek. Am Ende der Ersten Weltkrieges kam Koper mit ganz Istrien zu Italien. Unter Mussolini hieß die Devise: Assimilierung, notfalls unter Zwang. Zahlreiche slowenische Institutionen wurden wieder aufgelöst. Nach der Kapitulation Italiens im Zweiten Weltkrieg übernahm 1943 für kurze Zeit Deutschland die Kontrolle über Koper. In den 50er und 60er Jahren blühte die Stadt erneut auf. Hatte sie in jugoslawischer Zeit als Hafenstadt noch einige mächtige Konkurrentinnen, so ist sie jetzt – im unabhängigen Slowenien – unangefochten die Nummer eins.

Bademöglichkeiten, Marina

In Koper selbst ist das Baden nicht empfehlenswert, schon wegen der vielen Industrieanlagen. Der nächstgelegene steinige Strand befindet sich an der Uferstraße nach → Izola. Die 1989 fertiggestellte neue Marina nördlich der Altstadt bietet 80 sichere Liegeplätze für Jachten bis 18 m Länge.

Sehenswertes in Koper

*Altstadt

Die als Ensemble sehenswerte Altstadt liegt – in der Form eines Halbkreises – auf einem Hügel, der einst eine Insel war. Von Süden her steigen die Straßen und Gassen zum zentralen Tito-Platz (Titov trg) hin an, im Norden fällt die Stadt zum Hafen hin steil ab. Enge mittelalterliche Gassen und geruhsame Plätze mit mediterranem Flair machen den Charme des alten Koper aus. Einzelne Bausünden, etwa der Kino-Betonkomplex in der Nähe des Tito-Platzes, stechen zwar ins Auge, trüben aber nicht den Charakter einer alles in allem guterhaltenen historischen Stadtanlage.

Stadttor Muda, Prešernov trg

Am südlichen Rand der Altstadt wurde 1516 von Sebastian Contorini das Stadttor Muda erbaut. Stadtseitig ist es mit Wappen (darunter auch dem von Venedig), Reliefs und Inschriften aus dem 18. Jh. geschmückt. Auf dem Prešernov-Platz hinter dem Muda-Tor zieht die Fontana da Ponte die Blicke auf sich. Der in Form von venezianischen Brücken erbaute Brunnen erhielt 1666 sein heutiges Aussehen.

Almerigogna-Palast

Auf dem Weg zum Tito-Platz lohnt der kleine Abstecher zum Almerigogna-Palast (15. Jh.), der mit seinen gotischen Fenstern im zweiten Obergeschoß sehr venezianisch anmutet.

Altstadtgasse in Koper

Titov trg

Die meisten Sehenswürdigkeiten, darunter auch die Kathedrale und der Prätorenpalast, befinden sich rund um den Tito-Platz und den mit ihm verbundenen Brolo trg (früher: Platz der Revolution). Besonders der Tito-Platz wirkt sehr weitläufig und überrascht in einer Stadt von dieser Größe.

*Prätorenpalast

Der eindrucksvolle Prätorenpalast – zu erkennen an seinem Zinnenkranz – bestand ursprünglich aus zwei im 13. Jh. in Stil der venezianischen Gotik errichteten Gebäuden, die dem Bürgermeister und dem venezianischen Statthalter als Residenz dienten. Im 15. Jh. wurden sie miteinander verbunden und dabei auch dem Zeitgeschmack angepaßt. Die Fassade schmücken seither Gedenktafeln, Wappen und Büsten bedeutender Persönlichkeiten, so daß der Palast wie ein offenes Buch von der Geschichte der Stadt berichtet. Auch der venezianische Markuslöwe fehlt nicht an der Mauer.

**Loggia

An der Nordseite des Platzes, gegenüber dem Prätorenpalast, befindet sich die 1462 nach Plänen von Niccolo da Pirano und Tommaso da Venezia errichtete Loggia, der im 17. Jh. ein Stockwerk hinzugefügt wurde. Sie ist zweifellos eine der schönsten ihrer Art an der istrischen und dalmatinischen Küste.

*Kathedrale

Die dreischiffige Kathedrale St. Nazarius an der Ostseite des Platzes wurde am Übergang von der venezianischen Gotik zur Renaissance erbaut (15./16. Jh.) und zu Beginn des 18. Jh.s vor allem im Innern barockisiert. Das mächtige Bauwerk bewahrt den Sarkophag des hl. Nazarius, Patron der Kirche und – einer Legende zufolge – Begründer des Bistums Koper (1370). In der Apsis befindet sich außerdem ein gotisches Relief von Nazarius. Sehenswert sind in der Kirche auch die Gemälde von Vittore Carpaccio (u. a. “Thronende Madonna mit Heiligen” und “Darstellung im Tempel”) und die Wandmalereien von Kristofor Gusić. Der früher als Wehrturm genutzte, freistehende Campanile stammt größtenteils aus dem 12. Jahrhundert (Turmabschluß 1660). Hinter der Kathedrale befindet sich das erst jüngst renovierte Baptisterium, ein romanischer Rundbau aus dem Jahr 1317.

Baptisterium

Brolo trg, Fontico, Sv. Jakov

Am Brolo-Platz steht der einstige Getreidespeicher Fontik oder Fontico, ein typisches Bauwerk der venezianischen Gotik. Er wurde 1392 erbaut und erhielt Anfang des 16. Jh.s im Erdgeschoß Renaissancefenster. Am Fontik angebracht sind Wappen bedeutender Bürger, die sich um die Stadt verdient gemacht haben. Wenige Meter südlich davon steht man vor der ebenfalls im Stil der venezianischen Gotik erbauten Jakobskirche aus dem 14. Jahrhundert. Das barocke Palais Brutti an der Nordseite des Platzes entstand 1714 nach Plänen von Giorgio Massari, der auch das Innere der Kathedrale St. Nazarius umgestaltete.

Sv. Ana

Am östlichen Rand der Altstadt, zu erreichen über die Cankarjeva ulica, liegt die Kirche St. Anna. Das einfache, 1513 erbaute Gotteshaus besitzt mehrere Gemälde von Benedetto Carpaccio, Sohn des berühmten Vittore Carpaccio. Beachtenswert ist das Hauptaltarbild mit der Darstellung von vier Heiligen.

Regionalmuseum

Westlich von Kathedrale und Tito-Platz, in der Kidrićeva ulica, befindet sich der im 16. Jh. erbaute Palast Belgramoni-Tacco. In ihm ist das Stadt- bzw. Regionalmuseum untergebracht – mit archäologischen Funden aus 2500 Jahren Stadtgeschichte, römischen und mittelalterlichen Steinmetzarbeiten sowie einer Gemäldesammlung.

Carpaccio-Haus

Am gleichnamigen Platz steht das Carpaccio-Haus aus dem 14. Jh., einst im Besitz der Familie Carpaccio. In Slowenien wird die Meinung vertreten, daß der berühmte venezianische Renaissance-Maler Vittore Carpaccio (erste Hälfte des 15. Jh.s) in Koper geboren wurde und slawischer Abstammung war.
Das gegenüberliegende Gebäude, heute Restaurant Taverna, diente früher als Salzlager und Markthalle in einem. In unmittelbarer Nähe, etwa 100 m südlich vom Carpaccio-Platz, befindet sich ein hübscher Markt – für Freunde lukullischer Genüsse eine gute Einkaufsmöglichkeit.

Umgebung von Koper

Ankaran

Wem nach Baden und Sonnen zumute ist, der findet in Ankaran gute Möglichkeiten. Ankaran liegt etwa 10 km nördlich von Koper und nur drei Kilometer von der slowenisch-italienischen Grenze entfernt. Hier gibt es Hotels, Ferienanlagen und ein attraktives Sportangebot. Die Vegetation ist üppig. In der Umgebung wachsen gute Weine.

Dem Tod kann niemand entrinnen – so lautet die unmißverständliche Botschaft des Wandbildes in der kleinen Kirche in Hrastovlje.

Aus einem ganz anderen Grund lohnt Hrastovlje einen Besuch. Der kleine Ort liegt 25 km südöstlich von Koper im Landesinneren. Hrastovljes Schatz ist die dreischiffige romanische Dreifaltigkeitskirche, die im 12. und 13. Jh. erbaut und im 16. Jh. mit einer Wehrmauer befestigt wurde. Das Innere ist mit Fresken ausgemalt, darunter Szenen aus der Schöpfungsgeschichte und aus dem Leben Jesu, Aposteldarstellungen und Personifikationen der zwölf Monate. Den Höhepunkt der Ausmalung bildet der Freskenzyklus im unteren Bereich der Südwand mit der Darstellung des Totentanzes. Das Wandbild entstand in einer Zeit – im 15. Jahrhundert –, als in Mitteleuropa verheerende Seuchen wüteten und das Thema der Vergänglichkeit (vanitas) besondere Aktualität erhielt. Der personifizierte Tod hat Menschen unterschiedlichen Alters und Standes an der Hand genommen, was heißen soll, daß vor ihm alle gleich sind. Der Schöpfer des Freskos war der Maler Ivan aus Kastav, der seine Unterschrift in lateinischer und glagolitischer Sprache hinterlassen hat. Zusammen mit den Fresken in Beram (→ Pazin, Umgebung) und denen in der Pfarrkirche von → Pazin zählt dieses Werk zu den bedeutendsten mittelalterlichen Wandmalereien in Istrien.

Umgebung von Koper (Forts.)
Hrastovlje, **Sv. Trojstvo

Korčula (Insel) S 19 – 23

Kroatien, Gespanschaft Dubrovnik-Neretva
Höhe: 0 – 568 m ü. d. M.
Einwohnerzahl: 17 000

*Lage und Allgemeines

Ein kleines Juwel unter den Inseln der Adriaküste – das ist Korčula bis heute, obwohl ihr in Brač und Hvar mittlerweile zwei starke Konkurrenten erwachsen sind. Weltberühmtheit genießt auf der süddalmatinischen Insel vor allem das gleichnamige Museumsstädtchen, das sich vor dem Hintergrund eines bewaldeten Hügels auf einer kleinen Landzunge in den schmalen Kanal schiebt, der Korčula von der Halbinsel Pelješac trennt. Darüber hinaus erwarten den Urlauber auf der 276 km² großen, 47 km langen und bis zu 8 km breiten Insel schöne Strände, eine abwechslungsreiche Landschaft und ein mildes Klima mit überdurchschnittlich hoher Sonnenscheindauer. Selbst im Hochsommer sorgt der Maestral oft für eine angenehme Abkühlung oder zumindest für eine frische Brise. Die Küste ist landschaftlich reich gegliedert, während im Landesinneren die schwarzgrün bewaldeten Höhenzüge aufragen, denen die Insel ihren Namen verdankt (s. u. bei Geschichte). Auf Korčula gedeihen Pinien, Zypressen, Aleppo- und Schwarzkiefern, Palmen, Feigen-, Granatäpfel- und Mandelbäume. Die touristische Infrastruktur ist gut entwickelt: Es gibt viele Hotels in allen Preislagen, Campingplätze und Privatunterkünfte. Hauptanziehungspunkt vor allem für Tagesausflügler ist zwar immer noch die Stadt Korčula, aber auch andere Orte, allen voran Lumbarda, werden zunehmend von Urlaubern entdeckt. Die Bewohner von Korčula leben heute hauptsächlich vom Fremdenverkehr, früher spielte der Schiffsbau eine große Rolle. Außerdem wurden auf Korčula – wie heute noch auf Brač – weißer Marmor und Kalkstein abgebaut. Landwirtschaftlich genutzt werden die von Kalksteinrücken begrenzten Karsttäler der Insel, in denen Wein, Oliven, Gemüse und Zitrusfrüchte angebaut werden.

Marco Polo – ein Korčulaner ?

Unter all den illustren Persönlichkeiten, die mit Korčula in Verbindung gebracht werden, nimmt der berühmte Asienreisende Marco Polo (1254–1324) eine besondere Stellung ein: Steif und fest behaupten die Korčulaner, daß der große Entdecker und Weltenbummler auf der Insel geboren wurde.

Anreise

Die kürzeste Schiffsverbindung nach Korčula ist die Fährlinie von Orebić auf der Halbinsel Pelješac zur Stadt Korčula. In den Sommermonaten verkehren die Fähren beinahe stündlich, für Tagesausflügler gibt es auf dieser Strecke außerdem eine Personenschiffverbindung. Auch die Küsteneilfähre

Anreise (Fortsetzung)

von Rijeka nach Dubrovnik und weiter nach Bari macht auf Korčula Halt. Seit 1999 gibt es auch eine Fährverbindung zwischen Drvenik (etwa 30 km südlich von Makarska) und Korčula.

Freizeit- und Bademöglichkeiten

Der öffentliche Strand der Stadt Korčula ist ein Kiesstrand mit allmählich abfallendem Grund. Gepflegter wirken die verschiedenen Hotelstrände in der Umgebung, wenngleich auch hier die Wasserqualität durch den Schiffsverkehr beeinträchtigt ist. 2 km südöstlich, beim Hotel Bon Repos, befindet sich eine hübsche kleine Badebucht. Taxiboote verkehren zwischen der Stadt und der Badeinsel Badija. An der Nordküste der Insel, 11 km von Korčula entfernt, liegt der kleine Ort Račišće mit mehreren kleinen, seichten Buchten. Strandbuchten gibt es auch nordwestlich und südlich der Stadt Vela Luka (Kiesstrand Poplat). Einer der schönsten und gewiß größten Sandstrände an der kroatischen Adriaküste befindet sich in Lumbarda. Verschiedenen Wassersportarten kann man vor allem in Korčula, Vela Luka, Brna und Prižba nachgehen. Der Archipel von Korčula mit gut zwanzig Inselchen ist vor allem bei Hobbyfischern und Tauchern

Dubrovnik en miniature: Auch Korčula liegt auf einer befestigten Halbinsel und wird durch ein rechtwinkliges Straßensystem erschlossen.

beliebt. Mit über 200 Liegeplätzen und allen Serviceeinrichtungen ist die 1988 fertiggestellte, östlich der Altstadt gelegene ACI-Marina von Korčula ein beliebter Anlegepunkt bei Skippern geworden.

Geschichte

Korčula blickt auf eine überaus wechselvolle Geschichte zurück. Sehr früh schon, im 4. Jh. v. Chr., wurde die Insel von griechischen Zuwanderern kolonisiert. Sie nannten ihre neue Heimat 'Korkyra Melaina' ('schwarzes Korčula'), wahrscheinlich wegen der dichten dunklen Nadelwälder. Der Handel mit den anderen griechischen Kolonien Dalmatiens – Issa (Vis), Tragurion (Trogir) und vor allem Salona (Solin) – florierte alsbald. Nach langen Kämpfen fiel die Insel 35 v. Chr. an die Römer. Die Liste der Herren Korčulas nach dem Untergang des Römischen Reichs ist lang, noch länger als andernorts in Dalmatien: Ostgoten, Byzanz, neretvanische Seeräuber, venezianische Adlige und ungarische Könige zählen dazu. Zwischen 1420 und 1797 herrschte ohne Unterbrechung die Handelsmacht Venedig über die Insel. Im 15. und 16. Jh. entstanden im Landesinneren befestigte Siedlungen, in die sich die Küstenbewohner bei Angriffen der Türken zurückzogen. Bevor Korčula an die Österreicher fiel, wurde die Insel zeitweilig auch von den Franzosen, den Briten und sogar von den Russen in Besitz genommen. Italien besetzte die Insel gar zweimal in diesem Jahrhundert: 1918–1921 und 1941–1943. Titos Partisanen lieferten sich 1944 heftige Kämpfe mit den Deutschen auf Korčula.

Geschichte (Fortsetzung)

Vom jüngsten Krieg im ehemaligen Jugoslawien Anfang der 90er Jahre blieb die Insel zwar verschont, der Tourismus verzeichnete dennoch Einbrüche. Wegen der relativen Nähe zum bosnischen Krisenherd erschien Korčula vielen Urlaubern zu unsicher, doch allmählich kehren die ausländischen Gäste zurück.

Korčula (Stadt)

Lage und **Stadtbild

Der erste Eindruck von Korčula ist überwältigend. Nicht umsonst findet sich das Weichbild der Stadt auf vielen Prospekten und Ansichtskarten von Dalmatien wieder. Das hat vor allem zwei Gründe: Die Altstadt liegt auf einer kleinen Halbinsel, eigentlich einer felsigen Anhöhe, die nur durch eine schmale Landzunge mit dem Festland verbunden ist. Zum anderen zeichnet sich Korčula durch eine faszinierende, wohlüberlegte städtebauliche Struktur aus, die der topographischen Situation auf ideale Weise angepaßt ist. Von einer Mittelachse, an der die wichtigsten Gebäude versammelt sind, zweigen die Gassen in fast regelmäßigem Abstand ab, so daß der Stadtplan wie das Gerippe eines Blattes aussieht. Die Straßen sind so angelegt, daß sie gegen Wind und Sonne bestens geschützt sind. Korčula ist damit zweifellos eines der eindrucksvollsten Beispiele für eine planvoll angelegte mittelalterliche Stadt.

Befestigung

Der im Mittelalter entstandene und im Laufe der Jahrhunderte mehrfach erneuerte Befestigungsring mit Stadtmauern, runden oder viereckigen Wehrtürmen wie dem Großen und dem Kleinen Fürstenturm aus dem 15. Jh. und zwei Stadttoren ist an vielen Stellen noch gut zu erkennen. Die Uferpromenade unter schattigen Bäumen, folgt der einstigen Befestigung.

*Landtor, Veliki Revelin

Das Landtor (1571) im Süden der Altstadt, im viereckigen, mit Zinnen bewehrten Turm Veliki Revelin, ist der Hauptzugang zur Altstadt. Vor der ausladenden neobarocken Treppe breitet sich ein kleiner, farbenprächtiger Markt aus, wo man die wichtigsten Einkäufe machen kann. Auf der Rückseite wurde dem Landtor 1650 ein Triumphbogen zu Ehren des venezianischen Heerführers Leonardo Foscolo vorgeblendet.

Rathaus, Michaelskapelle

Links hinter dem Landtor erblickt man das Rathaus aus dem 16. Jh. mit Arkaden, einer schönen Loggia und einem venezianischen Löwen. Früher stand an seiner Stelle der Rektorenpalast. Die kleine Michaelskapelle (1603) gegenüber schmückt eine schöne Fensterrose.

Ehemaliger Bischofspalast, *Schatzkammer

Auf dem höchsten Punkt der Stadt weitet sich die Treppengasse zum Domplatz, wo sich Bischofssitz und Kathedrale einerseits sowie Adelspaläste andererseits gegenüberstehen. Im ehemaligen Bischofspalast (Opatska Palača), zu erkennen an der breiten, konsolgestützten Balkonbalustrade im zweiten Obergeschoß, ist die Schatzkammer untergebracht. Sie birgt bemerkenswerte Kunstschätze, darunter Gemälde von Blaž Jurjev Trogiranin und Vittore Carpaccio, Silber- und Goldschmiedearbeiten, Porzellan, Gewänder, Münzen und mittelalterliche Handschriften.

**Kathedrale Sv. Marko

Die Markuskathedrale ist das bedeutendste Baudenkmal von Korčula. Erbaut wurde die mächtige Kirche vom Beginn des 15. Jh.s bis um die Mitte

Der zinnenbewehrte Turm Veliki Revelin mit dem Landtor empfängt den Besucher mit einer ausladenden Barockstiege.

Kathedrale Sv. Marko (Fortsetzung)

des 16. Jh.s, Teile der Apsis und wahrscheinlich auch der untere Teil des Glockenturms stammen noch von einem romanischen Vorgängerbau. Das von stilisierten Löwen bewachte Hauptportal ist ein Werk des Meisters Bonino aus Mailand. Im Innern der dreischiffigen Basilika fällt der Blick zuerst auf das hohe Ziborium (1486) über dem Hauptaltar, ein Werk des einheimischen Bildhauers Marko Andrijić. Das Gemälde hinter dem Altar ("Die hll. Markus, Hieronymus und Bartholomäus") ist wahrscheinlich ein Jugendwerk des großen venezianischen Malers Jacopo Tintoretto (Mitte 16. Jh.), ebenso die "Verkündigung" im südlichen Seitenschiff. Unter der Altarmensa befindet sich ein barocker Reliqienschrein des hl. Theodor, daneben ein spätromanisches Relief des Osterlamms. Weiterhin sehenswerte Ausstattungsstücke sind die gemalte "Hl. Dreifaltigkeit" des venezianischen Meisters Leandro Bassano (1622), eine Ikone mit der "Muttergottes von der Insel" sowie ein barocker Altar, dessen vergoldete Holzfiguren im Stil einer volkstümlichen Renaissance der einheimische Künstler Franjo Čiočić 1576 geschaffen hat.

Sv. Rok

Unmittelbar an das nördliche Seitenschiff der Kathedrale schließt sich die im 16. Jh. erbaute, barock ausgestattete Pestkapelle an. Sie ist dem hl. Rochus, dem Fürbitter der Pestkranken, geweiht.

Sv. Petar, Marco-Polo-Haus

Etwas versteckt hinter der Kathedrale bzw. an ihrer nordöstlichen Seite steht die kleine gotische Peterskirche (14. Jh.) mit einem Renaissance-Portal. Nördlich der Kathedrale weisen Schilder den Weg zum Marco-Polo-Haus, in dem der Forscher und Weltreisende nach Auffassung der Korčulaner geboren wurde.

Arneri-Palast

Spätgotik und Renaissance vereinen sich am Arneri-Palast, der aus dem Zusammenschluß mehrerer mittelalterlicher Parzellen entstanden ist. Von einer Seitengasse aus sieht man in den herrlichen Innenhof des Gebäudes, das nach Abschluß der Renovierung Sitz einer Galerie sein soll.

Nicht weniger stolz präsentiert sich der Gabrielli-Palast (16. Jh.) direkt daneben, in dem heute das Stadt- und Inselmuseum mit archäologischen Sammlungen und Exponaten aus der Geschichte Korčulas untergebracht ist. Die Ausstellung veranschaulicht das hohe Niveau der einheimischen Steinmetz- und Schiffsbaukunst. Künstler und Handwerker aus Korčula waren in ganz Dalmatien gefragte Spezialisten. Neben einer naturgetreu aufgebauten Goldschmiedewerkstatt sind auch Schiffsmodelle zu sehen.

Stadt- und Inselmuseum

Am südöstlichen Ende des von Mauern und Türmen eingefaßten Altstadtkerns steht ein weiteres bemerkenswertes Gotteshaus, die im 15. Jh. erbaute und später barockisierte Allerheiligenkirche. Zu ihren Besonderheiten zählen die barocke Kassettendecke, das um 1500 entstandene Ziborium sowie die monumentale Pietà des österreichischen Rokoko-Bildhauers Georg Raphael Donner (18. Jh.). Der "Schmerzensmann" an der Wand rechts vom Altar ist eine der besten Arbeiten von Blaž Jurjev Trogiranin (15. Jh.). Im Gebäude der Allerheiligen-Bruderschaft, der ältesten dieser Art in Korčula, ist eine Sammlung von Ikonen zu sehen.

*Svi Sveti

Südwestlich der Altstadt erhebt sich ein kleiner bewaldeter Berg (Glavica), von dem sich ein herrlicher Blick auf die Stadt, den Kanal zwischen Korčula und der Halbinsel → Pelješac sowie auf den Archipel von Korčula bietet. Auf dem Berg steht die kleine Kapelle St. Antonius (Sveti Antun, 15. Jh.). Über die Altstadt wacht die Festung St. Blasius (Sveti Vlaho), das 1813 von den Engländern angelegte Wellington-Fort.

**Aussichtspunkt

Vorwiegend zum Baden wird die kleine, Korčula östlich vorgelagerte Insel Badija aufgesucht. Es gibt dort auch ein Franziskanerkloster mit einem schönen Kreuzgang und der kleinen Barmherzigkeitskirche (Gospa Milosrdna) aus dem 15. Jahrhundert. Die barocke Kapelle an der Nordseite wurde nach Plänen des venezianischen Baumeisters Giorgio Massani angebaut.

*Insel Badija

Ein schattiges Plätzchen für die heiße Mittagszeit – die Uferpromenade

Weitere Orte auf der Insel Korčula

*Lumbarda

Im äußersten Südosten der Insel, 7 km von der Stadt Korčula entfernt, liegt Lumbarda. Mit seinem ausgedehnten Sandstrand, einem kleinen Hafen, einer Marina und ein paar verstreut liegenden Sommervillen aus der Renaissance gilt es bei vielen als das schönste Ferienziel auf der Insel. In den Weingärten rund um den Ort wachsen die Trauben für den Grk, einen trokkenen, aber schweren Weißwein mit goldener Farbe. Neben der mittelalterlichen Peterskirche (Sveti Petar) im Dorf steht das Geburtshaus des kroatischen Bildhauers Frane Kršinić (1897–1982). Auf einem Hügel der Halbinsel Koludrt, nördlich von Lumbarda, wurde bei den Ruinen der mittelalterlichen Johanneskirche das vermutlich älteste schriftliche Dokument im südslawischen Raum gefunden – Fragmente einer griechischen Inschrift aus der Zeit der Kolonisation (4. Jh. v. Chr.) Bei der Inschrift handelt es sich um einen Beschluß der Volksversammlung über die Aufteilung des Bodens unter den Kolonisten. Das Original der Steintafel wird im Archäologischen Museum in Zagreb aufbewahrt.

Žrnovo

Das 5 km südwestlich von Korčula gelegene Dorf besteht aus mehreren Ortsteilen. Neben der Pfarrkirche St. Martin (Sveti Martin) und einigen Kastellen ist das Haus der Familie Baničević hervorzuheben. Der Humanist Jakov Baničević (1466–1532) verkehrte mit Albrecht Dürer und korrespondierte mit Erasmus von Rotterdam.

Čara

Nach weiteren 20 km auf der Straße nach Vela Luka passiert man das Dorf Čara. Sehenswert ist das Kastell Spanić aus dem 17. Jh. sowie die renovierte Pfarrkirche St. Petrus (Sveti Petar). Das Altarblatt mit einer Darstellung des ungläubigen Thomas schuf der venezianische Malers Leandro Bassano (1557–1622).

Smokvica

Das malerische Dorf Smokvica liegt 3,5 km hinter Čara. Neben mehreren barocken Häusern und Kastellen korčulanischer Patrizier ist die Dorfloggia aus dem 17./18. Jh. sehenswert.

Brna

4 km von Smokvica entfernt liegt an der Südküste der Insel der kleine Hafen Brna. Ebenso wie das wenige Kilometer entfernte Prižba ist Brna mit einigen Hotels und Appartements auf Gäste eingestellt. Es gibt ein Sportzentrum mit Tennisplätzen, auch Surfen ist möglich. Außerdem ist Brna für seinen Heilschlamm bekannt.

Blato

Auch in Blato (12 km hinter Smokvica) stehen noch einige Patrizierhäuser und Kastelle, so das Palais der Familie Arnerić im Stil der Renaissance und des Barock. Dem Hauptplatz verleiht eine schöne Loggia Glanz. Ebenfalls in der Ortsmitte: die Pfarrkirche Allerheiligen (Svi Sveti) aus dem 17./18. Jh. mit einem Altarblatt des Bellini-Schülers Girolamo da Santacroce aus dem 16. Jahrhundert. Im April wird in Blato das Ritterspiel Kumpanija aufgeführt.

Vela Luka

Der Hafen Vela Luka, an der Westküste in einer tief eingeschnittenen Bucht gelegen, 49 km westlich der Stadt Korčula, ist der größte Ort der Insel. Im wirtschaftlichen Leben der von Bergen eingerahmten Stadt spielen neben dem Fremdenverkehr auch der Schiffsbau und die Fischverarbeitungsindustrie eine große Rolle. Darüber hinaus wird in Vela Luka Olivenöl gepreßt und Wein gekeltert.
Zu den Sehenswürdigkeiten der Stadt zählen die im 15. Jh. erbaute, später barockisierte Johanneskirche (Sveti Ivan) auf der Halbinsel Gradina. In Ufernähe steht ein ehemaliges Kastell aus dem späten 15. Jahrhundert. In der Bucht von Vela Luka gibt es mehrere Hotels und Privatunterkünfte sowie einen Campingplatz. Zweifellos finden sich auf Korčula aber schönere Urlaubsorte. Ein beliebtes Ausflugsziel von Vela Luka aus ist das pflanzenreiche Inselchen Ošjak. Es liegt in der Bucht von Vela Luka und ist ein Naturschutzgebiet.

Kornaten (Inselgruppe) M/N 11/12

Kroatien, Gespanschaft Šibenik
Höhe: 0 – 235 m ü. d. M.
Nur saisonal bewohnt

Lage und ✱✱Bedeutung

"So viele Tage das Jahr hat, so viele Inseln haben die Kornaten" – so heißt es im Volksmund über die mitteldalmatinische Inselgruppe. Über die genaue Anzahl der Eilande gibt es unterschiedliche Angaben, je nachdem, ob die kleinen und kleinsten Felsriffe noch mitgezählt werden oder nicht. Zwischen Dugi Otok im Nordwesten und der Šibenik vorgelagerten Žirje-Gruppe (→ Šibenik, Umgebung) liegen etwa 140 Inseln mit einer Gesamtfläche von knapp 70 km². Kornat ist mit 33 km² das größte Eiland des Archipels, um das sich alle anderen gruppieren. Dem Festland zugewandt erstreckt sich parallel zu Kornat die mit 15 km² zweitgrößte Insel der Kornaten, Žut.

Annäherung an eine einzigartige Inselwelt: Bootsausflüge zu den berühmten Kornaten-Inseln werden von vielen Orten an der Küste angeboten.

Die Herleitung des Namens 'Kornaten' von dem lateinischen Begriff 'corona' (dt. Krone) ist so abwegig nicht, wenn man einen Blick auf die Entstehung der Inseln wirft, denn geologisch gesehen sind sie tatsächlich 'Kronen', das heißt die in mehreren Reihen angeordneten Gipfel eines im Meer ertrunkenen Hügellandes, das parallel zum dinarischen Gebirge auf dem Festland von Nordwest nach Südost verlief. Doch wie bei vielen anderen Inseln, so rankt sich auch um die Entstehung der Kornaten eine schöne Legende: Gott soll eine Handvoll weißer Steine, die bei der Schöpfung der Welt übriggeblieben waren, ins Meer geworfen haben. Als er noch einmal zurückblickte, um sich des Ergebnisses zu versichern, sah er, daß sie bereits vollkommen waren.

Kornaten

Nationalpark

Die knapp 300 km² umfassende Inselwelt der Kornaten ('Kronen') ist 1980 zum Nationalpark erklärt worden. Die Landfläche der rund 150 Inseln und Inselchen beträgt lediglich 70 km². Der Rest liegt – als maritimer Nationalpark – unter der Wasseroberfläche.

Ausflüge zu den Kornaten

Tagesausflüge zu den Kornaten (meist mit Verpflegung an Bord) werden sowohl von den benachbarten Inseln aus als auch von Hotels und Reisebüros in Zadar, Šibenik, Murter und Primošten angeboten.

Naturraum

Die Inselwelt der Kornaten wirkt zumindest aus der Vogelschau recht bizarr und geradezu gespenstisch: Rund 140 unterschiedlich große und nur dürftig bewachsene Inseln, Inselchen und Riffe sowie zahllose Felsklippen liegen vor der Küste Norddalmatiens. Auf den ersten Blick wirken sie öde und abweisend. Die Wälder, die noch bis in römische Zeit die Kornaten bedeckten, wurden von den Besitzern der Inseln gerodet – zurück blieben kahle, nur von Steinmäuerchen durchzogene Eilande, deren karger Bewuchs höchstens den Schafen, die dort teilweise gehalten werden, genügend Nahrung gibt. Sowohl über als auch unter Wasser findet der naturkundlich Interessierte auf den Inseln den gesamten für eine Karstlandschaft typischen Formenschatz vor: Höhlen, Senken, sogenannte Karren und Dolinen und vieles mehr (siehe dazu das *Baedeker Special* S. 14/15). Landschaftlich besonders reizvoll sind die Unteren Kornaten-Inseln mit ihrer stark gegliederten Küste. Senkrecht aufragende Felsen, steil abfallende Klippen, gefaltete und schräggestellte Schichtpakete lassen darauf schließen, daß sich zumindest dieser Teil der Inselwelt in einer geologischen Störungszone befindet bzw. von tektonischen Bewegungen erfaßt worden ist.
Daß die Erdkruste im Bereich der Kornaten noch nicht zur Ruhe gekommen ist, belegt eine schräggestellte Kalksteintafel am Nordabfall von Kornat unterhalb der höchsten Erhebung der Insel. Sehr schön läßt sich auf den Kornaten auch die Erosion, d. h. die Abtragung des Gesteins durch Wind und Waser, studieren.

Geschichte

Auf Kornat, der größten Insel der Kornaten, bauten schon die Illyrer vor 2000 bis 3000 Jahren eine Festung, von der noch ein paar Mauerreste erhalten sind. Reiche römische Bürger unterhielten auf den Inseln, die damals noch mit Wald bedeckt waren, Landsitze, von denen Fundamente unter der Wasseroberfläche entdeckt wurden. Die Insel Piškera, deren Name sich von dem italienischen 'peschiera' (Fischteich) ableitet, war in römischer Zeit ein Zentrum des Fischfangs und der Fischverarbeitung. Auf der Insel wurden die Grundmauern von rund 50 Häusern entdeckt. Auch im Mittelalter waren die Kornaten zumindest zeitweise bewohnt – der Toreta genannte Turm auf der Hauptinsel Kornat stammt vermutlich aus dem 6. Jh., die kleine benachbarte Marienkirche entstand wohl erst am Ausgang des Mittelalters. Im Jahre 1835 wurde die Mehrzahl der Inseln an Bewohner von Murter und Dugi Otok verkauft, die Olivenhaine und Rebhänge anlegten, die größeren Inseln mit den charakteristischen Trockenmauern versahen und Zisternen, kleine Häuser sowie Anlegestellen bauten. Während des Zweiten Weltkrieges lieferte das durch Besatzungstruppen nicht kontrollierbare Inselrevier den Partisanen eine ideale Operationsbasis: Bereits 1941 errichtete die Widerstandstruppe auf der Insel Žut ihren ersten Seestützpunkt für Fischerboote, und bald darauf entstand ein 'fliegendes' Lazarett, das immer wieder kurzfristig seinen Standort wechselte, um unentdeckt zu bleiben.

Besiedlung und Wirtschaft

Die Kornaten-Inseln sind nicht ständig besiedelt. Die kleinen Siedlungen, die man vor allem auf der Hauptinsel Kornat sehen kann, sind nur für den vorübergehenden Aufenthalt der Inselbesitzer gebaut, die auf den Inseln Schafe züchten und in bescheidenem Umfang Oliven, Obst und Gemüse sowie Wein anbauen. Das Wasser aus den Zisternen reicht dafür kaum aus, geschweige denn für den wachsenden Bedarf durch die touristische Nutzung der Inseln in den Sommermonaten. Die einzige Süßwasserquelle

Kornaten (Fortsetzung)

sprudelt spärlich in der Bucht Luka Žut auf der gleichnamigen Insel. Einzelne Gasthäuser auf den Inseln lassen in der Saison Trinkwasser durch Tankschiffe heranschaffen.

**Paradies für Naturfreunde und Skipper

Heute durchstreifen im Sommer vor allem Naturfreunde das als Nationalpark ausgewiesene Inselrevier. Überall auf den Inseln findet man Badebuchten, meist Felsstrände, die auch für Nudisten zugelassen sind. Wer die Kornaten erkunden will, kann Boote mit und ohne Besatzung mieten. Die noch sehr sauberen Gewässer im Bereich der Kornaten sind ein wahres Tauchparadies mit einer außergewöhnlich artenreichen Meeresfauna und -flora. Jüngere Forschungen haben ergeben, daß besonders an den seeseitig steil abfallenden Felsklippen noch rund 300 verschiedene Meerestierarten anzutreffen sind. Rote und gelbe Korallen gehören ebenso dazu wie Schattenfische, verschiedene Brassen, Barsche und Lippfische. Natürlich gibt es hier auch Tintenfische in allen Größenklassen. Auch Schalentiere wie die Europäische Languste fühlen sich in diesen Gefilden wohl. In Acht nehmen muß man sich in der stark zerklüfteten Unterwasserwelt vor Haien, Muränen und vor dem Großen Drachenkopf. Nicht nur bei Tauch-Urlaubern gelten die Kornaten schon seit Jahren als Geheimtip, auch bei den Besitzern von Motorbooten und Jachten sind sie gut bekannt, aber ihrer gefährlichen Untiefen und Riffe wegen auch berüchtigt. Sportskipper benötigen daher zum Navigieren innerhalb der Kornaten sehr genaue Seekarten. Fast jedes Kornaten-Eiland besitzt einen kleinen, geschützten Hafen, in dem drei oder vier Boote Unterschlupf bei Stürmen finden. Außer auf Riffe müssen kleine Boote auf Mauern achten, die an einigen Stellen unmittelbar unter der Wasseroberfläche zwischen Inselchen verlaufen. Beliebte Treffpunkte von Skippern, Sportfischern und Tauchern sind die Marina von Piškera und die Bucht Lojena auf der Insel Levrnaka.

Krk (Insel) D – F 6 – 8

Kroatien, Gespanschaft Primorsko-Goranska/Rijeka
Höhe: 0 – 568 m ü. d. M.
Bewohnerzahl: 17 000

Lage und Bedeutung

Krk, im Norden der Kvarner Bucht gelegen, ist mit knapp 410 km² die größte Adriainsel. Der Name der Insel und des Hauptortes ist für diejenigen, die der kroatischen Sprache nicht mächtig sind, nahezu unaussprechlich. Der Trick: Zwischen den ersten und den zweiten Konsonanten braucht man nur einen kurzen Vokal zu schieben, etwa ein i oder ein e. Dieses sprachliche Problem hat der Insel allerdings nicht zum Schaden gereicht, im Gegenteil: Kein anderes kroatisches Eiland verfügt über eine derart gute touristische Infrastruktur. Dennoch bietet Krk auch unberührte Natur und einige malerische Städtchen. In der kroatischen Geschichte nimmt die Insel, speziell der Ort Baška, einen ganz besonderen Platz ein: Hier wurde das älteste Schriftdenkmal in kroatischer Sprache gefunden.

Anreise

Die Insel ist mit dem Festland bei Kraljevica durch eine Brücke (Krčki most, vormals Tito-Brücke) verbunden, die nach vierjähriger Bauzeit im Juli 1980, kurz nach Titos Tod, für den Verkehr freigegeben wurde. Die rund 1,3 km lange Betonbrücke galt damals als technische Meisterleistung, denn der erste Bogen bis zu der kleinen Insel Sveti Marko hat die stolze Spannweite von 390 m und übertraf damals den bis dahin größten Bogen der weltberühmten Brücke von Sydney. Der Flughafen am nördlichen Ende der Insel bedient zugleich die nahe Großstadt Rijeka. Autofährlinien verbinden Krk mit den Nachbarinseln Cres (Valbiska – Merag) und Rab (Baška – Lopar).

Freizeit- und Bademöglichkeiten

Das Freizeitangebot auf Krk befriedigt fast alle Ansprüche. In Punat steht eine Marina zur Verfügung. In den Feriensiedlungen in Malinska und Njivi-

Freizeit- und Bademöglichkeiten (Fortsetzung)

ce gibt es Tennisplätze, Boots-, Surfbrett-, Wasserski- und Fahrradverleih. Fels- und Kiesbadebuchten findet man an vielen Stellen der Insel. Der beliebteste Strand auf Krk liegt bei Baška.

Geschichte

Zahlreiche Siedlungen oder Fluchtburgen aus prähistorischer Zeit wurden auf Krk entdeckt, so etwa in Baška, Vrbnik, Dobrinj und Malinska. Man nimmt an, daß die Insel lange Zeit von dem in der Region ansässigen Stamm der Liburner besiedelt war. Die Römer setzten sich nach Siegen über die Liburner im 2./1. Jh. v. Chr. auf der Insel fest. Die Stadt Krk (Curicum) erhielt alsbald römisches Bürgerrecht und wurde mit mächtigen Befestigungsmauern umgeben. Vom 7. Jahrhundert an drangen die Slawen in mehreren Schüben auf die Insel vor, die damals offiziell noch von Byzanz beherrscht wurde. Im Jahr 1001 eroberten die Venezianer die seit dem 9./10. Jh. von einheimischen Fürsten regierte Insel zum erstenmal, 1118 zum

Für große und kleine Wasserratten gleichermaßen geeignet – der kilometerlange Sandstrand von Baška

zweitenmal. Venedig überließ die Herrschaft über die Insel zwar weitgehend einem einheimischen Adelsgeschlecht, den späteren Frankopanen, doch behielten die Dogen die Macht bis zum Jahr 1797. In dieser Zeit wurden viele Gebäude errichtet, die Insel erlebte allerdings auch schwere Krisen und einen spürbaren Aderlaß. Die Österreicher herrschten, von einem kurzen Zwischenspiel Napoleons (1809–1813) abgesehen, bis 1918. Danach wurde die Insel im Unterschied zu Istrien jedoch nur für zwei Jahre Italien zugesprochen. Zwischen 1941 und 1943 war Krk erneut italienisches, bis zur Befreiung am 17. April 1945 deutsches Besatzungsgebiet.

Fahrt über die Insel Krk

Omišalj

Der erste Ort auf der Insel Krk, kommt man vom Festland über die große Brücke, ist Omišalj, neben der Stadt Krk die älteste Siedlung auf der Insel.

Omišalj (Fortsetzung)

Omišalj liegt auf einem 82 m hohen Hügel über dem Meer. Der bereits in römischer Zeit besiedelte Ort war im Mittelalter eine der vier frankopanischen Städte auf Krk. Neben dem Fremdenverkehr ist auch die Industrie ein gewichtiger Wirtschaftsfaktor: In der Nähe von Omišalj wurde ein Erdölhafen für Großtanker gebaut. Von dort aus wird das Rohöl in einer Pipeline über die Brücke zum Festland gepumpt.

Sehenswertes

Interessantestes Bauwerk am Ort ist die dreischiffige romanische Pfarrkirche Sv. Marija, die schon 1213 erwähnt wurde. Sie steht am Hauptplatz im Zentrum von Omišalj. In der Kirche finden sich glagolitische Inschriften und sehr alte Flechtwerkornamente. Unter den Gemälden ist ein Altarbild von Jacobello del Fiore am wertvollsten. Neben dem Glockenturm aus dem 16. Jh. befindet sich eine Loggia aus derselben Zeit. An der östlichen Seite des Platzes steht ein weiteres Gotteshaus, die spätgotische St.-Helena-Kirche (Sv. Jelena) aus dem 15. Jahrhundert. Von der mittelalterlichen Stadt blieben außerdem die Ruinen des Rektorenpalastes (15. Jh.), der gotische Ponćirov-Palast und im inneren Hafen die mittelalterliche Festung Gradec erhalten.

Dobrinj

7 km östlich der Hauptroute Omišalj–Krk (Abzweigung in Sveti Vid Miholjice) liegt im fruchtbarsten Teil der Insel der kleine Ort Dobrinj, die älteste kroatische Siedlung auf Krk und ein wichtiges Zentrum der glagolitischen Kultur. Im nahen Soline besaßen die Fürsten Frankopan im Mittelalter größere Salzgärten. Die Pfarrkirche St. Stephan in der Ortsmitte vereint Stilmerkmale der Spätgotik und des Barock. Sehenswert in der Kirche sind ein gotisches Reliquiar der hl. Ursula, die Arbeit eines einheimischen Goldschmieds, und mehrere vergoldete Kruzifixe aus dem 15. Jahrhundert.

Njivice, *Malinska

Njivice und Malinska, 6 bzw. 12 km südlich von Omišalj gelegen, sind zwei malerische Orte an der Westküste, die weniger wegen bedeutender Sehenswürdigkeiten, sondern vielmehr aufgrund zahlreicher Hotels und anderer Ferienanlagen sowie schöner Strände und vielfältiger Freizeitmöglichkeiten bekannt sind. Malinska war im sozialistischen Jugoslawien sogar ein touristisches Vorzeigeobjekt. Dennoch gab es hier keine größeren Bausünden, und die Kiefernwälder mildern ohnehin den Eindruck einer großen Ferienanlage.

Krk (Stadt)

Allgemeines

Die Hauptstadt (2100 Einw.) der Insel liegt in einer weiten Bucht an der Südseite, rund 30 km von der Brücke entfernt. Krk ist das kulturelle Zentrum der Insel, verfügt über den größten Hafen und vereint die meisten Sehenswürdigkeiten. Ein malerisches Bild gibt der Hafen ab, in dem Jachten und Fischkutter ankern. Hier und in den dahinterliegenden, autofreien Gassen der Stadt finden sich viele Cafés, Restaurants und Souvenirläden.

Stadtbefestigung

Große Teile der Stadtmauern und Wehrtürme aus unterschiedlichen Epochen sind erhalten geblieben. Der Wachturm an der Haupteinfallstraße ist wie viele andere Gebäude an der Adriaküste auch mit dem venezianischen Löwen verziert. Der quadratische Turm Kamplin, in dem heute ein Café untergebracht ist, datiert aus dem 12. Jh., die Mauern und Bastionen wurden unter Nikola Frankopan Anfang des 15. Jh.s errichtet. Daneben gibt es weitere Tore und Türme aus venezianischer Zeit.

*Kathedrale

Die Kathedrale von Krk, eine der wenigen dreischiffigen frühchristlichen Basiliken im östlichen Adriaraum, ist das bedeutendste Bauwerk der Stadt. Sie wurde im 5. und 6. Jahrhundert auf römischen Thermen errichtet und später sukzessive vergrößert. Ihr heutiges Aussehen erhielt sie durch Umbauten und Erneuerungen im 13., 14. und 17. Jahrhundert. Den barocken Campanile schmückt ein Zwiebeldach aus dem 18. Jahrhundert. Im Innern beachte man im linken Seitenschiff die Kapelle aus dem 15. Jh. mit gotischem Netzgewölbe. Auch gotische Skulpturen und Kruzifixe gehören

Ein beliebter Treffpunkt für Skipper – der Hafen von Krk

Kathedrale (Fortsetzung)

zum Inventar der Kirche, ebenso zwei Lesepulte aus der Renaissance. Unter den Altarbildern ist vor allem die "Grablegung Christi" sehenswert, die zu Beginn des 16. Jh.s Giovanni Pordenone schuf.

Bischofspalast

Im nahen Bischofspalast ist eine Sammlung italienischer Gemälde untergebracht. Zu den wertvollsten Exponaten zählt eine Tafel des berühmten Paolo Veneziano (14. Jh.).

Sv. Kvirin

Mit der Kathedrale verbunden ist die romanische Quirinus-Kirche aus dem 10. oder 11. Jahrhundert. Der Glockenturm wurde erst zwischen dem 16. und 18. Jh. erbaut. In der Kirche selbst wurden Reste romanischer Fresken freigelegt.

Weitere Sehenswürdigkeiten

Weitere Sehenswürdigkeiten in der malerischen Altstadt sind das romanische Kanonikerhaus mit einer glagolitischen Inschrift aus dem 11. Jh., die ebenfalls romanische Kirche "Unsere liebe Frau vom Heil" (Gospa od Zdravlja) aus dem 12. Jh. und die Franziskuskirche (Sveti Frane) aus dem 13. Jahrhundert. Die beiden Kirchen liegen am nördlichen Stadteingang. Etwas außerhalb der Stadt sind die Ruinen der vorromanischen Laurentiuskirche erhalten, die einst zu einem Klosterkomplex gehörte. Hier wurde die angeblich älteste glagolitische Inschrift überhaupt in Kroatien gefunden. Sie wird in das 11. Jh. datiert.

Umgebung,
*Klosterinsel Košljun

Besonders empfehlenswert ist ein Besuch auf der Klosterinsel Kosljun, in einer Bucht wenige Kilometer südöstlich von Krk gelegen. Die mit Steineichen bewachsene, 6,5 ha große Insel war schon zu Zeiten der Römer bewohnt. Zu Beginn des 13. Jh.s wurde hier von Benediktinern eine Abtei gegründet, die im 15. Jh. Franziskaner übernahmen. Über der Pforte prangt die glagolitische Inschrift "Mir i dobra" ('Frieden und Gutes'). Im Kloster befindet sich der Grabstein des letzten Frankopanen, der 1529 verstorbenen Fürstin Katarina. In der Bibliothek mit kostbaren glagolitischen Handschriften und Inkunabeln steht ein Einbaum, wie man ihn um die Jahrhundertwende in der Gegend noch benutzte. Die ethnographische Sammlung zeigt Trachten, Haushaltsgeräte und Meßgewänder. Zur ständigen Ausstellung in der Klosterkirche aus dem 12. Jh. gehören ein Gemälde von Girolamo da Santacroce sowie Werke moderner kroatischer Künstler.

Klosterinsel Košljun (Fortsetzung)

Punat

Allgemeines

Punat, 7 km östlich von Krk, ist nach dem Hauptort die zweitgrößte Siedlung auf der Insel, bekannt für eine große, moderne Marina und die Sandstrände. Aus der Blütezeit des Städtchens im 18. Jh. stammen die alten Bürgerhäuser mit Freitreppen und Terrassen sowie die Pfarrkirche zur Heiligen Dreifaltigkeit (Sveti Trojstvo). Unweit von Punat an der Straße nach Krk steht die vorromanische Donatskirche (Sveti Dunat), die der Donatskirche in Zadar zwar nicht ähnelt, aber ebenfalls zwischen dem 9. und 11. Jh. erbaut wurde. Die schlichte, aus unbehauenem Stein errichtete Kirche gilt dennoch als ein bedeutendes Denkmal altkroatischer Baukunst.

Sv. Dunat

Vrbnik

*Lage und Allgemeines

Knapp 10 km nordöstlich von Punat liegt das der Festlandsküste zugewandte Städtchen Vrbnik, dessen hervorragender Weißwein (Vrbnička žlahtina) unter Kennern auch außerhalb Kroatiens einen klangvollen Namen hat. Das überaus pittoresk auf einem 50 m hohen Felsen über dem Meer gelegene Städtchen war im Mittelalter eine frankopanische Festung.

Sehenswertes

Die Pfarrkirche St. Maria (Sveti Marija) wurde im 15. Jh., der Renaissanceglockenturm im 16. Jh. errichtet. Das Hauptaltarbild "Das letzte Abendmahl" (1599) ist ein Werk des Künstlers Marin Cvitković aus Kotor.

Nah am Wasser und doch in geschützter Lage oben auf dem Hügel – das Städtchen Vrbnik thront auf einem Felsen an der Ostküste von Krk.

Krk (Fortsetzung)

Baška

* Lage und Allgemeines

Baška, 18 km von der Stadt Krk entfernt am südöstlichen Ende der Insel, besticht durch seine faszinierende Lage. Das Städtchen mit seinem kilometerlangen Kieselstrand wird von einer fruchtbaren Ebene im Norden und kahlen Bergen umgrenzt. Nordwestlich liegt der Berg Obzova, mit 568 m die höchste Erhebung der Insel. Gegenüber der Bucht befindet sich die felsige Insel Prvić. Weiter östlich sind das Festland und das mächtige Velebit-Massiv auszumachen. Prähistorische Fluchtburgen in der Umgebung und andere archäologische Funde zeugen von einer frühen Besiedlung.

Sehenswertes

Mit seinen engen Gassen und Durchgängen sowie dem kleinen Hafen ist Baška eines der malerischsten Städtchen der gesamten Region. Auf einem Hügel steht die Johanneskirche (Sveti Ivan), die zu Beginn des 15. Jh.s erbaut wurde. Unweit der Kirche befinden sich die Ruinen der mittelalterlichen Burg Bosar, von den Einheimischen 'Korint' genannt. Sehenswert ist auch die Dreifaltigkeitskirche (Sveto Trojstvo) aus dem 18. Jh. mit Gemälden von Jacopo Palma dem Jüngeren und dem einheimischen Künstler Franjo Juričić. Gleich daneben zeigt das kleine Heimatmuseum seine volkskundlichen Schätze.

Umgebung, Jurandvor, * Tafel von Baška

Nur einen Kilometer von Baška entfernt liegt der kleine Ort Jurandvor, dem in der kroatischen Geschichte eine besondere Bedeutung zukommt. In der Luciakirche (Sveti Lucija), die um 1100 auf den Überresten einer villa rustica und einer kleinen altchristlichen Kirche aus dem 6. oder 7. Jh. errichtet wurde, befand sich die sogenannte 'Tafel von Baška' (Baščanska ploča), das älteste datierte Schriftdenkmal in kroatischer Sprache. Die im vergangenen Jahrhundert aufgefundene Tafel ist in glagolitischer Schrift abgefaßt. Der Text besagt, daß der kroatische König Dmitar Zvonimir (gest. 1089) einem Abt ein Stück Brachland vermachte. Der zweite Teil berichtet davon, daß ein anderer Abt mit neun Klosterbrüdern die Kirche errichtete. Die Originaltafel befindet sich heute in Zagreb, in der Luciakirche ist nur ein Abguß zu besichtigen.

Krka-Wasserfälle (Nationalpark) M/N 15

Kroatien, Gespanschaft Šibenik

Lage und ** Bedeutung

Eine Fahrt zu den Krka-Wasserfällen gehört zweifelsohne zu den Höhepunkten einer Dalmatienreise. Von seiner Quelle östlich der Stadt Knin (→ Šibenik, Umgebung) bis zu seiner Mündung bei Šibenik stürzt der Fluß Krka über vier unterschiedlich hohe Kalkterrassen talwärts. Wer sich von Norden kommend auf der Küstenmagistrale Šibenik nähert, erhält auf der großen Brücke über die Krka bereits einen ersten Eindruck von den phantastischen Karstformationen des canyonartigen, an manchen Stellen bis zu 200 m tiefen Flußtals. Der 142 km^2 große Nationalpark erstreckt sich auf dem Gebiet der Gemeinden Šibenik, Drniš und Knin. Da die einstigen Naturwälder in diesem Gebiet drastisch zurückgegangen oder durch menschliche Einwirkung zerstört worden waren, wurde hauptsächlich mit Aleppo-Kiefern und Schwarzkiefern aufgeforstet. Am Rande der Süßwasserseen hat sich eine vielfältige Sumpfvegetation mit Schilf, Binsen und Seerosen herausgebildet. Zur artenreichen Fauna des Nationalparks zählen u. a. Wildtauben, Nachtigallen, Habichte, Falken und verschiedene Fischarten sowie die bereits sehr seltene Otter.

Flußlauf der Krka

Die Krka, der wichtigste Fluß Mitteldalmatiens, ist rund 70 km lang und hat einen Einzugsbereich von etwa 2250 km^2. Ihre Wasserführung beträgt pro Jahr durchschnittlich 1,6 Mrd. m^3. Der Fluß entspringt einer Karstquelle und hat sich canyonartig in die dinarische Gebirgsplatte eingesägt. Unterhalb des letzten Katarakts, kurz vor der Mündung in die Adria, ist das Was-

Flußlauf der Krka (Fortsetzung)

ser salzhaltig. Der Grund: Hier ist das einstige Flußtal, bedingt durch den Meeresspiegelanstieg während der letzten Eiszeit, förmlich ertrunken und wurde vom Meerwasser überschwemmt. Entsprechendes gilt für den ca. 6 km langen und etwa 3 km breiten Prokljan-See, den die Krka kurz vor ihrer Mündung bei Šibenik durchfließt. Auch hierbei handelt es sich um ein 'ertrunkenes' Talbecken.

Besichtigungsmöglichkeiten

Skradinski buk und Roški slap sind die beiden größten Kaskaden, denen man sich auf dem Landweg nähern kann (s. u.). Besonders reizvoll ist eine Bootsfahrt vom Skradinski buk zum Visovac-See und zu den Roški-Fällen.

Über unterschiedlich hohe Kalkterrassen stürzt die Krka in türkisgrün schimmernde Wasserbecken. Eingerahmt wird die Szenerie von einer beinahe dschungelartigen, wilden Natur.

**Skradinski buk

Die Anfahrt zu diesem Wasserfall ist verhältnismäßig einfach, da von Šibenik an ausgeschildert. Am Haupteingang mit großem Parkplatz und Restaurant muß man in einen Bus umsteigen, der die Besucher auf einer schmalen Stichstraße zum eigentlichen Parkeingang hinunterbringt. Der Canyon bricht an dieser Stelle steil ab, die Straße windet sich in zahlreichen Kehren hinunter. Begleitet ist die etwa 15minütige Fahrt von herrlichen, wenngleich manchmal auch schwindelerregenden Ausblicken auf die Krka, die oberhalb der Wasserfälle mit der Čikola zusammenfließt. Da der breite, ruhige Fluß hier aber überflutet ist, wirkt der Zusammenfluß wie ein großer See mit stark eingezogenen Buchten. Von der Endstation des Buszubringers am höchsten Punkt der Skradinski-Fälle führen mehrere, unterschiedlich lange Fußgängerrouten an den einzelnen Katarakten vorbei. Wer vor allem baden möchte, kann auf direktem Weg hinabsteigen zu dem untersten Becken.
Der Skradinski buk ist der wasserreichste Katarakt der Krka: Auf einer Länge von 800 m fällt der Fluß hier in insgesamt 17 Stufen unterschiedlicher Höhe. Terrassenförmig senkt sich das dicht bewachsene Gelände, das von schmalen, ausgeschilderten Wanderwegen durchzogen ist. Zwischen den

Krka-Wasserfälle, Skradinski buk (Fortsetzung)

einzelnen Staustufen liegen kleine Bassins, eingerahmt von üppigem, stellenweise geradezu dschungelartigem Grün. Über eine schmale Brücke kommt man wieder zurück auf die andere Seite der Wasserfälle, wo ein Treppenweg zum Ausgangspunkt (Bushaltestelle) hinaufführt.

Baden

Das unterste Bassin des Wasserfalls ist in den Sommermonaten ein herrliches Badebecken mit türkisblauem Wasser. Auf der großen Liegewiese kann man sich sonnen und picknicken. Nicht erlaubt ist allerdings das Herabspringen von den Katarakten.

Skradin

Westlich der Skradinski-Fälle, kurz vor dem Übergang des Canyons in den Prokljansko jezero (Prokljan-See), liegt das 700 Einwohner zählende Städtchen Skradin. Scardona war einst ein Zentrum des illyrischen Stammes der Liburner, später eine römische Stadt und seit dem 6. Jh. Bischofssitz. Vom 14. Jh. bis zum Jahr 1797 herrschten abwechselnd Venedig und die Türken über Skradin. Heute ist das Städtchen wegen seines Jachthafens ein Treff- und Ausgangspunkt für Fahrten auf der Krka.

**Visovac jezero, Franziskanerkloster

Der malerische, 12 km breite und bis zu 1 km lange Karstsee von Visovac ist am Ufer mit Schilf bewachsen. Auf einer kleinen Insel inmitten des Sees steht das Franziskanerkloster aus dem 15. Jahrhundert. Besucher können die kostbare Sammlung sakraler Kunst besichtigen.

*Roški slap

Der Roški slap, mit einem 15 m hohen Hauptkatarakt, liegt knapp 20 km westlich von Drniš (→ Šibenik, Umgebung) und ist ebenfalls mit dem Auto erreichbar. Er besteht aus 12 kleineren Kaskaden mit zahlreichen Armen und Inseln, die von der sog. 'Halskette' bis zur Haupttreppe insgesamt 27 m überwinden. Auf der Ostseite der Wasserfälle sind noch einige traditionelle Wassermühlen in Betrieb.

Burgruinen

An der Nordgrenze des Nationalparks wachen die beiden Burgruinen Trojšenj (westlich) und Nečven (östlich) über das Flußtal. Beide Burgen stammen aus dem 14. Jahrhundert. 150 m unter den Ruinen ist die einzige Stelle, wo die Krka sehr lebhaft fließt.

Labin — E 4

Kroatien, Gespanschaft Istrien
Höhe: 320 m ü. d. M.
Einwohnerzahl: 8000

Lage und *Stadtbild

Labin liegt auf halbem Wege zwischen Pula und Rijeka, auf der Spitze eines Hügels oberhalb der Ostküste von Istrien. Bis in die Zeit von Titos Jugoslawien war Labin eine bedeutende Bergwerksstadt. Streng genommen gibt es deshalb heute zwei Labin: die alte Siedlung auf dem Berg und die zwischen den beiden Weltkriegen entstandene Siedlung in der Ebene, genannt Podlabin (Unter-Labin). Mit einigen stolzen Renaissance- und Barockpalästen, steilen Treppengassen und vielen malerischen Winkeln ist das alte Labin – ebenso wie das wesentlich kleinere Motovun – geradezu das Paradebeispiel einer istrischen Burgstadt.

Geschichte

Auf dem Hügel befand sich bereits eine prähistorische Fluchtburg. An deren Stelle gründeten Kelten im 4. Jh. v. Chr. eine Stadt. Auch der alte Name Labins, Albona oder Alvona, ist wohl keltisch-illyrischer Herkunft. Im Jahre 177 v. Chr. fiel Labin, wie zahlreiche andere Orte in Istrien, unter römische Herrschaft. Als Munizipium verfügte Labin in römischer Zeit über einen relativ hohen Grad an Autonomie und war zudem mit der Verwaltung umliegender Orte betraut. Und auch das spricht für die Bedeutung der Stadt in antiker Zeit: auf einem Relief aus dem 3. Jh. war die Region Labin sogar als "res publica Albonessium" eingezeichnet.

Geschichte (Fortsetzung)

Nach dem Untergang des weströmischen Reichs (476) übernahmen zunächst die Ostgoten, von 539 an die Byzantiner, dann die Langobarden und danach die Franken die Herrschaft über das Städtchen, bevor die Region den deutschen Adelsfamilien von Kärnten und Krain als Lehen übergeben wurde. Unter den Patriarchen von Aquileja (1207–1420) besaß Labin weitreichende Vollmachten: Die Familienoberhäupter unterschiedlichsten Standes wählten einen eigenen Rat und eine eigene Gerichtsbarkeit. Selbst die Venezianer, 1420 bis 1797 die Herren der Stadt, bestätigten diese Privilegien weitgehend.

Aufstieg zur Bergwerksstadt

Wirtschaftliche Prosperität kennzeichnete das Labin der k.u.k.-Zeit (1797–1918). Der enorme Aufschwung des Steinkohleabbaus machte Labin zu einer bedeutenden Bergwerksstadt. Die Italiener intensivierten die Kohleförderung und stampften die Bergarbeiter-Siedlung Podlabin aus dem Boden. Begleitet wurde die wirtschaftliche Hochkonjunktur aber auch von einer rigorosen Italianisierung, unter der vor allem Kroaten und Slowenen zu leiden hatten. Im Frühjahr 1921 war das Maß der Unterdrückung voll – die Bergarbeiter erhoben sich gegen die italienische Obrigkeit und gründeten die freie Labiner Republik. Nach 34 Tagen wurde die Rebellion vom italienischen Militär blutig niedergeschlagen, doch was blieb, war der kämpferische, von großem Widerstandswillen geprägte Geist der Labiner Bevölkerung. Es verwundert deshalb nicht, daß in den 30er Jahren viele Arbeiter aus der istrischen Stadt in den Spanischen Bürgerkrieg zogen und im Zweiten Weltkrieg ebenfalls nicht wenige Labiner sich den Partisanen anschlossen. Nach dem Ende des Zweiten Weltkriegs behielt Labin zunächst noch seine Bedeutung als Bergwerkszentrum. Seit den 70er Jahren jedoch wurde die Kohleförderung allmählich zurückgefahren, heute setzen die Labiner vor allem auf den Fremdenverkehr.

Die List der Labiner

Wie viele Städtchen an der istrischen und dalmatinischen Küste wurde auch Labin im 16. Jh. von den berüchtigten Uskoken heimgesucht. Am 19. Januar 1599 standen die Seeräuber mit rund 800 Mann vor den Toren der Stadt, von deren 300 Einwohner nicht einmal ein Zehntel bewaffnet war. Daß die Labiner dennoch eine Brandschatzung verhindern konnten, verdankten sie dem Verhandlungsgeschick zweier namhafter Bürger. Anders lautet die Geschichte einer Legende zufolge, nach der die Labiner in ihrer ausweglosen Situation zu folgender List griffen: Sie ließen mit Eisenwaren (Nägeln o. ä.) gefüllte Fässer die Gassen hinunterpoltern und schlachteten einen Ochsen, dessen Blut durch das Stadttor hinausfloß. Die Uskoken mußten so glauben, es seien weit mehr Verteidiger in der Stadt als angenommen, und es habe bereits viele Tote gegeben. So zogen sie ab, ohne die Stadt einzunehmen – Labin war gerettet.

Sehenswertes in Labin

*Crć, Stadtpalast

Wenn man über das holprige Kopfsteinpflaster auf den Berg hinaufgefahren ist, dorthin, wo das alte Labin liegt, kommt man zunächst auf den großen Hauptplatz Crć oder Crćak, der sich vor der alten Stadtmauer ausbreitet. Mit etwas Glück kann man hier den Wagen abstellen, denn die eigentliche Altstadt ist nur zu Fuß zu erkunden. Beherrscht wird die Piazza vom Stadtpalast, in dem heute die Gemeindeverwaltung ihren Sitz hat. Das Vorbild für den Bau aus der Zeit um die Jahrhundertwende lieferten die italienischen Renaissance-Paläste, wie man an den rundbogigen Arkaden sowie am Bossenmauerwerk im Erdgeschoß und an den Gebäudeecken unschwer erkennen kann.

*Loggia

Auf der gegenüberliegenden Seite des leicht ansteigenden Platzes duckt sich die 1662 errichtete Stadtloggia. Sie birgt ein kleines Lapidarium. Auf der gemütlichen Terrasse des Restaurant-Cafés in der Platzmitte läßt es sich auch an heißen Sommertagen gut aushalten – bei typisch istrischer Hausmannskost mit Käse und luftgetrocknetem Schinken, bei einem kühlen Bier oder einem Glas lieblichen istrischen Weins oder bei einem köstlichen Eisbecher.

Vor den Toren der eigentlichen Altstadt: Labins Hauptplatz Crć

Bastion

Blickt man hinauf in Richtung Altstadt, so fällt zunächst die runde Bastion aus dem 16. Jh. ins Auge. Sie verleiht Labin den Charakter einer uneinnehmbaren Festung. Die alte, schon ziemlich angerostete Kanone auf der Bastion stammt aus österreichischer Zeit.

Tor Sv. Flor

Etwas versteckt liegt der eigentliche Eingang zur Altstadt, das Tor St. Florus, erbaut im Stil der Hochrenaissance Ende des 16. Jh.s. Oberhalb des Tores sind Labiner Wappen und der venezianische Löwe zu sehen.

Stari trg, Stadtpalast

Schon nach wenigen Metern hinter dem Stadttor weitet sich die schmale Gasse zu einem kleinen Platz (Stari Trg), an dem linkerhand der alte Stadtpalast aus dem Jahr 1555 aufragt. Er diente nicht nur als Sitz des Stadtregenten, sondern auch als städtisches Gefängnis. Der verhältnismäßig schlichte Palast ist vorbildlich restauriert worden und präsentiert sich heute in kräftigem Ockergelb.

Theater

Schräg gegenüber des Stadtpalastes steht das Theater von Labin, dessen Fassade mit Rundbogenfenstern und Dreiecksgiebel auf den ersten Blick eher an eine Kirche denken läßt. Ursprünglich stand hier der städtische Getreidespeicher (Fontik) aus dem 17. Jahrhundert.

*Pfarrkirche

Folgt man der Ulica 1. Maja bergauf, kommt man zur Kirche Mariä Geburt (Crkva Rođenja Blažene Djevice Marije). Die Fassade schmückt eine schöne Fensterrose. Die barocke Büste verkörpert Senator Antonio Bollani, der sich im Kampf gegen die Türken profilierte. Die Kirche wurde Anfang des 15. Jh.s in gotischem Stil erbaut, im 16. Jh. allerdings gründlich restauriert. Im Innern finden sich mehrere Marmoraltäre aus dem 17. Jh., darunter auch einer mit den Reliquien des hl. Justus.

Pfarrkirche (Fortsetzung)

*Volksmuseum

Wenige Meter weiter bergauf steht das ebenfalls schön renovierte, rot verputzte Barockpalais der Familie Battiala-Lazzarini aus dem 18. Jahrhundert. Das dort eingerichtete Volksmuseum gehört zu den besonders sehenswerten städtischen Sammlungen in Istrien. In der Erdgeschoßhalle befindet sich das Lapidarium mit vorwiegend römischen Fundstücken, d. h. Grabsteinen, Inschriften und Amphoren. Auch der Inschriftenstein aus dem 3. Jh., auf dem Labin als "Res Publica Albonessium" bezeichnet wird, ist hier ausgestellt. Handwerksgeräte, Trachten und Alltagsgegenstände aus verschiedenen Jahrhunderten sind im zweiten Erdgeschoßraum versammelt. Das erste Obergeschoß ist Wechselausstellungen einheimischer Künstler vorbehalten, im zweiten Obergeschoß kann der große, ebenfalls liebevoll restaurierte Festsaal besichtigt werden. Eine Attraktion besonderer Art erwartet den Besucher im Untergeschoß, wo anhand einer kleinen Bergbausammlung einschließlich der getreuen Nachbildung eines Stollens und allerhand Arbeitsgerät aus Kumpelhand ein wichtiges Kapitel aus der Wirtschaftsgeschichte des Städtchens wieder lebendig wird.

Steile Treppengassen und hübsch renovierte, alte Adelspaläste prägen das Bild von Labin

Kastell

Am höchsten Punkt der Stadt, ganz oben auf dem Berg, stand früher ein Kastell. Zu sehen sind heute nur noch die Überreste einer romanischen Kirche. Zu dieser gehörte auch der hohe, venezianische Glockenturm (17. Jh.), von weitem schon als Mittelpunkt des Städtchens zu erkennen, um den sich gleichsam alles dreht.

Matija-Vlačić-Ausstellung

Außer dem Palast der Battiala-Lazzarini gibt es in Labin weitere spätbarocke Patrizierwohnsitze, so vor allem in der Ulica G. Martinuzzi hinter dem Alten Stadtpalast. Gleich an der Biegung dieser Gasse steht der Palast Franković-Vlačic, in dem eine Ausstellung über das Lebenswerk des protestantischen, aus Labin gebürtigen Gelehrten Matija Vlačić, bekannter als Matthias Flacius Illyricus (→ Berühmte Persönlichkeiten) informiert.

Umgebung von Labin

*Rabac

Der Bekanntheitsgrad von Rabac dürfte den von Labin inzwischen bei weitem übertreffen. Einst war der Ort, der 5 km östlich von Labin an der Küste liegt, ein Fischerdorf. Heute befindet sich hier, umgeben von grünbewachsenen Steilhängen, eines der beliebtesten Fremdenverkehrszentren Istriens mit rund 12 000 Betten. An Hotels und Ferienhäuschen fehlt es

Rabac (Fortsetzung)

nicht, auch nicht an Lokalen und Bars. Zwischen den Hotelburgen sind noch einige Villen aus der Pionierzeit des istrischen Tourismus vor gut 120 Jahren zu sehen. Rund um den Ort Rabac, dessen Kiesstrände vergleichsweise rasch an ihre Kapazitätsgrenze stoßen, liegen Hotels und ein Campingplatz. Das Angebot an sportlichen Vergnügungen ist breit gefächert. Bei Bootskapitänen ist das Küstenstädtchen außerdem wegen seiner geschützten Lage beliebt.

***Barban**

Barban, 14 km westlich von Labin an der Straße von Pula nach Rijeka, ist heute ein winziger Ort, in dem kaum noch 200 Menschen wohnen. Jedoch ist die mittelalterliche Stadtanlage mit Mauern, Türmen und Toren noch gut auszumachen.
Sehenswert sind die Bruderschaftskirche St. Antonius der Einsiedler (Sveti Antun opat, vor dem großen Stadttor) mit bedeutsamen Fresken und glagolitischen Inschriften aus dem 15. Jh., die um das Jahr 1700 erbaute große Pfarrkirche St. Nikolaus (Sveti Nikola) mit barocken Altären und Gemälden sowie das Anfang des 17. Jh.s erbaute Palais Loredan. Der venezianischen Familie Loredan gehörte Barban zeitweise. In unmittelbarer Nähe Barbans schneidet die stille Bucht Raški zaljev fjordartig in die Küstenlinie ein.

***Plomin**

Plomin, 11 km nördlich von Labin, hat ein ähnliches Schicksal ereilt wie Barban. Einst ein blühendes Städtchen, heute eine pittoreske Ansammlung historischer Gemäuer, überaus malerisch über einer langen, schmalen Bucht sitzend. Im Laufe der letzten Jahrzehnte sind die meisten Bürger der Stadt abgewandert. Ursache war wohl vor allem die Verschlammung des nahegelegenen Hafens.

Sehenswertes

Die von Uskoken (→ Senj) geplünderte Stadt besitzt aus dem Mittelalter noch zwei interessante Gotteshäuser, eines davon ist die romanische Kirche St. Georg der Alte (Sveti Juraj Stari). An ihrer Südwand befindet sich außen eine glagolitische Inschrift aus dem 11. oder 12. Jahrhundert. In der Kirche St. Georg der Junge (Sveti Juraj Mladi) aus dem 15. Jahrhundert wurde ein 3 x 4 m großes Wandbild aus dem Jahr 1475 freigelegt, eine Darstellung der "Lieben Frau von Milch". Darüber sind wiederum glagolitische Schriftzeichen zu sehen.

*Aussichtspunkt

Etwa 3 Kilometer östlich von Plomin an der E 751 nach Rijeka befindet sich ein hochgelegener Aussichtspunkt – exakt an der Stelle, wo die Küstenstraße einen scharfen Knick macht. Von hier aus hat man einen herrlichen Blick auf die Bucht von Rijeka und die direkt gegenüberliegende Insel Cres.

Šumber

Erwähnenswert sind noch zwei kleine Weiler in der Umgebung von Labin, die auf vielen Landkarten gar nicht verzeichnet sind: Kršan und Sumber. Der Name des Dorfes Šumber, das knapp 18 km nordwestlich von Labin liegt, geht auf die österreichische Familie Schönberg zurück, in deren Besitz der Ort im 13. Jh. gelangte. Später wurde Šumber zu einer Grenzfestung zwischen dem österreichischen und dem venezianischen Istrien ausgebaut. Von der einstigen Bedeutung des Ortes zeugen noch drei schöne Kirchen aus dem 15., 16. und 17. Jahrhundert.

Kršan

Ähnlich verhält es sich mit Kršan (knapp 7 Kilometer östlich von Šumber und 11 km nördlich von Labin), das ebenfalls eine wichtige Grenzfeste war. Das 1274 erstmals erwähnte Kastell ist in den vergangenen Jahrzehnten ziemlich heruntergekommen, nachdem der letzte italienische Besitzer abgewandert war. Gut erhalten hat sich nur der imposante vierekkige Wehrturm der mittelalterlichen Anlage.

Halbinsel Koromačno

Landschaftlich reizvoll ist ein Ausflug auf die südlich von Labin gelegene Halbinsel Koromačno. Bei der Fahrt dorthin muß man sich allerdings auf holprige Sträßchen, wenn nicht sogar Karrenwege einstellen.

Lastovo (Insel) T 20/21

Kroatien, Gespanschaft Dubrovnik-Neretva
Höhe: 0 – 417 m ü. d. M.
Bewohnerzahl: 1300

Allgemeines

Die knapp 47 km² große Insel liegt südlich von Korčula und westlich von Mljet. Bis vor wenigen Jahren war Lastovo ebenso wie die Insel → Vis militärisches Sperrgebiet. Seit dem Zerfall Jugoslawiens ist Lastovo zwar zugänglich, aber dennoch ein Geheimtip geblieben. Zum Baden eignet sich die Insel nur bedingt, da es viele Steilküsten gibt. Lastovo ist stark verkarstet, daher die zahlreichen Höhlen und Grotten; doch gibt es andererseits auch viel Wald, vor allem rund um den 417 m hohen Hauptkamm Hum. Die Fischerei spielt nach wie vor eine wichtige Rolle in der Wirtschaft, während die Bedeutung des Korallenabbaus, im 19. Jh. zeitweise die Haupteinnahmequelle der Inselbewohner, zurückging.

Lastovo-Archipel

Im Nordosten ist Lastovo ein Archipel von annähernd 50 kleinen Inseln und Felsenriffen vorgelagert, die von Skippern gerne angesteuert werden. Bekannt für ihre sandigen Buchten ist die Insel Saplun im Osten von Lastovo. Dasselbe gilt für das etwas größere, aber gleichfalls unbewohnte Inselchen Kopište im Westen. Die meisten Inseln sind Fischerparadiese.

Anreise

Fährverbindungen nach Lastovo bestehen einmal täglich von Split aus (Zwischenstopps in Hvar und in Vela Luka auf Korčula). Die Überfahrt dauert knapp 5 Stunden (→ Praktische Informationen, Schiffsverkehr).

Geschichte

Die Geschichte von Lastovo ähnelt derjenigen von → Vis, doch erlangte die kleinere Insel niemals die Bedeutung der anderen griechischen Gründung. Spuren deuten auf eine zunächst illyrische, dann griechische und schließlich römische Besiedlung hin. Während andernorts an der kroatischen Adria seit dem hohen Mittelalter Venedig den Ton angab, wurde Lastovos Schicksal mehr von der Republik Ragusa/Dubrovnik bestimmt. Die Bewohner der Insel erkämpften sich allerdings eine gewisse Autonomie, und zumindest einen gewissen Eigensinn sagt man ihnen bis heute nach.

Lastovo (Ort)

Hauptort der Insel ist das an der Nordküste gelegene Dorf Lastovo, das sich halbkreisförmig um die Abhänge des Glavica-Berges windet. Der Hafen von Lastovo liegt in der flachen Bucht Sveti Mihovil. Gleich am Ortseingang steht die spätgotische Votivkirche St. Blasius (Sveti Vlaho), die dem Schutzheiligen von Dubrovnik geweiht ist. In der gotischen Pfarrkirche am Hauptplatz, gegenüber der städtischen Loggia, ist die Pietà eines unbekannten venezianischen Meisters (16. Jh.) zu bewundern. Das reich verzierte Taufbecken, gleichfalls im Stil der Renaissance, stiftete Boninus de Bonini. Der berühmteste Bürger von Lastovo gilt auch als einer der Pioniere der europäischen Druckwesens. Oberhalb von Lastovo sind die Reste einer Festung zu sehen, die von den Venezianern zerstört wurde.

Ubli

Der Hafenort Ubli liegt im Südwesten der Insel an der Bucht Velo Jezero. Hier legen die Fähren von Split bzw. Korčula an. Außer den Resten zweier frühchristlicher Basiliken hat Ubli keine Sehenswürdigkeiten zu bieten.

Lipica B 3

Slowenien, Region Primorska
Höhe: 402 m ü. d. M.

Lage und ** Bedeutung

Der kleine Ort in Slowenien, rund 10 km östlich von Triest und nur knapp 40 km von → Koper entfernt, ist heute fast jedem, ob er sich nun für Pferde interessiert oder nicht, ein Begriff. Vor rund 400 Jahren wurde hier das

Lage und Bedeutung (Fortsetzung)

Stammgestüt der weltberühmten Lipizzanerpferde gegründet. In den vergangenen Jahrzehnten hat sich das Gestüt nicht nur um die Lipizzanerzucht verdient gemacht, sondern durch den Ausbau einer touristischen Infrastruktur auch dafür gesorgt, daß Besucher aus aller Welt die edlen Pferde aus nächster Nähe bestaunen können.

Besichtigung, Vorführungen, Reitmöglichkeiten

Die mit rund 200 Pferden belegten Stallungen können täglich im Rahmen einer Führung besichtigt werden (in den Sommermonaten zu jeder vollen Stunde). Vorführungen der Klassischen Reitschule gibt es zwischen Mai und September immer am Dienstag, Freitag und Sonntag, jeweils um 15.00 Uhr, von Oktober bis April jeweils freitags und samstags um dieselbe Zeit. Das Angebot für Reitsportfans zu aktiver Betätigung ist umfassend: Über 60 Pferde des Gestüts stehen für den Reitunterricht (für Anfänger wie für Fortgeschrittene), für Dressurkurse, für Ausritte im Gelände sowie für Ausflüge mit der Kutsche zur Verfügung. Die 'kleinen' Besucher können ihr Reiterglück auf dem Rücken der Ponys versuchen. Zu der Anlage gehören ferner zwei Hotels mit insgesamt 350 Betten, Tennisplätze, eine Minigolfanlage und ein 9-Loch-Golfplatz.

Lipizzanerpferde auf der Weide

Geschichte des Gestüts

Der österreichische Herzog Karl, der auch über Krain, Istrien und Triest herrschte, gründete 1580 das Gestüt. Auf Lipica fiel die Wahl deshalb, weil hier die Pferdezucht schon seit der Römerzeit Tradition hatte. Mit der Zucht in Lipica wollte man den Hof in Wien, aber auch Graz, die Residenzstadt des Erzherzogs, mit guten Zug- und Reitpferden versorgen. Aus Spanien und Italien wurden die für die Zucht geeigneten Pferde herbeigeschafft. Zu diesen gesellten sich dänische Pferde aus dem königlichen Gestüt in Frederiksborg, die ebenfalls der 'arabischen Linie' verpflichtet schienen.
Während der Regierung von Maria Theresia (1740–1780) besaß Lipica 150 Zuchtstuten. Als Österreich mit Frankreich Krieg führte, wurde das Gestüt 1796 mit 300 Pferden in die Nähe der ungarischen Stadt Székesfehérvár verlegt. Im Jahre 1805 mußte man Lipica erneut verlassen; die Franzosen

hatten sich inzwischen die besten Zuchtpferde angeeignet. 1809 zog das Gestüt noch einmal nach Ungarn um. Nachdem die Tiere 1815 nach Lipica zurückgekehrt waren, entschied Kaiser Franz Joseph I., daß sie dort bleiben sollten. Als Lipica 1920 Italien zufiel, wurde mit den 97 Pferden, die bei Österreich verblieben, das Lipizzaner-Gestüt aufgebaut, das bis heute die Wiener Spanische Reitschule beliefert.
Im Zweiten Weltkrieg wurde das Gestüt nach der Kapitulation Italiens in das Gebiet des heutigen Tschechien verlegt. Vor der anrückenden Sowjetarmee brachte US-General Patton die Pferde 1945 nach Schwarzenberg (Österreich). Erst im Herbst 1947 wurden die verbliebenen 11 Tiere nach Jugoslawien zurückgeführt.

Lipica, Geschichte des Gestüts (Fortsetzung)

Lipizzaner sind mittelgroße, ausdauernde Pferde mit langen Beinen. Der Hals soll hoch angesetzt sein, wodurch die Kopfhaltung besonders elegant wirkt, der Rücken lang und gerade. Die Widerristhöhe der Lipizzaner aus Lipica beträgt heute 1,55 bis 1,65 m bei den Stuten und bis zu 1,68 m bei den Hengsten. Die Pferde sind meist weiß oder graufarben, so daß sich viele Bewunderer der Lipizzaner unter diesem Begriff immer einen Schimmel vorstellen.
Eine Besonderheit des jugoslawischen Gestüts sind indessen auch braune Lipizzaner, wenngleich ihre Anzahl weitaus geringer ist. In jedem Fall kommen die Lipizzaner immer als Rappen, braune oder mausgraue Fohlen zur Welt und nehmen erst später ihre graue bzw. weiße Farbe an. Schimmel werden sie im Alter von 6 bis 10 Jahren.

Lipizzanerzucht

Die August-Černigoj-Galerie zeigt Werke des slowenischen Künstlers, der viele Jahre seines Lebens in Lipica verbracht hat.

Černigoj-Galerie

Lošinj (Insel) G-I 5-7

Kroatien, Gespanschaft Primorsko-Goranska/Rijeka
Inselfläche: 75 km²
Bewohnerzahl: 8500

Die 75 km² große Insel liegt in der Kvarner Bucht. Von der Nachbarinsel Cres trennt sie nur ein schmaler Kanal mit einer befahrbaren Zugbrücke. Subtropische Vegetation mit Pinien, Agaven, Palmen, Oleander und Zitrushainen und ein Klima ohne winterliche Minusgrade haben die Insel Lošinj zu einem vielbesuchten Urlauberziel gemacht. Durchschnittlich 300 wolkenlose oder nur wenig bewölkte Tage weist die amtliche Wetterstatistik nach. Bereits im vorigen Jahrhundert strömten Asthmakranke nach Lošinj, um in dem Gemisch aus frischer Seeluft und Pflanzenwohlgerüchen Linderung ihres Leidens zu suchen. Heute spielt der Kurbetrieb nur noch eine Nebenrolle. Jetzt ist Lošinj in erster Linie das Ziel von Urlaubern, die hier Wassersport betreiben wollen.

Lage und *Bedeutung

Lošinj ist über mehrere Fährlinien zu erreichen. Die meisten Urlauber bevorzugen die Anreise über die Nachbarinsel Cres, die durch eine Brücke mit Lošinj verbunden ist. Zwei vielbefahrene Linien nach Cres (Autofähre) stehen zur Wahl: Von Brestova (ca. 30 km südlich von Opatija) nach Porozina (Nordspitze von Cres) oder von Valbiska (Insel Krk) nach Merag (Mitte von Cres). Autofähren verkehren auch auf der Linie Pula–Lošinj–Zadar. Eine Autofähre pendelt zwischen Mali Lošinj und Zadar (mit Zwischenstopps auf den Inseln im Archipel von Zadar). Vom jüngst ausgebauten Flughafen Lošinj auf der Halbinsel Kuril bestehen in den Sommermonaten Charterflugverbindungen nach Zagreb.

Anreise

Lošinj ist in erster Linie eine Insel für Wassersportfans. Bekanntester, aber in der Hauptsaison auch meist überbelegter Badestrand ist die Čikat-Bucht in der Nähe des südwestlich von Mali Lošinj im Wald gelegenen

Freizeit- und Bademöglichkeiten

Freizeit- und Bademöglichkeiten (Fortsetzung)

Hotelkomplexes (Feinkies und Fels). In Richtung Süden folgt dann nach mehreren kleinen, zu Hotels gehörenden, aber auch öffentlich zugänglichen Buchten ein schattenloses FKK-Gelände. Die weiteren Buchten bis zum Südkap der Insel, einige mit kleinen Sandstränden, erreicht man zwar auf Saumpfaden, schneller und bequemer aber mit einem Boot. Auf der östlichen Seite der Insel sind die Badegelegenheiten weniger günstig, einige gute Strände gibt es lediglich im Norden bei Nerezine. Durch seinen großen Naturhafen reizt Mali Lošinj vor allem Sportbootfahrer zum Aufenthalt. Wo der Privlaka-Kanal Motor- und kleineren Segelbooten das Verlassen des Naturbeckens Richtung Osten erlaubt, bietet eine Boots-Marina den Sportskippern ihre Dienste an. Mehrere Hotels besitzen Tennisplätze mit Flutlichtanlagen. Tägliche Schiffsausflüge führen zu den Inseln Ilovik, Susak und Unije sowie nach → Cres.

Geschichte

Funde in Höhlen an den steilen Westküsten von Cres und Lošinj bezeugen, daß hier bereits in der Jungsteinzeit Menschen lebten. Aus der Bronze- und Eisenzeit wurden auf beiden Inseln Überreste von rund 50 Wallsiedlungen gefunden, die auf eine dichte Besiedlung während dieser Zeit schließen lassen. Die Römer gründeten in Osor, an der Nahtstelle zwischen Lošinj und Cres, eine befestigte Stadt, die bald 30 000 Einwohner zählte und für lange Zeit das Verwaltungszentrum beider Inseln bleiben sollte. Im Mittelalter wechselten sich Kroaten und Venezianer als Herrscher über Lošinj und Cres ab. Im 16. und 17. Jh. erschienen des öfteren die Schiffe der Uskoken aus → Senj, um die Küstenorte auszuplündern.
Erst seit der Zugehörigkeit der Inseln zu Österreich (ab 1815) begann für Lošinj eine Blütezeit. Im 19. Jh. entstanden neue Schiffswerften, und 1875 stattete Kaiser Franz Joseph anläßlich des Stapellaufs der "Imperatrice Elisabetta" (Kaiserin Elisabeth) der Stadt Mali Lošinj einen Besuch ab. Doch die Zeit der Segelschiffe neigte sich wenig später ihrem Ende zu, die Werften auf der Insel gerieten in eine Krise, immer mehr Inselbewohner wanderten ab. Erst der etwa ab 1880 beginnende Fremdenverkehr brachte die Wende: Von nun an ging es in den beiden Orten Mali Lošinj und Veli Lošinj aufwärts. Durch den Vertrag von Rapallo (1920) wurden Lošinj und Cres sowie die umliegenden Eilande Italien zugeschlagen. 1945 landeten die Partisanen auf Lošinj und Cres. Nach dem Zweiten Weltkrieg wurden beide Inseln Jugoslawien zuerkannt.

Nerezine

Lage und Allgemeines

Der erste größere Ort, den man, von Cres kommend passiert, ist Nerezine (400 Einw.). Das Küstendorf am Fuße des Höhenzugs Osoršćica besitzt zwei kleine Hafenbuchten, an denen in den letzten Jahren ein paar Geschäfte, Lokale und die Touristbüros entstanden sind. Hier und im Nachbarort Sveti Jakov findet man gute Privatquartiere. Einen historischen Ortskern sucht man vergebens; die meisten Häuser liegen verstreut und von Gärten umgeben. Das Franziskanerkloster von Nerezine wurde von einem venezianischen Adligen im 16. Jh. gestiftet. In der Klosterkirche ist u. a. eine Altartafel von Girolamo da Santacroce zu sehen.

*Televrina

Von Nerezine und Sveti Jakov aus läßt sich die höchste Erhebung der Insel, die 588 m hohe Televrina, auf markierten Fußpfaden ersteigen. Vom Gipfel aus genießt der Wanderer einen grandiosen Ausblick über das Meer, hinüber zu den benachbarten Inseln und zum Festland.

Mali Lošinj

*Lage und Bedeutung

Mali Lošinj (6600 Einw.) ist Verwaltungssitz, größter Ort der Gemeinde Cres–Lošinj und der pulsierende Mittelpunkt der Insel. Die Stadt liegt in der größten geschlossenen und dadurch bestens geschützten Bucht des Archipels, die nach dem römischen Kaiser "Valle d'Augusto" benannt wurde. Im 19. Jh. besaß Mali Lošinj sogar eine eigene Seefahrtsschule von einiger Bedeutung; heute ist der Tourismus die Haupteinnahmequelle für die Bewohner. Bereits kilometerweit vor dem alten Zentrum am Hafen beginnt das Stadtgebiet von Mali Lošinj, bieten Hinweisschilder an der Straße Hotelzimmer, Privatquartiere und Restaurants an. Wer einen geruhsamen Urlaub ohne viel Trubel verbringen möchte, sollte um das Städtchen eher einen Bogen machen, denn in den Sommermonaten platzt es förmlich aus allen Nähten. Die meisten Hotels liegen auf der dicht bewaldeten und zu Fuß leicht erreichbaren Landzunge Čikat, wo sich auch die 'Hausstrände' von Mali Lošinj befinden.

Mali Lošinj, Lage und Bedeutung (Fortsetzung)

Am Hafenbecken, das von stattlichen alten Kapitänshäusern umgeben ist, zeigt sich Mali Lošinj von seiner schönsten und buntesten Seite. Morgens starten hier die Touristenboote täglich zu anderen Ausflugszielen, Restaurants und Cafés, Reisebüros, kleine (und ziemlich teure) Lebensmittelgeschäfte sowie zahllose Souvenirläden warten auf Kundschaft. Auch die Markthalle liegt direkt am Hafen.

*Hafen

Eine winzige Hafenbucht, eine schmale Promenade, eine stolze Kirche und viel Grün an den umgebenden Hängen – Veli Lošinj, der zweitgrößte Ort auf der Insel.

Überragt wird das Städtchen vom Glockenturm der Marienkirche, zu der man wegen der guten Aussicht hinaufsteigen sollte. Das barocke Gotteshaus wurde 1696–1757 errichtet, als die Kirche Sv. Martin für die schnell gewachsene Gemeinde zu klein geworden war. Die Martinskirche aus dem 14. Jh. befindet sich auf der anderen Seite des Hafenbeckens, auf dem dortigen Friedhof. Hier kann man interessante Grabmäler einstiger Schiffseigner und Kapitäne bewundern.

Sv. Marija, Friedhof

Den Kiefernwald der 1,5 km westlich der Stadt gelegenen Čikat-Halbinsel pflanzte Ende des 19. Jh.s, als Lošinj zum Kurort avancierte, der Botaniker Ambroz Haračić (sein Denkmal steht auf der Halbinsel). Die dortige, im

*Čikat-Halbinsel

Mali Lošinj (Fortsetzung)

19. Jahrhundert errichtete Wallfahrtskirche Mariä Verkündigung (Marijino navještenje) besitzt zahlreiche Votivbilder mit Schiffen in Seenot.

Veli Lošinj

*Lage und Allgemeines (Abb. S. 145)

Rund 4 km südöstlich von Mali Lošinj gelangt man zu dem 1000 Einwohner zählenden Ort Veli Lošinj, den man auch über einen schönen Spazierweg am Meer entlang erreichen kann. Veli Lošinj, seit 1885 Luftkurort, war früher größer als Mali Lošinj, wie der Name (veli = groß) schon sagt. Bezaubernd ist die Lage des kleinen Städtchens an bewaldeten Hängen um den Hafen in der Pernaščica-Bucht. Autos bleiben auf dem schattigen Parkplatz oberhalb des Orts, der allerdings zu Hochsaisonzeiten schnell seine Kapazitätsgrenze erreicht hat. Den Weg hinunter zum Hafenbecken säumen einfache Steinhäuser, in denen heute Reisebüros und Geschäfte eingezogen sind. Wie in Mali Lošinj konzentriert sich das Leben auf den schmalen Streifen zwischen den Häusern am Hafenbecken und den Bootsanlegeplätzen. Abends ist die Hafenpromenade, die von der erhöht stehenden Pfarrkirche Sv. Antun überragt wird, ein einziges großes Freilichtlokal, da alle Restaurants am Platz ihre Tische draußen aufstellen.

Sehenswertes

Die dem hl. Antonius geweihte barocke Pfarrkirche aus dem 17. Jh. birgt mehrere Gemälde italienischer Künstler, die reiche Bürger und Kapitäne dem Gotteshaus gestiftet haben. Zum Schutz des Hafens bauten die Bewohner von Veli Lošinj im 16. Jh. den runden, zinnenbekrönten Wehrturm, der auf der gegenüberliegenden Hafenseite aufragt. Oberhalb der Stadt dehnt sich ein Waldpark aus, das sogenannte Arboretum, in dem über 200 verschiedene Baumarten gedeihen. Angelegt wurde der Park von dem österreichischen Erzherzog Carl Stephan, der hier im Jahre 1885 auch sein Palais 'Wartsee' bauen ließ.

Ausflüge zu den Inseln Unije, Ilovik und Susak

Das Ziel zahlreicher organisierter Ausflugsfahrten (Abfahrt vormittags im Hafen von Mali Lošinj) sind die Lošinj westlich und südlich vorgelagerten Inseln Unije, Vele und Male Srakane, Susak, Ilovik, Sv. Petar sowie Male und Vele Orjule. Personenschiffe fahren von Mali Lošinj nach Ilovik, Susak und Unije. Die knapp 6 km^2 große Insel Ilovik gehört zu den Favoriten der Ausflugsboote, denn sie ist bekannt als kleines Blumenparadies: Kaum ein Ort an der dalmatinischen Küste oder auf einer der Inseln kann sich eines solch farbenprächtigen Blumenschmucks rühmen wie der gleichnamige Hauptort – Hortensienbüsche, Rosen, Oleander und andere Zierpflanzen an fast jedem Haus. Für einen Badeausflug eignen sich auch die westlich von Lošinj gelegenen Inseln Susak (6 km^2) und Unije (17 km^2). Auf Susak gibt es sogar einen Sandstrand. Auf dem sandigen Boden der Insel wachsen lediglich Weinreben.Bekannt ist Susak auch als kleine ethnische Enklave, denn die Bewohner der Insel pflegen seit jeher einen ganz eigenständigen Dialekt, eine eigene Musik und besondere Trachten.

Makarska Q 22

Kroatien, Gespanschaft Split-Dalmatien
Höhe: 5 m ü. d. M.
Einwohnerzahl: 8000

*Lage und Bedeutung

Das Hafenstädtchen Makarska liegt in einer weiten Bucht am Fuß des Biokovo-Massivs, rund 70 km südöstlich von Split. Bekannt ist Makarska als touristischer Mittelpunkt der gleichnamigen Riviera (s. u.), die sich zwischen Brela und Gradac erstreckt und zu den beliebtesten Baderevieren an der Küste Dalmatiens gehört. Während man an vielen Stellen der dalmatinischen Küste nur an felsigen Abschnitten oder kleinen Kiesbuchten baden kann, gibt es hier lange, schöne Sandstrände.

Geschichte

Makarska hatte viele Herren und wurde häufig zerstört. Die Siedlungsspuren in der Umgebung reichen zurück bis ins 3. und 2. Jahrtausend. Römer, Ostgoten, Byzantiner, kroatische Könige und bosnische Feudalherren beherrschten einst die Region. Wie das benachbarte Omiš war die Stadt eine Zeitlang Stützpunkt der neretvanischen Seeräuber, bevor die Handelsmacht Venedig erstmals von den Orten an der mittel- und süddalmatinischen Küste Besitz ergriff. Doch im Unterschied zu den weiter nördlich gelegenen Städten an der Küste mußten die Venezianer die Gegend um Makarska 1499 den Türken überlassen, die hier ihre wichtigste Basis an der Adria unterhielten. Sie bauten den Hafen aus und befestigten die Stadt. Erst in der zweiten Hälfte des 17. Jh.s nahmen die Venezianer die Stadt erneut ein und verdrängten die Türken 1699 endgültig von der dalmatinischen Küste.

Nach dem Untergang Venedigs im Jahr 1797 fiel Makarska zunächst an Österreich, doch schon 1806 besetzten die Franzosen unter Marschall Marmont die Region. In den nur sieben Jahren französischer Verwaltung erlebte die Stadt einen spürbaren Aufschwung: Straßen wurden gebaut, alle Bürger erhielten gleiche Rechte, und zum ersten Mal wurde eine Schul-

Uferpromenade von Makarska

verordnung in kroatischer Sprache erlassen. Obwohl Österreich zwischen 1813 und 1918 wieder eine Italianisierungspolitik betrieb, erstarkte die prokroatische Volkspartei, und Makarska war eine der ersten Küstengemeinden, die 1865 Kroatisch zur Amtssprache erklärten. Im Zweiten Weltkrieg waren Makarska und vor allem das unzugängliche Hinterland des Biokovo ein Brennpunkt der Kämpfe. Im Jahr 1962 erlitt die Stadt durch ein Erdbeben erhebliche Schäden.

Freizeit- und Bademöglichkeiten

Der etwa 1 km lange Hauptstrand von Makarska liegt am Rande eines schattigen Pinienwaldes auf der Halbinsel Sveti Petar (Felsplatten). Baden kann man auch an den Felsen auf der Halbinsel Osejava. FKK-Freunde treffen sich am Strand Nugal südlich von Makarska.

Sehenswertes in Makarska

Kačićev trg

Dem Namensgeber des zentralen Platzes, Andrija Kačić-Miošić (→ Berühmte Persönlichkeiten), wurde hier Ende des 19. Jh.s durch den Bildhauer Ivan Rendić ein Denkmal gesetzt. Der in der Nähe von Makarska geborene Franziskaner (1704–1769) verfaßte philosophische, theologische, aber auch volkstümlich-aufklärerische Bücher sowie eine Art Geschichte der Südslawen in Form einer epischen Dichtung.

Sv. Marko

Die Pfarrkirche St. Markus an der Nordseite des Platzes wurde 1776 im Stil eines bescheidenen Provinzbarock erbaut. Venezianischer Einfluß ist am Campanile spürbar. In der Sakristei werden unter anderem Ikonen und eine kleine Sammlung mit Kirchengerät aufbewahrt. Der Brunnen an der Südseite der Kirche entstand etwa um dieselbe Zeit wie das Gotteshaus.

Ivanišević-Palast

In der Nähe der Kirche, am Platz Jurjevićeva poljana, steht auch das schönste profane Gebäude der Stadt, der barocke Ivanišević-Palast mit einem prächtigen, wohlproportionierten Innenhof. Über breite Treppen kann man von hier aus zum Ufer hinabsteigen.

Franziskanerkloster, *Muschelmuseum

Am Ostrand der Uferstraße Mala Obala (Kleines Ufer) steht das Franziskanerkloster, erbaut auf einer Reihe von Vorgängerkirchen und -klöstern. Es erhielt sein heutiges Aussehen vor allem zu Beginn des 17. Jh.s. Der barocke Glockenturm wurde ein Jahrhundert später hinzugefügt. Insgesamt stellt der Komplex eine bunte Stilmischung dar. Das mit einem schönen Kreuzgang ausgestattete Kloster birgt eine umfangreiche Bibliothek und eine Gemäldesammlung. Sehenswert ist das in den Kellerräumen eingerichtete Muschelmuseum (Malakologisches Museum). Die überaus reiche Sammlung umfaßt Muscheln und Schnecken aus der ganzen Welt sowie Fossilien aus der Umgebung von Makarska.

Sv. Filip

An der Uferstraße steht auch die barocke Philipp-Neri-Kirche, die wie viele andere Gebäude der Stadt im 18. Jh. errichtet wurde. Im Hof dahinter sind mehrere römische Grabmäler zu besichtigen.

Halbinsel Sv. Petar

Von den Halbinseln Sveti Petar und Osejava, zwischen denen die schmale Hafeneinfahrt liegt, hat man einen schönen Blick auf die Altstadt und das Biokovo-Massiv. Hier befinden sich auch einige Hotels. Auf Sveti Petar, am Rande eines schattigen Pinienhains, liegt der Hauptstrand von Makarska.

Denkmal für Marschall Marmont

An der Ausfallstraße nach Split steht ein auffallendes Denkmal in Form einer Pyramide. Es wurde in napoleonischer Zeit zu Ehren von Marschall Marmont errichtet und während der österreichischen Herrschaft an seinen heutigen Standort versetzt. Eine Inschrift aus dieser Zeit erinnert an einen Besuch von Kaiser Franz Joseph I. in Dalmatien.

Biokovo-Gebirge

*Naturschutzgebiet

Hinter Makarska ragt das mächtige, als Naturschutzgebiet ausgewiesene Biokovo-Massiv auf. Das Küstengebirge erstreckt sich auf einer Länge von fast 40 km. Dabei ist es zum Teil nicht breiter als 7 km. Seiner geologischen Zusammensetzung nach ist es ein typisches Karstgebirge mit Höhlen und Grotten sowie einer Hochfläche. Auf den Sveti Juraj, den höchsten Gipfel (1762 m), führt eine Straße, die zum größten Teil sogar asphaltiert ist. Ihr Ausgangspunkt liegt etwa auf der Höhe von Podgora (wörtl. : 'unter dem Berg'), 18 km südöstlich von Makarska. Es gibt auch markierte Bergwanderwege. Trotz der verkarsteten Oberfläche wachsen auf dem Biokovo-Massiv zahlreiche, auch seltene Pflanzen.

Botanischer Garten

Einen Überblick über die artenreiche Flora des Naturparks vermittelt der Botanische Garten nahe dem Bergdorf Kotišina (4 Kilometer oberhalb von Makarska).

Imotski

66 km nordwestlich von Makarska, hinter dem Biokovo-Massiv, liegt Imotski. Das Städtchen an der Grenze zur Herzegowina ist bekannt für seinen Wein – vor allem den weißen Kujundžuša – und zwei kleine, ungewöhnliche Karstseen. Der sogenannte Blaue See (Modro jezero) westlich von Imotski, schwankt in der Wasserhöhe um bis zu 70 cm; der Rote See (Crveno jezero) hat die Form eines Brunnens: Bei einem Durchmesser von 200 m erreicht er eine Tiefe von 500 m!

Makarska-Riviera

Bedeutung und **Landschaftsbild

Kilometerlange Sand- und Kiesstrände, ansonsten eher selten an der kroatischen Küste, eine üppige mediterrane Vegetation und dahinter die gewaltige Kulisse des karstigen Biokovo-Massivs machen die Makarska-Riviera zu einem einzigartigen Küstenabschnitt. Der etwa 60 km lange Küstenstreifen zwischen Brela im Norden und Gradac im Süden avancierte in den 50er Jahren zu einer der wichtigsten Fremdenverkehrsregionen Jugoslawiens mit einem großen Sport- und Unterhaltungsangebot. In den 60er

Badeparadies vor dem Hintergrund schroffer Gebirgsketten – die Makarska-Riviera

und 70er Jahren entstanden viele Hotelburgen, die die Bettenkapazität kräftig nach oben drückten, aber die Ortsbilder der Küstenstädtchen nicht gerade verschönerten. Der Krieg im früheren Jugoslawien hat die Situation verändert: Makarska und die Makarska-Riviera blieben jahrelang verwaist, und auch nach dem Ende des Krieges in Kroatien kamen die ausländischen Gäste nur zögernd zurück. Der Grund liegt auf der Hand: Bosnien-Herzegowina ist nah, und mittlerweile haben andere Küstenorte weiter im Norden Dalmatiens und in Istrien Makarska den Rang abgelaufen.

Brela

Bei Brela oder – wie es auch genannt wird – Donja Brela, 17 km nordwestlich von Makarska, beginnt die Makarska-Riviera. Das von einem Pinien-

Makarska-Riviera Brela (Fortsetzung)

wald umgebene Seebad liegt unterhalb der Küstenstraße und bleibt dadurch vom Durchgangsverkehr verschont. Gepflegte Sand- und Kiesstrände, zum Teil von dichten Föhrenwäldern eingerahmt, laden hier zum Baden ein, aber auch alle anderen Arten von Wassersport werden großgeschrieben. Die vielen, 'vrulje' genannten Süßwasserquellen im Meer verleihen dem Wasser hier eine besondere Färbung. Sehenswert in Brela ist die Ruine der sogenannten Herzog-Festung oberhalb des Ortes sowie die 1728 vollendete kleine Kirche "Unsere Liebe Frau vom Karmel".

Gornja Brela

Bei Gornja Brela, etwas höher und landeinwärts gelegen, steht die schöne kleine Kirche St. Nikolaus (Sveti Nikola) aus dem 14. Jahrhundert.

Baška Voda

Wie Brela ist auch das Nachbarstädtchen Baška Voda, 10 km nordwestlich von Makarska, in erster Linie ein Fremdenverkehrsort mit Hotels, Restaurants und Campingplätzen, allerdings wesentlich ruhiger und auch weniger mondän als Brela. Südlich von Baška Voda gibt es mehrere Kiesstrände.

Tučepi

Knapp 4 km südöstlich von Makarska erreicht man Tučepi. Der Touristenort liegt besonders reizvoll an den Ausläufern des Biokovo-Massivs, dessen Steilhänge nur wenige Kilometer hinter der Küste fast senkrecht aufsteigen. In Tučepi finden sich etliche Hotels, Bungalows und Appartements sowie ein langer, feiner Kiesstrand. Skippern steht eine Marina zur Verfügung. Im alten Ortszentrum steht die Georgskriche (Sveti Juraj) aus dem 15. Jh., bei deren Bau auch römische Kapitelle Verwendung fanden. Neben der Kirche sind zwei Bogumilengrabsteine (stećci) zu sehen. Am Ufer sind noch einige barocke Sommervillen kroatischer Familien erhalten.

Gradac

Rund 40 km südöstlich von Makarska, hinter Gradac, endet die Makarska-Riviera, und die Küstenmagistrale wendet sich in Richtung Neretva-Delta landeinwärts. Gradac besitzt noch einen alten Ortsteil, der auf einer Landzunge liegt, und einen der längsten Strände an diesem Küstenabschnitt.

Mljet (Insel) — T 24 – 26

Kroatien, Gespanschaft Dubrovnik-Neretva
Höhe: 0 – 512 m ü. d. M.
Bewohnerzahl: 1500

Lage und Allgemeines

Mljet gehört zusammen mit Korčula und Lastovo zum sogenannten Archipel von Dubrovnik und ist die südlichste der großen Adriainseln. Die schmale, 100 km² große Insel erstreckt sich parallel zur Halbinsel Pelješac, von der sie durch den Kanal von Mljet (Mljetski kanal) getrennt ist. Es wird behauptet, Homer habe, als er das verzauberte Eiland Ogygia beschrieb und von Odysseus und Calypso erzählte, Mljet im Auge gehabt. Auch heute noch genießt die kleine, fast zu Dreiviertel mit Wald bedeckte Insel den Ruf, ein stilles Naturparadies zu sein – nicht ohne Grund wurde ein Teil von Mljet zum Nationalpark erklärt.

Anreise

Zwischen Dubrovnik und Sobra gibt es eine regelmäßige Fährverbindung. Personenschiffe fahren von Mljet zu den → Elaphitischen Inseln und weiter nach Dubrovnik. Auch die Küsten-Eilfähre von Rijeka nach Dubrovnik macht auf Mljet (Sobra) halt.

Vegetation

Die vielfältige Pflanzenwelt auf Mljet ist typisch mediterran. Neben Föhren-, Kiefern- und Steineichenwäldern wachsen Mastixsträucher, Myrte, Lorbeer, Johannisbrot- und Ölbäume.
Viele seltene Vögel, aber auch zahlreiche Eidechsenarten sind auf Mljet zu Hause. Zum Kampf gegen die giftigen Schlangen wurden von den Inselbewohnern Mungos (Mangusten) eingeführt. Offenbar haben die Mungos ganze Arbeit geleistet, denn es gibt inzwischen kaum noch Schlangen. Die Seen sind reich an Muscheln.

Geschichte

Die von Karstgebirgen und Karstsenken durchzogene Insel war seit den Illyrern kontinuierlich besiedelt. Davon zeugen Steinanhäufungen von illyrischen Festungen, römische Gräber und die Reste einer römischen villa rustica in Pomena. Die Römer nannten die Insel 'melita', ein Name, der auf die griechische Bezeichnung für Honig zurückgeführt wird. Im Unterschied zu den meisten Küstenstädten waren unter den Besitzern von Mljet nach dem Ende der römischen Herrschaft fast nur regionale Fürsten. Einer dieser Fürsten vermachte das Eiland um die Mitte des 12. Jh.s Benediktinern aus Apulien, die sich daraufhin auf Mljet niederließen und bis ins 19. Jh. das gesellschaftliche und wirtschaftliche Leben der Insel nachhaltig prägten. Im 14. Jh. wurde Mljet der Republik von Ragusa (Dubrovnik) angeschlossen, die einen Statthalter auf die Insel entsandte. Nach dem Niedergang der Stadtrepublik fiel Mljet zunächst unter französische Verwaltung (1808 – 1813), danach war es bis 1918 Teil von Österreichisch-Dalmatien.

Unterkünfte, Freizeit

Urlaub auf Mljet bedeutet immer noch in erster Linie Abgeschiedenheit und Ruhe. Früher kamen nach Mljet fast nur Ausflügler von Dubrovnik, heute gibt es auf der Insel auch ein Hotel und Privatzimmer. Der Nationalpark kann vor allem zu Fuß oder mit dem Fahrrad erkundet werden, Autos sind dagegen nicht überall zugelassen.

***Nationalpark Mljet**

Die meisten Ausflügler und Touristen kommen wegen des Nationalparks auf die Insel, der den gesamten Westen von Mljet einnimmt. Im Mittelpunkt des Nationalparks stehen die beiden natürlichen Salzseen Veliko Jezero (Großer See, 145 ha) und Malo Jezero (Kleiner See, 24 ha). Urspünglich

Die Insel auf der Insel: Im Großen See von Mljet liegt die Marieninsel mit dem ehemaligen Benediktinerkloster.

waren diese Seen Karstfelder, die sich nach der letzten Eiszeit durch das Ansteigen des Meeresspiegels mit Wasser füllten. Das Wasser strömte durch einen schmalen Verbindungskanal herein. Dieser Kanal hatte um das Jahr 1960, als der Nationalpark gegründet wurde, eine Breite von 4 m und eine Tiefe von etwa einem halben Meter. Um auch größeren Schiffen die Einfahrt vom Meer in den See zu ermöglichen, wurde der Kanal verbreitert und gleichzeitig auf 2,60 m vertieft. Auch die Seen sind durch einen 30 m

Mljet, Nationalpark (Fortsetzung)

langen und 2,5 m breiten Wasserweg miteinander verbunden. Die starke Strömung in beiden Kanälen nutzte man im Mittelalter zum Antrieb von Mühlen. Der Salzgehalt der Seen, in denen man übrigens auch baden darf, ist wegen des Zuflusses von Süßwasser etwas niedriger als der des Meeres, die Wassertemperatur im Sommer um etwa 4° höher.

Marieninsel, *Sv. Marjia

Auf der kleinen Marieninsel im Großen See errichteten die Benediktiner im 12. Jh. ein Kloster, das später erweitert und umgebaut wurde. Die Abteikirche Sv. Marija, ein einschiffiger Bau, weist Merkmale der apulischen Romanik auf. Den Renaissancevorbau der Kirche aus dem 15./16. Jh. schmückt das Wappen der einheimischen Stifterfamilie Gundulić. Aus der gleichen Zeit stammen der Wehrturm über dem Atrium und die Sakristei. Im Stil des Barock wurden später zwei Kapellen hinzugefügt. Die um einen Kreuzgang angelegten Klostergebäude erweiterten die Mönche im 16. Jh. um einen zweistöckigen Renaissance-Bau. Die Kirche wurde nach dem Zweiten Weltkrieg renoviert, das Kloster beherbergt heute ein Restaurant.

Pomena

An der geschützten Bucht von Pomena liegt ein Hotel, außerdem befinden sich hier ein kleiner Hafen, mehrere Lokale und eine Tauchbasis.

Polače

In einer geschützten Bucht an der Nordseite der Insel liegt der kleine Fährhafen Polače. Der Ortsname rührt von der kroatischen Bezeichnung für Palast her: palača. Tatsächlich sind hier Reste eines spätantiken Palastes gefunden worden, bei dem es sich wahrscheinlich um die Sommerresidenz einer römischen Patrizierfamilie handelt. Westlich des Palastes sind noch zum Teil die Mauern einer frühchristlichen Basilika erhalten, deren Benutzung sich vom 5./6. Jh. bis zum 12. Jh. verfolgen läßt. Auch östlich des Palastes entdeckten Archäologen Spuren zweier Basiliken, die ins frühe Mittelalter oder sogar in die Spätantike zu datieren sind.

Babino Polje

Mit 500 Einwohnern ist Babino Polje die größte Siedlung der Insel. Die Ortschaft liegt ziemlich genau in der Mitte Mljets, am Fuße des Veli Grad, der höchsten Erhebung auf dem Eiland (512 m). In der Nähe befinden sich auch einige Tropfsteinhöhlen.

Motovun C 2

Kroatien, Gespanschaft Istrien
Höhe: 277 m ü. d. M.
Einwohnerzahl: 400

Allgemeines und *Bedeutung

Wer vermag den Reizen Motovuns zu widerstehen? Einmal dort gewesen, womöglich noch an einem leuchtenden Tag – das bleibt im Gedächtnis haften. Auch wenn heute nur noch wenige Menschen hier leben und der Charme mancher Bauwerke verblaßt ist, so steht Motovun doch für Istrien schlechthin, wurde der Ort zum Synonym für eine Stadtbauweise aus längst vergangenen Zeiten. Dazu kommt die Lage des Städtchens auf einer Hügelkuppe, inmitten einer intakten Kulturlandschaft, wie sie charakteristischer für das istrische Hinterland nicht sein könnte – Eichenwälder, Obstbaumwiesen und Weingärten so weit das Auge reicht. Läßt man den Blick von den Stadtmauern aus schweifen, liegt einem fast die gesamte Halbinsel zu Füßen. Obwohl viele Bewohner in Richtung Küste abgewandert sind, und an vielen Stellen in dem Städtchen der Putz bröckelt, ist der Besuch von Motovun ein 'Muß' für jeden Istrien-Reisenden.

Lage

Motovun liegt im Innern von Istrien, etwa 30 km von der Ostküste entfernt und abseits der großen Verkehrsrouten. Dennoch ist das inneristrische Städtchen leicht zu erreichen, denn von der E 751 – die Abzweigung befindet sich zwischen Buje und Vižinada – sind es nur 10 km, von → Buzet aus ebenfalls nur etwa 17 km.

Geschichte

Angesichts der Lage Motovuns hoch über dem Mirnatal ist es nicht weiter verwunderlich, daß sich hier bereits in vorchristlicher Zeit eine Fluchtburg befand. Im frühen Mittelalter bestand erstmals eine größere Siedlung. Im 10. und 11. Jh. gehörte Motovun zum Einflußbereich des Bischofs von Poreč. Unter venezianischer Herrschaft (1278–1797) wurden die mächtigen Festungsmauern angelegt, die heute zum Teil als Spazierweg dienen. Unterhalb des alten Ortes wuchs in dieser Zeit eine Vorstadt heran, die ebenfalls von Mauern umgeben wurde. In den letzten Jahren haben sich einige Kunsthandwerker wieder im alten Ortskern angesiedelt und das Hotel oben auf der Spitze des Berges sorgt ebenfalls für etwas Leben in Motovun. Ansonsten allerdings ist das heute eher idyllische und museale Städtchen mit dem umtriebigen Motovun von gestern wohl kaum zu vergleichen.

Nur etwas mehr als 30 Kilometer von der Küste entfernt, aber dennoch ein typisches inneristrisches Städtchen – Motovun.

Sehenswertes in Motovun

*Befestigung

Ein schmales Serpentinensträßchen führt vor die Tore der Altstadt. Da die Gassen nach heutigen Maßstäben kaum verkehrstauglich sind, sollte man das Auto rechtzeitig stehen lassen. Zudem ist das kleine Motovun zu Fuß besser zu erkunden. Nach wie vor eindrucksvoll ist das innere und äußere Befestigungssystem der Stadt mit seinen Wehrtürmen und Toren. Die äußeren Mauern wurden zum größten Teil im 16. und 17. Jh., der innere Mauerring bereits im 13. und 14. Jh. errichtet.

Äußerer Platz

Durch einen imposanten Torturm im Stil der Renaissance, der mit mehreren Wappen bedeutender Patrizierfamilien geschmückt ist, gelangt man auf den äußeren, zwischen den beiden Mauerringen gelegenen Platz. An die westliche Stadtmauer lehnt sich hier die Stadtloggia aus dem 17. Jh. an, ebenfalls ein Renaissancebau.

Motovun (Fortsetzung) Innerer Platz

Vom äußeren Platz führt ein gotisches Tor zum Hauptplatz oben auf dem Berg. Hier steht ein zinnenbewehrter Glockenturm aus dem 13. Jh., der früher auch als Ausguck diente. Der freistehende Campanile gehört zur Kirche St. Stephan (Sveti Stjepan). Es handelt sich um ein Renaissance-Bauwerk, das zu Beginn des 17. Jh.s nach Plänen des venezianischen Architekten Andrea Palladio errichtet wurde. Auf dem Platz befindet sich auch ein Brunnen mit Zisterne sowie einem Stadtwappen aus dem 15. Jahrhundert. Die schlichten, bisweilen fast etwas wehrhaften Bürgerhäuser entstanden großenteils zwischen dem 14. und 17. Jahrhhundert.

Umgebung von Motovun

Wälder und Weingärten

Von den bis zu 15 m hohen Stadtmauern überblickt man nicht nur die tief unten liegende Ebene, sondern auch die Wälder von Motovun, die wegen ihres Trüffelreichtums unter besonderem Schutz stehen. Rund um das Städtchen gedeihen die Rebstöcke mit den Trauben für die Motovuner Weine, die – vom Teran über den Pinot bis hin zum Malvazija – über Istrien hinaus bekannt und beliebt sind.

Rakotule

Etwa 9 km südwestlich von Motovun liegt das nur aus wenigen Häusern bestehende Dorf Rakotule, zu dem man über den Ort Karojba gelangt. Auf freiem Gelände steht die Friedhofskirche St. Nikolaus (Sveti Nikola), ein einschiffiges romanisches Bauwerk, das eine Motovuner Adelsfamilie hier im frühen 14. Jh. errichten ließ. Die Fresken sind das Werk zweier italienischer Meister, die um die Mitte des 14. Jh.s die Kirche ausmalten.

Oprtalj

Rund 10 km nördlich von Motovun, auf der gegenüberliegenden Seite des Flusses Mirna, breitet sich auf einem Hügel das Städtchen Oprtalj aus (ca. 100 Einw.). Auch dieser Ort hat sein mittelalterliches Erscheinungsbild bewahrt. Im Ortszentrum steht die Kirche St. Georg (Sveti Juraj) mit ihrem ebenfalls freistehenden, hochaufragenden Glockenturm. Das Bauwerk erhielt seine heutige Form zwischen dem 15. und dem 18. Jahrhundert. Im Innern befinden sich wertvolle Altäre und Gemälde aus der Werkstatt von Vittore Carpaccio. Vor der Stadtmauer steht eine Loggia aus dem 17. Jahrhundert. Bemerkenswerte Fresken sind in den Kirchen unterhalb des alten Stadtmauerrings erhalten geblieben: in der Bruderschaftskirche St. Maria (Sveta Marija), in der Kirche St. Leonhard (Sveti Leonardo), in der Rochuskirche (Sveti Rok) und in der romanischen Helenenkirche (Sveta Jelena, an der Straße nach Motovun, 1 km südlich vom Ortszentrum). Einige der Fresken in St. Maria stammen aus dem 15. Jh., von dem bekannten Meister Clerigin aus Koper.

Istarske Toplice

Ungefähr 10 km nordöstlich von Motovun liegt das kleine Heilbad Istarske Toplice, dessen schwefelhaltige und radioaktive Quellen bereits von den Römern entdeckt wurden. An den Standard des Bades sollte man allerdings keine mitteleuropäischen Maßstäbe legen. Reizvoll ist die Umgebung, denn das Mirna-Tal verengt sich hier zu einem Canyon. Hinter dem Thermalbad erhebt sich eine gut 100 m hohe Felswand, genannt Eisernes Tor (Željezna vrata).

Neum

S 25

Bosnien-Herzegowina
Höhe: 5 m ü. d. M.
Einwohnerzahl: 1000

Lage und Bedeutung

Der Küstenort 75 km nördlich von Dubrovnik kann nicht mit außergewöhnlichen Sehenswürdigkeiten oder traumhaften Stränden aufwarten, und dennoch nimmt er an der dalmatinischen Küste eine Sonderstellung ein.

Lage und Bedeutung (Fortsetzung)

Neum liegt an einem kaum mehr als 24 km breiten Küstenstreifen, der zu Bosnien-Herzegowina gehört. Als Tito die Grenzen der jugoslawischen Teilrepublik Bosnien-Herzegowina nach dem Ende des Zweiten Weltkriegs festlegte, verschaffte er ihr an der kroatischen Küste einen schmalen Zugang zum Meer. Bereits die Türken hatten an dieser Stelle einen Korridor zur Küste, während sich im Norden die venezianischen Besitzungen Dalmatiens und im Süden das Hoheitsgebiet der Republik Dubrovnik anschlossen. In der Zeit des sozialistischen Jugoslawien machte in Neum vor allem die "neue Klasse" der Parteifunktionäre Urlaub. Zahlreiche Wochenendhäuser (vikendice), aber auch viele Hotelburgen aus Beton entstanden. Schon damals war die überwiegende Mehrheit der Bevölkerung – wie auch in anderen Orten der westlichen Herzegowina – kroatisch. Heute, seit der internationalen Anerkennung der sozialistischen Republik Bosnien-Herzegowina, gehört Neum zum kroatischen Teil des in zwei Gebiete – die bosnisch-kroatische Federation und die Republika Srpska – aufgesplitteten Staates. Die Währung, mit der man hier zahlt, ist die kroatische Kuna. Und auch telefonisch ist Neum wie die gesamte Westherzegowina längst an Kroatien angeschlossen.

Freizeit- und Bademöglichkeiten

Die Bucht von Neum ist seicht, und der sanft abfallende Strand für Kinder zum Baden gut geeignet. Allerdings sind die schmalen, kleinen Strände auch rasch überfüllt und die Hotels, wiewohl zum Teil gut ausgestattet, entsprechen nicht unbedingt den heutigen Vorstellungen von einem sanften Tourismus.

Umgebung von Neum

Bogumilengräber

An eine mittelalterliche Religionsgemeinschaft erinnern die sogenannten Stećci (Singular: stećak), auf die man in der Umgebung von Neum, aber auch im Umland von Makarska und Dubrovnik stößt. Die sarkophagartigen, mit Inschriften, symbolischen Zeichen und geometrischen Mustern verzierten Grabsteine zählen zu den interessantesten Beispielen mittelalterlicher Sepulkralkunst in Europa und sind besonders häufig in der Nähe von Stolac, im Hinterland von Neum, zu finden. Sie wurden vor allem von den Bogumilen aufgestellt, einer christlichen Religionsgemeinschaft mit slawischer Liturgie, die katholische und orthodoxe Elemente vereinte. Die Bogumilen waren hauptsächlich auf dem Gebiet des heutigen Bosnien-Herzegowina, zwischen dem Fluss Drina und der Adria bis Zadar, über drei Jahrhunderte lang beheimatet.
Den Umstand, daß sich in dieser Region auch bedeutende Relikte einer muslimischen Kultur erhalten haben, erklären einige Historiker mit einer allerdings sehr umstrittenen These: Demnach traten die Anhänger dieser Religionsgemeinschaft, da sie sich ja mit beiden Kirchen überworfen hatten, in Scharen zum Islam über, nachdem die Türken um die Mitte des 15. Jh.s auf den Balkan vorgedrungen waren und praktisch das gesamte heutige Bosnien besetzt hielten.

Mostar (Bosnien-Herzegowina)

Von Neum aus sind es nur etwas mehr als 70 km nach Mostar. Die Metropole der Herzegowina, früher ein wichtiger Verkehrsknotenpunkt zwischen Küste und Binnenland, war vor dem Krieg im früheren Jugoslawien eine der größten touristischen Attraktionen auf dem Balkan – wegen ihrer herrlichen Moscheen, der Alten Brücke, die sich über die Neretva spannt, und vieler anderer bedeutender Bauwerke. Im Krieg hat vor allem die historische Altstadt gelitten; manche Sehenswürdigkeit ist unwiederbringlich zerstört worden, so auch die eben erwähnte Brücke aus osmanischer Zeit. Heute ist die Stadt faktisch in zwei Hälften geteilt, die westliche kroatische und die östliche moslemische.

Međugorje

Auf halbem Wege nach Mostar befindet sich das kroatische Lourdes, die Marienwallfahrtsstätte Međugorje – wie alle Pilgerstätten mit vielen Souvenirläden und großen Busparkplätzen. Im Jahr 1981 wollen hier einige Kin-

Neum, Međugorje (Fortsetzung)

der eine himmlische Erscheinung gesehen haben. Seither ist der Ort zu einem Magneten in der katholischen Welt geworden.

Neretva

Neum liegt am südöstlichen Rand des Neretva-Deltas, das wegen seiner Geschichte, aber auch wegen seines eigenartigen landschaftlichen Charakters Erwähnung verdient. Die 218 km lange Neretva ist der größte Fluß im Gebiet der östlichen Adria. Über weite Strecken ist sein Tal ein Canyon. Einen ganz anderen Charakter hat allerdings das etwa 100 km^2 große, insgesamt 12 Flußarme umfassende, überwiegend sumpfige Mündungsgebiet. Es ist die Heimat vieler seltener Tierarten und zugleich Rastplatz für Zugvögel auf ihrem Flug nach Afrika.

Neretvanska krajina

Die historische Landschaft des sogenannten Neretvanischen Grenzlands (Neretvanska krajina), das vom Delta bis hinauf nach → Omiš reichte, ging vor allem wegen ihrer berüchtigten Seeräuber in die Geschichte ein. Zeitweise gehörten sogar die Inseln Brač, Hvar, Korčula und Mljet zu ihrem Herrschaftsbereich. Zwischen dem 9. und dem beginnenden 11. Jh. bedrohten die Neretvaner den venezianischen Handel in der Adria und kassierten für die freie Durchfahrt Tributzölle. Im 12. und 13. Jh. waren die Fürsten aus dem Geschlecht der Kačić aus Omiš die unumstrittenen Herren des Neretvanischen Grenzlands. Sie unterhielten enge Beziehungen zu den kroatisch-ungarischen Königen. Gegen Ende des 13. Jh.s zerfiel das Fürstentum zusehends, und der größte Teil der einstigen neretvanischen Herrlichkeit fiel nun an die Serenissima Venedig.

Novi Vinodolski E 8

Kroatien, Gespanschaft Primorsko-Goranska/Rijeka
Höhe: 33 m ü. d. M.
Einwohnerzahl: 3500

Lage und Bedeutung

Das malerisch an einen Hügel geschmiegte Städtchen am Eingang des Vinodol-Tals (→ Crikvenica) ist nach Crikvenica, von dem es nur 10 km entfernt liegt, einer der größten Urlaubsorte an der nordkroatischen Festlandsküste. In der Hauptsaison herrscht an den Stränden von Novi Vinodolski dichtes Gedränge, weil hier nicht nur ausländische Badeurlauber, sondern auch viele Einheimische die Ferien verbringen.

Freizeit- und Bademöglichkeiten

In und um Novi Vinodolski finden sich ein Hotel sowie Ferienwohnungen und ein Campingplatz. Das Sport- und Freizeitangebot ist gleichfalls umfangreich. Im Ort selbst gibt es betonierte Liegeflächen oder Kiesstrände, zum Beispiel bei der Touristensiedlung Zagori; außerhalb des Orts kann man auch an Felsstränden baden.

Geschichte

Der Namensbestandteil Novi (kroat.: neu) ist darauf zurückzuführen, daß sich in der Nähe bereits eine alte römische Siedlung befand. Die Geschichte der Stadt begann mit dem Bau einer frankopanischen Burg im 13. Jahrhundert. Auf das Jahr 1288 geht das bekannte, bis 1850 gültige "Gesetz von Vinodol" zurück, mit dem die frankopanischen Feudalherren ihre Beziehungen zu den Leibeigenen regelten. Dieses rechtshistorische Denkmal, geschrieben in glagolitischer Schrift (→ *Baedeker Special*, S. 46), ist der älteste Rechtskodex der Slawen und zugleich ein herausragendes Dokument kroatischer Geschichte. Neben den Frankopanen herrschten zeitweise auch die Türken und Venezianer über die Stadt. 1754 wurde sie Teil des Österreichischen Küstenlandes. Der Fremdenverkehr entwickelte sich seit dem letzten Drittel des vergangenen Jahrhunderts nach dem Bau eines Hafens (1868) und einer Badeanstalt (1878). Novi Vinodolski ist die Geburtsstadt des kroatischen Bans und Dichters Ivan Mažuranić (1814–1890), der durch das Heldenepos "Der Tod des Smail-Aga Čengijić" Berühmtheit erlangte.

Sehenswertes in Novi Vinodolski

Burg

Die alte Burg von Novi Vinodolski wurde im 13. Jh. von einem einheimischen Adelsgeschlecht erbaut, das sich später den Namen Frankopanen gab. Die ältesten erhaltenen Teile der von mächtigen Wehrtürmen flankierten Anlage stammen aus gotischer Zeit, spätere Ergänzungen tragen die Stilmerkmale der Renaissance und des Barock. Der Burgkomplex wurde zuletzt im 19. Jh. erneuert. Das berühmte "Gesetz von Vinodol", das hier angeblich verfaßt wurde, wird in seiner Originalfassung in Zagreb aufbewahrt.

Palast Modruš

In dem spätmittelalterlichen Palast Modruš ist heute ein Volkskundemuseum mit archäologischen Funden, alten Dokumenten und einer ethnographischen Sammlung untergebracht.

Beliebter Urlaubsort mit vielen Freizeitmöglichkeiten – Novi Vinodolski

Marktplatz

Das Zentrum des Städtchens ist der Marktplatz mit der Kirche St. Philipp und Jakob (Sveti Filip i Jakov) aus dem 16. Jahrhundert.. Sie wurde im 18. Jh. barockisiert. Ebenfalls am Hauptplatz steht der Wehrturm Kvadrac und ein weiterer Wehrturm wurde zum Gemeindeamt umgebaut. In der kleinen gotischen Dreifaltigkeitskirche (Sveto Trojstvo) sind Fresken aus dem 15. Jh. erhalten.

Omiš **P 20**

Kroatien, Gespanschaft Split-Dalmatien
Höhe: 5 m ü. d. M.
Einwohnerzahl: 5000

Lage und Bedeutung

Die Lage des Küstenstädtchens ist alles andere als gewöhnlich, denn die Häuser von Omiš drängen sich zwischen hohe, steil abfallende Kalkstein-

Lage und Bedeutung (Fortsetzung)

felsen, die den Ausgang eines Canyons markieren. Bei Omiš durchbricht der Fluß Cetina das Mosor-Gebirge und mündet ins Meer. Das nur knapp 30 km südöstlich von Split an der mitteldalmatinischen Küste (gegenüber der Insel Brač) gelegene Städtchen ist vor allem als Badeort beliebt, bietet sich aber auch an als Ausgangspunkt für Erkundungen ins reizvolle Hinterland, die sogenannte Poljica an den Hängen des Mosor-Gebirges. Rund 20 km südöstlich von Omiš, auf halbem Wege nach → Makarska, führt eine eindrucksvolle, gleichsam in den Stein gehauene Straße in Serpentinen nach Imotski (→ Makarska, Biokovo-Gebirge) und weiter nach Bosnien-Herzegowina.

Geschichte

Omiš war von illyrischen Stämmen ebenso besiedelt wie später von den Römern. Die interessanteste Epoche der Stadt begann im frühen Mittelalter, als Omiš zeitweise zum wichtigsten Stützpunkt der neretvanischen Seeräuber avancierte. Diesen Piraten, die ihren eigentlichen Machtbereich ursprünglich im weiter südlich gelegenen Neretva-Delta (→ Neum, Umgebung) hatten, gelang es sogar, das mächtige Venedig herauszufordern: Eine Zeitlang zahlten die Venezianer den Neretvanern Tribut für die freie Schiffahrt in der Region. Ungefähr ein Jahrhundert lang gehörte die Stadt zum bosnischen Königreich, bis sie 1444 schließlich doch an die große Handelsmacht Venedig fiel, deren Herrschaft bis 1797 währte. Die Stadt war in jener Zeit gut befestigt, und obwohl die Türken lange Zeit das gesamte Hinterland kontrollierten, konnten sie Omiš nicht einnehmen. Nach dem Zweiten Weltkrieg entstanden in und um Omiš mehrere Fabriken.

Freizeit- und Bademöglichkeiten

Durch die Ablagerungen der Cetina kam Omiš zu einem passablen Sandstrand, aber auch in der Umgebung der Stadt gibt es einige Kies- und Sandstrände.

Sehenswertes in Omiš

Stadtbefestigung

Von der einstigen Stadtbefestigung sind noch Teile der Stadtmauer, ein quadratischer Turm und die Ruinen der über 300 m hoch gelegenen Festung Starigrad (Fortica) erhalten. Der Aufstieg zur Festung ist recht anstrengend, lohnt sich aber vor allem wegen der Aussicht auf die Stadt und die schöne mitteldalmatinische Inselwelt.

Altstadt

Die Stadt wird von der langen, verwinkelten Hauptstraße durchquert, die das venezianische Seetor mit dem alten Flußhafen, dem mittelalterlichen Zentrum der Stadt, verbindet. Obwohl Omiš klein ist, finden sich hier einige schöne Bürgerhäuser und Palais aus verschiedenen Stilepochen vom Barock bis zum Jugendstil.

Sv. Mihovil

An der Hauptstraße steht die 1629 erbaute Pfarrkirche St. Michael mit einem bemerkenswerten Portal und – im Innern – zwei Gemälden des Malers Matteo Ingoli aus Ravenna.

Stadtmuseum

Das Stadtmuseum (Kačićeva ulica 5) zeigt ethnographische und archäologische Exponate. Außerdem ist hier eine Sammlung zeitgenössischer bildender Kunst aus Kroatien untergebracht.

Sv. Duh, Sv. Rok

Die kleine Heiliggeistkirche, westlich der Pfarrkirche an derselben Straße, bildet zusammen mit dem städtischen Uhrturm und der Rochuskirche ein hübsches Ensemble. Die Renaissance-Kirche Sveti Duh wurde im 16. Jh. errichtet. Das Altarblatt wird dem venezianischen Maler Palma Giovane zugeschrieben. Gleich neben dem Uhrturm führt ein Weg in den oberen Teil des Städtchens mit der Festung Mirabela.

Prijeko, *Sv. Petar

Am gegenüberliegenden Ufer der Cetina, auch Prijeko genannt, steht die vorromanische, altkroatische Peterskirche. Das kleine einschiffige Gotteshaus aus dem 10. Jh. zählt zu den schönsten Bauwerken dieser Epoche an der dalmatinischen Küste. Die Kirche ist von einer kleinen Kuppel überwölbt und im Gegensatz zu anderen Bauwerken aus dieser Zeit an der Außenseite prägnant gegliedert.

Omiš, Prijeko, Sv. Petar (Fortsetzung)

Umgebung
*Cetina-Schlucht

Ein beliebtes Ausflugsziel von Omiš aus ist die wildromantische Cetina-Schlucht mit den Wasserfällen Velika und Mala Gubavica. Zur Stärkung vor oder nach einer Wanderung lädt das Gasthaus im Ausflugsort Radmanove mlinice (Radmans Mühlen) ein.

Mosor-Gebirge

Geeignet ist Omiš auch als Ausgangspunkt für Touren in das karstige Mosor-Gebirge, das im Ljuti Kamen immerhin eine Höhe von 1340 m erreicht.

Opatija C/D 5/6

Kroatien, Gespanschaft Primorsko-Goranska/Rijeka
Höhe: 5 m ü. d. M.
Einwohnerzahl: 10 000

*Lage und Allgemeines

Opatija ist die 'Grande Dame' der Seebäder an Kroatiens Küste, vergleichbar nur mit Nizza oder Monte Carlo an der französischen Riviera. Wie Perlen reihen sich die Nobelherbergen aneinander, umgeben vom üppigen Grün der Parks und Gärten, die mit ihrer exotischen Pflanzenpracht Farbtupfer setzen. Mit dem Učka-Gebirge im Rücken, das so manche witterungsbedingten Unbilden von der Stadt fernhält, herrscht in Opatija auch dann noch ein mildes Klima, wenn anderswo schon längst der Winter hereingebrochen ist.

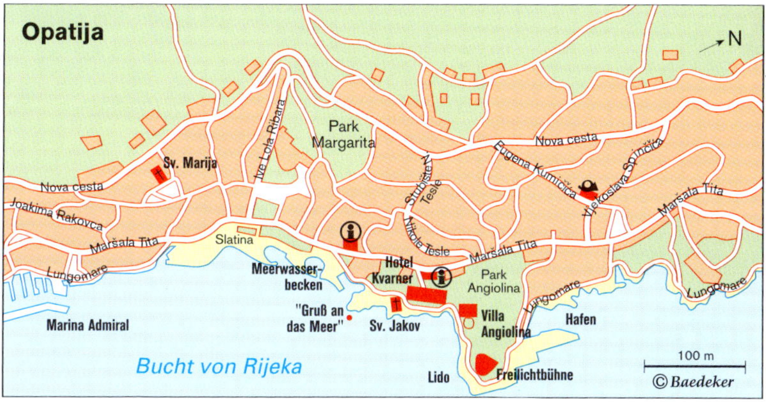

Das bekannte Seebad liegt nur 10 km von der Großstadt Rijeka entfernt, ohne daß die Stadtgrenzen so genau auszumachen wären. Über die Frage, ob Opatija noch zu Istrien gehört, mag man sich streiten. Wer auf eine Landkarte schaut, wird feststellen, daß Opatija am nordöstlichen Ende der Halbinsel, auf jeden Fall noch auf der Halbinsel liegt. Historisch und politisch gesehen waren indes die Bindungen nach Rijeka stets stärker. Deswegen wohl gehört die Stadt heute auch zur Gespanschaft Rijeka.

*Seebad mit Tradition

"Die letzten Tage der Menschheit" schienen noch fern zu sein, da genoß der europäische Hochadel das Leben in Abbazia, wie Opatija früher hieß, noch ungestört in Saus und Braus. Hohe Offiziere der Armee verbrachten den Frühling in ihren prunkvollen Villen, Lebemänner hielten, in Galoschen promenierend, nach Damen mit und ohne Hündchen Ausschau, Künstler

Seebad mit Tradition (Fortsetzung)

und Schriftsteller philosophierten in den Kaffeehäusern nahe der Strandpromenade. Nach dem Untergang der Donaumonarchie verblaßte indes auch der Glanz des mondänen Seebads an der Adria. Doch mag der Charme von einst inzwischen verblichen sein, das gewisse Flair, das Opatija stets auszeichnete, ist noch nicht verlorengegangen. Die gepflegten Parkanlagen verströmen Kur- und Seebadatmosphäre, die Geschäfte sind teurer und eine Spur eleganter als anderswo, und noch immer macht der spielerische Reichtum mancher Hotelfassaden schwindlig.

Freizeit- und Bademöglichkeiten

Man kann in Opatija zwar baden und schwimmen, doch das Wasser ist nicht das sauberste und der Platz für Strände begrenzt – kurzum, es gibt in der Kvarner Bucht schönere Bademöglichkeiten als an den Stränden von Opatija. Neben mehreren kleinen Badeanstalten findet man im Zentrum, beim Park Angiolina, einen etwa 300 m langen aufgeschütteten Sandstrand mit Umkleidekabinen, Duschen, einem Platz für Ballspiele und einem Restaurant. Alle Hotels am Meer haben für ihre Gäste betonierte Liegeflächen, von denen man über eine Leiter ins Meer steigt. Das Angebot zu sportlicher Betätigung reicht in Opatija von Tret- und Motorbootfahren über Segeln und Surfen, Wasserskifahren und Tauchen bis zu Drachenfliegen und Tennis.

Geschichte

Opatija heißt Abtei: Tatsächlich waren es Benediktinermönche, die der Stadt ihren Namen gaben. Erstmals erwähnt wurde die Abtei, die sich an der Stelle der heutigen Jakobskirche befand, 1453, doch erst nach der französischen Besetzung unter Napoleon (1809–1813) entstand um das Kloster eine kleine Siedlung. Der erste, der die Reize des Ortes entdeckte, war der reiche Großhändler Iginio Scarpa aus der nahegelegenen Hafenstadt Rijeka. Er erbaute die nach seiner Frau benannte Villa Angiolina. Als die Gattin des österreichischen Ex-Kaisers Ferdinand, Maria Anna, 1860 einen verschwiegenen Platz für die ihr ärztlich verordneten Meerwasserbäder suchte, stellte ihr der Kaufmann seinen Besitz zur Verfügung. Dieser Kuraufenthalt, so wird in Opatija noch heute erzählt, war der Anfang des Tourismus in der Stadt. Die Zeitungen berichteten darüber, der europäische Hochadel begann sich für den bis dato unbekannten Ort zu interessieren. Schließlich bescheinigten auch noch Wiener Gelehrte dem Seebad ein heilsames Klima.

Opatijas Blütezeit begann freilich erst 1873, nachdem die Wiener Südbahn ihre Strecke von der Donaumetropole nach Triest um die Nebenlinie nach Rijeka (ital. Fiume) erweitert hatte. In den Jahren danach wurden die ersten Nobelhotels wie das Kvarner (früher Quarnero), das Bellevue oder das Imperial erbaut und Parks, Promenaden sowie ein Hafen angelegt. Die Architektur Opatijas ist bis heute geprägt von den typischen Stilmerkmalen der österreichischen Baukunst um die Jahrhundertwende. 1885 machte ein internationaler Ärztekongreß Werbung für Opatija, indem er die therapeutische Wirkung des Klimas bestätigte, vier Jahre später wurde das Seebad von der Landesregierung offiziell zum Kurort geadelt. Der europäische Adel gab sich in dem mondänen Städtchen ein Stelldichein. 1894 traf sich hier Kaiser Franz Joseph mit Kaiser Wilhelm II., aber auch Literaten, Künstler und Komponisten wie Anton Tschechow, James Joyce, Franz Lehár, Giacomo Puccini und Gustav Mahler sowie die Tänzerin Isidora Duncan gehörten zu den Gästen. Der Erste Weltkrieg bereitete dem Aufschwung des Seebades ein jähes Ende – fürs erste jedenfalls.

Während des Zweiten Weltkriegs dienten die Hotels größtenteils als Lazarette für Soldaten der deutschen Wehrmacht. Ein 1957 gegründeter Kurbetrieb für Thalassotherapie (Erkrankungen der Atemwege, Rheuma, Behandlung nach Herzinfarkten) knüpfte an die alte Tradition Opatijas an. Inzwischen lockt ein breites Angebot an Freizeitaktivitäten ganz neue Gäste in die Stadt. Auch den jungen kroatischen Geldadel zieht es heute nach Opatija: In dem traditionsreichen Seebad zu heiraten, gilt zum Beispiel als besonders schick.

◂ *Blick von der Küstenstraße auf Opatija*

Umgeben von einem der schönsten Parks an der östlichen Adria – die Villa Angiolina in Opatija

Nachtleben

Wer im Urlaub Wert auf ein ausgedehntes Nachtleben legt, ist in Opatija gut aufgehoben: An der M. Tita ulica reihen sich Cafés und Bars, viele Hotels, vor allem natürlich die großen, sind mit Nachtclubs, Diskotheken und Tanzterrassen auf lange Nächte eingestellt. Spielcasinos gibt es in den Hotels Adriatic und Belvedere.

Sehenswertes in Opatija

M. Tita ulica – der Corso

Die Hauptachse des langgestreckten Städtchens ist die M. Tita ulica, an der die großen Hotels, zahlreiche Geschäfte, Cafés und ebenso viele Reisebüros zu finden sind. Das Zentrum von Opatija – sofern man überhaupt von einem solchen sprechen kann – liegt zwischen dem Gortana trg mit dem Busbahnhof und dem herrlichen Park Angiolina.

Villa Angiolina, *Park

Die Villa Angiolina, 1844 im klassizistischen Stil von einem schwerreichen Kaufmann aus dem nahen Rijeka erbaut, markiert den Beginn des Fremdenverkehrs in Opatija, und lange Zeit hatte hier auch das Fremdenverkehrsamt von Opatija seinen Sitz. In den 70er Jahren des vergangenen Jahrhunderts kaufte sie Graf Chorinsom, später die Wiener Südbahn, die auch sonst viel in dem Seebad investierte. Rund um die Villa wurde ein Park angelegt, den man alsbald in einen Botanischen Garten umwandelte. Besucher, die in der Villa logierten, brachten aus aller Welt exotische Pflanzen mit. Zu den Besonderheiten des Parks gehören Agaven, Akazien, Bambus, Kameliensträucher, Magnolien, Palmen, Zedern, Zitronenbäume und ein riesiger kalifornischer Mammutbaum.

*Hotel Kvarner

Vom Park aus sieht man auf die prächtige Seeseite des Hotel Kvarner, das als besonders anschauliches Beispiel für den gehobenen Tourismus in der Spätzeit der k.u.k.- Monarchie gelten mag. Diese erste große Nobelherberge wurde in den 80er Jahren des 19. Jahrhunderts erbaut. Im Inneren des Hotels erinnern Stuck, Marmor und auch Kristallüster an die verschwenderische Lust jener Jahre.

Hotel Kvarner (Fortsetzung)

Die Jakobskirche westlich des Hotels Kvarner wurde an der Stelle der alten Benediktinerabtei errichtet und ist somit die Keimzelle von Opatija. Die heutige Kirche entstand 1937 als Umbau eines älteren Gotteshauses von 1793. Teile einer noch älteren Kirche aus dem 16. Jh. wurden eingefügt. Neben der Kirche erinnert eine Madonnenstatue an einen hier im Meer ertrunkenen österreichischen Grafen.

Sv. Jakov

Einer anderen Statue sollte man ebenfalls Beachtung schenken, der 1956 von Zvonko Car geschaffenen bronzenen Nymphe auf den Uferfelsen der Portić-Bucht, die eine Möwe füttert. Dieser "Gruß ans Meer", wie die Statue genannt wird, ist zu einem Wahrzeichen des Seebads geworden.

"Gruß an das Meer"

Besonders reizvoll ist ein Spaziergang an der insgesamt 12 Kilometer langen Uferpromenade Lungomare, die von Lovran (siehe bei Riviera von Opatija) bis Volosko verläuft.

Lungomare

Umgebung, Volosko

Das einstige Fischerdorf, knapp 2 km nördlich vom Zentrum Opatijas entfernt, wird heute kaum noch als eigenständige Gemeinde wahrgenommen. Es ist mit dem bekannten Seebad längst zusammengewachsen und gehört inzwischen auch administrativ zur Stadt Opatija. Früher war Volosko der Hafen von Kastav (→ Rijeka, Umgebung). Der alte malerische Ortskern bildet ein Halbrund um das Hafenbecken. Etwas zurückversetzt vom Ufer steht die im Jahr 1708 erbaute barocke Pfarrkirche mit zwei Türmchen. Vor allem entlang der kleinen Küstenstraße nach Rijeka gibt es noch einige Häuser von einstigen Reedern und Schiffskapitänen im Stil des späten Barock und des Klassizismus – aus einer Zeit also, in der der Aufschwung des benachbarten Seebads Opatija noch nicht eingesetzt hatte.

Exotische Pflanzenwelt im Park Angiolina

Hotel "Mozart" an der M. Tita ulica

Riviera von Opatija

Allgemeines und *Landschaftsbild

Einer der schönsten Küstenabschnitte Istriens ist die sogenannte Riviera von Opatija zwischen dem berühmten Seebad im Norden und Mošćenička Draga im Süden. Sowohl in den Badeorten selbst als auch in den vielen Buchten zwischen den Siedlungen gibt es Fels- und Kiesstrände, an denen man herrlich baden und verschiedenen Wassersportarten nachgehen kann. Dem Učka-Massiv, das hier wie ein Sperriegel die Orte an der Kvarner Bucht vom Inneren Istriens abschirmt, verdankt die Region ihr außergewöhnlich mildes Klima. Es gibt keine starken Winde, und im Schutz der Berge gedeihen sogar subtropische Pflanzen.

Ičići, Ika

Die Grenze zwischen Opatija und den beiden unmittelbar südlich anschließenden Ortschaften Ičići und Ika ist heute nicht mehr auszumachen. Früher waren Ičići und Ika Fischerdörfer, heute werden sie wegen ihrer schönen Kiesbuchten als Badeplätze sehr geschätzt. Ičići gewann durch seinen ACI-Hafen zusätzlich an touristischer Attraktivität.

Lovran

*Ortsbild

Nicht ganz so mondän und nicht ganz so bekannt wie Opatija ist Lovran (3500 Einw.). Nur 6 km Küstenstraße und die beiden Dörfer Ičići und Ilka trennen die beiden Seebäder. Lovran eignet sich nicht nur für den Badeurlaub, sondern auch als Ausgangspunkt für Wanderungen im Učka-Massiv. Bei einem Spaziergang durch Lovran kann man noch viele schmucke Villen und noble Hotels aus der Gründerzeit entdecken.

Geschichte

Ihren Namen verdankt die Stadt den vielen Lorbeersträuchern, die hier neben anderen mediterranen Pflanzen bestens gedeihen: Als Lovran im 7. Jh. erstmals erwähnt wird, heißt es Lauriana, was sich von der lateinischen Bezeichnung für Lorbeer, laurus, herleitet. Zwischen dem 9. und 11. Jh. gehörte der Ort zum kroatischen Königreich. Weitere Herren von Lovran waren die Patriarchen von Aquileja und die Grafen von Pazin. Ebenso wie diese inneristrische Stadt kam auch Lovran im 14. Jh. unter habsburgische Herrschaft. Im 16. und 17. Jh. wurde die Stadt zweimal während der schweren Kämpfe zwischen den Uskoken und den Venezianern zerstört. Im Sog von Opatija entwickelte sich auch in Lovran Ende des vergangenen Jahrhunderts der Tourismus rasch und bereits vor dem Ersten Weltkrieg gab es in Lovran zahlreiche Hotels und Pensionen, zwei Badeanstalten und ein Theater.

Sehenswertes

Das alte Zentrum von Lovran liegt oberhalb der Durchgangsstraße, die am Meer verläuft. Der neuere Teil der Stadt breitet sich am Fuße des Gorica-Berges aus.

Sv. Juraj

Den Mittelpunkt der unspektakulären, aber dennoch hübschen Altstadt bildet der Hauptplatz mit barocken Bürgerhäusern und der Pfarrkirche St. Georg aus dem 14. Jahrhundert. Die im 17. und 18. Jh. mehrmals erweiterte und umgebaute Kirche besitzt ein spätgotisches, mit sehenswerten Fresken ausgemaltes Netzgewölbe. Die gut erhaltenen Deckenbilder mit Szenen aus dem Leben und der Passion Christi wurden in der zweiten Hälfte des 15. Jh.s von einem unbekannten Meister geschaffen. Etwas abseits der Kirche, aber ebenfalls am Hauptplatz, steht der romanische Glokkenturm aus dem 12. Jahrhundert.

Romanische Kapelle

Das älteste Gotteshaus Lovrans ist die romanische Kapelle am Hafen. Aus spätgotischer Zeit stammen das Portal mit Flechtwerkornamenten und die Wandmalereien im Innern. Auch eine Grabplatte mit glagolitischer Inschrift aus dem Jahr 1595 blieb erhalten.

Umgebung, Dobreć

In dem kleinen Dorf Dobreć oberhalb von Lovran wird im späten Herbst etwa zwei Wochen lang das Maronenfest 'Marunada' gefeiert. Die Konditoren und Köche der Gegend demonstrieren dann, was man mit den schmackhaften Edelkastanien alles zubereiten kann.

Umgebung, Dobreć (Forts.)

Veprinac

8 km nördlich von Lovran, über Ičići zu erreichen, liegt auf einer Höhe von 519 m der Ort Veprinac. Im älteren Teil sind noch ein mittelalterliches Kastell, ein Stadttor und das alte Rathaus, außerdem Teile der Stadtmauer erhalten. Die städtische Loggia liegt vor dem Stadttor; ihr gegenüber die gotische, später barockisierte Anna-Kapelle (Sveta Ana). Am höchsten Punkt des Ortes steht die Pfarrkirche St. Markus (Sveti Marko), ebenfalls ein später barockisiertes mittelalterliches Bauwerk. Sehenswert im Innern ist das geschnitzte Chorgestühl.

*Učka-Gebirge

Hinter Lovran und Opatija steigt das Učka-Massiv an, der östlichste Teil der Ćićarija-Bergkette, die den gesamten Nordosten Istriens bis nach Slowenien hinein vom Binnenland abriegelt. Von Lovran, aber auch von Opatija oder Mošćenička Draga aus kann man, sofern man gut zu Fuß ist, den höchsten Gipfel des Učka-Massivs, Vojak (1401 m), besteigen. Die Wande-

Brseč, ein malerisches Dorf oberhalb der steilen Küste südlich von Opatija

rung dauert ungefähr 5 Stunden. Es geht aber auch schneller: Wenn man bei Ičići von der Küstenstraße abzweigt, gelangt man auf der alten, serpentinenreichen Straße in Richtung Pazin über Veprinac (s. o.) zum Poklon-Paß (959 m). Von hier aus läßt sich der Gipfel mit dem Aussichtsturm in 1 1/2 Stunden erreichen. An schönen Tagen ist die Aussicht schlicht grandios: Die ganze Kvarner Bucht samt den Inseln Cres, Lošinj, Krk und Rab liegt dem Wanderer zu Füßen. Wenn es nicht zu diesig ist, kann man sogar den Golf von Triest, die Julischen Alpen (Slowenien) und das Velebit-Massiv sehen, das sich von Senj bis auf die Höhe von Zadar erstreckt.

Učka-Tunnel

Wer von Rijeka, Opatija oder Lovran aus möglichst rasch an die istrische Westküste oder ins Innere der Halbinsel fahren möchte, sollte dem Učka-Tunnel gegenüber der gemächlichen Fahrt über Paßstraßen den Vorzug

Opatija (Forts.), Učka-Tunnel

geben. Die Osteinfahrt in den Tunnel liegt nur wenige Kilometer nordwestlich von Lovran. Der 5 km lange Tunnel ist mautpflichtig.

*Medveja

Die Opatija-Riviera setzt sich südlich von Lovran mit einigen beliebten Badeorten fort. Medveja, 2 km südlich von Lovran, besitzt einen vielbesuchten Campingplatz und einen Kiesstrand, der mittlerweile auch nicht mehr als Geheimtip zu bezeichnen ist. In Medveja gibt es außerdem eine Tauchschule. Zum Baden und Sonnen weitaus ruhiger sind die benachbarten kleinen Buchten, die man meist nur über steile Fußwege von der Küstenstraße oder vom Boot aus erreicht. Die wenigen Parkplätze an der Straße sind in der Hochsaison schnell belegt.

Mošćenička Draga

Noch einmal 4 km weiter liegt Mošćenička Draga, wie Medveja ebenfalls ein ehemaliges Fischerdorf. Der lange Kiesstrand ist im Sommer meistens überlaufen.

Mošćenice

Oberhalb von Mošćenička Draga liegt überaus malerisch auf einer Hügelkuppe das Städtchen Mošćenice. Stadttor und Loggia des befestigten mittelalterlichen Ortes stammen aus dem 17. Jahrhundert. Die dicken Außenmauern der dicht zusammengedrängten Häuser zeugen von der Notwendigkeit in früheren Zeiten, Feinde abzuhalten. Im Museum, gleich am Ortseingang, kann man eine alte Olivenpresse besichtigen.

Brseč

Das hübsche, 8 km südlich von Mošćenice auf einem Plateau thronende Städtchen bietet von der Küstenstraße aus einen pittoresken Anblick. Andererseits ist auch der Blick von Brseč auf die Küste nicht zu verachten. Ein Wanderweg führt von dem mittelalterlichen Ort hinauf zum 883 m hohen Sisol, dem südlichsten Berg des Učka-Massivs.

Brestova

15 km südlich von Mošćenice liegt der kleine Hafen Brestova. Von hier aus gibt es die kürzeste Fährverbindung zwischen dem Festland und → Cres.

Pag (Insel) — G – K 8 – 11

Kroatien, Gespanschaft Lika – Senj
Höhe: 0 – 349 m ü. d. M.
Einwohnerzahl: 8000

Lage und Allgemeines

Pag ist mit Cres und Hvar eine der längsten Adriainseln: Von Nordwesten nach Südosten erstreckt sie sich auf einer Länge von 63 km. Der Velebit-Kanal trennt das lange, aber schmale Eiland – im Norden ist sie zum Teil nur 1,5, im Süden bis zu 10 km breit – vom Festland. Die enorme Küstenlänge von 250 km verdankt die 284 km² große Insel ihren zahlreichen, zum Teil tief einschneidenden Buchten.
Die Insel Pag ist gewiß nicht jedermanns Geschmack, denn sie ist karg und kahl wie kaum eine andere der großen Adriainseln. Wer mit der Fähre von Prizna nach Žigljen, das lediglich aus ein paar Buden und einem großen Parkplatz für wartende Fahrzeuge besteht, übergesetzt hat, glaubt, auf dem Mond gelandet zu sein: Geröllhalden und kahle Felsen, von Sonne und Wind ausgebleicht – das ist der erste Eindruck von Pag. Wegen der starken Bora ist die dem Festland zugewandte Seite der Insel beinahe ohne jede Vegetation. Auffällig sind die unzähligen, mühsam aufgeschichteten Steinmauern, die den Schafen Schutz vor der Bora gewähren. Fährt man mit dem Auto oder Bus weiter in Richtung Novalja, verändert sich die Landschaft zunächst nur unwesentlich. Im Südwesten zeigt sich die Insel dann doch etwas anders; hier gedeihen zumindest halbhohe Macchia, Olivenhaine, Gemüsefelder und jede Menge Salbei. Lieblicher ist hier auch die Küste, die an der Festlandseite steil abfällt, im Westen und Süden dagegen flacher ist und auch einige Strände und kleinere Häfen aufweist. Die Tierwelt ist so bizarr wie die Landschaft: Neben Ei-

Lage und Allgemeines (Fortsetzung)

dechsen gibt es viele Schlangen – die meisten davon sind nicht giftig –, Skorpione und Spinnen, darunter auch die nicht ganz ungefährliche Kreuzspinne. Die Schafzucht spielt eine herausragende Rolle im Wirtschaftsleben der Bewohner.
Aus der Schafsmilch wird der bekannte Paški sir hergestellt, ein kräftiger Hartkäse, der in Konsistenz und Farbe dem Parmesan ähnelt. Berühmt ist Pag auch für seine kunstvoll geklöppelten Spitzen, die heute meist nur noch von älteren Frauen hergestellt werden.

Anreise

Wer von Norden kommt, erreicht die Insel am schnellsten mit der Fähre (eine halbe Stunde Überfahrt) von der Anlegestelle Prizna aus, etwa 14 km nördlich von Karlobag. Etwa 30 km nördlich von Zadar verbindet eine Brücke, die 1991 durch die Luftangriffe der Jugoslawischen Volksarmee leichte Beschädigungen erlitt, die Insel mit dem Festland.

Freizeit- und Bademöglichkeiten

Die Bademöglichkeiten auf Pag beschränken sich weitgehend auf die Westküste. Einzige Ausnahme ist die von kahlen Höhenzügen umgebene Bucht der Stadt Pag. Nahe Caska gibt es einen großen und schönen Kiesstrand; gleich dahinter liegt eines der wenigen Wäldchen der Insel. In der Nähe des Ortes Kolan, knapp 10 km südöstlich von Novalja, befindet sich ein flacher Sandstrand, der auf einem holprigen Karrenweg zu erreichen ist. Das Wasser ist hier seicht und somit auch für kleine Kinder gut geeignet. Betonierte Liegeflächen oder felsige Küstenabschnitte gibt es in Mandre, Košljun und Miškovići. Skipper finden im ACI-Hafen von Šimuni (Westküste) alle nötigen Einrichtungen.

Geschichte

Pag war bereits in vorgeschichtlicher Zeit besiedelt. Die Römer unterwarfen die auf der Insel ansässigen illyrischen Einwohner um die Mitte des ersten vorchristlichen Jahrhunderts. Was von der römischen Epoche blieb, ist nicht nur der Name (lat. pagus = Dorf), sondern auch Überreste römischer Siedlungen und Befestigungsanlagen in der Umgebung von Caska, in Kolan und nahe Novalja. Während der Völkerwanderungszeit besiedelten Slawen und Awaren die Insel. Da Byzanz offensichtlich kein Interesse an Pag zeigte, blieb die Insel im Mittelalter die meiste Zeit kroatisch. Im 11. Jh. teilte der kroatische König Petar Krešimir IV. sie in zwei Bistümer, Rab und Zadar, und verursachte damit einen jahrhundertelangen Streit darüber, welchem Bischof die Insel nun eigentlich unterstellt sei. Wegen der Salzgewinnung auf Pag versuchten immer wieder fremde Herren, die Insel unter ihre Herrschaft zu bringen. Unter den Habsburgern, die 1797 die Venezianer (seit 1409) ablösten, erlebte Pag einen wirtschaftlichen und kulturellen Aufschwung, u. a. wurde die Salzgewinnung erheblich ausgeweitet. Im April 1941 besetzte das faschistische Italien die Insel, die seit 1918 zum Königreich der Serben, Slowenen und Kroaten gehört hatte. In der Bucht Slano nahe der Stadt Pag wurde ein Konzentrationslager eingerichtet, in dem Tausende von Juden, Serben, Kroaten und andere ihr Leben verloren. Auf die italienische Besatzung folgte nach der Kapitulation Roms die deutsche Besatzung. Am 5. April 1945 wurde Pag befreit.

Pag (Stadt)

Allgemeines und *Ortsbild

Die kleine Inselhauptstadt (2300 Einw.) liegt in einer der Festlandsküste zugewandten, geschützten Bucht, in der früher auch Salz gewonnen wurde. Die Stadt erhielt 1244 den Status einer autonomen Kommune. Nach Plänen von Juraj Dalmatinac (→ Berühmte Persönlichkeiten), dem berühmtesten dalmatinischen Baumeister der Renaissance, entstand ab 1443 die neue, geometrisch angelegte Stadt Pag, die ihr ursprüngliches Ortsbild weitgehend bewahren konnte.

Marktplatz, Pfarrkirche Sv. Marija

Im Schnittpunkt der beiden sich rechtwinklig kreuzenden Hauptachsen, die die Stadt in vier Quartiere aufteilen, befindet sich der große gepflasterte Marktplatz mit dem Denkmal des Baumeisters und Künstlers Dalmatinac

Marktplatz, Pfarrkirche Sv. Marija (Fortsetzung)

und der 1443–1488 entstandenen Pfarrkirche Sveta Marija (St. Maria). Die dreischiffige Basilika weist sowohl Stilmerkmale der Gotik als auch der Renaissance auf. Ihre Eingangsseite ist ein bekanntes Postkartenmotiv: Über dem spitzbogigen Portal schmückt die Fassade ein schönes Relief der Muttergottes; Aufmerksamkeit verdient aber vor allem die reich verzierte, spätgotische Fensterrose, die von zwei Figuren (Erzengel Gabriel und Maria) flankiert wird.

Rektorenpalast

Der Rektorenpalast (Knežev dvor) steht ebenfalls am Hauptplatz. Auch er wurde in der zweiten Hälfte des 15. Jh.s erbaut. Sein Portal an der Großen Straße (Vela ulica) ist wahrscheinlich ein Werk von Juraj Dalmatinac (→ Berühmte Persönlichkeiten). Zu diesem Gebäude gehörte der benachbarte Wehrturm, der früher als Gefängnis genutzt wurde.

Bischofspalast

Unvollendet blieb das Bischofspalais neben dem Rektorenpalast. Der Baumeister war wiederum Juraj Dalmatinac.

Schmuckstück des Städtchens Pag – die Pfarrkirche Sv. Marija

Sv. Margarita, Benediktinerkloster

Einen Besuch verdient auch die Margaretenkirche (Sveta Margarita) aus dem 15. Jh. im Westen des kleinen Städtchens. Die dreischiffige Basilika hat den Grundriß eines lateinischen Kreuzes, das Hauptschiff schließt mit einer viereckigen Apsis. Neben der Kirche befindet sich ein Benediktinerkloster. Das Klostermuseum beherbergt einige sehenswerte Stücke, darunter Gemälde des Venezianers Baldassare d'Anno (1560 – 1639).

Salinen

Die Salzgärten südöstlich der Stadt sind in einer Lagune angelegt, die kilometerweit ins Land hineinragt. Hier kann man bei niederem Wasser die Ruinen der versunkenen Römersiedlung 'pagus' erkennen.

Velo blato

Ein Naturidyll etwa 15 km südöstlich von Pag ist der fischreiche, von einem Schilfgürtel umgebene Süßwassersee Velo blato. Im Winter ist er 5 km lang, im Sommer schrumpft er auf 1 km.

Weitere Orte auf Pag

Novalja, etwa 25 km nördlich von Pag gelegen, ist der zweitgrößte Ort der Insel (2000 Einw.). In der Nähe gibt es Grabhügel aus der Eisenzeit. Die Bewohner des malerischen Hafenorts haben sich ganz dem Tourismus verschrieben. Bei Familien mit Kindern ist der flach abfallende Kiesstrand in der Badebucht von Novalja besonders beliebt. Im Stadtzentrum erhebt sich die Muttergotteskirche (Majka Bozja) aus dem 17. Jh., die auf den Grundmauern zweier Vorgängerbauten, wahrscheinlich einer frühchristlichen und einer mittelalterlichen Kirche, errichtet wurde. Im Städtischen Museum werden Exponate gezeigt, die über die Geschichte des Städtchens und seiner Bewohner informieren.

Novalja

Das 2 km östlich von Novalja gelegene Caska hat heute nur noch wenig Einwohner. Früher war der Ort an der Pager Bucht (Paski zaliv) der wichtigste und größte der Insel. Hier befand sich vermutlich die römische Festung Kissa oder Cissa, nach der später der byzantinische Kaiser Konstantin Porphyrogenetus die ganze Insel benannte. Die meisten Ruinen aus römischer Zeit liegen heute allerdings unter dem Meeresspiegel. Auf einem kleinen Hügel stehen noch die Reste der romanischen Georgskirche (Sveti Juraj) aus dem 11. Jahrhundert.

Caska

In Lun, einem kleinen Ort an der äußersten Spitze von Pag (20 km nordwestlich von Novalja), haben vor allem die jahrhundertealten Olivenbäume, die auf nackten Steinen gedeihen, einige Berühmtheit erlangt. Von hier aus kann man die Nachbarinsel Rab gut sehen.

Lun

Paklenica (Nationalpark) — I/K 12/13

Kroatien, Gespanschaft Zadar-Knin
Fläche: 36,5 km²

Zwei tiefe Schluchten, Velika (Große) Paklenica und Mala (Kleine) Paklenica genannt, die sich nahe dem Meer in das Gebirgsmassiv des Velebit eingeschnitten haben, bilden das Herzstück dieses Nationalparks. Der Paklenica ist Teil des Velebit-Gebirges, das nördlich von Starigrad-Paklenica im Vaganski vrh eine Höhe von 1757 m erreicht. Der 145 km lange und zwischen 10 und 30 km breite Gebirgszug, in vielen kroatischen Volksliedern als Hort der nationalen Freiheit besungen, beginnt etwa auf der Höhe von Senj im Norden und reicht bis hinab nach Knin im Südosten. Im Jahr 1978 wurde der Velebit von der UNESCO im Rahmen des Wissenschaftsprogramms "Der Mensch und seine Biosphären" in das internationale Netz von Biosphäre-Reservaten aufgenommen und zum Naturpark erklärt. Das gesamte Gebiet als Nationalpark auszuweisen, verbot sich aufgrund seiner Größe von knapp 2300 km², und wäre wohl auch bei den Fremdenverkehrsorten an der Küste, die im Einzugsbereich des Velebit liegen, auf wenig Gegenliebe gestoßen. Deshalb wurde nur ein kleiner, landschaftlich aber besonders reizvoller und überdies sehr charakteristischer Teil dieses Gebirges um die beiden Schluchten Mala und Velika Paklenica zum Nationalpark erklärt.
Geologisch gesehen ist der Velebit ein ausgesprochenes Kalksteingebirge mit markanten Karsterscheinungen. Herkömmliche Bachtäler gibt es nicht; nur am Rand, im Küstenbereich finden sich Schluchten, die von Sturzbächen gebildet wurden. Dementsprechend sind auch die Reliefformen: Es dominieren steile, felsige Gipfel. Durch die Versickerung haben sich zahlreiche Höhlen und Grotten gebildet (s. u.).

Allgemeines und
**Landschaftsbild

Der Velebit ist bekannt für seine jähen Wetterumschwünge und seine heftigen Niederschläge. Ausflügler und Wanderer sollten dies bedenken und auch im Sommer für schlechtes Wetter gerüstet sein. Im Winter kann es

Klima

Klima (Fortsetzung)

hier kräftig schneien, hinzu kommen Schneeverwehungen durch die stürmische Bora. Aber auch im Sommer regnet es an den Hängen des Velebit nicht selten ab, weswegen die Küste selbst zumeist verschont bleibt. Vor allem die Gipfel im nördlichen Teil des Gebirgsmassivs sind häufig in Nebel gehüllt.

Zugang zum Nationalpark

Der Zugang zum Nationalpark ist der kleine Ort Starigrad-Paklenica, etwa 50 km südöstlich von → Karlobag an der Küstenmagistrale gelegen.

Zwischen steilen Felswänden windet sich der Fußweg durch die Velika Paklenica.

Flora und Fauna

Die Vegetation im Velebit ist an der Meeresseite mediterran, an der Kontinentalseite dagegen mitteleuropäisch oder sogar alpin. An den Küstenhängen – und damit auch im Gebiet des Paklenica Nationalparks – überwiegen orientalische Hainbuchen, Eichen, Eschen und Rotbuchen. Auf der Seite zur Hochebene Lika hin wachsen vorwiegend Buchen, Tannen und Fichten. Im Süden ist die Vegetation eher karg. Im Velebit sind noch viele Tierarten zu Hause, die sich anderswo in Europa bereits rar gemacht haben: Steinadler, Schlangenadler oder Gänsegeier ebenso wie Wildkatzen, Wölfe und Braunbären. Von Slowenien kommend hat sich auch der Luchs wieder im Velebit verbreitet. In den 70er Jahren wurden in dem Gebirgsmassiv Gemsen ausgesetzt, die ursprünglich einmal hier beheimatet waren.

*Velika Paklenica

Velika Paklenica, die größere der beiden Schluchten, ist 2,5 km lang und verläuft quer zum Velebit-Gebirge. Zugänglich ist die Schlucht über eine befahrbare Straße und einen Wanderweg. Am tiefsten Punkt der engen, von schroffen Felswänden gerahmten Schlucht ragt an der Ostseite der Steilhang Anića-kuk auf. Der 400 m hohe Felsen ist die bekannteste Kletterwand in Kroatien und für alle Alpinisten eine Herausforderung. In den Sommermonaten werden hier Kletterkurse abgehalten, bei denen es nicht nur zahlreiche Teilnehmer, sondern auch viele Zuschauer gibt, die aus nächster Nähe das Geschehen am Fels beobachten. Nach dem Anića-Fels führt die Schlucht etwa 5 km ins Herz des Velebit hinein.

Höhlen

Im Nationalpark gibt es mehrere Karsthöhlen, von denen die Mantia peć die schönste ist. Die Höhle wurde auf eine Länge von 175 m erforscht und besitzt eindrucksvolle, bis zu 20 m hohe Stalagmiten und Stalaktiten sowie unterirdische Hallen, deren größte 65 m lang, 40 m breit und 32 m hoch ist. Sie kann allerdings nur mit einem Führer und nach Anmeldung im Nationalparkamt (in Starigrad-Paklenica) besichtigt werden.

Mala Paklenica

Nicht ganz so gut erschlossen wie Velika Paklenica ist die kleinere Mala Paklenica. Die Wanderwege sind oft nicht ausgeschildert und in einem Zu-

Paklenica, Mala Paklenica (Fortsetzung)

stand, der eine angemessene Wanderausrüstung und Bergsteigererfahrung notwendig macht. Leichter fällt es im Sommer, dieses Gebiet zu erkunden, wenn man das ausgetrocknete Bachbett als Weg benutzen kann – dann ist die Mala Paklenica zumindest für geübte Wanderer zu bewältigen.

Pazin **D 3**

Kroatien, Gespanschaft Istrien
Höhe: 262 m ü. d. M.
Einwohnerzahl: 5500

Lage und Bedeutung

Pazin ist die Hauptstadt von Istrien und liegt im Herzen der Provinz, dort, wo sich die wichtigsten Hauptverkehrsstraßen von Ost nach West und von Nord nach Süd kreuzen. Die meisten Touristen besuchen die Verwaltungskapitale als Tagesausflügler, denn von den Städten an der Küste, sei es Pula, Rovinj oder Rijeka, trennen Pazin jeweils rund 50 km, nach Poreč sind es sogar nur 30 km. Hauptattraktion der eher unscheinbaren Bergstadt ist das gut erhaltene Kastell, eine der eindrucksvollsten Burganlagen Istriens. Im Unterschied zu den venezianisch geprägten Küstenstädten sind in Pazin eher Spuren der deutschen und habsburgischen Vergangenheit auszumachen.

Verkehrsanbindungen

Von der Provinzhauptstadt aus gibt es hervorragende Linienbusverbindungen zu allen wichtigen Orten und Städten der Halbinsel. Pazin liegt außerdem an der Zugstrecke Divača–Pula. Vom Bahnknotenpunkt Divača in Slowenien gibt es wiederum Bahnverbindungen sowohl nach Triest als auch nach Ljubljana.

Wirtschaft

Viele Bewohner des Städtchens finden heute Arbeit in den ortsansässigen Betrieben der Textil- und Kunststoffindustrie. Bereits zu Titos Zeiten wurde die Stadt zu einem wichtigen Verkehrsknotenpunkt ausgebaut. Das lag nahe, denn Pazin ist Handelszentrum des überwiegend agrarischen Umlandes.

Geschichte

Zum ersten Mal urkundlich erwähnt wurde Pazin in einem Schriftstück Kaiser Ottos II. aus dem Jahr 983. Darin wird bestätigt, daß die Festung Pazin (Castrum Pisinum) im Besitz des Bischofs von Poreč sei. Die Festung, später ein Kastell, wurde im 9. Jh. erbaut. Im 12. Jh. gehörte das Kastell dem Fürsten Meinhard Schwarzenburg, dem Gründer der Grafschaft Pazin. In der Folge wechselten Ort und Grafschaft häufig den Besitzer. Im Jahr 1374 fiel Pazin an die Habsburger, die es als Lehen an verschiedene Familien vergaben. Zwischen 1825 und 1861 war das Städtchen Verwaltungskapitale der Halbinsel, danach verlagerte sich das politische Leben nach Poreč, wo der istrische Landtag seinen Sitz hatte. Pazin blieb das kulturelle Zentrum insbesondere der Kroaten. Zwischen 1918 und 1943, als die Provinz Istrien mit Kroatien bzw. Jugoslawien vereinigt wurde, gehörte Pazin wie ganz Istrien zu Italien. Am 6. Mai 1945, unmittelbar vor Ende des Krieges, wurde Pazin befreit. Nach dem Zerfall Jugoslawiens im Jahr 1991 und der Proklamation der unabhängigen Republik Kroatiens gab es neue Ehren für die Stadt: Pazin wurde zum Sitz der istrischen Provinzverwaltung, des Gespans, erklärt. Obwohl Pazin schon im vergangenen Jahrhundert diese Funktion innehatte, war die Entscheidung der neuen kroatischen Regierung umstritten, die inneristrische Kleinstadt dem Hafen Pula vorzuziehen.

Sehenswertes in Pazin

*Kastell

In erhabener Lage, auf einem Felsplateau etwa 100 m oberhalb der Fojba-Schlucht, thront das Kastell von Pazin, das bedeutendste Baudenkmal der Stadt. Die Gründung einer Burg an dieser Stelle geht ins 9. Jh. zurück,

Kastell (Fortsetzung)

seine heutige Gestalt erhielt das Gebäude zwischen dem 13. und 16. Jahrhundert. Nicht nur Dante, den die Schlucht zu seiner Vision des Höllenschlundes angeregt haben soll, auch andere Dichter und Literaten wurden durch den Anblick des Kastells inspiriert: Vladimir Nazor schrieb beispielsweise in "Blutige Tage" darüber und auch Jules Verne soll sich ein literarisches Abbild der Burg geschaffen haben.

*Volkskundemuseum

Das trutzige Kastell besteht aus vier Flügeln, die um einen Innenhof mit Zisterne gruppiert sind. In den alten Räumen wurde mit viel Liebe zum Detail ein Volkskundemuseum eingerichtet. Zu sehen sind darin unter anderem unterschiedliche Trachten, traditionelle Instrumente, Möbel, Handwerksgeräte wie beispielsweise ein Webstuhl oder eine Küferei, Haushaltsgegenstände aus verschiedenen Jahrhunderten sowie eine Sammlung alter Kirchenglocken.

Volkskundemuseum im Kastell von Pazin

Sv. Nikola

Die 1266 erbaute Pfarrkirche St. Nikolaus im Süden der Stadt erhielt 1441 einen spätgotischen polygonalen Chor mit Sternrippengewölbe. Im 18. Jh. wurde die Kirche erweitert (Glockenturm von 1705) und barockisiert. Die bedeutenden gotischen Fresken im Chor stammen von einem unbekannten Meister aus Südtirol.

Sv. Frane

Die Franziskanerkirche mit Kloster wurde in der zweiten Hälfte des 15. Jh.s erbaut. Der spätgotisch gewölbte Chor ist von der gleichen Art wie der in der Nikolauskirche. Außerdem bewahrt die Kirche ein schönes Altarbild von Girolamo da Santacroce (1536).

Umgebung von Pazin

Beram

Beram ist ein kleines Nest 5 km nordwestlich von Pazin. Mitten im Ort, auf der Spitze des Hügels, steht die Pfarrkirche St. Martin (Sveti Martin). Sie wurde, wie eine glagolitische Inschrift bezeugt, 1431 erbaut. Im Chor sind

Beram (Fortsetzung)

Fresken eines unbekannten friaulischen Meisters aus dem 15. Jh. erhalten. Das spätgotische Steinrelief mit der Reiterfigur des heiligen Martin stammt ebenfalls von einem unbekannten Meister.

*Sv. Marija na Škrilinach

Berams Ruhm rührt allerdings woanders her: Etwa 1 km nordöstlich des Ortes, in einem Wäldchen inmitten des Friedhofs, steht die Bruderschaftskirche "St. Maria auf den Steintafeln" aus dem 15. Jahrhundert. Das unscheinbare Kirchlein wurde von Meister Vincent von Kastav und seinen Mitarbeitern mit einem Freskenzyklus ausgemalt, der zusammen mit den Fresken in Hrastovlje (→ Koper, Umgebung) einen Höhepunkt der gotischen Wandmalerei in Istrien markiert. Insgesamt 46 Wandbilder sind erhalten, darunter ein Totentanz an der Stirnwand, Szenen aus dem Marienleben an der Südwand sowie an der Nordwand eine 8 m lange "Anbetung der Heiligen Drei Könige". Die bemalte Holzdecke ist ein hübsches Beispiel für den volkstümlichen Barock des 18. Jahrhunderts.

***Sveti Petar u Šumi**

Der Ort liegt 11 km südwestlich von Pazin, erreichbar über eine kleine schmale Straße, die bei Lusetici von der Straße nach Žminj und Pula abzweigt. Die prächtige und auch nicht eben kleine Pfarrkirche, früher eine Klosterkirche der Paulaner, dürfte wohl jeden Besucher des winzigen und abgelegenen Ortes in Erstaunen versetzen. Kloster und Kirche wurden zwar bereits im 13. Jh. gegründet, seine heutige Gestalt erhielt das Bauwerk im großen und ganzen allerdings im 18. Jh., als man es innen wie außen im Stil des Barock erneuerte. Auch das Chorgestühl, die Kanzel und die Orgel stammen aus dieser Zeit. Da es in Istrien nur wenige vollständig barockisierte Kirchen gibt – man findet sie eher im kroatischen Zagorje, dem Hinterland von Zagreb –, lohnt sich der Besuch von Sv. Petar u Šumi.

Kanfanar

Fährt man von Sveti Petar u Šumi weiter in Richtung Rovinj, so kommt man zunächst in das Dorf Kanfanar (18 km südwestlich von Pazin). In der dortigen vorromanischen Agathenkirche (Sveta Agata), etwas nördlich des Ortes, blieben Wandmalereien erhalten, die noch deutlich den byzantinischen Einfluß erkennen lassen. Sie stammen aus dem 11. und 12. Jh. und sind damit die ältesten Wandgemälde in Istrien.

***Dvigrad**
(Abb. S. 174)

Hinter Kanfanar biegt eine schmale Straße rechts ab in das verlassene Dvigrad (3 km westlich von Kanfanar). Im Mittelalter befanden sich hier, auf einer Hügelkuppe im einsamen Tal, zwei Festungen – daher der Name 'Zweiburg'. Von den Burgen kündet heute noch ein vom Grün der Natur überwucherter, gleichwohl eindrucksvoller Ruinenkomplex aus Mauern, Wehrtürmen und der frühmittelalterlichen Kirche St. Maria von Lokvić (Sveta Marija od Lokvića). In der kleinen romanischen Kirche sind Fresken eines spätgotischen istrischen Künstlers erhalten.

Žminj

Wenige Kilometer nordöstlich von Kanfanar, an der Hauptstraße von Pula nach Pazin, liegt das Städtchen Žminj. Es wurde im Jahr 1943 von den Deutschen bombardiert, dennoch ist noch ein Teil der einstigen mittelalterlichen Befestigungsanlagen erhalten. Neben der barocken Pfarrkirche St. Michael (Sveti Mihovil) steht die kleine einschiffige Dreifaltigkeitskapelle (Sveto Trojstvo). Das gotische Bauwerk beherbergt einige schöne Fresken.

'kažuni'

Rund um Žminj sind noch etliche der 'kažuni' genannten runden Steinhäuser zu sehen, in denen früher landwirtschaftliche Geräte, Korn und anderes gelagert wurden.

Lindar

Östlich von Pazin, an der Straße nach Labin, finden sich ebenfalls einige wenig bekannte kunsthistorische Juwelen. Nur 4 km von Pazin entfernt ist Lindar, einer der vielen Orte in Istrien, der sich noch ganz und gar den Charakter eines mittelalterlichen Städtchens bewahrt hat. Aus dieser Zeit sind noch Wehrmauern, die gotische Katharinenkirche (Sveta Katarina) und etliche niedrige Wohnhäuser erhalten. Die städtische Loggia stammt aus dem 17. Jahrhundert.

Ruinenromantik im istrischen Binnenland – die verlassene Burgstadt Dvigrad beeindruckt auch heute noch.

Pazin, Umgebung (Fortsetzung)
Gračišće

Auf einem Bergrücken 8 km östlich von Pazin liegt das Dorf Gračišće. Auch hier sind noch Stadtmauern, ein Stadttor und ein Wehrturm erhalten. Auf dem Hauptplatz stehen mehrere repräsentative Gebäude, darunter das Palais Salamun, ein typisches Beispiel für die venezianische Gotik, sowie eine Bischofskapelle, ebenfalls im gotischen Stil.

***Pićan**

Rund 12 km östlich von Pazin befindet sich das überaus malerische Städtchen Pićan, das heute kaum noch 300 Einwohner hat. Von der einstigen Bedeutung der Stadt als Bischofssitz zeugt die mächtige, barocke Pfarrkirche Mariä Verkündigung (Navještenje Blažene Djevice Marije), die im 18. Jh. an der Stelle einer früheren Kirche erbaut wurde. Der freistehende, 48 m hohe Glockenturm zählt zu den höchsten Istriens. Etwas außerhalb, auf dem Friedhof, steht die kleine romanische Kirche St. Michael (Sveti Mihovil), in der schöne Wandbilder aus dem 15. Jh. erhalten sind.

Pelješac (Halbinsel) R – T 22 – 25

Kroatien, Gespanschaft Dubrovnik-Neretva
Höhe: 0 – 961 m ü. d. M.
Bewohnerzahl: 8000

Allgemeines und Landschaftsbild

Rund 50 km nördlich von Dubrovnik ragt eine knapp 70 km lange, schmale Halbinsel ins Meer – Pelješac. Die Verbindung zum Festland bildet die schmale Landzunge, die seit dem 14. Jh. von der Festung Ston bewacht wird. Mit einer Fläche von rund 350 km^2 ist Pelješac nach Istrien die zweitgrößte Halbinsel Kroatiens. Hohe, mit Macchia bedeckte Gebirgszüge rahmen die fruchtbaren und geradezu lieblichen Täler auf der Insel ein, in denen Oliven, Feigen, Zitrusfrüchte und Weinreben gedeihen. Fischfang und

Muschelzucht sind auch heute noch wichtige Erwerbsquellen für die Bewohner. Die Dörfer in diesen Tälern wirken abgeschieden wie sonst nur Orte im hintersten Hinterland. An der dem Festland zugewandten Seite fühlt man sich streckenweise eher an Norwegen denn an die südliche Adria erinnert, wohingegen die Südküste der Halbinsel ein ausgesprochen mediterranes Gepräge zeigt. Eine Fahrt über die Insel, zum Beispiel um nach Korčula überzusetzen, ist aufgrund der schmalen, kurvenreichen Straßen zwar zeitraubend und anstrengend, lohnt aber wegen der herrlichen Ausblicke über die eindrucksvolle, bergige Insellandschaft.

Allgemeines und Landschaftsbild (Fortsetzung)

Anreise

Über Ston ist Pelješac auf dem Landweg zu erreichen. Zwischen Trpanj und Ploče verkehren regelmäßig Autofähren.

Freizeit- und Bademöglichkeiten

Auf Pelješac kann man zwar an verschiedenen Stellen baden und Wassersport treiben, doch die Möglichkeiten sind vergleichsweise bescheiden. Der schönste, allerdings zu Hochsaisonzeiten auch vielbesuchte Badeplatz der Halbinsel ist der Stadtstrand von Orebić (Trstenica), ein 1,5 km langer Sandstreifen unterhalb eines Pinienwaldes. Bei Trpanj ist das Baden durch den Fährverkehr beeinträchtigt. Sand- und Kiesbuchten gibt es bei Trstenik und Žuljana.

Geschichte

Die Halbinsel war bereits von Illyrern bewohnt. Ihnen folgten griechische Kolonisten und – noch etwas später – römische Siedler. Der römische Schriftsteller Plinius der Ältere erwähnt Pelješac unter dem Namen Rhatanae Chersoneus. Nach dem Untergang des Weströmischen Reiches wurde Pelješac byzantinisches Territorium. Im 9. Jh. besetzten die slawischen Neretvaner die Gegend. Nachdem die Halbinsel 1333 zu Dubrovnik gekommen war, wurde ihr die Rolle eines stark befestigten Vorpostens zuteil. In Mali Ston bauten die Dubrovniker 1490 sogar einen Hafen für ihre Kriegsflotte. Von großer Bedeutung für die Stadtrepublik waren auch die Salzvorkommen in der Umgebung von Ston. Nach dem Fall Dubrovniks teilten die Bewohner von Pelješac das Schicksal der einstigen Herrin. Während Ston in den Status eines Provinzstädtchens zurücksank, wuchs mit dem Aufschwung der Seefahrt auch das Ansehen des an der Einfahrt zum Kanal von Korčula gelegenen Orebić, heute das Zentrum des Fremdenverkehrs auf Pelješac.

Ston

Allgemeines und *Bedeutung

Auf der Landenge, die Pelješac mit dem Festland verbindet, liegt Ston, das aus dem kleineren Mali Ston (Kleines Ston; 170 Einw.) und dem Hauptort Veliki Ston (Großes Ston; 600 Einw.) besteht. In die Schlagzeilen geriet Ston im Herbst 1996 wegen des schweren Erdbebens, das bis nach Dubrovnik zu spüren war. In Ston wurden dabei viele Gebäude schwer beschädigt, manche sogar völlig zerstört.

*Befestigungssystem

Beide Orte wurden im 14. Jh. nach Plänen von italienischen und einheimischen Baumeistern aus Dubrovnik planmäßig angelegt, mit Wehrmauern verstärkt und durch ein gewaltiges Befestigungssystem miteinander verbunden. Eine über 5 km lange Mauer mit runden und eckigen Türmen, einem Kastell und zwei großen Bastionen zieht sich über den Berg von Ort zu Ort. Das ruhige Mali Ston ist heute vor allem bekannt für seine Muschelzucht (Austern, Miesmuscheln u. a.).

Veliki Ston

Veliki Ston wurde über dem Grundriß eines unregelmäßigen Fünfecks mit rechtwinkligem Straßensystem errichtet. Am zentralen Platz sind der Rektorenpalast, der gotische Palast Sorkočević und der Bischofspalast (1573; mit einem Lapidarium) die vornehmsten Gebäude. Unter den Kirchen der Stadt verdienen vor allem das Gotteshaus des Franziskanerklosters sowie die spätromanische Kirche des hl. Nikolaus (Sveti Nikola) Beachtung. Im Besitz der Nikolauskirche befindet sich eine beachtliche Sammlung sakra-

Veliki Ston (Fortsetzung)

ler Kunst, darunter auch ein bemaltes Kruzifix von Blaž Trogiranin. Die Kirche St. Blasius (Sveti Vlaho) wurde nach ihrer Zerstörung durch ein Erdbeben 1850 im neogotischen Stil wiederaufgebaut. Außerhalb der Stadt, auf dem Berg Gradac, liegt die vorromanische Michaelskirche mit bedeutenden Überresten einer romanischen Wandbemalung.

Trpanj

Allgemeines

Trpanj ist der Hafen an der bergigen Nordküste von Pelješac und mit seinen 700 Einwohnern der zweitgrößte Inselort. Oberhalb des Städtchens, das die meisten Urlauber auf der Fahrt nach Korčula nur passieren, künden die Ruine einer mittelalterlichen Burg und die römischen Mauerreste noch von Trpanjs früherer Bedeutung. An die Adelsfamilie Gundulić erinnert noch das Wappen am Renaissancealtar in der Marienkirche.

Ein Städtchen mit Seemannsvergangenheit – Orebić, Badeort und Fährhafen nach Korčula

Orebić

Allgemeines und *Ortsbild

Der Kapitänsfamilie Orebić, die im 16. Jahrhundert hier ansässig war, verdankt die Stadt ihren Namen. Der langgestreckte Ort (1500 Einw.) zu Füßen des 961 m hohen Sv. Ilija hat sich zu einem lebendigen Touristen- und Hafenstädtchen mit Cafés, Restaurants und vielen kleinen Kunsthandwerksläden gemausert. Nicht nur die besagte Kapitänsfamilie, auch zahlreiche andere ausgediente Seebären ließen sich, von dem milden Klima in der geschützten Bucht angezogen, in Orebić nieder, bauten sich hübsche Villen und umgaben sie mit Gärten, die bis heute das mediterrane Flair des Städtchens unterstreichen. Gleich am Ortseingang liegt der lange Sandstrand Trstenica; die Anlegestelle der Fähren nach Korčula befindet sich dagegen am anderen Ende der Stadt.

Orebić (Fortsetzung) Sehenswertes

Einblicke in die Seemannsvergangenheit von Orebić gewährt das Schifffahrtsmuseum am Trg Mimbelli. Anhand von Seekarten, Navigationsgeräten sowie alten Schiffsmodellen wird hier die ruhmreiche Geschichte der Seefahrer von Orebić zum Leben erweckt. Sehenswert ist aber auch das etwa 2 km westlich außerhalb des Ortes, aussichtsreich über dem Meer

Gilt als einer der schönsten Sandstrände Dalmatiens – Trstenica am Ortseingang von Orebić

und zwischen alten Zypressen gelegene Franziskanerkloster mit einer schönen Sammlung sakraler Kunst (italienische Gemälde des Barock, Skulpturen u. v. m.) sowie einigen volkskundlichen Exponaten.
Das Kloster besitzt auch zahlreiche Schiffsvotivbilder, die die Seefahrer der Kirche geschenkt haben.

Aufstieg zum *Sv. Ilija

Vom Franziskanerkloster kann man in etwa 4 Stunden zum höchsten Gipfel der Insel, dem 961 m hohen Sv. Ilija aufsteigen (gute Kondition und Ausrüstung erforderlich). Die Italiener tauften den Berg 'Monte Vipera', da es dort früher Sandvipern gab. Vom Gipfel bietet sich eine grandiose Aussicht über Pelješac und auf die Nachbarinsel Korčula.

Umgebung, Kučište

Auch in Kučište (250 Einwohner), 6 km östlich von Orebić gelegen, haben sich viele Kapitäne niedergelassen. Dank des milden Klimas gedeihen hier Zypressen, Oleanderbüsche, Palmen sowie Orangen- und Zitronenbäume. Die stattlichen Kapitänshäuser stammen vorwiegend aus dem 17.–19. Jahrhundert. Ein besonders schönes Beispiel für diesen Haustyp ist die um 1700 entstandene Villa der Familie Lazarović.
Wegen der herrlichen Aussicht lohnt sich der Spaziergang hinauf zur gotischen Kapelle Sv. Luka.

Viganj

2,5 km hinter Kučište liegt inmitten einer üppigen Vegetation Viganj, der letzte Küstenort am Kanal von Peljšac mit guten Badeplätzen (Kies- und Felsbuchten) auf der vorgelagerten Landzunge.

Piran B 1

Slowenien, Region Primorska
Höhe: 5 m ü. d. M.
Einwohnerzahl: 6000

**Lage und Stadtbild

Auch wenn sich Geschmacksfragen einer objektiven Wertung entziehen, dürfte es darüber wohl kaum einen Zweifel geben: Das knapp 20 km östlich von Koper gelegene Piran ist die Perle der slowenischen Riviera, das schönste Städtchen weit und breit. Das liegt vor allem an dem einheitlichen Ortsbild, an der besonderen Lage der Altstadt auf einem weit ins Meer hineinragenden Felsvorsprung, aber auch an der mediterran-lebenslustigen Atmosphäre der Stadt mit ihren engen Gassen, der herrlichen Uferpromenade und einigen Plätzen, die zum Verweilen einladen. Kein Wunder also, daß ausgerechnet hier Architekten und Stadtplaner aus aller Welt gerne zu Tagungen und Kongressen zusammenkommen.

Freizeit- und Bademöglichkeiten

Baden kann man rund um die Landzunge Punta – allerdings mehr schlecht als recht. Schon weit besser ist der Strand in der nahegelegenen Bucht Fiesa (östlich der Altstadt). Direkt am Kiesstrand liegt ein hübsches kleines Hotel, dahinter breitet sich ein beliebter Campingplatz aus.

Geschichte

Ihre Geschichte teilt die kleine Seefahrerstadt mit derjenigen Kopers oder Izolas. Erwähnt wurde Piran erstmals im 7. Jh. als byzantinische Siedlung. Die jahrhundertelange venezianische Herrschaft (1283–1797) hat die Stadt am südlichen Ausgang des Golfs von Triest maßgeblich geprägt. Im Mittelalter war Piran ein wichtiger Umschlagplatz für Öl, Getreide, Holz, Wein und Salz aus den nahegelegenen Salinen bei Sečovlje. Wie in Koper herrschten die Österreicher von 1797 bis 1918 fast ununterbrochen. Im Vertrag von Rapallo wurde Piran Italien zugesprochen. Die Folge: Die slowenische Sprache wurde verboten, eine rigide Italianisierung setzte ein. Am Ende des Zweiten Weltkriegs fiel die Stadt an Jugoslawien. Seit dem Zerfall des Vielvölkerstaats liegt Piran im slowenisch-kroatischen Grenzgebiet; über den genauen Verlauf der Grenze vor allem in der Bucht von Piran konnten sich Zagreb und Ljubljana allerdings bis heute nicht einigen.

Sehenswertes in Piran

*Tartinijev trg

Zentrum der Stadt und Treffpunkt für Einheimische wie für Touristen ist der Tartini-Platz nahe dem Hafenbecken. Er trägt den Namen des Violinisten und Komponisten Giuseppe Tartini (1692–1770; → Berühmte Persönlichkeiten), der in Piran das Licht der Welt erblickte. Das Denkmal zu seinen Ehren wurde wenige Jahre nach seinem 200. Geburtstag, 1896, hier aufgestellt.

Geburtshaus von Tartini, Sv. Petar

Tartinis Geburtshaus befindet sich gleich hinter dem Denkmal an der Ostseite des Platzes (Gedächtnistafel an der Fassade). Die neoklassizistische Kirche Sv. Petar (1818) rechts daneben bewahrt ein Altarbild der Tizian-Schule.

*Venezianischer Palast

An der Nordostecke des Platzes sticht der kleine Palazzo aus dem frühen 15. Jh. ins Auge. Mit seinen Spitzbogenfenstern, dem pittoresken Balkon und dem Skulpturenschmuck aus weißem Marmor ist er ein besonders gelungenes und gut erhaltenes Beispiel für die venezianisch-gotische Architektur an der adriatischen Ostküste. Zwischen zwei Fenstern entdeckt man das Bild eines Löwen. Auf dem Band, das er zwischen den Pranken hält, steht geschrieben: "Lassa pur dir" ('Laß sie nur reden'). Der Erbauer des Hauses, ein venezianischer Kaufmann, wollte damit all jenen Mitbürgern öffentlich eine Abfuhr erteilen, die über ihn und seine Geliebte, für die er das Haus bauen ließ, zu tratschen pflegten.

Rathaus

Wenige Meter davon entfernt steht das Neue Rathaus, ein Bau aus der Zeit des Historismus (1879). Seine Tempelfassade ist typisch für Repräsentationsbauten des 19. Jahrhunderts.

Justizpalast

Auch der im Stil der Neorenaissance errichtete Justizpalast am westlichen Rand des Platzes stammt aus jener Zeit. Seitlich eingebaut in das Gebäude ist das frühere Stadttor des hl. Georg aus dem 17. Jahrhundert.

1 Tartini-Denkmal
2 Sv. Petar
3 Tartinis Geburtshaus
4 Venezianischer Palast
5 Rathaus
6 Stadtgalerie
7 Justizpalast
8 Stadttor des hl. Georg
9 Tartini-Theater
10 Marine-Museum
11 Aquarium
12 Sv. Marija Snežne

Schiffahrtsmuseum

Am südlichen Platzende steht das Palais Gabrielli, gleichfalls ein repräsentatives Gebäude aus dem 19. Jh. mit einer Tempelfassade. Heute sind hier das Schiffahrtsmuseum (Pomorski muzej) mit Exponaten zu Seefahrt, Fischerei und Salzgewinnung sowie Sammlungen zur Geschichte und Kulturgeschichte der Region untergebracht.

Aquarium, Tartini-Theater

Auf der dem Schiffahrtsmuseum gegenüberliegenden Seite des kleinen Hafenbeckens ('Mandrac') befindet sich das sogenannte Aquarium mit mehr als 40 heimischen Fischarten und einem kleinen Haifisch, die in mehreren winzigen Aquarien und einem Freibecken gehalten werden.
Links neben dem Aquarium steht das im 19. Jh. errichtete Tartini-Theater mit einer hübschen Neorenaissance-Fassade.

Trg 1. maja

Vom westlichen Ende des Hafenbeckens führen mehrere Straßen und malerische Gassen in die Altstadt hinein. Ohne eigens danach suchen zu

Trg 1. maja (Fortsetzung)

müssen, gelangt man zu einem bezaubernden Platz, dem trg 1. maja (Platz des 1. Mai). Er wurde in der zweiten Hälfte des 18. Jh.s angelegt. Zu dem barocken Platzensemble mit zwei Brunnen führt eine Treppe hinauf, die von zwei Frauenfiguren flankiert wird. Es handelt sich dabei um Personifikationen des Gesetzes und der Gerechtigkeit.

Sv. Jurij

Auf einem Hügel nördlich des Tartini-Platzes, zu erreichen über steile Treppengassen, steht die mächtige, das Städtchen überragende Pfarrkirche St. Georg . Errichtet wurde sie im 14. Jh.; ihr heutiges barockes Aussehen erhielt sie jedoch in der ersten Hälfte des 17. Jh.s, als man sie großzügig umbaute. Für die Fassade, die ausgesprochen schlicht ausfiel, fehlte vermutlich das Geld – das ehrgeizige Kirchenprojekt war zu einer Zeit geplant worden, als Piran eine wirtschaftliche und kulturelle Blüte erlebte, doch die Verhältnisse hatten sich im 17. Jh. zum Schlechten gewendet. Auch die Ausstattung der Kirche ist ohne bedeutende Höhepunkte, sieht man von dem 2,5 m hohen gotischen Kruzifix ab. Neben der Kirche steht das oktogonale, von einer Kuppel überdachte Baptisterium. Ein reliefgeschmückter römischer Sarkophag findet als Taufbecken eine neue Verwendung.

Auf einer schmalen Landzunge drängen sich die Häuser von Piran.

*Campanile

Der schlanke, von einer Skulptur des hl. Georg bekrönte Glockenturm im venezianischen Stil, 1608 nach dem Vorbild des Campanile von San Marco in Venedig erbaut, ist längst zum Wahrzeichen Pirans geworden. Wer den Glockenturm besteigt, wird mit einem herrlichen Blick auf die verwinkelten Altstadtgassen und die einzigartige Lage der Stadt belohnt.

Sv. Marija Tolažnica, Sv. Marija Sneža

Zwei kleine Kirchen liegen östlich unterhalb von Sv. Jurij. Das Maria der Trösterin geweihte Gotteshaus aus dem 15. Jh. wurde im 17. Jh. vollständig barockisiert. Hinter der zurückhaltenden Fassade der gotischen, 1404 geweihten Kirche Maria Schnee (Sv. Marija Snežna) verbirgt sich eine sehenswerte Galerie barocker Bildkunst. Die Ölgemälde aus dem 17. Jh. stammen von einem Meister aus Motovun.

Piran (Fortsetzung) Franziskanerkloster

Schräg gegenüber von den beiden Kirchen, am östlichen Rand der mittelalterlichen Stadt, bauten die Franziskaner bereits zu Beginn des 14. Jh.s ein Kloster, das jedoch um 1700 barock verändert wurde. Beachtenswerte Kunstwerke in der schlichten Bettelordenskirche sind das Renaissance-Ziborium und die hölzerne Kanzel, in der sich Stilelemente von Gotik und Renaissance mischen. Zwischen Kirche und Kloster liegt ein schöner, nach dem Zweiten Weltkrieg restaurierter Kreuzgang.

Uferpromenade

Zum Promenieren und Flanieren lädt die Uferpromenade Prešernovo nabrežje mit vielen Souvenirständen, Cafés und Straßenrestaurants ein. Unbedingt versuchen sollte man die leckeren Fischgerichte, die hier überall angeboten werden.

Punta, Sv. Klement

An der Spitze der Landzunge, auf der sich die Altstadt ausbreitet, steht ein neogotischer Leuchtturm, daneben die Kirche St. Klemens, die ihr heutiges Aussehen, wie so viele andere Gotteshäuser in Piran, im 18. Jh. erhielt.

Stadtbefestigung

Von der einstigen Stadtbefestigung aus dem 15. und 16. Jh. sind in der Altstadt selbst außer kleineren Resten nur noch das Delphin-Tor (Porta Dolfin, westlich des Tartini-Platzes) und die im Stil der Renaissance ausgeführte Porta Marciana im Stadtviertel Marciana (südöstlich des zentralen Platzes) erhalten. Im Osten der Stadt, auf einer Anhöhe gelegen, sind noch größere Teile der mittelalterlichen Stadtmauer erhalten. Die insgesamt sieben zinnenbewehrten Türme dieser äußeren Befestigung wirken recht eindrucksvoll und erinnern an die Stadtmauern norditalienischer Städte.

Plitwitzer Seen · Plitvička jezera F 13

Kroatien, Gespanschaft Zadar-Knin
Höhe: 503 – 639 m ü. d. M.
Fläche: 194 km²

Allgemeines und **Bedeutung

Jeder, der schon einmal Karl-May-Filme gesehen hat, kennt die Plitwitzer Seen (Plitvička jezera) zumindest als grandiose Hintergrundkulisse für Winnetou und seinen Begleiter. Aber auch ohne Karl May sind die Plitvička jezera eines der schönsten Naturschauspiele im Südosten Europas. Schon 1928 wurde das Gebiet zum Nationalpark erklärt, 1979 wurden die Seen in die UNESCO-Liste 'Erbe der Welt' aufgenommen. Auf einer Länge von knapp 8 km reihen sich nicht weniger als 16 verschieden große Seen wie Perlen aneinander. Sie bilden den Oberlauf des Flüßchens Korana, das bei einem Gesamtgefälle von rund 120 m an über drei Dutzend Stellen durch natürliche Barrieren und Terrassen aufgestaut ist. Das Wasser stürzt an diesen Wehren in zwei bis 72 m hohen Kaskaden zu Tal. Die Seen leuchten in kräftigem Grün und sind stellenweise glasklar. Rund 157 km² der Nationalparks sind Wald, 35 km² Wiesen und rund 2,2 km² entfällt auf die Seen und Gewässer.

Lage und Anreise

Die Seen und der Nationalpark liegen in der östlichen Lika zwischen den Bergketten der Mala Kapela und Lička Plješevica – letztere bildet hier zum Teil die Grenze zu Bosnien-Herzegowina. Noch 1910 schrieb ein kroatischer Chronist, die Seen lägen weitab der modernen Verkehrswege, fern auch von den nächstgelegenen Bahnhöfen, von wo aus man mit der Kutsche oder einem öffentlichen Omnibus (für neun Reisende!) noch fast zehn Stunden unterwegs sei. So schlimm ist es heute nicht mehr: Der Ort Plitvice und die Seen liegen an der gut ausgebauten E 71, der Hauptverbindung zwischen der dalmatinischen Küste und dem kroatischen Landesinnern bzw. der Hauptstadt Zagreb. Von den Hafenstädten Zadar und Šibenik aus ist Plitvice gut zu erreichen. Kleinere Straßen führen zudem von Senj (90 km) und von Karlobag (110) zu dem Nationalpark.
Wegen möglicherweise immer noch bestehender Minengefahr rät das Auswärtige Amt, auf diesen Strecken die Hauptstraße nicht zu verlassen.

Auskunft

Nacionalni Park Plitvička jezera, HR-23431 Plitvička jezera, Tel. (053) 75 10 14, Fax (053) 75 10 13.

Geschichte

Nahe einer Grenze – der nächste Grenzübergang zu Bosnien ist nur knapp 20 km, die westbosnische Stadt Bihać nur wenig mehr als 30 km entfernt – liegen die Plitwitzer Seen nicht erst heute. Über mehrere hundert Jahre hinweg befand sich hier auch die unruhige Militärgrenze (Vojna Krajina) zwischen dem Habsburgischen und dem Osmanischen Reich. Im 16. und 17. Jh. siedelten die Habsburger hier zur Verteidigung der südlichen Reichsgrenze vor allem serbische Wehrbauern an. Aus dieser Zeit stammt wohl auch die Bezeichnung 'Teufelsgarten'. In den 60er Jahren des vergangenen Jahrhunderts entdeckten österreichische Offiziere die Naturschönheiten in dem Gebiet und ließen erste Unterkünfte für Besucher einrichten. 1893 konstituierte sich in Zagreb, damals noch Agram, eine "Gesellschaft für die Gestaltung und Verschönerung der Plitwitzer Seen". Drei Jahre später wurde das erste Hotel eröffnet. Zwar kamen im Laufe der Zeit weitere touristische Einrichtungen hinzu, doch blieb die Natur von massiven Eingriffen verschont. Einige Jahre lang lagen die Seen und Wälder aus anderen Gründen im Dornröschenschlaf: Zu Ostern 1991 kam es hier zu blutigen Gefechten zwischen Kroaten und Serben. Die sogenannten Krajina-Serben, unterstützt von der damaligen Jugoslawischen Volksarmee, obsiegten und besetzten das ganze Gebiet, der Park wurde geschlossen. Im Sommer 1995 eroberten kroatische Truppen die Region zurück. Seit Frühjahr 1996 ist der Nationalpark wieder zugänglich und die Hotels sind geöffnet.

Eingänge

Wer von der Adriaküste (Zadar, Split) zu den Plitwitzer Seen kommt, erreicht zunächst den oberen Eingang (Ulaz 2, Eingang 2) zum Nationalpark im Bereich der oberen Seen. Hier, am großen Kozjak jezero, gibt es Unterkünfte, Restaurants und ein Postamt. Von hier aus kann man mit dem Boot über den See fahren oder zu Wanderungen, Wildnistouren und Angelausflügen aufbrechen. Etwa 5 km weiter nördlich gelangt man zum Eingang 1 (Ulaz 1). Von hier aus hat man Zugang zur Koranaschlucht mit dem spektakulären Plitvica-Wasserfall.

Freizeitmöglichkeiten

So verlockend es ist – in den Seen im Nationalparkgebiet darf nicht gebadet werden. Angeln ist erlaubt im Kozjak jezero sowie in den beiden versteckt gelegenen Seen Ciginovac jezero und Proščansko jezero. Eine Angelerlaubnis ist jedoch erforderlich und bei der Nationalparkverwaltung erhältlich.

**Seen und Wasserfälle

Die oberen zwölf Seen breiten sich in Höhen zwischen 639 m und 534 m aus. Am größten ist der 2 km lange und 46 m tiefe Kozjak-See (Jezero Kozjak), dessen Ufer von dichten Buchenwäldern umgeben sind. Die vier kleinen unteren Seen, an deren Gestaden ebenfalls Bäume und Sträucher wachsen, liegen zwischen 526 m und 503 m. Sie liegen in einem 70 bis 80 m tiefen, felsigen Canyon, den das Flußwasser in den stark verkarsteten Kalkstein eingeschnitten hat.
Die Verbindung zwischen den Seen bilden nicht nur herrliche Wasserfälle, sondern auch unterirdische Wasserläufe und Hohlräume, von denen etwa ein Dutzend begehbar sind. Am höchsten ist der Plitvica-Fall nahe dem Eingang 1, wo das Wasser des kleinen Nebenflüßchens aus einem 'hängenden' Seitental 72 m tief in die wilde Koranaschlucht stürzt. Hier, am 'Sastavci' genannten Punkt, treffen nahezu alle über- und unterirdischen Wasserläufe des gesamten Seengebietes zusammen.

**Barrieren aus Kalk

Das Besondere an den Plitwitzer Seen sind die zwischen den einzelnen Seen bestehenden Barrieren, bei denen es sich nicht um Felsgestein handelt, sondern um Kalksinter-Ablagerungen und Kalktuffbildungen, die sich in den letzten 4000 Jahren gebildet haben. Sie wachsen relativ schnell – bei günstigen Bedingungen im Jahr 3 cm –, können aber genauso schnell

◂ *Grandioses Naturschauspiel im Hinterland: die Plitwitzer Seen*

Plitwitzer Seen · Plitvička jezera

Barrieren aus Kalk (Fortsetzung)

wieder abgebaut bzw. zerstört werden. Kalksinter – auch Travertin oder Rauhwacke genannt – entsteht durch einen biodynamischen Prozeß, bei dem Moose, Kalkalgen und im Wasser enthaltene Mineralien zusammen abgelagert werden und im Laufe der Zeit eine regelrechte Barriere mit sog. 'Nasen', Terrassen, Dämmen und Kanälen heranwächst, hinter der sich das Flußwasser aufstauen kann. Der Prozeß der Travertinbildung verläuft dynamisch – während sich an der einen Stelle eine Barriere aufbaut, kann durch die Kraft des Wassers an anderer Stelle eine zerstört werden. In ruhigeren Bereichen, d. h. in Tümpeln, Teichen und Seen, lagert sich außerdem weißer Kalkschlamm ab, der auch angeschwemmtes Pflanzenmaterial überzieht. Im Wasser liegende abgestorbene Baumstämme sehen dann aus wie schlafende Krokodile. Dieser Kalkschlamm sowie die jahreszeitlich unterschiedliche Reflexion des Sonnenlichtes sind auch der Grund für die eigentümliche Blau- und Grünfärbung der Plitwitzer Seen.

Wälder

Von großer Bedeutung für den Erhalt dieser einzigartigen Natursehenswürdigkeit sind die Wälder, die etwa drei Viertel der Fläche des Nationalparks einnehmen. Sie sind wichtige Wasserspeicher und sorgen für eine ausgeglichene Wasserzufuhr. Ohne Wald wären die vorhandenen Kalksinter-Barrieren durch Hochwässer und Sturzfluten längst abgetragen worden.

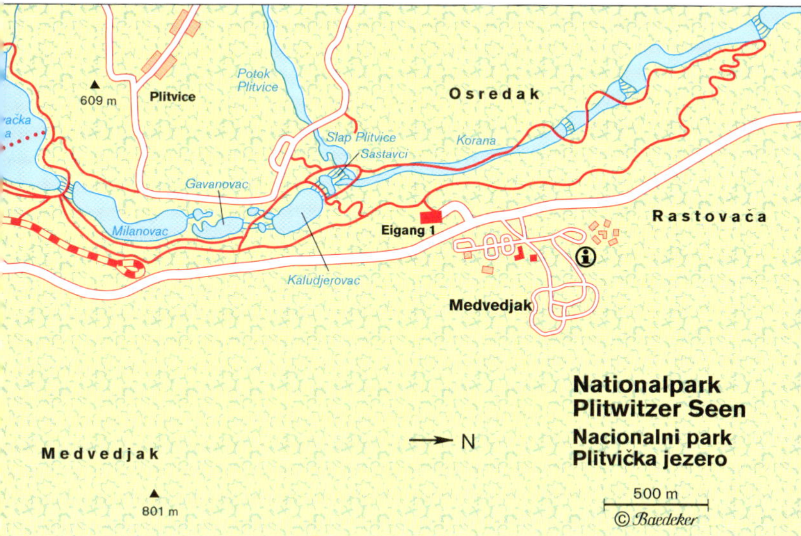

Höhenprofil

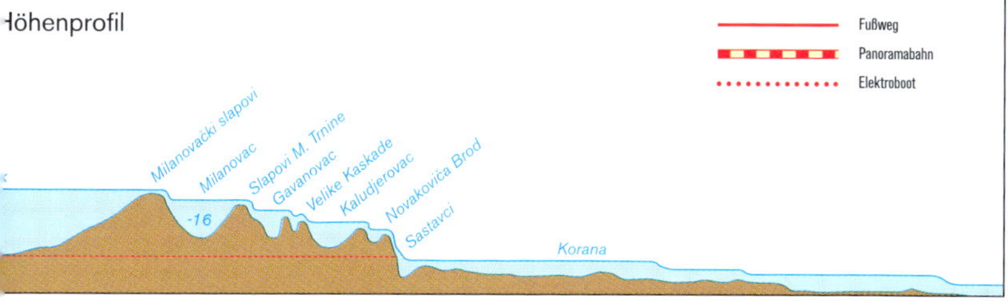

Der Nationalpark Plitwitzer Seen mit seinen fischreichen Gewässern bietet bedrohtern Tierarten Lebenraum, unter anderem Fischottern, Braunbären, Wölfen, Luchsen und Wildkatzen. Außerdem gibt es in den Wäldern um die Seen noch zahlreiche Hirsche, Rehe, Wildschweine, Füchse, Dachse und Marder.

Plitwitzer Seen (Fortsetzung)
Tierwelt

Poreč

D 1

Kroatien, Gespanschaft Istrien
Höhe: 5 m ü. d. M.
Einwohnerzahl: 9000

Nirgendwo sonst an der kroatischen Küste gibt es so viele Hotels, Pensionen und Ferienanlagen wie in und um Poreč, das mit einer Kapazität von über 100 000 Betten alle anderen Ferienzentren des Landes schlägt. Die kleine Stadt liegt an der Westküste Istriens, rund 65 km nördlich von Pula. Von Vrsar im Süden bis Novigrad im Norden reicht die Riviera von Poreč, die zu den meistbesuchten Ferienregionen an der istrischen Küste gehört.

Lage und Bedeutung

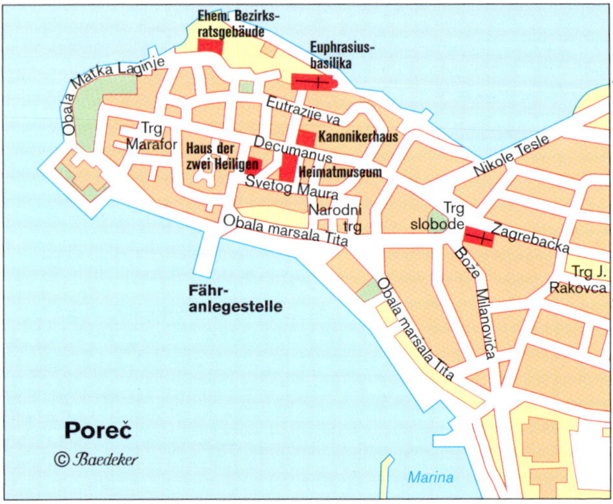

Lage und Bedeutung (Fortsetzung)

Das alte Zentrum von Poreč hat sich – vielleicht dank seiner Lage auf einer flachen Landzunge, die keine weitere Ausdehnung erlaubt – sein malerisches Erscheinungsbild bewahren können. Wer um die Mittagszeit hierher kommt und mit etwas Glück ein verhältnismäßig ruhiges Städtchen erlebt, wird es spätestens abends, beim Einbruch der Dunkelheit, kaum wiedererkennen. Dann füllen sich die Gassen, die Menschen flanieren über das parkettglatte Pflaster und strömen in die Eiscafés und Restaurants, wo u. a. der Weiße Pinot, der Hauswein von Poreč, ausgeschenkt wird. Kitsch und Kunst liegen dicht beieinander in dieser Stadt, denn Poreč ist nicht nur ein Mekka der Souvenirläden, sondern auch kunsthistorisch von Bedeutung – vor allem natürlich wegen der herrlichen Euphrasius-Basilika, dem einzigartigen Baudenkmal aus byzantinischer Zeit.

Freizeit- und Bademöglichkeiten

Die Möglichkeiten zur Freizeitgestaltung in und um Poreč sind groß. Die Stadt verfügt über einen gut ausgestatteten Hafen mit allen Service-Einrichtungen. Der Hafen ist durch die vorgelagerte Insel Sveti Nikola und zwei Wellenbrecher geschützt. Zum reichhaltigen Sportangebot gehören Tauchen, Segeln, Surfen, Wasserski, Gleitschirmfliegen, Reiten, Tennis und vieles andere mehr. Boote können ebenso ausgeliehen werden wie Fahrräder. Zum Baden kann man vom Stadthafen auf die Insel Sveti Nikola übersetzen, wo schattige Pinienwälder, Felsstrände und Kiesbuchten die hochsommerliche Hitze erträglich machen. Zahlreiche Strände finden sich nördlich oder südlich von Poreč (siehe unten bei Riviera von Poreč).
Bars, Kneipen und Diskotheken in den großen Hotel- und Ferienanlagen (u. a. Charlie, Capitol, Hotel Fortuna auf Sveti Nikola) sorgen dafür, daß es auch Nachtschwärmern nicht langweilig wird.

Geschichte

Poreč war bereits in vorgeschichtlicher Zeit besiedelt und wurde im 2. Jh. ein römisches Castrum. Unter Cäsar erhielt es die Stellung eines Municipiums, unter Tiberius den Rang einer Kolonie. Nach der Teilung des Römischen Reichs im 4. Jh. wurde Poreč Ostrom unterstellt. Höchst unterschiedliche Einflüsse prägten Poreč während der Völkerwanderungszeit: Gegen Ende des 6. Jh.s drangen die Slawen zusammen mit den Awaren in Istrien ein, endgültig ließen sie sich im Umland von Poreč im 7. Jh. nieder. Während die Slawen in der Umgebung die Felder bearbeiteten, herrschten in der Stadt selbst noch die Ostgoten. Nach einer Periode ostgotischer Herrschaft kam die Stadt erneut zu Byzanz, dessen Einfluß sich hier (auch architektonisch) stärker bemerkbar machte als anderswo an der östlichen Adriaküste. Als erste Stadt Istriens geriet Poreč, das seit dem 12. Jh. eine kommunale Selbstverwaltung besaß, 1267 unter venezianische Herrschaft. Als die italienische Handelsmacht sich mit Genua um die Vormachtstellung im Mittelmeer stritt, verwüsteten die Genueser die Stadt und raubten die Reliquien des heiligen Maurus, des Schutzheiligen von Poreč (1354). Türkische Seeräuber und Uskoken bedrohten im 15. und 16. Jh. die Stadt, deren Bevölkerung durch Pest und Malaria dezimiert war. Bessere Zeiten brachen erst mit der Herrschaft Österreichs an (1797–1918), während der sich Poreč wirtschaftlich erholte. 1862 konstituierte sich in Poreč der Istrische Landtag, dem die Habsburger eine gewisse Autonomie einräumten. Die seit 1918 italienische Stadt erlitt im Zweiten Weltkrieg schwere Schäden durch die Luftangriffe der Alliierten.

Geschichte (Fortsetzung)

Als Fremdenverkehrsort blickt das Städtchen auf eine lange Tradition zurück. Bereits Ende des vergangenen Jahrhunderts wurde auf der kleinen vorgelagerten Insel Sveti Nikola ein öffentlicher Badestrand eingerichtet und schon 1910 gab es ein erstes Hotel. Der Boom, der die Übernachtungszahlen in Poreč in die Höhe schnellen ließ, setzte allerdings erst in den 70er und 80er Jahren mit dem Bau der Feriensiedlungen nördlich und südlich der Stadt ein.

Tourismus in Poreč

Sehenswertes in Poreč

Die auf einer Landzunge gelegene Altstadt wird in der Mitte vom römischen Decumanus durchschnitten, heute die Hauptflaniermeile der Stadt (Dekumanska ulica; Fußgängerzone). Am Decumanus liegen einige der ältesten Wohnhäuser von Poreč, u. a. auch das im 13. Jh. erbaute, romani-

*Decumanus

Ferienzentrum mit Rekordbesucherzahlen – das Städtchen Poreč an der Westküste Istriens.

Decumanus (Fortsetzung)

sche Kanonikerhaus. Aus dem Mittelalter stammt auch das 'Haus der zwei Heiligen' (Kuca dvaju svetaca) in der Straße des hl. Maurus.

Heimatmuseum

Im ehemaligen Palast der Patrizierfamilie Sinčić, Dekumanska 9, hat heute das Heimatmuseum von Poreč seinen Sitz. Das barocke Gebäude aus dem 17. Jh. beherbergt ein Lapidarium, eine ethnographische Sammlung mit Trachten, Werkzeugen und heimischen Arbeitsgeräten sowie Exponate aus der Geschichte von Poreč von der Frühzeit bis zum Mittelalter.

***Euphrasiusbasilika**

Die Hauptattraktion der Stadt ist die Euphrasius-Basilika, die sich in einer Parallelgasse zum Decumanus (Eufrazijeva ulica) hinter hohen Mauern verbirgt. Obgleich die Stadt Verwüstungen, Brände und Erdbeben erlitt, ist das einzigartige frühmittelalterliche Kirchenensemble im großen und ganzen in seiner ursprünglichen Gestalt erhalten geblieben.

Atrium

Der schmale Eingangskorridor führt zunächst in das Atrium (6. Jh.), einen von Säulen mit byzantinischen Kapitellen getragenen Umgang, in dem heute Steinfragmente aus der Basilika aufbewahrt werden. Westlich schließt sich ein achteckiges Baptisterium (7. Jh.) und hinter diesem der im 16. Jh. erbaute Renaissance-Glockenturm an. Von ihm kann man eine herrliche Aussicht über die Stadt genießen.

Kirche

**Mosaiken

Um die Mitte des 6. Jh.s entstand im Auftrag von Bischof Euphrasius über einem Vorgängerbau aus dem 4. Jh. die heutige Basilika, ein dreischiffiger Bau mit einer großen, halbrunden Mittelapsis. Bedeutendster Schmuck des schlichten Innenraums sind die aus Perlmutt, Marmor und Halbedelsteinen zusammengesetzten Mosaiken in der Apsis und am Triumphbogen, die an San Vitale und Sant Apollinare Nuovo in Ravenna erinnern. Da die dortigen Mosaiken aus der gleichen Zeit stammen, geht man davon aus, daß in Ravenna und Poreč zumindest Teile von denselben Künstlern ausgeführt wurden. Der Triumphbogen zeigt Christus und die 12 Apostel, während in der Apsis Maria mit dem Jesuskind thront. Sie wird flankiert

Kostbares Gold verleiht den Mosaiken in der Euphrasiusbasilika von Poreč überirdischen Glanz.

1 Altar mit Ziborium
2 Kapellen
3 Narthex
4 Atrium
5 Baptisterium
6 Glockenturm
7 Mosaiken; 3. Jh.
8 Mosaiken; 4. Jh.
9 Sakristei
10 Gedächtniskapelle

Euphrasius-Basilika

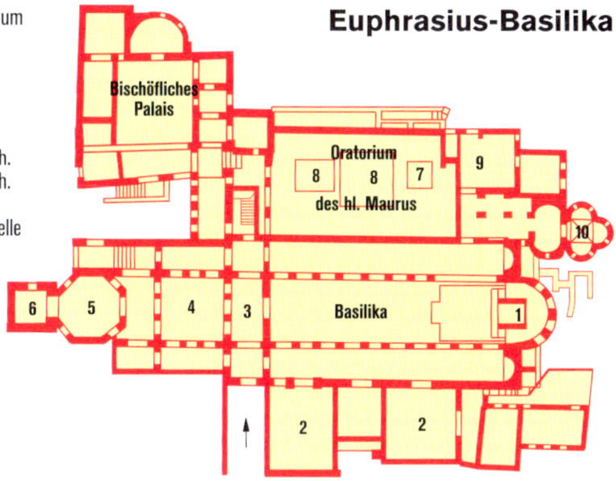

10 m

Euphrasiusbasilika, Mosaiken (Fortsetzung)

von Erzengeln und Märtyrern, darunter auch dem hl. Maurus und dem Erbauer der Kirche, Bischof Euphrasius, der das Modell seiner Kirche in den Händen hält. Der kostbare Goldgrund verleiht den Farben ihre tiefe Leuchtkraft und unterstreicht den überirdischen Charakter des Dargestellten. Die Mosaiken des Ziboriumbaldachins schufen im 13. Jh. venezianische Künstler. Der steinerne Bischofsthron (4. Jh.) an der Stirnseite der mittleren Apsis stammt aus der Vorgängerkirche. Im nördlichen Schiff sind Teile der ursprünglichen Bemalung aus dem 6. und 7. Jh. erhalten.

Oratorium des hl. Maurus

Die Keimzelle der Basilika an dieser Stelle ist das sog. Oratorium des hl. Maurus, das vermutlich bereits im 3. Jh. als Hauskapelle für den damaligen Bischof und späteren Märtyrer erbaut wurde. Von diesem Gebäude, das an der Nordseite der Basilika liegt, sind noch einzelne Fußbodenmosaike (Fischsymbol) erkennbar. Im späten 4. Jh. wurde die Hauskapelle durch einige Anbauten zur ersten Basilika erweitert. Durch weitere Umbauten entstand im 5. Jh. der Vorgängerbau der heutigen Basilika.

Trg Marafor

An der Spitze der Landzunge mündet der Decumanus in den trg Marafor (Marafor-Platz), wo sich schon in antiker Zeit das Forum befand. Das Pflaster ist zum großen Teil aus jener Zeit erhalten geblieben; ebenso Reste eines ehemaligen Neptun-Tempels aus dem 1. Jh. und Säulen eines kleineren Mars-Tempels. Einige Häuser an dem Platz haben keine Grundmauern, weil sie unmittelbar auf dem Pflaster des Forum errichtet wurden. Das Gebäude nördlich des Marafor-Platzes war Sitz des Istrischen Bezirksrates. Das Gebäude ist eine umgebaute Franziskanerkirche aus dem 13. und 14. Jh., der Kirchturm entstand 1731. Heute finden hier Ausstellungen statt.

Umgebung, Lovreč

In Lovreč, 13 km landeinwärts an der E 751 gelegen, ist vor allem die romanische Pfarrkirche St. Martin (Sveti Martin) am Stadtplatz sehenswert. Sie wurde im 11. Jh. erbaut und im 19. Jh. verändert. Die Freskenreste in der südlichen und nördlichen Apsis der dreischiffigen Kirche stammen aus dem 11. Jahrhundert. In ihnen mischen sich byzantinische und ottonische Einflüsse. Andere Fresken sind das Werk italienischer Meister des 14. und 15. Jh.s. Ebenfalls am Stadtplatz steht eine schöne Loggia aus dem 15. Jahrhundert. Erwähnenswert sind noch die kleine gotische Blasiuskirche mit einigen glagolitischen Inschriften und die mittelalterliche Stadtmauer.

Riviera von Poreč

*Ferienparadies

Poreč markiert ziemlich genau die Mitte der Riviera von Poreč, die sich auf einer Länge von rund 60 km von Novigrad bzw. von der Mündung der Mirna ins Meer bis zum Limski kanal hinzieht. Die buchtenreiche Küste

Riviera von Poreč (Fortsetzung)

eignet sich hervorragend für alle möglichen Wassersportarten. Vor allem in den beiden Buchten Plava Laguna (Blaue Lagune) und Zelena Laguna (Grüne Lagune) südlich von Poreč ist das Sport- und Freizeitangebot entsprechend der großen Ferienanlagen riesig. Ausschließlich für Nudisten zugelassen sind die Anlagen Solaris Naturist und Ulika (nördlich von Poreč); FKK-Bereiche gibt es am Campingplatz Zelena Laguna.

Lanterna

Eine typische Feriensiedlung an der Riviera von Poreč ist das 12 km nördlich auf der gleichnamigen Halbinsel gelegene Lanterna. An der Küste gibt es ein Netz von Fußwegen, die zu ausgedehnten Spaziergängen einladen.

Novigrad

Im malerischen Novigrad (14 km nördlich, nahe der Mirnamündung) liegt der alte Stadtkern ebenfalls auf einer kleinen Halbinsel. Die Stadt mit heute 2500 Einwohnern war über mehrere hundert Jahre hinweg Bistum.

Sehenswertes

Neben vielen anderen touristischen Einrichtungen besitzt Novigrad, von den Italienern Cittànova genannt, einen wunderschönen, geschützten Hafen. Teile der zinnenbekrönten Stadtmauer und zwei Türme, eine städtische Loggia sowie Häuser im venezianisch-gotischen Stil haben sich erhalten. Am Hauptplatz Veliki trg, wo viele Cafés und Restaurants zum Einkehren einladen, steht die Pfarrkirche, die mit St. Pelagius, St. Maximilian und Maria gleich drei Heiligen geweiht ist. Sie wurde an der Stelle einer romanischen Vorgängerkirche erbaut und erhielt ihre heutige Gestalt weitgehend im 15. und 16. Jahrhundert. Im 18. Jh. wurde sie teilweise barockisiert. Im Innern der Kirche findet sich unter anderem ein hölzerner Altar, dessen "Muttergottes mit Kind" der Tiroler Schule des 18. Jh.s zugeschrieben wird. Unter dem Chor befindet sich noch eine romanische Krypta. Sie birgt auch eine Schatzkammer mit sehenswerten Steindenkmälern aus römischer, byzantinischer und frühmittelalterlicher Zeit. Sehenswert in Novigrad ist auch das im barocken Palais Rigo untergebrachte Lapidarium mit wertvollen Funden aus der Umgebung.

Ein kleiner Hafen unten in der Bucht, die Häuser oben auf dem Hügel – das ist Vrsar, ein hübsches Städtchen an der Riviera von Poreč.

Riviera von Poreč
Funtana

Funtana, 6 km südlich von Poreč, ist ein kleines Fischerdorf an einer tief eingeschnittenen Bucht. Im Ort gibt es einige Restaurants. In der Umgebung von Funtana wird Wein angebaut. Der Name des Ortes verweist auf die Quellen, die unmittelbar an der Küste entspringen. Die Pfarrkirche St. Bernardin stammt aus dem frühen 17. Jahrhundert.

***Vrsar**

Das überaus pittoreske Vrsar (9 km südlich; 1800 Einw.) lohnt schon allein wegen der dreischiffigen Kirche Sv. Marija aus dem 12. Jh., eines der bedeutendsten romanischen Bauwerke in der Region, einen Besuch. Das Städtchen liegt malerisch auf einem Hügel. Im Westen des Ortes steht noch ein mittelalterliches Stadttor. Es ist zweiflügelig und wurde aus istrischem Eichenholz gefertigt. Vom Kastell Vergotini auf der höchsten Stelle sind nur Reste erhalten. Es diente einst den Bischöfen aus dem nahegelegenen Poreč als Sommerresidenz. Wie Novigrad eignet sich auch Vrsar zum Flanieren und Bummeln. Vor der Küste liegen mehr als ein Dutzend kleiner und unbewohnter Inseln, zu denen man mit gemieteten Booten übersetzen kann.

Koversada

Bekannt ist Vrsar auch wegen der dortigen Campinganlage Koversada, die zu den ältesten und größten FKK-Campingplätzen gehört (seit 1961).

Portorož B1

Slowenien, Region Primorska
Höhe: 5 m ü. d. M.
Einwohnerzahl: 4500

Lage und Allgemeines

Nur 3 km südöstlich von Piran, durch einen Uferweg mit diesem verbunden, liegt Portorož (ital. Portorose, dt. Rosenhafen). Sloweniens kleine Touristenmetropole war früher ein elegantes Seebad. Auch wenn die Neubauten der Hotels und Ferienanlagen mittlerweile das Bild bestimmen, so verströmt Portorož doch noch ein wenig die Atmosphäre der k.u.k.-Zeiten: Hinter Palmen oder Zypressen versteckte Villen und das um 1910 erbaute Palace Hotel künden von beschaulicheren Zeiten und exklusiven touristischen Vergnügungen. Portorož ist heute – zumindest während der Saison – alles andere als ein ruhiges, gediegenes Seebad, sondern ein umtriebiger Ferienort mit Hotels unterschiedlichster Preiskategorien, einem belebten Strand, beheizten Seebädern, Cafés und Restaurants, Einkaufsmöglichkeiten und vielfältigem Sport- und Freizeitangebot. Ein Spielkasino (im Grand Hotel Metropol), Bars und Diskotheken lassen den Ort auch nachts nicht zur Ruhe kommen.
Durch die Lage in einer von der Bora geschützten Bucht, die von Norden her durch Hügel und Berge abgeschirmt wird, bleibt das Klima das ganze Jahr über sehr mild. Parks und Gärten mit subtropischen Pflanzen, die im Zuge der touristischen Entwicklung angelegt wurden, verleihen dem traditionsreichen Seebad seinen besonderen Reiz. Ein besonders prächtiges Bild bietet sich im März, wenn die Mandel- und Pfirsichbaumblüte einsetzt.

Freizeit- und Bademöglichkeiten

Die Freizeit- und Sportmöglichkeiten in Portorož sind breit gefächert. Baden kann man an der Uferpromenade in Portorož selbst, wo ein mehr als 1 km langer Strand mit feinem Sand aufgeschüttet wurde. Die Stadtstrände sind sauber, wenn auch wegen des Verkehrs nicht eben idyllisch.

Marina

Südlich von Portorož, im Vorort Lucija, steht Seglern und anderen Bootskapitänen eine der größten und am besten ausgerüsteten Marinas an der gesamten östlichen Adriaküste zur Verfügung. Einen weiteren kleinen Yachthafen gibt es nordwestlich von Portorož bei der Hotelsiedlung Bernardin. Tennis-, Volleyball- und andere Ballspielplätze liegen beim Jachthafen in Lucija. Die ruhige Bucht ist ideal zum Wasserskifahren, Surfen und Segeln.

Portorož (Fortsetzung) Geschichte

Die Gegend von Portorož wird erstmals im 12. Jh. als Besitz des Benediktinerklosters auf dem Kap Sv. Lovrenac erwähnt. Die Entwicklung von Portorož zum Seebad begann 1830 mit dem Bau der Villa Vesna. Um die Jahrhundertwende bestanden schon mehrere, vor allem wegen der Schlammbäder gut besuchte Hotels. Der bald nach dem Zweiten Weltkrieg einsetzende erneute Urlauberzustrom spornte Portorož an, seine touristische Infrastruktur weiter zu verbessern.

Salinen

Die Anfänge des Fremdenverkehrs in Portorož stehen im Zusammenhang mit dem Kurtourismus. In der zweiten Hälfte des 19. Jh.s entdeckte man die heilende Wirkung der Schlamm- und Salzbäder. Die 700 Jahre alten Salzfelder sind vor allem südlich von Portorož, nahe Sečovlje, zu sehen. Die meisten sind heute stillgelegt und werden von Vögeln als Brut- und Rückzugsgebiet genutzt. Bei Sečovlje liegt auch der Regionalflughafen von Portorož.

Halbinsel Seča

Zwischen Portoroz und Sečovlje ragt die Halbinsel Seča ins Meer. Hier lädt das Freilichtmuseum 'Forma viva' zu einem Besuch ein. Bei den Exponaten handelt sich um Marmorskulpturen, die im Rahmen eines (früher alljährlich veranstalteten) Bildhauersymposiums entstanden sind.

Pula F 3

Kroatien, Gespanschaft Istrien
Höhe: 5 m ü. d. M.
Einwohnerzahl: 65 000

Lage und *Bedeutung

Pula ist die größte und wirtschaftlich bedeutendste Stadt Istriens. Sie liegt an der stark zerklüfteten Südspitze der Halbinsel und hat Zugang zu mehreren Buchten. Auf den ersten Blick ist die heimliche Metropole Istriens – die Verwaltung sitzt in Pazin – vor allem eine pulsierende Hafen- und Industriestadt. Das heißt allerdings nicht, daß Pula nicht auch mit sehenswerten Baudenkmälern, einem weitgespannten Kulturangebot und hübschen Altstadtgassen aufwarten könnte. Besonders reich ist das Erbe der römischen Vergangenheit, aus der das imposante Amphitheater stammt; aber auch die k.u.k.-Zeit, in der die Stadt zum wichtigsten Kriegshafen der Donaumonarchie aufstieg, hat ihre Spuren hinterlassen. Nicht zu vergessen die buchtenreiche Küste vor den Toren der Stadt, die Badeurlauber und Wasssersportfans in ihren Bann zieht.

Stadtbild

Das weitläufige Stadtgebiet erstreckt sich auf mehreren Hügeln und umfaßt auch ausgedehnte Grünflächen und Pinienwälder. Die Altstadt (Fußgängerzone) mit den wichtigsten Sehenswürdigkeiten umschließt ringförmig den hafennahen Kastellhügel, östlich davon schließt sich mit breiteren Straßenzügen und deutlich höheren Gebäuden das jüngere Zentrum an, das überwiegend im 19. Jh. entstand. Vor allem in der Flanatička ulica und in den umliegenden Straßen befinden sich die meisten Geschäfte sowie der vielbesuchte Markt (Obst, Gemüse, Fisch).

Geschichte

Pula gilt als die älteste Stadt an der östlichen Adriaküste. In der nahen Umgebung entdeckte man Siedlungsspuren, die bis etwa 40 000 v. Chr., d.h. bis ins jüngere Paläolithikum (Altsteinzeit), zurückreichen. Gesichert ist auch, daß sich in Pula bereits um das 5. Jh. v. Chr. eine befestigte Siedlung des illyrischen Stammes der Histrer befand. Die wichtigere illyrische Stadt war zu jener Zeit allerdings Nesactium (siehe Umgebung von Pula). Anlaß zu Spekulationen über eine griechische Kolonie gibt nicht nur die Erwähnung Pulas in der Argonauten-Sage, sondern auch der griechische Name der Stadt, Pola oder Polai, der soviel wie 'Verfolgte, Flüchtige' bedeutet. Tatsache ist, daß die in Pula ansässigen Histrer um 177 v. Chr. von den Römern besiegt wurden.

Die unterhalb der illyrischen Wallburg gegründete römische Siedlung erhielt im 1. Jh. v. Chr. den Rang einer Kolonie und nannte sich Colonia Iulia Pollentia Herculanea. Als wichtiger Militärstützpunkt zog sie fortan Kaufleute, Seefahrer und Handwerker an. Unter Kaiser Augustus (30 v. Chr. – 14 n. Chr.) war Pula ('Pietas Iulia') das Verwaltungszentrum der römischen Region Istrien und zählte 30 000 Einwohner. Aus dieser Blütezeit sind noch einige bedeutende Bauwerke erhalten. Nach der Teilung des Römischen Reichs im 4. Jh. begann eine Periode wechselnder Herrschaft; nacheinander regierten Ostgoten, Byzanz und Franken die Stadt.

Geschichte (Forts.)
Römische Kolonie

Die Handelsmacht Venedig ergriff 1331 von Pula Besitz und ruinierte die einstige Metropole zusehends: Nach zahllosen Raubzügen, Kriegen und Seuchen hatte die Stadt im 17. Jh. nur noch ein paar Hundert Einwohner.

Venezianische Herrschaft (1331 – 1797)

Der zweite Aufstieg Pulas setzte dann um die Mitte des 19. Jh.s unter österreichischer Herrschaft (1797 – 1918) ein, als sich die Stadt zum wirtschaftlich wie militärisch wichtigsten Hafen des Kaiserreichs entwickelte. Der Grund: Zu Venedig, seit 1797 Zentralhafen der k.u.k.-Marine, hatte man nach den 1848er-Aufständen kein Vertrauen mehr, und so entschied sich der Wiener Hof für Pula als Standort der österreichischen Kriegsflotte. Werften, Lagerhallen und ein gewaltiges Arsenal wurden gebaut, östlich

Ausbau zum Kriegshafen

Ausbau zum Kriegshafen (Fortsetzung)

der Altstadt entstand ein neues, planmäßig angelegtes Stadtviertel mit Verwaltungsgebäuden und prächtigen Wohnhäusern. Um die Jahrhundertwende hatte die aufstrebende Stadt etwa 50 000 Einwohner, jeder vierte war Soldat. Die kulturelle Entwicklung hielt mit dem rasanten Wachstum nicht Schritt, so daß die Stadt in jener Zeit ein 'geistiges Sibirien' genannt wurde. Diesen wenig ruhmreichen Ruf hatte Pula auch noch, als zu Beginn des Jahrhunderts der 22jährige James Joyce einige Monate als Englischlehrer in der Stadt arbeitete. Amtssprache war damals Deutsch, Umgangssprache Italienisch. Die kroatische Bevölkerung, aus der vor allem die Arbeitskräfte für die Industriebetriebe und Werften rekrutiert wurden, war einer mehr oder weniger harten Assimilierung unterworfen.

1918–1945

Nach dem Untergang des Österreichisch-Ungarischen Reichs im Jahr 1918 besetzten die Italiener Pula. Kroatische Schulen und Kulturvereine, erst wenige Jahrzehnte zuvor gegründet, wurden wieder geschlossen. Die angespannte politische und soziale Lage entlud sich vor allem in den 20er Jahren in Streiks, die blutig niedergeschlagen wurden. 1945 wurde die Stadt von Titos Partisanen befreit, offiziell fiel sie jedoch erst 1947 an Jugoslawien. Im unabhängigen Kroatien (seit 1991) entwickelte sich Pula zu einem Kristallisationspunkt kritischer Oppositioneller. Die Stadt ist eine Hochburg der Regionalpartei IDS (Istrische Demokratische Versammlung), die sich mit einigem Erfolg dem Zagreber Zentralismus widersetzt. Die Bevölkerung ist noch heute ethnisch stärker durchmischt als in anderen Städten oder Regionen des Landes. Vom jüngsten Krieg im ehemaligen Jugoslawien blieb Pula trotz wichtiger militärischer Einrichtungen verschont.

Wirtschaft und Kultur

Der Hafen von Pula hat als Warenumschlagplatz bis heute eine große Bedeutung. Diverse Industriezweige, allen voran die Werftindustrie sowie der Fremdenverkehr, sind weitere Säulen der städtischen Wirtschaft. Mehrere Fachschulen, eine Akademie, Bibliotheken, Museen und Theater machen Pula auch in kultureller Hinsicht zur eigentlichen Kapitale Istriens.

Sehenswertes in Pula

**Amphitheater (Arena)

In unmittelbarer Nähe des Hafens, außerhalb der eigentlichen Altstadt Pulas, liegt das gut erhaltene Amphitheater, das bedeutendste römische Bauwerk in Istrien. Kaiser Vespasian (69–79 n. Chr.) ließ es unter dem Einfluß seiner aus Pula stammenden Geliebten Antonia Cenida erbauen – so jedenfalls geht die Legende. Nach einer anderen Überlieferung soll bereits Kaiser Augustus an dieser Stelle ein kleines Amphitheater errichtet haben. Das monumentale Bauwerk hat die Form einer Ellipse (132 m x 105 m) und ist an der Hafenseite 32 m hoch. Das massiv ausgeführte Untergeschoß trägt zwei weitere Geschosse mit Arkadenreihen und ein abschließendes Fenstergeschoß. In den seitlichen Türmen waren die Treppenaufgänge untergebracht. Insgesamt fanden in der Arena 23 000 Menschen Platz. In der Antike war das Amphitheater Schauplatz der beliebten Gladiatorenkämpfe, später diente es auch als städtischer Handelsplatz. Nicht nur die Venezianer, sondern auch die Einheimischen nutzten das Bauwerk als Steinbruch für den Bau von Wohnhäusern und Palästen. Den vollständigen Abtransport des monumentalen Gebäudes nach Venedig verhinderte 1583 der weitsichtige venezianische Senator Emo, an den eine Gedenktafel erinnert. Heute bietet das gut erhaltene Amphitheater einen stimmungsvollen Rahmen für Konzerte, Theater- und Opernaufführungen (Pula Opera Festival) unter freiem Himmel.

In den unterirdischen Gängen des Amphitheaters wurde eine Ausstellung zum Thema "Wein- und Olivenanbau in der Antike" eingerichtet. Gezeigt werden u. a. Amphoren, eine Weinpresse und andere Gegenstände aus römischer Zeit.

Porta Gemina, *Archäologisches Museum

Der Weg in die Altstadt führt vorbei am eleganten Doppeltor Porta Gemina aus dem 2. Jahrhundert. Hinter dem Tor, das ursprünglich Teil der antiken Stadtmauern war, beginnt der kleine Park, in dem sich unter anderem das

Baedeker Special

Pula literarisch

"So wie bei Arles, wo Rodans Wogen stauen, bei Pola auch, wo die Carnarobucht Italien einschließt, seinen Leib zu tauen, der Boden hügelig von der Gräber Flucht"- Dante erwähnt Pula bei der Beschreibung des Eintritts in den sechsten Kreis der Hölle, in dem Häretiker in steinernen Gräbern brennen, die an Sarkophage erinnern. Tatsächlich erstreckte sich einst in Pula ein riesiger Friedhof mit antiken Sarkophagen vom heutigen Kastellhügel bis zur Arena und weit darüber hinaus. Pula hat schon immer Schriftsteller und Dichter beflügelt, in ihren Bann gezogen oder aber auch abgeschreckt – mehr jedenfalls als andere Städte in Istrien und Dalmatien. Liegt es vielleicht an der faszinierenden Lage der Stadt, am guten Wein aus der Umgebung oder eher an der Geschichtsträchtigkeit des Orts, der weltoffenen Atmosphäre, dem seit jeher multiethnischen Charakter der Stadt?

Auf dem Illyrischen Meer ruhen die Ruder
am felsigen Grab der Harmonia,
jener Schlange mit goldgelbem Haar,
der Gründerin einer Stadt,
die nannt' einst ein Grieche
'die Stadt der Geflüchteten',
in deren Sprache wird sie Pula genannt.

Der griechische Autor Kallimachos und sein schreibender Kollege Lykophron brachten den Namen der Stadt mit den Argonauten in Zusammenhang. Der Argonautensage zufolge raubten Jason und Medea das Goldene Vlies und flohen damit nach Westen, wo sie in der 'Stadt der Geflüchteten' landeten. Nach ihrer Blütezeit unter römischen Kaisern und byzantinischen Herrschern versank Pula in einen Jahrhunderte währenden literarischen Dornröschenschlaf, bis ihr dann Dante jenes eingangs zitierte dichterische Denkmal setzte. Im vergangenen Jahrhundert schließlich wurde Pula von österreichischen und britischen Reiseschriftstellern entdeckt. Der englische Literat und Maler Thomas Allison zum Beispiel notierte: "Wenn man sich der Stadt nähert, dann erwecken die gezahnten Stadtmauern mit der Krone und den Türmen ganz den Eindruck einer römischen Festung." Und wieder war da von Pulas antikem steinernem Herz die Rede.

James Joyce, den großen irischen Dichter, verschlug es 1904 eher ungewollt von Triest aus nach Pula. Als 22jähriger kam er mit seiner Lebensgefährtin Nora Joseph Bernacle in die Stadt, wo er an der Berlitz-Schule als Englischlehrer arbeitete. Nora gebar in dieser Zeit ein Kind. Joyce scheint die Stadt gehaßt zu haben, er und Nora erlebten einen ungemütlichen Winter, überwarfen sich zudem mit den österreichischen Behörden wegen einer angeblichen Spionageaffäre. Für den Autor des "Ulysses" war die Stadt 'ein gottverlassenes Nest', ein Sibirien am Meer. Die Provinzialität und die militaristische Atmosphäre – Pula war zu jener Zeit k.u.k-Kriegshafen – schreckten ihn ab. Ähnlich unwohl fühlte sich offenbar der slowenische Nationaldichter Ivan Cankar, der sechs Jahre später in die Stadt kam. Das Meer stinke, die Mädchen seien schlampig, schrieb er in einem Brief an einen Freund, "und ansonsten nichts als Himmel und kahles Gestein". Joyce selbst wiederum ist eine literarische Figur in einem Werk des serbischen Schriftstellers Dragan Velikic. Das 1988 erschienene Prosawerk "Via Pula" schildert das Kaleidoskop einer verwirrenden Stadt. Die Menschen (Freudenmädchen, Krankenwärter, Psychiater, Schriftsteller), die einander hier begegnen, sind Österreicher, Italiener, Kroaten, Serben, Ungarn, Iren und andere. Im Unterschied zu James Joyce scheint sich der Erzähler allerdings in der Stadt mit dem 'steinernen Herzen' durchaus wohl zu fühlen. Mit "Via Pula" hat Velikic ihr ein weiteres literarisches Denkmal gesetzt.

Brot und Spiele: Aus seiner römischen Vergangenheit besitzt Pula eines der besterhaltenen und größten Amphitheater.

Porta Gemina, Archäologisches Museum (Fortsetzung)

Archäologische Museum von Pula befindet. Wer sich einen repräsentativen Überblick über die reiche Geschichte Istriens verschaffen will, sollte sich die Sammlungen dieses Museums nicht entgehen lassen. Im Erdgeschoß sind Skulpturen aus der Spätantike ausgestellt. Das erste Stockwerk ist der prähistorischen Sammlung mit Fundstücken aus dem nahegelegenen Nesactium (siehe Pula, Umgebung) und aus verschiedenen Höhlen im Inneren Istriens vorbehalten. Im zweiten Obergeschoß werden wiederum antike Funde gezeigt. Aus kroatischer Sicht sind vor allem die Grabfunde aus dem 7. bis 12. Jh., Zeugnisse der ersten Blüte der kroatischen Kultur, von Bedeutung. Sie stammen aus slawischen Gräbern nahe Motovun, Zminj und Buzet.

Kleines Theater, Porta Herculea

Hinter dem Archäologischen Museum sind am Hang des Kastellhügels die Reste eines kleinen römischen Theaters aus der Kaiserzeit erhalten. Südlich des Museums steht die Mitte des 1. Jh.s erbaute Porta Herculea, ein weiteres Tor der östlichen römischen Stadtmauer.

*Sergierbogen

An der Stelle, wo die Fußgängerzone Flanatička ulica in die Laginje ulica einmündet, erhebt sich rechter Hand, am Trg Portarata der sogenannte Sergierbogen. Der prächtige Triumphbogen wurde um das Jahr 30 v. Chr. im Auftrag von Salvia Sergi vor der Innenseite der 1829 abgerissenen Porta Aurea errichtet – deshalb ist er nur an einer Seite geschmückt. Das Bauwerk war als Denkmal für drei Brüder gedacht, die im römischen Imperium hohe Ämter bekleideten.

Sergijevaca, Dirke-Mosaik

Die zur Fußgängerzone umgestaltete Straße namens Sergijevaca ist die beliebteste Flaniermeile in der Altstadt von Pula, mit vielen kleinen, zum Teil noch etwas altmodisch wirkenden Geschäften, zahllosen Bars, Cafés und Restaurants. Hinter dem Haus Nr. 16 sollte man einen Blick auf den herrlichen römischen Mosaikboden aus dem 2. Jh. werfen, der einst zu einer vornehmen Stadtvilla gehörte. Dargestellt ist das Schicksal Dirkes, der Frau des Königs von Theben. Weil sie Antiope Leid zugefügt hatte, wurde sie von deren Söhnen an die Hörner eines Stiers gebunden und durchs Gebirge geschleift. Weitere Felder sind mit Vögeln, Delphinen und Rosetten geschmückt.

Prvog maja ulica, Dirke-Mosaik (Fortsetzung)

Ein kleiner Abstecher führt zu der hübschen Kirche Santa Maria Formosa in der Maksimilijanova. Von dem ursprünglichen Gebäude, einer Basilika aus dem 6. Jh., ist allerdings nur noch die südliche Grabkapelle mit Blendbögen und drei steinernen Fenstergittern erhalten.

Sv. Maria Formosa

In einer Querstraße zur Fußgängerzone Sergijevaca, am Westhang des Kastellhügels, liegt das Franziskanerkloster mit der Kirche Sv. Franjo (Anfang 14. Jh.). Beachtung verdienen das romanische Kirchenportal mit gotischer Fensterrose sowie das Flechtwerkornament am Glockenturm. Der überraschend großzügige Innenraum wartet mit einem spätgotischen Altarbild aus dem 15. Jh. (in der mittleren Apsis) und einer gotischen Madonnenfigur aus Holz auf.

Sv. Franjo

Geht man auf der Sergijevaca in Richtung Hafen weiter, so gelangt man nach wenigen Schritten zum weitläufigen Platz der Republik. Hier befand sich in römischer Zeit das Forum. Aufmerksamkeit erregt der schmale Tempel an der gegenüberliegenden Platzseite, der unter Kaiser Augustus errichtet wurde und heute zu den eindrucksvollsten römischen Baudenkmälern der Region gezählt werden muß. Hinter der Vorhalle mit sechs schlanken korinthischen Säulen liegt die Cella, die eine Sammlung römischer Plastiken und Skulpturen birgt.

Trg republike, *Augustus-Tempel

Direkt neben dem Augustus-Tempel befand sich ein weiterer, der Göttin Diana geweihter Tempel, von dem nur eine Wand erhalten geblieben ist.

Altes Rathaus

Römisches auf Schritt und Tritt: Am Trg republike blieb der elegante Augustus-Tempel erhalten. Das Alte Rathaus rechts daneben nimmt den Platz eines Diana-Tempels ein.

Altes Rathaus (Fortsetzung)

Sie wurde in das Alte Rathaus (1296) integriert. Das Bauwerk wurde bei einem Brand weitgehend zerstört und erhielt um die Mitte des 17. Jh.s seine schöne Renaissancefassade mit einer Loggia im Erdgeschoß.

Kathedrale Sv. Marija

Durch die Kandlerova ulica erreicht man den Domplatz mit der Kathedrale Sv. Marija und ihrem hohen Glockenturm an der Hafenseite des Platzes. Die dreischiffige, im wesentlichen im 15. Jh. errichtete Basilika erhebt sich an der Stelle eines antiken Tempels und eines frühchristlichen Gotteshauses. Von der ersten Kirche aus dem 4./5. Jh. stammen die Bodenmosaiken und die Apsis; der Sarkophag aus dieser Zeit dient heute als Altarmensa. Hauptfassade und südliches Seitenportal sind im Stil der Renaissance entstanden, der Glockenturm wurde im Zuge weiterer Baumaßnahmen im 17. Jh. erbaut.

Sv. Nikola

In der Castropola ulica befindet sich die orthodoxe Nikolauskirche. Das einschiffige Gotteshaus aus dem 7. Jh. (später mehrfach umgebaut) besitzt eine schöne hölzerne Ikonostase aus dem 18. Jahrhundert.

Kastell

Von der Castropola ulica führen Treppen hinauf zum Kastell. In seiner heutigen Form wurde es 1630/1631 von dem französischen Militäringenieur Deville für die Venezianer erbaut und im 19. Jh. erneut verändert.
Vom Kastellhügel genießt man einen herrlichen Blick auf Pula und die Umgebung der Stadt.

Umgebungsziele an der Küste

Südspitze von Istrien

Die Umgebung von Pula ist touristisch ungefähr ebenso gut erschlossen wie diejenige von → Umag und → Poreč. An der buchtenreichen Küste mit den vielen vorgelagerten kleinen Inseln gibt es überall Möglichkeiten zu sportlicher Betätigung (Segeln, Wasserski, Surfen, Tauchen, Tennis). Außer dem Jachthafen in Pula verfügen Pomer und Veruda über eine Marina. Im engeren Stadtbereich von Pula verbietet sich das Baden von selbst; die nächsten sauberen Strände findet man auf der Halbinsel Verudela und im Stadtteil Veruda.

Verudela

Streng genommen noch zu Pula gehört die Halbinsel Verudela südlich des Zentrums. Hier liegen, zum Teil von schattigen Kiefernwäldern umgeben, mehrere große Hotels und eine Appartementsiedlung.

Premantura

Noch weiter südlich, 12 km von Pula entfernt, liegt das Dorf Premantura, gleichfalls mit Campingplätzen, aber auch Ferienwohnungen und Privatzimmern. Der Ort ist vor allem bei Surfern beliebt.

Kap Kamenjak

Wenn man auf einem kleinen Sträßchen noch weiter in Richtung Süden fährt, gelangt man an die Südspitze Istriens, das Kap Kamenjak. Auf einem kleinen Felseiland steht der Leuchtturm Porer.

Medulin

10 km südöstlich von Pula, gegenüber von Premantura an der Bucht von Medulin (Medulinski zaliv), liegt der Ort Medulin, das größte Touristenzentrum der Umgebung mit einem riesigen Freizeit- und Sportangebot. Das Meerwasser ist großenteils seicht und somit besonders für Familien mit Kindern geeignet. Es bestehen zahlreiche Bademöglichkeiten (auch FKK). 2,5 km südlich von Medulin endet die Straße an der weitläufigen FKK-Ferienanlage Kažela mit einem schönen Kiesstrand.

Ližnjan

Von Medulin aus auch zu Fuß erreichbar ist Ližnjan (1,5 km östlich), ein hübsches Dorf abseits der Küste.

*Fažana

Der kleine ehemalige Fischerort, 7 km nördlich von Pula, lohnt einen Ausflug, denn er hat sich das Flair eines beschaulichen Küstenstädtchens bewahrt. In den Cafés und Restaurants an der hübschen Uferpromenade, wo immer ein frisches Lüftchen weht, läßt es sich gut sitzen und den Ausflugsbooten, die zu den → Brijuni-Inseln übersetzen, zusehen. Als Hafenort für die Überfahrt nach Brijuni diente Fažana bereits in der Antike.

Fažana (Fortsetzung)

Außer der besagten Uferpromenade kann Fažana heute mit drei interessanten Kirchen aufwarten: der gotischen Pfarrkirche St. Kosmas (od. Cosmas) mit einem Wehrturm im Stil der Renaissance, der einschiffigen, ebenfalls gotischen Marienkirche mit Fresken aus dem 15. Jh. und der Kapelle St. Elysäus, deren Anfänge bis ins 6. Jh. zurückgehen. Die kleine Kirche wirkt immer noch sehr byzantinisch.

Umgebungsziele im Hinterland

*Nesactium

Nesactium, 12 km nordöstlich von Pula hinter dem Dorf Valtura gelegen (von Pula Richtung Flughafen, dann ausgeschildert), ist die bedeutendste archäologische Fundstätte auf der gesamten Halbinsel. Die Geschichte der Siedlung läßt sich von der Bronzezeit bis zum 7. Jh. verfolgen, als Nesactium von den vordringenden Awaren und Slawen niedergebrannt und zerstört wurde. Gut zu erkennen sind noch die Überreste und Grundrisse römischer Thermen, eines Forums und zweier Tempel sowie frühchristlicher Basiliken. In dem kleinen Häuschen auf dem Ruinengelände werden auch Lagepläne und eine Dokumentation zu den dortigen Grabungskampagnen gezeigt. Ein großer Teil der Funde aus Nesactium wird im Archäologischen Museum von Pula aufbewahrt.

***Vodnjan**

An der großen Süd-Nord-Verbindungsstraße nach Koper bzw. Triest, 10 km nördlich von Pula, liegt die Kleinstadt Vodnjan (3000 Einwohner). Eine lange, sich zusehends verengende Hauptstraße teilt den Ort in zwei Hälften. Die dicht gedrängten Bürgerhäuser mit ihren blumenschmückten Balkonen oder gotischen Fenstern sind zwar zum großen Teil ein wenig heruntergekommen, doch immer noch im ursprünglichen, weitgehend unveränderten Zustand. Der Hauptplatz erinnert an ein italienisches Städtchen – kein Wunder, die italienische Minderheit Vodnjans (ital. Dignano) ist noch heute relativ groß.

Die Schönheit liegt im Detail: Alte Häuser mit zierlichen Balkonen und geschwungenen gotischen Fenstern sind keine Seltenheit in Vodnjan.

Sehenswertes

Die mächtige Barockkirche St. Blasius (Sveti Blaž), deren Glockenturm schon von der Fernstraße aus weithin sichtbar ist, beherbergt mehrere wertvolle Gemälde, unter anderem eine spätbyzantinische Muttergottes sowie eine Muttergottes mit zwei Heiligen, vermutlich ein Werk des venezianischen Künstlers Jacobello del Fiore. Die Attraktion der Kirche, genauer gesagt ihrer kleinen Kunstsammlung, sind die mumifizierten Leichen, die angeblich

Pula, Umgebung (Fortsetzung) Vodnjan

ohne jede Einbalsamierung die Jahrhunderte überstanden haben. Trotz dieser Kuriosität sind in Vodnjan bislang die Einheimischen weitgehend unter sich; Touristen aus den nahegelegenen Ferienzentren und Badeorten scheint es nur selten hierher zu verschlagen. Wer also den Lebensrhythmus einer typischen istrischen Stadt kennenlernen möchte, ist hier genau richtig.

Rab (Insel) F/G 8/9

Kroatien, Gespanschaft Primorsko-Goranska/Rijeka
Höhe: 0–408 m ü. d. M.
Bewohnerzahl: 9000

Allgemeines und *Landschaftsbild

Rab liegt zwischen Krk im Norden und Pag im Süden und ist mit ihren 94 km² die neuntgrößte Adriainsel. Mit rund 2500 Sonnenstunden im Jahr und einem sommers wie winters sehr mildem Klima gehört sie zu den Favoritinnen bei den Badeurlaubern. Drei Bergrücken beherrschen das Landschaftsbild der Insel. Der höchste Gipfel, der Kamenjak (408 m), fällt steil zum Podvelebitski kanal und zum Festland hin ab. Von dieser Seite wirkt die Insel wenig lieblich, so daß, wer in Lopar oder Mišnjak anlegt, nur kahle Bergrücken sieht. Ganz anders ist der Eindruck auf der westlichen Seite, wo sich die Insel als grünes Paradies mit Eichen- und Pinienwäldern, Weingärten, Sträuchern und – im Frühling – einem Meer von Blüten präsentiert. Lebhaftes Zentrum der Insel ist das gleichnamige Städtchen, dessen Ansicht mit den vier Kirchtürmen auf keinem Fremdenverkehrsprospekt fehlen darf.

Anreise

Die kürzeste Fährverbindung (ca. 20 Minuten) ist die von Jablanac nach Mišnjak. Die Fähren verkehren hier etwa stündlich. Nur bis zu viermal täglich setzt die Fähre von Baška (Insel Krk) nach Lopar auf Rab über.

Geschichte

An der Stelle der heutigen Stadt Rab befand sich in prähistorischer Zeit bereits eine Siedlung des illyrischen Stammes der Liburner. Um 400 v. Chr. siedelten griechische Kolonisten auf Rab, 200 Jahre später folgten ihnen die Römer, die das Städtchen Rab (Arba) zu einem Hafen für ihre Kriegsschiffe ausbauten. Die in der Völkerwanderungszeit zerstörte Stadt wurde unter byzantinischer Herrschaft im 8. Jh. wieder aufgebaut. Die eigentlichen Herren der Insel wie auch anderer Städte an der östlichen Adriaküste waren zu jener Zeit kroatische Fürsten. Im 15. und 16. Jh., unter den Venezianern, rafften Pestepidemien, Brandschatzungen und Hungersnöte einen Großteil der Inselbewohner hinweg. In der Folgezeit wurden Zuwanderer vom Festland auf Rab angesiedelt. Ende des 19. Jh.s – Rab gehörte zu Österreich (1813–1918) – setzte der moderne Tourismus auf der Insel ein. Nach dem Untergang des Habsburgerreichs wurde das auch von Italien beanspruchte Rab im Frieden von Rapallo (1921) dem neuen Königreich der Serben, Kroaten und Slowenen, dem späteren Jugoslawien, zugeschlagen.

Freizeit- und Bademöglichkeiten

Kilometerlang sind sie zwar nicht, aber es gibt sie: Sandstrände auf Rab. Zu den schönsten gehören der an der ehemaligen Anlegestelle Pudarica, ungefähr 10 km südöstlich von Rab an der Straße nach Mišnjak gelegen, und der sanft ins Meer abfallende Sandstrand von Lopar, direkt bei dem großen Campingplatz und nahe der Hotelanlage San Marino. Der betonierte Stadtstrand von Rab liegt 2 km nordwestlich der Altstadt im Ortsteil Palit. Von hier aus kann man für wenige Kuna mit einem Taxiboot auf die Rab vorgelagerte, bei FKK-Fans außerordentlich beliebte Halbinsel übersetzen. Zahlreiche kleine und abgelegene Buchten mit Felsstrand und dichten Steineichenwäldern machen die Halbinsel zu einem kleinen Badeparadies. Weitere Bademöglichkeiten auf der Insel gibt es in Barbat und Banjol wenige Kilometer südöstlich der Stadt Rab. Skipper finden in den

Baedeker Special

Hüllenloses Badevergnügen

Für manche ist es die große Freiheit, für andere nur an menschenleeren Stränden eine Versuchung, und für wieder andere ein Verstoß gegen den guten Geschmack – die Rede ist vom FKK, dem, wie der Brockhaus so schön altmodisch formuliert, "gemeinsamen Freiluftleben beider Geschlechter ohne Bekleidung". Istrien und Dalmtien gelten traditionell als Hochburgen der Freikörperkultur, denn nirgendwo sonst in Europa gibt es eine Küste mit so vielen Stränden oder Strandabschnitten, an denen das hüllenlose Baden erlaubt, ja teilweise sogar ausschließlich gefordert ist.

Die Gründe dafür, warum sich das damalige Jugoslawien zu einem Nacktbadeparadies entwickeln konnte, sind vielfältig. Mit dem englischen Thronfolger und späteren König Edward VIII. hat es angeblich angefangen. Er bat, so wird erzählt, 1934 während eines Aufenthalts auf der Insel Rab die Behörden, seiner Frau Wallis Simpson das hüllenlose Baden in der Bucht von Kandarola zu genehmigen.

Einen gewaltigen Aufschwung erlebte die FKK-Bewegung dann nach dem Zweiten Weltkrieg. Eine mögliche Erklärung für diese Entwicklung: Jugoslawien war bis in die 60er Jahre noch kein sehr bekanntes Reiseland. Um den Fremdenverkehr anzukurbeln, versuchten die Verantwortlichen, durch entsprechende Angebote die wachsende Anhängerschaft der Freikörperkultur ins Land zu locken. Eine mächtige Kirche, die den Behörden – wie beispielsweise in Italien – einen Strich durch die Rechnung hätte machen können, gab es nicht – man war ja ein sozialistischer Staat. Koversada beispielsweise, die größte FKK-Campinganlage Kroatiens, besteht bereits seit 1961. Im Unterschied zu anderen sozialistischen Ländern öffnete sich Titos liberaler Staat damit schon sehr früh für den westlichen Massentourismus. Auffallend ist, daß sich der FKK-Urlaub an der jugoslawischen Küste in ganz eigener Weise entwickelte: Gerade hier bürgerte sich nämlich zumeist das Nebeneinander von Textil- und Nacktstränden ein, wodurch auch alle jene leicht überwechseln konnten, denen bis dahin FKK fremd oder gar suspekt gewesen war. Anderswo in Europa war man zu Beginn der 60er Jahre noch prüder, und die Nudisten zogen es deshalb vor, unter sich zu bleiben, streng getrennt von den bekleideten Badegästen.

Zur Erinnerung: Die Geburtsstunde des FKK in Europa schlug nicht – wie man vielleicht annehmen möchte – in den 'wilden' 60er Jahren, sondern schon wesentlich früher, um die Jahrhundertwende. Die ersten Naturisten oder Nudisten waren Anhänger einer Reformbewegung, die Schluß machen wollte mit der wilhelminischen Moral und der geschlechtlichen Geheimnistuerei. Sie vertraten die Auffassung, daß der Mensch durch das Erlebnis des hüllenlosen Aufenthalts im Freien ein gesundes Verhältnis zum Körper entwickle und sich dies positiv auf seine Persönlichkeitsentfaltung auswirke.

Auch wenn die ersten Nudisten damals nur müde belächelt oder gar als unmoralisch beschimpft wurden – das Verhältnis zur Nacktheit hat sich – auch durch diese Reformbewegung – allmählich verändert, und heute kann jeder selbst entscheiden, ob er nackt, halbnackt oder in Badekleidung an den Strand geht. Und: Man muß in Istrien und Dalmatien auch nicht gleich zum überzeugten FKK-Anhänger werden, wenn man sich der natürlichen Nacktheit hingeben will. Wem FKK-Reviere wie Koversada zu groß sind, der findet an der istrischen und dalmatinischen Küste genug einsame Buchten und geschützte Strandabschnitte, an denen man sich 'ganz ohne' in die Sonne legen kann.

Freizeitmöglichkeiten (Fortsetzung)

Marinas von Rab und Supetarska Draga alle nötigen Einrichtungen. Wer selbst kein Boot besitzt, sollte im Rahmen einer Dampferfahrt die herrliche Inselwelt in der Umgebung erkunden (Abfahrt im Hafen von Rab).

Rab (Stadt)

**Stadtbild

Die Stadt Rab zählt sicher zu den schönsten an der gesamten kroatischen Küste – zum einen wegen der phantastischen Lage auf einer spitz zulaufenden Landzunge, die aus der Luft wie ein Schiff aussieht, zum anderen wegen der pittoresken Altstadt, deren Wahrzeichen die vier hohen Kirchtürme sind.

Rab, die Stadt mit den vier Kirchtürmen

Trg Sv. Kristofora

Idealer Ausgangspunkt für einen Stadtspaziergang ist der Platz des hl. Christophorus. Von hier aus führen drei Parallelstraßen durch die Altstadt bis zur Spitze der Landzunge. In der Unteren Straße (Donja ulica) in Hafennähe befinden sich die meisten Kneipen, Bars und Restaurants; die Mittlere Straße (Srednja ulica) ist die Haupteinkaufsmeile mit Geschäften und Souvenirständen, und an der Oberen Straße (Gornja ulica) reihen sich die wichtigsten Kirchen des Städtchens aneinander.

Sv. Ivan Evandželist

Über die Bobotine-Treppe kommt man in die ruhige Gornja ulica. Die Ruinen der dortigen Johanneskirche gehen auf eine vorromanische Basilika aus dem 6. und 7. Jh. zurück. Die Flechtwerkornamente auf dem Boden hinter dem Altar stammen noch aus der ersten Kirche. In seiner ursprünglichen Form erhalten blieb der romanische Campanile aus dem 11. Jahrhundert. Von dem angrenzenden Benediktinerkloster, das ebenfalls aus dem 11. Jh. stammt, ist so gut wie nichts mehr erhalten.

Sv. Križ, Sv. Justina

Es folgen die kleine Heilig-Kreuz-Kirche (Sveti Križ) und die Justinakirche (Sveta Justina), beide aus dem 16. Jahrhundert. Sv. Justina beherbergt heute das Museum für Sakrale Kunst. Die Kirche besitzt einen schönen Renaissancealtar mit einem sehenswerten, vermutlich im Umkreis von Tizian entstandenen Altarblatt ("Der Tod des hl. Josef"; 16. Jh.) sowie eine Grabplatte von Andrija Aleši, entstanden um die Mitte des 15. Jh.s. Der Glockenturm erhielt seinen zwiebelförmigen Helm im Jahr 1672. Hinter Sveti Križ gelangt man in einen weiten Hof. Von dort bietet sich ein reizvoller Blick auf die steil zum Strand abfallenden Klippen.

Sv. Križ, Sv. Justina (Fortsetzung)

Nüchtern wirkt die romanische Sveti Andrija, das Gotteshaus des Benediktinerinnenklosters. Der schlanke romanische Glockenturm entstand im ausgehenden 12. Jahrhundert. Die Kirche wurde im 16. Jh. im Renaissance-Stil renoviert. Am Hauptaltar findet sich ein farbenfrohes Barockgemälde.

Sv. Andrija

Fast an der Spitze der Landzunge erhebt sich das wichtigste Bauwerk von Rab, die romanische Domkirche Sveti Marija Velika. Die Kirche wurde im 11. Jh. erbaut und von Papst Alexander III. 1177 geweiht. Im Auftrag von Bischof Petar Zaro fügte Andrija Aleši im 15. Jh. am nördlichen Seitenschiff die Sakramentskapelle und die Kapelle des hl. Peter an. Beide Kapellen wurden im 17. und 18. Jh. barock umgestaltet. Blendarkaden und Fensterrose bilden den Schmuck der schlichten Kirchenfassade aus weißen Hausteinen. Die Pietà über dem Renaissanceportal schuf im frühen 16. Jh. Petar Trogiranin (Petar aus Trogir), einer der bedeutendsten dalmatinischen Bildhauer in der Übergangszeit zwischen Gotik und Renaissance.

**Dom

Das Innere birgt einige sehenswerte Ausstattungsstücke, so das Ziborium mit altkroatischen Fragmenten (um 1500), das oktogonale Taufbecken von Petar Trogiranin (um 1500; in der Kapelle des hl. Petar) sowie ein spätgotisches Chorgestühl mit den Wappen verschiedener Familien aus Rab und das barocke Antependium (17. Jh.). Einen Blick verdienen auch die Orgel, ein Werk des einheimischen Künstlers Petar Nakić aus dem 18. Jh., und in der Schatzkammer das Reliquiar des heiligen Christophorus, des Schutzpatrons von Rab, das der Patriarch von Konstantinopel der Stadt um 923 schenkte. Der 26 m hohe, freistehende Campanile, den einheimische und italienische Baukünstler im 12. und 13. Jh. erbauten, gehört zu den bedeutendsten Bauwerken dieser Art im Mittelmeerraum. Sein spitzer Turmhelm stammt aus dem 15. Jahrhundert.

**Campanile

Das prächtigste Gebäude am hübschen, palmengesäumten Hafenplatz mit seinen Cafés ist der Rektorenpalast (Knežev dvor; 13.–16. Jh.) mit einem Lapidarium im Innenhof und einem auf Löwenköpfen ruhenden Balkon. Vom Hafenplatz und weiter vorne, von der Landspitze aus, kann man gut die Hafeneinfahrt beobachten, wo stets reger Betrieb herrscht. Ein besonderes Ereignis ist immer die Ankunft der großen, von Rijeka kommenden Fähr- und Passagierschiffe, die in bewundernswerter Millimeterarbeit an der Mole anlegen.

Trg municipium Arba, Rektorenpalast

In unmittelbarer Nähe des Hafenplatzes stehen der alte Torturm (auch Seetor genannt), die 1509 vollendete venezianische Loggia mit Uhrturm und die kleine Kapelle Sveti Nikola.

Torturm, Loggia

In der Unteren und Mittleren Straße sowie in den benachbarten Altstadtgassen blieben einige Patrizierhäuser Raber Familien erhalten. Besonders schöne Beispiele für diesen Bautyp ist der Nimira-Palast in der Unteren Straße, heute Teil des Restaurants "Grand", und am Beginn der Mittleren Straße der Dominis-Palast. In diesem prächtigen Renaissancegebäude mit gotischen Details erblickte 1560 der Mathematiker, Schriftsteller und Philosoph Mark Antonije de Dominis, der wegen seiner Schriften von der Inquisition verurteilt wurde, das Licht der Welt.

Patrizierpaläste

Nordwestlich der Altstadt beginnt der 16 ha große, Ende des 19. Jh.s angelegte Park Komrčar – wie die meisten mediterranen Parks mit Kiefern, Steineichen und Zypressen. In ihm liegt das älteste und wohl auch schönste Hotel der Stadt, das 1911 erbaute Imperial.

*Komrčar-Park

Klösterliche Ruhe bei Sv. Eufemija

Rab (Fortsetzung)
Kampor,
Sv. Eufemija

Durch den Park oder über den hübschen Uferweg erreicht man zu Fuß das 5 km nordwestlich, auf einer Anhöhe über der gleichnamigen Bucht gelegene Franziskanerkloster Sv. Eufemija. Es wurde in der Mitte des 15. Jh.s erbaut und beherbergt heute ein kleines Museum. In der barockisierten Klosterkirche St. Bernhard befindet sich ein Flügelaltar der Gebrüder Vivarini aus dem Jahr 1458.

Umgebung von Rab,
Supetarska Draga

Supetarska Draga, ein überwiegend moderner Ort mit einer ACI-Marina, schmiegt sich in die tief eingeschnürte Bucht, 5 km nördlich von Rab. In Supetarska Draga findet sich die frühromanische, vermutlich im 11. Jh. entstandene Peterskirche, letzter Überrest eines Klosters. Die Kirche besitzt wahrscheinlich die älteste Glocke an der kroatischen Küste (1299).

Lopar

Die zweitgrößte Siedlung der Insel ist der Fährhafen Lopar (1100 Einw.), 5 km nördlich von Supetarska Draga auf einer fruchtbaren Halbinsel gelegen. Der Ort hat nur wenig historische Reminiszenzen aufzuweisen. Vielbesuchte Hauptattraktion von Lopar ist der breite und sehr flache Sandstrand "Paradiso" beim Campingplatz und nahe dem Hotel San Marino.

Rijeka — C/D 6

Kroatien, Gespanschaft Primorsko-Goranska/Rijeka
Höhe: 5 m ü. d.M.
Einwohnerzahl: 170 000

Lage und Bedeutung

Rijeka (früher italienisch: Fiume; deutsch: St. Veit am Pflaum) ist nach Zagreb und Split die drittgrößte Stadt Kroatiens, ein wichtiger Verkehrsknotenpunkt und eine der bedeutendsten Wirtschaftsmetropolen an der Küste Dalmatiens. Industrieansiedlungen, Hochhäuser im Stil von Plattenbauten,

Lage und Bedeutung (Fortsetzung)

enge Straßenschluchten und dichter Verkehr bestimmen das Bild der Stadt, die sich in den vergangenen Jahrzehnten sowohl nach Norden als auch nach Süden nahezu strukturlos ausgedehnt hat. Kein Wunder, daß die meisten Urlauber danach trachten, Rijeka auf dem Weg nach Süden möglichst schnell hinter sich zu lassen. Dennoch wird man ihr damit nicht gerecht, bietet die pulsierende Metropole doch einen interessanten Kontrast zu den Kleinstädten und Dörfern an der istrischen und dalmatinischen Küste. Wer also nicht nur die friedliche Mittelmeeridylle sucht, sondern auch die Geschäftigkeit und Betriebsamkeit einer Hafenstadt, wer zum Beispiel gerne das An- und Ablegen von kleinen Booten bis hin zu Ozeanriesen beobachtet, der kommt in Rijeka auf seine Kosten.

Wirtschaft, Kultur

Zahlreiche kulturelle und wissenschaftliche Institutionen sind in Rijeka beheimatet. Eine Universität, die Marinehochschule und mehrere Fachschulen, Archive, verschiedene Museen und einige Theater weisen die Stadt nicht nur als Wirtschafts-, sondern auch als Kulturmetropole aus. In der Hafenstadt haben die große kroatische Schiffahrtsgesellschaft (Jadrolinija) und zahlreiche Speditionsfirmen ihren Sitz. Von eminenter Bedeutung für das Wirtschaftsleben sind die Werften und eine große Erdölraffinerie. Von Rijeka führt eine Pipeline ins Landesinnere nach Sisak. Stationiert ist im Hafen auch ein großer Teil der kroatischen Fischfangflotte.

Geschichte

Das auf eine römische Siedlung (Festung Tarsatica) zurückgehende Rijeka wurde im 13. Jh. erstmals urkundlich erwähnt. Im 13./14. Jh. waren hier verschiedene Adelsgeschlechter ansässig, und es gab bereits eine erste Munizipalverfassung. In der zweiten Hälfte des 15. Jh.s fiel Rijeka zusammen mit Triest an Habsburg und erhielt alsbald den Status einer freien Stadt. Da ihr Hafen schon bald der Handelsmetropole Venedig Konkurrenz machte, kam es zu Auseinandersetzungen – für kurze Zeit wehte sogar die

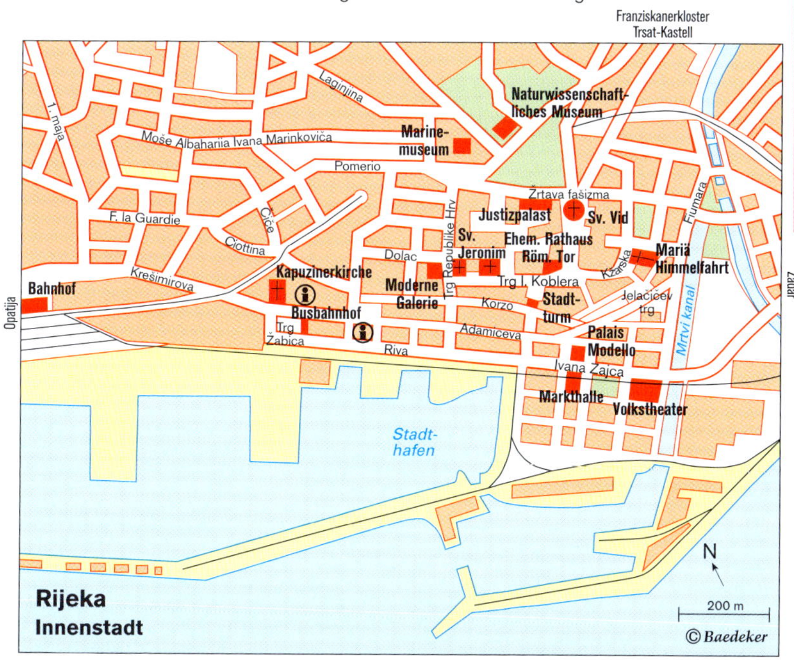

Geschichte (Fortsetzung)

venezianische Flagge auf dem Berg Trsat. Im Jahr 1721 eröffnete die österreichische Handelsgesellschaft in Rijeka eine Filiale für den sogenannten Orienthandel, weswegen sich Fachleute und Händler aus ganz Europa ansiedelten und den Grundstock legten für das kosmopolitische Flair der Stadt. Ab 1797 wurde Rijeka dann – abgesehen von dem napoleonischen Zwischenspiel 1809–1813 und einer kroatischen Regierungszeit zwischen 1848 und 1868 – von Ungarn aus verwaltet, das heißt, die Stadt gehörte zur ungarischen Reichshälfte der Donaumonarchie. Die Magyaren trieben die wirtschaftliche Entwicklung und den Ausbau von Hafen und Stadt energisch voran, da sie den Seehafen dringend benötigten. In der zweiten Hälfte des 19. Jh.s florierten der Schiffsbau, die chemische Industrie, die Papierherstellung und der Maschinenbau; 1866 wurde in Rijeka der erste Torpedo hergestellt. Trotz der Magyarisierungspolitik der Ungarn entwikkelte sich in Rijeka ein reges kroatisches Geistesleben. Namhafte Künstler wie der Komponist Ivan Zajc und Politiker wie Ante Starčević und Frano Supilo betrachteten die Stadt als ideale Wirkungsstätte.

Italien erhielt nach dem Ersten Weltkrieg zwar Teile der kroatischen Adriaküste und vor allem Istrien, nicht jedoch Rijeka zugesprochen. Die italienischen Nationalisten ließen dies allerdings nicht auf sich beruhen und noch im Dezember 1918 marschierten italienische Soldaten in der Stadt ein, zum Teil von der Bevölkerung herzlich begrüßt. Ein Jahr später unternahm der Dichter und selbsternannte Kriegsherr Gabriele d'Annunzio seinen legendären Marsch nach Fiume. Im Vertrag von Rapallo wurde Rijeka zur freien Stadt erklärt, jedoch 1924 erneut von Italien annektiert. Nur Sušak, der südöstliche Teil der Stadt, blieb beim neuen südslawischen Königreich.

Im Kriegsjahr 1941 überquerten Mussolinis Truppen diese Grenze und annektierten große Teile der jugoslawischen Küste. Nach der Kapitulation des faschistischen Italien wurde die Stadt 1943 für zwei Jahre deutsch. Die Volksbefreiungsarmee von Josip Broz, genannt Tito, nahm Rijeka im April/Mai 1945 ein; offiziell zugesprochen wurde die Stadt Jugoslawien aber erst 1947.

Prächtige Neugotik in der Hafenstadt Rijeka – die Kapuzinerkirche am Trg Žabica

Sehenswertes in Rijeka

Die meisten Sehenswürdigkeiten von Rijeka befinden sich in der leicht zu überblickenden Innenstadt, die sich zwischen dem Uferkai und dem Park Vladimir Nazor ausbreitet. Die lange österreichisch-ungarische Herrschaft, vor allem aber der rasante Ausbau der Stadt im 19. Jh. verliehen Rijeka sein spezifisches Gepräge, das sich von anderen Küstenstädten markant unterscheidet. Nicht in erster Linie die venezianische Baukunst zwischen Gotik und Renaissance, sondern österreichischer Barock und Klassizismus, aber auch Historismus und Jugendstil begegnen dem Besucher an den alten Häuserfassaden.

Mittelpunkt des städtischen Lebens ist der Korzo, früher die Hauptverkehrsader, heute als Fußgängerzone eine angenehme und meist sehr belebte Einkaufsstraße. Hierher gelangt man, wenn man der Haupteinfallstraße von Nordwesten, der Krešimirova, bis zum trg Žabica (Žabic-Platz) folgt, wo sich der zentrale Busbahnhof befindet. Am Žabic-Platz kann man auch parken.

Oberhalb des Žabic-Platzes steht die monumentale Kapuzinerkirche, auch Kirche der Muttergottes von Lourdes genannt. Anlaß für den Bau des neogotischen Gotteshauses zu Beginn dieses Jahrhunderts war der 50. Jahrestag des Wunders von Lourdes.

Kapuzinerkirche

Durch die Trpimirova ulica erreicht man den Korzo, die breite, von stattlichen Bürgerhäusern und modernen Warenhäusern flankierte Fußgängerzone mit zahlreichen Geschäften und Cafés. Dort, wo sich der Korzo bereits seinem Ende nähert, steht das Wahrzeichen der Stadt, der Uhr- bzw. Stadtturm. Das Relief des habsburgischen Doppeladlers über seinem Torbogen stammt noch aus dem 17. Jh.; im 18. Jh. kamen als weiterer Schmuck die Büsten Leopolds I. und Karls VI. hinzu, jener Kaiser, die Rijeka zur freien Hafenstadt machten.

*Korzo, Stadtturm

Durch das Tor des Stadtturms gelangt man in die Altstadt von Rijeka. Dem Turm gegenüber, am Ivana Koblera trg, steht das ehemalige Rathaus, ein schmaler Renaissance-Palast, der später um ein zweites Geschoß erweitert wurde (16.–19. Jh.). Das Gebäude ist vor allem deshalb berühmt, weil hier der Komponist Ivan Zajc, der 'kroatische Verdi', seine Kindheit verbrachte.

Altstadt, Altes Rathaus

Das Römische Tor, auch bekannt als Altes Tor (Stara vrata), überspannt eine schmale Gasse, die vom Ivan-Kobler-Platz wegführt. Das älteste Bauwerk Rijekas stammt aus spätrömischer Zeit, wurde allerdings häufig erneuert und hat heute ein eher mittelalterliches Aussehen.

Römisches Tor

Ein Abstecher führt durch die Užarska ulica an den südöstlichen Rand der Altstadt zur ehemaligen Kathedrale Mariä Himmelfahrt (Uznesenija Marije). Die dreischiffige, im 13. Jh. erbaute Kirche erhielt ihr heutiges Aussehen im 18. Jh., die monumentale neoklassizistische Fassade wurde erst im 19. Jh. hinzugefügt. Der 33 m hohe, im 14. Jh. entstandene Glockenturm, für dessen Bau auch Steine von römischen Ruinen verwendet wurden, heißt im Volksmund 'schiefer Turm', weil er sich um etwa 40 cm geneigt hat. Er gleicht einem spätrömischen Wehrturm. In der Nähe der Kirche sind Reste der einstigen Stadtmauer von Rijeka erhalten.

Uznesenija Marije, Stadtmauer

Der Stadtrundgang führt wieder zurück zum trg Grivica, wo die barocke Jesuitenkirche St. Veit die Aufmerksamkeit auf sich zieht. Der oktogonale Bau wurde 1638 begonnen und um die Mitte des 18. Jh.s vollendet. Den feierlichen Zentralraum krönt eine hohe, von Säulen getragene Kuppel. Den Hauptaltar schufen venezianische Meister.

Sv. Vid

Hinter der Kirche St. Veit, an der Straße Žrtava Fašizma, wurde 1904 der mächtige Justizpalast, ein Werk des Budapester Architekten Sigler, über dem ehemaligen Kastell von Rijeka erbaut.

Justizpalast

Wendet man sich vor dem Justizpalast nach links, so erreicht man nach wenigen Metern am Muzejski trg 1 die wichtigsten Museen der Stadt. Im ehemaligen Gouverneurspalast, den der ungarische Architekt Alajos Hauszmann Ende des vergangenen Jahrhunderts in prächtigstem Neobarock erbaute, sind heute das Marinemuseum und das Museum des Kroatischen Küstenlandes (Pomorski i povijesni muzej Hrvatskog primorja) untergebracht.
Gezeigt werden zahlreiche Exponate zur Geschichte der Stadt und ihrer Umgebung sowie zur Seefahrt in der Region (u. a. Schiffsmodelle). Ausgestellt sind auch eine Waffensammlung sowie Möbel und Kunsthandwerk aus dem 17. bis 19. Jahrhundert.

*Marinemuseum, Museum des Kroatischen Küstenlandes

Eine Querstraße weiter, in der šetalište Nazora, befindet sich das Naturwissenschaftliche Museum (Prirodoslovni muzej). Es zeigt die Fauna der Region von Rijeka sowie geologische Funde. Besonders interessant ist eine Sammlung von Schnecken und Muscheln aus allen Weltmeeren.

Naturwissenschaftliches Museum

Ausstellung zum glagolitischen Schrifttum, Moderne Galerie

Über die Supila ulica geht es zurück in die Innenstadt. In dem Neorenaissance-Eckgebäude (Dolac 1) gleich rechts nach dem Treppenabgang zum trg Republike ist eine ständige Ausstellung mit bibliophilen Raritäten des glagolitischen Schrifttums zu besichtigen. Zu den Exponaten zählen die frühesten glagolitischen Inschriften, z. B. ein Abguß der berühmten Tafel von Baška aus dem Jahr 1100, handgeschriebene Meßbücher und Breviare aus der Blütezeit der kroatischen Buchkunst (14./15. Jh.) sowie die ersten in Rijeka gedruckten Bücher. Im zweiten Obergeschoß des Gebäudes befindet sich die Moderne Galerie (wechselnde Kunstausstellungen).

Sv. Jeronim

Den Westflügel des gegenüberliegenden Palastes, der den Platz Riječke revolucije umschließt, bildet die Hieronymuskirche, die ursprünglich zu einem Augustinerkloster gehörte. Die im 14. Jh. errichtete Kirche wurde nach mehreren Erdbeben im 18. Jh. im Stil des Barock renoviert. Vom mittelalterlichen Bau stehen noch eine Kapelle mit gotischen Gewölben und ein gotischer Kreuzgang aus dem 15. Jahrhundert.

Durch den Stadtturm geht es hinein in die Altstadt.

Markthalle, Volkstheater

Interessante Gebäude aus der späten k.u.k.-Zeit findet man an der Uferpromenade (Riva) und in dem Viertel zwischen Innenstadt und Hafen. Das auf Theater und Konzerthäuser spezialisierte Wiener Architekturbüro "Fellner&Helmer" erstellte hier gleich zwei Prachtbauten, das neobarocke Palais Modello, das seit 1885 die Stelle des zerstörten Adamić-Theaters einnimmt, und das im selben Jahr vollendete kroatische "Volkstheater Ivan Zajc" am gleichnamigen Platz.
Wer Märkte liebt, sollte sich auch einen Besuch der Markthalle direkt gegenüber dem Palais Modello nicht entgehen lassen. Sie wurde um die Jahrhundertwende erbaut und läßt Anklänge an die Bauten Wiener Secession erkennen.

Kastell Trsat, Franziskanerkloster

Über einen Treppenweg, der am anderen Ufer der Riječina beim Titov trg beginnt, kann man das Kastell Trsat (138 m) erreichen, das im 13. Jh. von dem kroatischen Adelsgeschlecht der Frankopanen erbaut wurde. Es gelangte im 19. Jh. in den Besitz eines österreichisch-ungarischen Vizemarschalls, der die Anlage erweiterte und im Stil des Historismus vollständig erneuerte. Heute befinden sich hier ein Restaurant und eine Freilichtbühne. Lohnenswert ist der Aufstieg vor allem wegen des herrlichen Blicks auf die Stadt, das Učka-Gebirge und die Kvarner Bucht. Zum alten Burgkomplex gehören die Georgskirche (Sveti Juraj; 13. Jh.) und die Kirche der hl. Maria von Loreto, auch Muttergottes von Trsat genannt, aus dem 15. Jahrhundert. Letztere beherbergt nicht nur Gräber von Frankopanen-Fürsten, sondern auch ein wertvolles Mariengemälde aus dem 14. Jh., das 1367 Papst Urban V. der Kirche stiftete. An die Kirche schließt sich ein Franziskanerkloster an.

Kastell Trsat, Franziskanerkloster (Fortsetzung)

Umgebung von Rijeka

Kastav

Kastav (337 m), 11 km nordwestlich von Rijeka gelegen, ist besonders wegen seiner Faschingsbräuche bekannt. In der Faschingszeit tragen die jungen Männer hier Felle und Schellen – eine Kostümierung, die an die alemannische Fasnacht erinnert. Sehenswert sind das Stadttor, die 1571 erbaute und 1815 erneuerte städtische Loggia und die barocke Kirche St. Helena (Sveta Jelena Križarica; 18. Jh.).

Bakar

Bakar, 14 km südöstlich von Rijeka, wird von den Durchreisenden kaum wahrgenommen, denn die Küstenstraße führt hoch über den Dächern an dem kleinen Städtchen vorbei. Dazu kommt, daß die Umgebung nicht eben einladend aussieht: Mitten in der Bucht befindet sich eine große Werft, am schlimmsten wird die Landschaft aber durch eine inzwischen stillgelegte Kokerei verunstaltet. Bakar gehörte vom Mittelalter bis ins 17. Jh. den mächtigsten kroatischen Adelsgeschlechtern der Frankopanen und der Zrinski. Danach wurde die Stadt von den Österreichern beherrscht. Zu dieser Zeit war Bakar ein weitaus wichtigerer Hafen als Rijeka.

Sehenswertes

Das Kastell über dem malerischen Städtchen wurde 1530 von den Frankopanen errichtet. Sehenswert sind die Pfarrkirche St. Andreas (Sveti Andrija), das größte Gotteshaus in Bakar aus dem Jahr 1750, die barocke Margaretenkirche (Sveta Margareta) aus dem 17. Jh. und das Städtische Museum mit interessanten Exponaten aus der Geschichte der Region. Im 19. Jh. wirkten hier namhafte politische Persönlichkeiten wie Ante Starčevic, der national gesinnte Führer der Partei des Rechts. Berühmt ist das Städtchen aber auch für seinen Schaumwein Bakarska vodica, das 'Wässerchen aus Bakar'.

Kraljevica

Das kleine Städtchen Kraljevica ist nur wenige Kilometer Luftlinie von der Industriezone Rijekas entfernt. Mit dem Auto muß man allerdings erst auf kurvenreicher, stark befahrener Straße die verwinkelte Bucht von Bakar umrunden – vom Stadtzentrum Rijekas sind das immerhin 25 km. Wer von Rijeka auf die Insel Krk fährt, kommt unweigerlich an Kraljevica vorbei, denn unmittelbar hinter der Stadt biegt die Straße zur Krker Brücke ab.

Sehenswertes

Im alten Zentrum Stari Grad (Alte Stadt) steht das frühbarocke Zrinski-Schloß mit einem Turm von 1790 und einem Innenhof mit Renaissance-Arkadenbögen. Die gegenüberliegende Kirche St. Nikolaus (Sveti Nikola) diente einst als Lagerhaus für den Hafen. Das schönere Schloß der Frankopanen (auch 'Neue Burg der Zrinski' genannt) befindet sich im Stadtteil Novi Grad (Neue Stadt) auf einer Halbinsel, die an der Einfahrt zur Bucht von Bakar liegt. Der Bau wurde um die Mitte des 17. Jh.s begonnen und orientierte sich an italienischen Renaissance-Schlössern. Das um einen Innenhof angelegte, von vier runden Ecktürmen eingefaßte Gebäude hat trotz späterer Veränderungen nichts von seiner repräsentativen Erscheinung eingebüßt. Ende des 17. Jh.s beschlagnahmten die Österreicher die beiden Fürstenschlösser, nachdem sie ein Komplott der Frankopanen aufgedeckt hatten. Die Habsburger bauten die Stadt danach zu einem wichti-

Rijeka Umgebung, Kraljevica (Fortsetzung)

gen Stützpunkt aus. Kaiser Karl VI. ließ hier, als Endpunkt der Straße von Karlovac ans Meer, im Jahr 1728 einen großen Hafen und eine Werft, wohl die älteste dieser Art und Größe in Kroatien, anlegen. Auch Josip Broz Tito arbeitete in den 20er Jahren in der Werft von Kraljevica als Metallarbeiter.

Nationalpark Risnjak

Nur etwa 30 km in nordöstlicher Richtung landeinwärts liegt der kleine Nationalpark Risnjak (32 km^2). Er gehört zu dem waldreichen Gebirgsland Gorski Kotar. Das 1528 m hohe Gebirgsmassiv des Risnjak beherrscht den nordwestlichen Teil von Gorski Kotar. Die meisten Gipfel bestehen aus Kalkstein, daher auch die typische Karstmorphologie: steil abfallende Bergspitzen über Höhlen oder trichterförmigen Talkesseln.
Trotz der geographischen Nähe zur Küste und zur mediterranen Klimazone sind die Sommer frisch und kurz, die Winter lang und schneereich. Der Großteil des Nationalparks ist mit Buchen und Tannen bewachsen, vereinzelt gibt es auch Fichten, Bergahorn und Ulmen. Selbst Edelweiß und andere seltene Alpenblumen kann man hier finden. Unter der Fauna des Nationalparks sind neben Rehen und Rothirschen auch Gemsen, Wildkatzen, Luchse und sogar Braunbären vertreten.

Delnice

Südöstlich vom Risnjak-Nationalpark, an der Straße von Rijeka nach Karlovac und weiter nach Zagreb, liegt das Städtchen Delnice (742 m). Die Umgebung von Delnice ist ein beliebtes Skigebiet. In der Bucht von Rijeka baden, dann in den Hausbergen der Stadt skifahren – manchmal können die Bürger von Rijeka dieses seltene Privileg genießen.

Rovinj

E 1

Kroatien, Gespanschaft Istrien
Höhe: 5 m ü.d.M.
Einwohnerzahl: 11000

**Lage und Stadtbild

Rovinj ist wohl die am stärksten italienisch geprägte Stadt in Istrien. Die vom Wasser fast vollständig umspülte Altstadt hat sich ihr ursprüngliches mittelalterliches Erscheinungsbild, von wenigen Ausnahmen abgesehen, fast vollständig bewahrt: Ein typisch venezianischer Kirchturm, der den Stadtkern deutlich überragt; Häuser und Fassaden, die zwar keineswegs alle makellos sind, jedoch in ihrer Detail-Vielfalt jeden Betracher in Erstaunen versetzen; verwinkelte Treppengassen, die immer wieder überraschende Perspektiven eröffnen; kleine Plätze oder Innenhöfe, auf denen Kinder ungestört spielen oder selbstgebastelte Souvenirs anbieten; zahllose kleine Galerien mit Kunst- und Kunsthandwerk; ein farbenprächtiger Markt mit dem dazugehörigen Stimmengewirr und schließlich die ungezählten Taxi- und Ausflugsboote, deren Tuten, Piepen und Knattern den Hafen bei Tag und Nacht erfüllt – all das gibt der Stadt ein ganz besonderes Flair von mediterraner Leichtigkeit und Lebenslust.

Freizeit- und Bademöglichkeiten

Baden und ins Meer springen kann man an mehreren Stellen der Altstadt-Halbinsel, vor allem unterhalb des Hotels Rovinj, wo steile Treppen zu kleineren Felsvorsprüngen oder betonierten Plattformen hinabführen. Schöner ist der Einstieg ins Wasser allerdings an der Felsküste, die hinter der ACI-Marina am Südrand von Rovinj beginnt. Gute Bademöglichkeiten an Fels- und vereinzelt sogar Sandstränden bieten die beiden großen, Rovinj vorgelagerten Inseln Sv. Katarina (Katharineninsel) und Crveni otok (Rote Insel) – mit beiden Eilanden gibt es während der Saison einen regelmäßigen Pendelverkehr. Die weiter draußen im Meer liegende Insel Sv. Ivan ist FKK-Badebereich.
Nachtschwärmer sind in Rovinj fast so gut aufgehoben wie im benachbarten Poreč – nicht zuletzt dank des 2 km südlich gelegenen Unterhaltungszentrums Monvi mit Diskotheken, Bars, einem Amphitheater für Konzerte, Restaurants und vielem mehr.

Geschichte

Archäologische Funde in der Umgebung belegen, daß Rovinj bereits in vorrömischer Zeit besiedelt war. Im 2. Jh. v. Chr. unterwarfen die Römer Istrien und gründeten an der Stelle einer illyrischen Siedlung ihr Ruginium. Bei der Reichsteilung fiel die Stadt wie ganz Istrien an das Oströmische Reich und gehörte fortan zum Exarchat Ravenna. Ab 788 war Rovinj Teil des Fränkischen Reichs, zu einer Zeit, als auch die Slawen immer weiter auf die Balkaninsel vordrangen. Zwischen dem 10. und 12. Jh. erlangte Rovinj – damals eine selbstverwaltete Kommune mit Bürgerversammlung und eigenem Rat – in der Region eine gewisse Bedeutung. Die Quellen aus dieser Zeit sprechen aber auch von Brandschatzungen und Beutezügen durch Seeräuber. Beständig wurden daher die Stadtmauern erneuert und neue hinzugefügt.
Anfang des 13. Jh.s geriet die Stadt unter venezianische Herrschaft und verlor auch alsbald ihre Selbstverwaltung, blühte aber wirtschaftlich und kulturell auf, wie viele heute noch intakte Gebäude aus dieser Zeit belegen. Allerdings mußten die Bürger von Rovinj auch vieles erdulden, so z. B. die Plünderung durch die Genuesen während des Krieges zwischen Venedig und Genua. Im 16. Jh. wurde die Stadt mehrfach von den berüchtigten

Treffpunkt am Hafen ist der venezianische Uhrturm.

Uskoken aus der Gegend um Senj heimgesucht. Als die Gefahren durch die Seeräuber allmählich gebannt waren, begann auch die Besiedlung eines nahegelegenen Hügels, heute das Stadtgebiet gegenüber der altstädtischen Halbinsel. Erst 1763 wurde dann die Meerenge zwischen (Altstadt-) Insel und Festland zugeschüttet. Unter der Herrschaft Österreichs (1797–1920) erhielt Rovinj seine Selbstverwaltung zurück. Bis in die zweite Hälfte des vergangenen Jahrhunderts war die Stadt, seit 1872 Standort einer großen Tabakfabrik, der wichtigste Hafen Istriens. Von 1920 bis 1943 italienisch, wurde Rovinj nach kurzer Zugehörigkeit zum "tausendjährigen Reich" 1945 jugoslawisch.

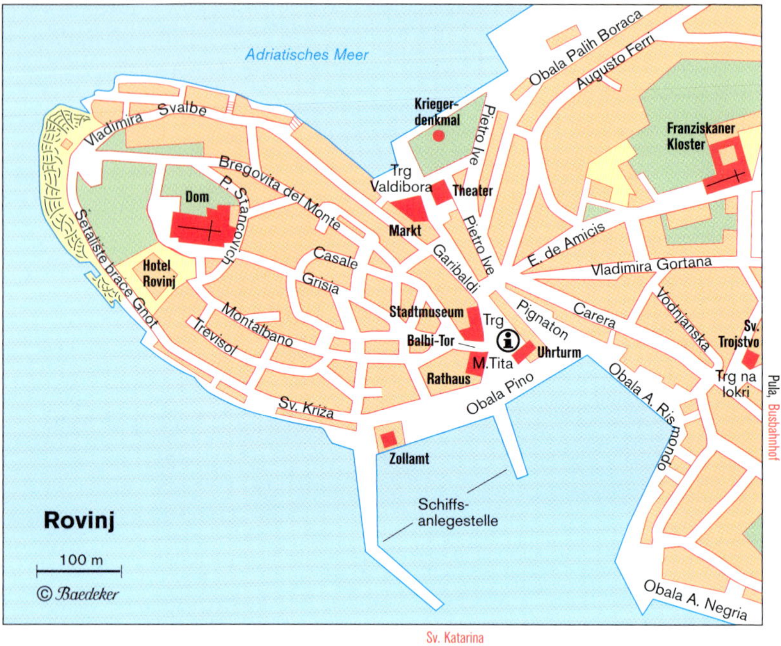

Sehenswertes in Rovinj

*Hafenpromenade, Trg M. Tita, Uhrturm

Den Rundgang durch das Städtchen beginnt man am besten an der belebten Hafenpromenade. Von den dortigen Cafés und Restaurants kann man bestens das Treiben an den Bootsanlegestellen beobachten. Direkt am Uferkai öffnet sich der Tito-Platz, die Nahtstelle zwischen Alt- und Neustadt. Das auffälligste Gebäude an diesem Platz ist der rote Uhrturm im Stil der Spätrenaissance mit einer kleinen Loggia davor (heute Reisebüro).

Stadtmuseum

Gegenüber dem Turm erblickt man das Rathaus aus dem 17. Jh. sowie daneben den ebenfalls barocken Califfi-Palast, heute Sitz des Stadtmuseums. Das Spektrum seiner Ausstellung reicht von archäologischen Funden aus Rovinj und Umgebung von der Frühzeit bis ins Mittelalter über eine ethnographische Sammlung bis zu Gemälden italienischer und deutscher Meister des 15. bis 19. Jh.s und Werken zeitgenössischer kroatischer Künstler.

Balbi-Tor

Zwischen Rathaus und Califfi-Palast – an der Stelle des früheren, mittelalterlichen Stadttors – steht das Balbi-Tor, ein venezianisches Bauwerk von 1680 (Luk Balbi oder Gradska vrata). Von hier aus geht es leicht bergan durch die Altstadt von Rovinj; zunächst durch die Bregovita ulica mit überwölbten Durchgängen und Fresken.

*Dom Sv. Eufemija

Oben, auf der Spitze der Altstadt-Halbinsel, thront die mächtige Domkirche Sv. Eufemija, die ab 1736 an der Stelle von zwei älteren Kirchenbauten entstanden war. Überragt wird die dreischiffige Barockkirche von ihrem schlanken, 60 m hohen Campanile – der höchste in Istrien – mit einer Statue der hl. Euphemia an der Spitze. Das Vorbild für den 1677 fertiggestellten Glockenturm ist – wie könnte es anders sein – der Campanile von San Marco in Venedig. Vollendet wurde die Kirche erst in der zweiten Hälfte des 19. Jh.s mit einer neoklassizistischen Marmorfassade. Neben dem Südportal entdeckt man ein kleines Steinrelief aus dem 14. Jh., das die Titelheilige (Euphemia) zeigt.

Dom Sv. Eufemija (Fortsetzung)

Im Innern des Doms wird der Sarkophag von Euphemia aus dem 4./5. Jh. aufbewahrt, der im 15. Jh. zu einem Altar umgestaltet wurde. Weiterhin beachtenswert in der Kirche sind einige Gemälde venezianischer Meister des 16. und 17. Jahrhunderts.

Marktplatz

Steigt man an der Nordseite der Halbinsel wieder den Berg hinunter, dann kommt man unweigerlich auf den Marktplatz von Rovinj mit einem reichhaltigen Angebot an Fisch, Obst, Gemüse, diversen istrischen Spezialitäten (z. B. Obstschnaps) sowie Korbwaren und Souvenirs.

Das in der Nähe, zwischen Markt und Ufer plazierte Kriegerdenkmal (1954) des kroatischen Bildhauers Ivan Sabolić paßt dagegen nicht so recht ins Bild des hübschen Städtchens.

*Rovinjs berühmte Stadtansicht (Abb. S. 8/9)

Von der Nordseite zeigt Rovinj ein völlig anderes Gesicht als am Hafenbekken: Ohne auch nur den schmalsten Uferstreifen als Schutz stehen die mittelalterlichen, vermutlich nur noch teilweise bewohnten Häuser direkt am Wasser oder auf den Felsen, die wenige Meter aus dem Meer ragen. Abgerundet wird die beeindruckende Stadtansicht durch den spitzen venezianischen Campanile von St. Euphemia, der die enge Verwandtschaft mit der italienischen Handelsmacht noch unterstreicht.

Franziskanerkloster

Das Franziskanerkloster steht gegenüber dem alten Stadtkern auf einem kleinen Hügel in der Straße De Amicis. Es wurde Anfang des 18. Jh.s in barockem Stil errichtet. Das Kloster beherbergt eine Sammlung von Skulpturen, Gemälden, Ikonen und Meßgewändern.

Der Stadthafen von Rovinj gehört vor allem den kleinen Fischer- und Ausflugsbooten; der moderne Jachthafen liegt südlich des Städtchens.

Rovinj (Fortsetzung) Sv. Trojstvo

Südlich davon, am Trg na lovni beim Busbahnhof, steht das siebeneckige romanische Baptisterium, auch Dreifaltigkeitskapelle genannt, aus dem 12. Jahrhundert. Der romanische Bau ist das älteste Gebäude der Stadt.

Aquarium

Das 1891 eingeweihte Aquarium des Instituts für Meeresforschung liegt außerhalb der Altstadt an der Obala B. Paliage (Nr. 5). Es vermittelt einen Überblick über die Flora und Fauna der Adria.

Umgebung von Rovinj

*Crveni otok

1,5 Seemeilen südlich von Rovinj, mit dem Boot in 20 Minuten zu erreichen, liegt die kleine Insel Crveni otok, die nicht nur wegen der schönen Strände einen Ausflug lohnt. Hier herrscht ein außerordentlich mildes Klima, daher auch die immergrüne Vegetation (darunter Myrthe und Lorbeer). Schon im 6. Jh. gründeten Benediktiner auf der Insel eine Abtei, die später von Franziskanern übernommen wurde. Romanische Stilelemente sind trotz mancher Veränderungen noch unschwer auszumachen. Heute ist das Klostergebäude in eine Hotelanlage einbezogen.

*Zlatni rt

Die reichgegliederte Küste von Rovinj mit vielen vorgelagerten Inselchen steht unter Naturschutz. Hier wachsen üppige Naturwälder mit Flaum-, Steineichen und Kiefern. Im Wald Zlatni rt (Punta corrente) im Süden der Stadt wurde Ende des vergangenen Jahrhunderts ein Park mit exotischen Pflanzen und typisch mediterranen Bäumen angelegt, darunter Zypressen, Pinien, Zedern und Aleppokiefern.

Limski kanal

Der Limski kanal liegt etwa 6 km nördlich von Rovinj. Der 9 km lange und durchschnittlich 600 m breite Fjord ist eigentlich der überschwemmte Teil eines Karsttales. Die bis zu 150 m hohen, zum Teil mit Macchia bewachsenen, zum Teil bewaldeten Hänge verleihen der Bucht den Charakter eines Canyons. Wegen der besonderen Wasserverhältnisse (geringer Salzgehalt, höhere Konzentration von Sauerstoff) ist die Fauna und Flora in dem Fjord sehr vielfältig. Dies ist auch der Grund, warum sich der Limski kanal so gut zur Zucht von Austern und Muscheln eignet, die man in einem der beiden Restaurants am Ende des Fjords frisch auf den Tisch bekommt. Zu erreichen ist die tiefste Stelle des Fjords entweder auf dem Landweg oder mit einem Ausflugsboot von Rovinj oder Poreč aus.

Dvigrad

→ Pazin, Umgebung

Senj **F 9**

Kroatien, Gespanschaft Lika-Senj
Einwohnerzahl: 5000
Höhe: 5 m ü. d. M.

Allgemeines

“Stolz ragte der Turm empor, und auf dem Berg über der Stadt saß, als wäre sie ein Adler, der im Gebirge horstet, die Trutzburg Nehaj, die der berühmte kroatische Held Lenković (...) gegen den osmanischen Zorn erbaute – und, seien wir ehrlich, gegen den geflügelten Löwen.” Die Passage stammt aus einem 1876 veröffentlichten Roman des kroatischen Schriftstellers August Šenoa. Die Stadt, von der hier die Rede ist, heißt Senj. Der erwähnte kroatische Held Lenković ist ein Seeräuber, einer jener legendären Uskoken, die in ihrem Kampf gegen Türken und Venezianer halb Dalmatien und Istrien unsicher machten. Auch wenn der historische Roman aus der Perspektive des 19. Jh.s, der Epoche der nationalen Selbstbesinnung und Selbstbestimmung, geschrieben ist, so bleibt doch die Tatsache, daß die ehemalige Uskokenhochburg Senj mit ihrer ganz eigenen Geschichte ohne die mächtige und kantige Festung Nehaj nicht zu denken

Allgemeines (Fortsetzung)

wäre – weder damals noch heute, denn die wuchtige Burg ist das Wahrzeichen des Städtchens, das rund 70 km südöstlich von Rijeka an der Küstenmagistrale liegt. Bekannt ist die Stadt auch für ihre ablandigen Winde, die vor allem im Winter kalte und peitschende Bora. Im Hinterland von Senj ragen die Gipfel der Velika und Mala Kapela und des Velebit-Massivs auf. Über eine 689 m hohe Paßstraße (Vratnik) – der niedrigste Durchlaß zwischen Küste und Binnenland weit und breit – gelangt man von Senj zur Hochebene Lika.

Stadtbild

Der von den Nachbarn einst ängstlich beäugte Küstenort ist heute ein unscheinbares, auf den ersten Blick nicht sehr anziehendes Städtchen. Doch auch wenn ihm der sprühende Charme vieler anderer Ort an der Adriaküste fehlt, und den meisten Häusern eine Restaurierung wohl täte, so kann man bei einem Rundgang durch die überschaubare Altstadt erkennen, daß Senj ausgesprochen angenehme Plätze und viele alte Gebäude besitzt, die ihre einstige Schönheit noch erahnen lassen. Nicht nur am Kathedralplatz, auch im Stadtteil Gorica nördlich der Kathedrale, finden sich neben kleineren Kirchen einige schöne Profanbauten im Stil der Gotik, der Renaissance und des Barock.

Ein Küstenstädtchen mit versteckten Schönheiten – Senj mit seinem Wahrzeichen, der Burg Nehaj.

Geschichte

Strategische Bedeutung hatte die Stadt nicht erst während der Türkenüberfälle, sondern bereits in römischer Zeit. Portus Senia, wie Senj damals hieß, diente den Römern als Hafen und Tor zum Binnenland. Vom 13. bis 15. Jh. befand sich die Stadt im Besitz der Frankopanen, einem kroatischen Adelsgeschlecht von der Insel Krk. Im 16. Jh. ließen sich die Uskoken auf der Flucht vor den Türken, die in ihre Heimatgebiete eingefallen waren, in Senj nieder und schlugen hier ihre Zelte auf. Sowohl zu Wasser als auch zu Lande brachten sie fortan den Türken das Fürchten bei. Nachdem Venedig mit den Osmanen 1540 einen Friedensvertrag geschlossen hatte, nahmen es die Uskoken auch mit der venezianischen Flotte auf.

Geschichte (Fortsetzung)

Österreich kam dieser Krieg gerade recht, allerdings nur so lange, bis es im 17. Jh. mit Venedig zu einem Ausgleich zusammenfand. Damit war das Schicksal der Uskoken besiegelt: Sie wurden aus Senj verdrängt und in unterschiedliche Regionen versprengt. Die Bedeutung des Hafens von Senj nahm ebenfalls mehr und mehr ab, und nach dem Aufstieg Rijekas im vergangenen Jahrhundert war Senj nur noch ein zweitrangiger Küstenort.

Sehenswertes in Senj

*Festung Nehaj

Schon von einiger Entfernung sieht man die auf einer Anhöhe über der Stadt thronende Festung. Als Teil des städtischen Befestigungssystems wurde sie 1551–1558 errichtet. Von der Stadtmitte kann man sie in zehn Minuten zu Fuß erreichen. Die von Bäumen umgebene Festung erhebt sich über einem quadratischen Grundriß mit einer Seitenlänge von 23,5 m. Die vier Ecktürme, die dicken, fensterlosen Mauern und die Schießscharten verleihen ihr den Eindruck einer uneinnehmbaren Trutzburg. Anrückende Feinde konnte man von den Beobachtungsplätzen aus frühzeitig erkennen. In den 60er und 70er Jahren des 20. Jahrhunderts wurde die Anlage grundlegend restauriert. In der Festung ist eine Ausstellung über die "Uskoken von Senj" zu sehen. Auch glagolitische Inschriften finden sich hier, denn Senj besaß einst, im 15. Jh., eine der bedeutendsten glagolitischen Druckereien.

Stadtbefestigung

Von der bollwerkartigen Stadtbefestigung aus dem 13. bis 15. Jh. sind noch Mauerreste und einige Türme erhalten, die heute zum Teil von der Stadt genutzt werden. So sind im einstigen Turm Sabac an der Uferstraße das Hafen- und Fremdenverkehrsamt, im Nasa-Turm auf der gegenüberliegenden Seite der Küstenstraße eine Schenke untergebracht. Viele andere Türme und Tore wurden im Zuge der Stadterneuerung und beim Bau neuer Straßen abgerissen.

Velika Placa

Die einst vollständig von Mauern umgebene Altstadt hat wie die Festung Nehaj einen viereckigen Grundriß. Der Hauptplatz, auf der dem Ufer abgewandten, östlichen Seite des kleinen altstädtischen Kerns, heißt treffend Velika placa (Großer Platz). Man erreicht ihn, wenn man von der Küstenstraße etwa fünf Minuten stadteinwärts geht. Der Velika placa zählt zu den schönsten barocken Plätzen im Kroatischen Küstenland. In der Mitte steht ein klassizistischer Springbrunnen, entworfen von einem österreichischen Baumeister. An der östlichen Seite des Platzes liegt das Kastell, die ehemalige Residenz der Fürsten Frankopan. Die massive Festung wurde im 14. Jh. erbaut und zuletzt im 18. Jh. verändert. Das Große Tor (Velika vrata) dahinter erhielt sein heutiges Aussehen um die Mitte des letzten Jahrhunderts. An diesem Tor endete die sogenannte Josephina, jene bereits im 18. Jh. angelegte, über den 698 m hohen Vratnik-Paß führende Straße, die die kürzeste Verbindung zwischen der Küste und den Städten im Landesinneren herstellte.

Domplatz, Sv. Marija

Nahe der Uferstraße und dem Hafen, am westlichen Rand der Altstadt, steht auf einer kleinen Anhöhe die Marienkathedrale. Im Kern ist sie ein romanischer Bau aus dem 11. Jahrhundert. Die beiden Seitenschiffe kamen im 18. Jh. hinzu. In dieser Zeit wurde auch das Innere umgestaltet, so daß der Eindruck des Barocken überwiegt. Den schönen Barockaltar zieren vier marmorne Heiligenfiguren. Wertvollstes Ausstattungsstück der Kirche ist das gotische Grabmal (1392) des Bischofs Ivan Cardinalibus von Senj. Der Kirchturm wurde um 1900 anstelle des alten, eingestürzten Campanile errichtet. Nach Beschädigungen im Zweiten Weltkrieg wurde die Kirche gründlich restauriert.

Vukasović-Palast (Stadtmuseum)

Im Vukasović-Palast vor der Kathedrale, einem Gebäude im Stil der Gotik und Renaissance, ist heute das Stadtmuseum untergebracht. Es beherbergt eine archäologische Sammlung mit prähistorischen und römischen

Funden aus der Umgebung von Senj, eine volkskundliche Ausstellung, eine Sammlung über die Seefahrt in Senj und eine naturkundliche Abteilung, die der Flora und Fauna des Velebit-Gebirges gewidmet ist. Schließlich wird auch die Entwicklung der glagolitischen Schrift und der glagolitischen Buchkunst in Senj vorgestellt (→ *Baedeker Special* S. 46). Eine Druckerei, die wahrscheinlich älteste in Kroatien (Ende des 15. Jh.s), befand sich in unmittelbarer Nähe des heutigen Museums, ebenfalls im Stadtteil Gorica.

Senj, Vukasović-Palast (Stadtmuseum) (Fortsetzung)

Ein Kunstwerk aus sozialistischen Zeiten ist das Denkmal des Volksbefreiungskampfes (1941 – 1945) an der Uferstraße. Drei grimmige Gestalten, wie man sie von den heldenhaften Lenin-Denkmälern kennt, symbolisieren den Kampf der Einwohner von Senj um Freiheit und Unabhängigkeit, wohl aber auch das Eintreten für den Sozialismus. Das Denkmal wurde im Jahr 1957 errichtet.

Denkmal

Umgebung von Senj

Sveti Juraj, 10 km südlich von Senj, ist ein Badeort mit malerischen Badebuchten und einer Touristensiedlung (Kalić) sowie einem Campingplatz. Der Ort ist zugleich Ausgangspunkt für Ausflüge ins mächtige Velebit-Massiv (→ Paklenica), das hier auf 1700 m ansteigt.

Sveti Juraj

Der kleine Ort Jablanac, 37 km südlich von Senj, ist vor allem als Fährhafen bekannt: Von hier setzt man auf die Insel Rab über (zur Anlegestelle Mišnjak). Jablanac liegt an einer schmalen, aber tiefen Bucht. Auf dem Kap vor dem Hafen sind die Ruinen einer mittelalterlichen Burg zu sehen.

Jablanac

→ Karlobag

Velebit

Ein paar Kilometer südlich von Senj gibt die Küstenmagistrale den Blick frei auf ein besonders karges Eiland, eine Felseninsel, von der Sonne ausgebleicht und von den Stürmen der Bora regelrecht kahlgefegt, mehr nicht. Das Eiland mit dem treffenden Namen Goli otok ('Kahle Insel') hat eine besonders düstere Vergangenheit, denn es war zu Titos Zeit ein Arbeitslager für Stalinisten oder solche, die man dafür hielt. Offiziell nannte man die Abweichler von der Parteilinie Informbüroisten oder Kominformisten. Nach seinem Bruch mit Stalin 1948 hatte Tito eine regelrechte Jagd auf dessen Anhänger in der jugoslawischen Kommunistischen Partei entfacht. Für viele Abweichler endete die Jagd mit einem Zwangsaufenthalt auf Goli otok. Erst Ende der 50er, Anfang der 60er Jahre, als sich das Verhältnis zwischen Moskau und Belgrad entspannte, wurde das Lager aufgelöst. Die angelegten Wege und die Stätten, an denen die Häftlinge bei brütender Hitze Steine klopfen mußten, sind heute noch zu erkennen.

Goli otok (Abb. S. 58)

Šibenik

N 15

Kroatien, Gespanschaft Šibenik
Höhe: 5 m ü. d. M.
Einwohnerzahl: 42 000

Šibenik stand schon immer ein wenig im Schatten von Zadar, Split und Dubrovnik. Zu Unrecht: die Stadt ist zweifelsohne eine der schönsten im gesamten östlichen Adriaraum, auch wenn die großen Hafenanlagen, Energiekraftwerke und Wohnblöcke an der Peripherie dies zunächst nicht erahnen lassen. Schon die Lage Šibeniks an der Mündung des Krka-Flusses, in der fjordartigen, bestens geschützten Šibeniker Bucht ist überaus reizvoll. Bei einem Spaziergang durch die Altstadt wird man schnell feststellen, daß Šibenik mit zahlreichen Sehenswürdigkeiten aufwarten kann,

Allgemeines und Bedeutung

darunter auch mit der Kathedrale Sv. Jakov, die in der Kunstgeschichte Dalmatiens eine einzigartige Stellung einnimmt. Doch das ist noch nicht alles: In der näheren Umgebung Šibeniks befinden sich gleich zwei Nationalparks: die → Krka-Fälle im Landesinnern und die Inselgruppe der → Kornaten.

Allgemeines und Bedeutung (Fortsetzung)

Lage

Šibenik liegt ungefähr an der Grenze zwischen Nord- und Mitteldalmatien, etwa auf halber Strecke zwischen Zadar (74 km) und Split (88 km). Eine Bahnlinie verbindet die Stadt mit Split, Zugverbindungen gibt es aber auch nach Knin im kroatischen Hinterland und zur kroatischen Hauptstadt Zagreb.

Wirtschaft

Der Hafen von Šibenik ist einer der größten in Kroatien. Verschiedene Industriezweige dominieren das wirtschaftliche Bild der Stadt: In der Nähe von Šibenik wird Bauxit abgebaut, und es gibt mehrere metallverarbeitende Unternehmen, Textil- und Nahrungsmittelbetriebe sowie große Kraftwerke. Ein weiteres Standbein der städtischen Wirtschaft ist der Fremdenverkehr. In der Umgebung von Šibenik werden Obst, Gemüse und Wein angebaut.

Geschichte

Im Unterschied zu vielen anderen Städten an der dalmatinischen Küste, die auf eine griechische, römische oder byzantinische Gründung zurückgehen, ist Šibenik eine vergleichsweise junge Stadt. Als 'Castrum Sebenici' wurde die slawische Festung, die den Keim der späteren Stadt bildete, im Jahr 1066 anläßlich eines Besuchs des kroatischen Königs Petar Krešimir IV. zum ersten Mal urkundlich erwähnt. Vom Beginn des 12. Jh.s an gehörte Šibenik mit einigen Unterbrechungen zum ungarisch-kroatischen Königreich. In diese Zeit fällt die Erhebung zur Stadt und die Gründung eines eigenen Bistums. Im Jahr 1412 kam Šibenik zur Republik Venedig, die bereits zuvor mehrmals für einige Jahre von der Stadt Besitz ergriffen hatte. Die Venezianer befestigten die Stadt – besonders wegen der bis in die Nähe vordringenden Türken – und ließen viele bedeutende Bauwerke errichten. Während der venezianischen Herrschaft war Šibenik mit mehr als 8000 Einwohnern einige Zeit auch die größte Stadt Dalmatiens. Von 1805 bis 1813 war sie französisch besetzt und gehörte zu den Illyrischen Provinzen. Die österreichische Herrschaft endete nach dem Ersten Weltkrieg, als die Stadt zunächst an die Italiener fiel, dann allerdings im Vertrag von Rapallo Anfang der 20er Jahre dem Königreich der Serben, Kroaten und Slowenen zugesprochen wurde. Nach dem Zerfall des zweiten, des sozialistischen Jugoslawien im Jahr 1991 wurde Šibenik vom Meer aus von Schiffen der Jugoslawischen Volksarmee beschossen; einige Gebäude, darunter die Kathedrale, wurden dabei beschädigt. Während des Krieges war Šibenik eine Zeitlang vom Hinterland weitgehend abgeschnitten – die ehemalige Hochburg der Krajina-Serben lag keine 60 km entfernt und ihr Einflußbereich reichte zeitweise bis Drniš und zu den Krka-Fällen, beide kaum mehr als 20 km Luftlinie von Šibenik entfernt.

Sehenswertes in Šibenik

Stadtrundgang

Der Stadtrundgang beginnt an der Uferpromenade und führt von dort durch das Seetor hinauf zu Šibeniks bedeutendstem Kunstwerk, der Kathedrale. Auch die meisten anderen Sehenswürdigkeiten liegen in ihrer unmittelbaren Nachbarschaft. Ausgehend vom Domplatz empfiehlt sich ein Rundgang, der zunächst auf die Festung Sveta Ana, dann durch die höher gelegenen Gassen der Altstadt und schließlich wieder hinab zur Uferstraße führt, in deren Nähe die Franziskaner-und die Nikolauskirche liegen.

****Kathedrale Sv. Jakov**

Die Kathedrale St. Jakob, im Zentrum der Altstadt und zugleich in Ufernähe gelegen, ist nicht nur Šibeniks überragendes Baudenkmal, sondern auch einer der bedeutendsten Sakralbauten am Übergang von der Spät-

◄ *Šibeniks Domplatz mit der Renaissanceloggia*

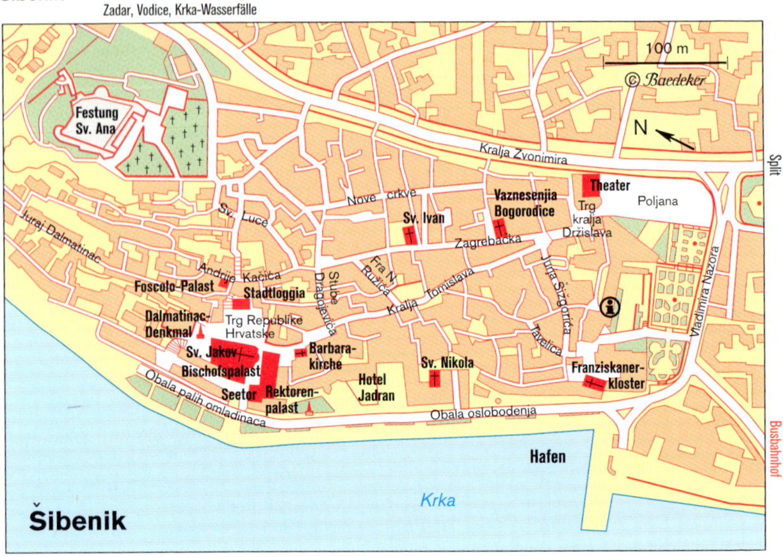

Kathedrale (Fortsetzung)

gotik zur Renaissance in der gesamten dalmatinischen Küstenregion. Mehr als 100 Jahre liegen zwischen dem Baubeginn 1433 und der Vollendung 1536 (Weihe 1556). Als Baumaterial wurden hauptsächlich Kalkstein und Marmor von der Insel Brač verwendet. Von der ersten Kathedrale an dieser Stelle übernahmen die Baumeister das von Löwen flankierte Portal, das an der östlichen Längsseite seinen Platz fand. Im ersten Bauabschnitt wirkten vor allem italienische Architekten, dann, Anfang der 40er Jahre, übernahm der einheimische Baumeister und Bildhauer Juraj Dalmatinac (→ Berühmte Persönlichkeiten) die Leitung der Bauhütte. Auf ihn gehen der kreuzförmige Grundriß, die südlichen Bauteile (Chor, Taufkapelle und Sakristei), für die starke Substruktionen erforderlich waren, sowie das Konzept für die mächtige Vierungskuppel zurück.

*Porträtköpfe

Zeugnisse seiner Meisterschaft als Bildhauer sind die über 70 Porträtköpfe, die in einem Fries um die Apsiden des Chores herumgeführt werden. Bei den individuellen Gesichtern mit zum Teil fratzenhaft überzogener Mimik handelt es sich um Zeitgenossen von Dalmatinac und Bürger der Stadt. Dalmatinac' Nachfolger Niccolò Fiorentino vollendete den Bau im Sinne seines großen Lehrers. Mit dem tonnengewölbten Dach, das aus ineinandergreifenden Steinplatten ohne Verbindungsmaterialien konstruiert ist, gelang auch Fiorentino ein technisches Novum, das in Dalmatien seinesgleichen suchte.

Ausstattung

Im Innern der dreischiffigen Kirche herrscht fast völlige Dunkelheit. Gleich rechts neben dem Eingang, im ersten Joch, befindet sich das sehenswerte Grabmal des Bischofs und Humanisten Juraj Šižgorić, das 1454 nach Entwürfen von Juraj Dalmatinac entstand. Gegenüber, im zweiten Joch links, verdient der Dreikönigsaltar mit Marmorreliefs von Niccolò Fiorentino und einem Gemälde von Bernardo Rizzardi Aufmerksamkeit. Den berühmten Heilig-Kreuz-Altar rechts vor der Vierung schuf ein Künstler aus Split um die Mitte des 15. Jh.s. Bemerkenswert ist auch die 1624 fertiggestellte Holzkanzel, ebenso wie der Hauptaltar ein Werk des Barock. In der Schatzkammer werden Arbeiten des Šibeniker Künstlers und Goldschmieds Horacije Fortezza aus dem 16. Jh. gezeigt.

**Baptisterium

Eine schmale Treppe auf der rechten Seite der Vierung führt in das Baptisterium, einen kleinen, wohlproportionierten Zentralraum mit vier gewölbten Apsiden und einem Taufbecken in der Mitte. Andrija Aleši hatte das von Juraj Dalmatinac begonnene Renaissancejuwel vollendet.

Bischofspalast

An die Südseite der Kathedrale schließt sich der Bischofspalast aus dem 15. Jh. an. Beachtenswert an diesem Bau sind die schön gestalteten Portale: Das eine, spätgotische, führt in den Innenhof; das andere, im Stil der Renaisssance, ins Innere des Palastes. In der Palastkapelle finden sich zwei außergewöhnliche Altarbilder aus der ersten Hälfte des 15. Jahrhunderts. Das von Nikola Vladanow gemalte zeigt eine Schutzmantelmadonna, das zweite Gemälde, eine "Muttergottes mit vier Heiligen", stammt aus dem Umkreis des Trogirer Künstler Blaž Trogiranin.

Rektorenpalast, Städtisches Museum

Direkt gegenüber dem Bischofspalast und von diesem nur durch eine schmale Gasse und das Seetor getrennt, liegt der ehemalige Rektorenpalast aus venezianischer Zeit. Er wurde zwischen dem 14. und 16. Jh. erbaut. Seine Hauptfassade mit spätgotischen Fenstern und Balkonen ist der Uferseite zugewandt.
Heute beherbergt der Palast das Städtische Museum. Zu sehen sind hier Ausgrabungsfunde, Skulpturen, Münzen und Waffen aus der langen Geschichte der Stadt.

Barbarakirche

Hinter dem Museum versteckt sich die kleine gotische Barbarakirche mit barockem Glockenturm. Sie ist heute Teil des Stadtmuseums. Die Lünette ihres Eingangsportals schmückt eine Statue des hl. Nikolaus, eine Arbeit, die um 1430 in der Werkstatt des Bildhauers und Baumeisters Bonino aus Mailand entstand. Die Seitenwand ziert ein schönes spätgotisches Fenster desselben Meisters. Auch das Innere der kleinen Kirche, darunter die sehr gut erhaltenen Altäre, sind Werke der Spätgotik.

Blick über Šibenik: Aus dem Gewirr der Altstadthäuser ragt der Dom mit seinem ungewöhnlichen Tonnendach und seiner hohen Kuppel heraus.

**Domplatz (Abb. S. 219)
Der Trg Republike Hrvatske (Platz der Republik Kroatien), auch einfach Domplatz genannt, an der nordöstlichen Seite der Kathedrale ist ein Meisterstück der Stadtbaukunst und sicher eine der gelungensten Platzanlagen im gesamten Reisegebiet. Der mächtigen Flanke des Doms, die den Platz nach Westen abschließt, antwortet die elegante Fassade der Stadtloggia, die von hohen, an den steilen Hang gebauten Wohnhäusern aus Haustein hinterfangen wird. Der Bodenbelag aus glänzenden, glatt geschliffenen Steinplatten unterstreicht den repräsentativen Charakter des Platzes.

*Stadtloggia
Mit der Kathedrale im Rücken blickt man auf die zweigeschossige Stadtloggia, das ehemalige Rathaus von Šibenik. Sie wurde zwischen 1533 und 1542 errichtet und nach ihrer Zerstörung im Zweiten Weltkrieg wieder vollständig aufgebaut. Ihre Ausmaße geben eine Vorstellung von der einstigen Bedeutung Šibeniks. Auf dem Erdgeschoß mit seinen weit gespannten Arkadenbögen ruht das durch 9 rechteckige Fensterfelder gegliederte Obergeschoß, das mit einem fein profilierten Architrav abschließt. Der Balkon über dem mittleren Arkadenbogen diente den einstigen Stadtvätern für Ansprachen an die Bürgerschaft.

Dalmatinac-Denkmal
Am nördlichen Platzende wurde 1961 Juraj Dalmatinac ein Denkmal gesetzt. Die Statue des großen Baumeisters ist ein Werk von Ivan Meštrović (→ Berühmte Persönlichkeiten), der aus dem Hinterland von Šibenik stammte.

Foscolo-Palast (Franziskanerkloster)
Steigt man die steile Treppe neben der Stadtloggia bergauf, dann kommt man zum ehemaligen Foscolo-Palast, später ein Franziskanerkloster. Er wurde um die Mitte des 15. Jh.s errichtet. Spätgotische Fenster und Renaissancereliefs schmücken seine Fassade.

Festung
Über Treppengassen erreicht man die eindrucksvolle Festung St. Anna (Tvrđava Sveta Ana), die über der den Dächern der Altstadt thront. Der Hang, an den Šibenik gebaut ist, fällt hier steil zum Meer hin ab. Der im Sommer schweißtreibende Aufstieg zur Festung lohnt sich: Von hier aus bietet sich ein herrlicher Rundblick über die Stadt, die Bucht und die vorgelagerten Inseln und Halbinseln. Sv. Ana ist die älteste Festung der Stadt; weitere Burg- bzw. Verteidigungsanlagen sind die im 16. Jh. erbaute Nikolausfestung auf einem Inselchen in der Kanaleinfahrt, die im 17. Jh. sternförmig angelegte Johannesfestung, zu der man von Sv. Ana hinüberblikken kann, und die Festung Šubićevac. An der Stelle der St.-Anna-Festung stand bereits um das Jahr 1000 eine Burg, die später mehrfach verändert wurde. Ihr heutiges Erscheinungsbild erhielt die Anlage zwischen dem 15. und 17. Jh. unter der Herrschaft der Venezianer.
Sehenswert, auch wenn es hier keine spektakulären Grabmale gibt, ist der alte Friedhof gleich daneben.

Zagrebačka ulica
Um ein abgerundetes Bild von Šibenik zu bekommen, sollte man nach dem Aufstieg zur Festung auch noch einen Bummel durch die hübsche Altstadt unternehmen. Die wichtigsten Einkaufs- und Flanierstraßen sind – abgesehen von der Uferpromenade – die Zagrebačka ulica und die Kralja Tomislava ulica, die die Altstadt von Osten nach Westen durchqueren und von hübschen Bürgerhäusern und Adelspalais im Stil venezianischer Paläste gesäumt sind. Vor allem in der Zagrebačka ulica und ihren Seitengassen gibt es auch ein paar hübsche Kirchen, u. a. Maria Himmelfahrt (Vaznesenija Bogorodice), die im 16. Jh. in ein orthodoxes Gotteshaus umgewandelt wurde und eine sehenswerte Inneneinrichtung sowie einen barocken Glockengiebel besitzt, und die im 15./16. Jh. im Renaissance-Stil erbaute Sveti Ivan Krštitelj. Am südöstlichen Ende der Altstadt laufen die Zagrebačka und die Tomislava ulica zusammen und münden in den Theaterplatz mit dem Schauspielhaus von Šibenik. Durch die Grünanlagen an der Vladimira Nazora oder durch Altstadtgassen erreicht man die Uferpromenade.

Franziskanerkloster
Hinter der belebten Uferstraße stehen zwei weitere interessante Kirchen, mit denen man den Stadtrundgang beschließen kann. Beachtenswert in

Franziskanerkloster (Fortsetzung)

der gotischen Franziskanerkirche sind die bemalte barocke Kassettendekke aus Lärchenholz, die Orgel aus dem 18. Jh. und die mit alten und bedeutenden Schriften ausgestattete Klosterbibliothek.

Sv. Nikola

Die barocke Nikolauskirche gehörte der Bruderschaft der Seefahrer. In ihrem Innern finden sich daher ungewöhnliche Weihegeschenke: Modelle von Segelschiffen.

Umgebungsziele im Landesinneren

Allgemeines

Die Liste der Ausflugsmöglichkeiten von Šibenik ist lang. Ganz oben steht natürlich eine Bootsfahrt zu den → Kornaten sowie ein Besuch der → Krka-Wasserfälle, aber auch die Insel Murter (s. u.) oder das pittoresk gelegene Städtchen Primošten (s. u.) lassen sich in Tagesausflügen von Šibenik aus besichtigen. Interessant ist aber auch eine Fahrt ins dalmatinische Hinterland von Šibenik, und damit verbunden ein Besuch der Städte Drniš und Knin. Beide Orte gehörten bis zum Sommer 1995 zur sogenannten Republik Serbische Krajina, die die aufständischen Serben in Kroatien vier Jahre zuvor ausgerufen hatten.

Drniš

In Drniš (2000 Einw.), 32 km östlich von Šibenik, errichteten die Türken 1520 eine Festung. Die Ruinen dieser Festung befinden sich oberhalb des kleinen Krka-Nebenflusses Čikola. Im Ort selbst steht eine Kirche, die durch den Umbau einer Moschee aus dem 16. Jh. entstanden ist. Gut erhalten ist das in den 60er Jahren restaurierte Minarett, das einzige in Dalmatien.

Otavice

Der kleine Ort Otavice, 9 km östlich von Drniš, wird hauptsächlich wegen des dortigen Meštrović-Mausoleums besucht, in dem Ivan Meštrović

Hauptattraktion der Kleinstadt Knin im Hinterland von Šibenik ist die mächtige Festung auf dem Berg Spas.

Otavice (Fortsetzung)

selbst und seine nächsten Angehörigen beigesetzt sind. Das Mausoleum wurde im Sommer 1991 von serbischen Truppen schwer beschädigt. Ivan Meštrović (→ Berühmte Persönlichkeiten), der bedeutendste kroatische Bildhauer des 20. Jh.s, wurde 1883 in Otavice geboren. Auch in Drniš sind einige Werke des Künstlers zu sehen.

Knin

In der Stadt am Oberlauf der Krka, 21 km nordöstlich von Drniš, residierten vom 12. Jh. bis zum Beginn des 16. Jh.s die kroatischen Könige; zeitweise tagte hier auch das höchste kroatische Gericht. Von 1522 bis 1688 war Knin (5000 Einw.) Hauptstützpunkt der Türken an der Westgrenze ihres Reichs, bevor sich die Handelsmacht Venedig für etwas mehr als 100 Jahre – bis 1797 – der Stadt bemächtigte. Heute ist Knin vor allem ein wichtiger Verkehrsknotenpunkt: Hier kreuzen sich mehrere Straßen, die von der Küste ins Hinterland, nach Bosnien ebenso wie in die kroatische Hauptstadt Zagreb führen. Bis zum Sommer 1995 war Knin Hauptstadt der selbsternannten Republik Serbische Krajina. Bei der Rückeroberung durch die kroatische Armee wurden viele Häuser beschädigt oder zerstört. Manche Zerstörung rührt allerdings auch davon her, daß die Serben in den Jahren zuvor Kroaten vertrieben und deren Häuser oder Geschäfte angesteckt hatten.

Festung

Die Stadt wird von einer gewaltigen Festung auf dem Berg Spas beherrscht, die im frühen Mittelalter erbaut und im 15. und 18. Jh. erweitert wurde.

Biskupija

Biskupija, 4 km südöstlich von Knin, war – wie der Name schon sagt – bis ins 13. Jh. Sitz eines Bischofs. Im Ort sind noch die Reste von mehreren altkroatischen Kirchen aus dem 9. bis 11. Jh. erhalten.

Umgebungsziele an der Küste

Halbinsel Zablaće, Solaris

Šibenik liegt nicht am offenen Meer und besitzt im Stadtgebiet keine nennenswerten Bademöglichkeiten. Das Naherholungsgebiet von Šibenik ist die südwestlich vorgelagerte Halbinsel Zablaće mit der Feriensiedlung Solaris. Hotels verschiedener Kategorien, ein Campingplatz sowie verschiedene Sport- und Freizeiteinrichtungen stehen hier zur Verfügung.

Krapanj, Prvić, Zlarin, Kaprije, Žirje

Beliebte Ausflugsziele sind die kleinen vorgelagerten Inseln Krapanj, Prvić, Zlarin, Kaprije und Žirje. Sie waren einst ein Dorado für Schwammtaucher und Korallenfischer. Auf Kaprije lohnt das Franziskanerkloster mit dem Renaissancekreuzgang aus dem 16. Jh. einen Besuch, auf Zlarin ist allenfalls die barocke Pfarrkirche eine Besichtigung wert. In der Pfarrkirche auf Prvić liegt der kroatische Gelehrte und Humanist Faust Vrančić (1551–1617) begraben. Auf der kleinen Insel befindet sich auch der Sommersitz dieser Šibeniker Familie.

*Primošten

Primošten (1500 Einw.) liegt an der Küstenmagistrale in Richtung → Trogir, 26 km südlich von Šibenik. Die malerische, von einem spitzen Kirchturm überragte Altstadt breitet sich auf einem Inselchen aus, das durch einen Damm mit dem modernen Teil des Ortes auf dem Festland verbunden ist – ein Postkartenmotiv, vor allem, wenn man von der Küstenmagistrale auf die Stadt blickt. Früher gab es hier nur eine Brücke ('most'), an die der Name des Städtchens erinnert. Viele Bewohner von Primošten leben auch heute noch – sofern sie nicht mit dem Fremdenverkehr ihr Geld verdienen – vom Fischfang oder vom Wein- und Olivenanbau. Im alten Inselort blieben noch Teile der dicken Stadtmauern aus dem 17. Jh., die in jüngerer Zeit renoviert wurden, und viele schlichte Bürgerhäuser erhalten, wie sie für dalmatinische Fischerorte typisch sind. Gemütlich sitzen läßt es sich in den Cafés und Restaurants an der kleinen Uferpromenade. Bedeutende Sehenswürdigkeiten hat der Ort nicht zu bieten, doch für einen Bade- und Erholungsurlaub besitzt er ausreichend Annehmlichkeiten. Die Hotelkom-

Von der Küstenstraße bietet sich ein herrlicher Blick auf Primošten.

Primošten (Fortsetzung)

plexe und Campingplätze liegen am Festland gegenüber. An den dortigen Fels- und Kiesstränden kann man herrlich baden. In der Bucht von Primošten gibt es zahlreiche Gelegenheiten zur Sportfischerei.

Rogoznica

8 km hinter Primošten sieht man unterhalb der Küstenmagistrale Rogoznica, das ebenfalls auf einer Halbinsel liegt. Der Fischfang ist hier immer noch die wichtigste Erwerbsquelle, denn vom großen Touristenstrom ist Rogoznica bislang weitgehend verschont geblieben.

Vodice

Vodice (4000 Einw.), 11 km nordwestlich von Šibenik an einer breiten Bucht gelegen, ist ein bekannter Badeort mit vielen Hotels, Privatunterkünften, einem Campingplatz und einer Marina. In der Altstadt erwarten den Feriengast zahlreiche Restaurants und Cafés. Da ein Naturstrand fehlt, wurden für die Badegäste betonierte Liegeflächen angelegt. Die Sehenswürdigkeiten der Stadt beschränken sich auf eine barocke Pfarrkirche und einen mittelalterlichen Wehrturm.

Pirovac

11 km hinter Vodice, in der tiefen Pirovački zaliv (Pirovacer Bucht) liegt der Ort Pirovac, der für die schönen Strände in seiner Umgebung bekannt ist.

Murter (Insel)

Allgemeines

Mit knapp 19 km² ist Murter (14 km nordwestlich von Vodice) die größte Insel im Archipel von Šibenik. Durch eine Brücke im Inselort Tisno ist sie mit dem Festland verbunden, das hier in einer breiten Landzunge ins Meer ragt. In den vier Ortschaften auf Murter – Tisno, Betina, Jezera und Murter – leben etwa 5000 Menschen. Die Insel kann nicht mit klassischen Sehenswürdigkeiten aufwarten, aber sie ist wegen ihrer Strände und Freizeitmöglichkeiten bei Bade- und Campingurlaubern beliebt. In allen Touristbüros werden Ausflugsfahrten zu den → Kornaten angeboten.

Jezera

In einer dem Festland zugewandten, sehr geschützten Bucht liegt Jezera. Seit dem Bau eines ACI-Jachthafens und der Einrichtung einer Segelschule ist es hier im Sommer ebenfalls ein bißchen lebhafter geworden.

Murter (Ort)

Der Hauptort der Insel liegt rund 5 km von Tisno entfernt. Er teilt sich in eine Oberstadt und die in einer weiten Bucht liegende Unterstadt Hramina mit einem großen Jachthafen. Dort befinden sich das Touristbüro, die meisten Geschäfte, Cafés und Restaurants. Das einzige Hotel am Ort (Hotel Colentum, eine großzügige Anlage ohne Charme und Komfort) liegt west-

Šibenik Umgebung, Murter (Ort) (Fortsetzung)

lich außerhalb, zu erreichen über eine Abzweigung am Ortseingang. Unterhalb dieses Hotels, in der bewaldeten Bucht Slanica, liegt einer der hübschesten Badeplätze auf der Insel mit einem kleinen, flachem Sandstrand zwischen Felsen – beliebt vor allem bei Familien mit Kindern.

Betina

In östliche Richtung geht Murter fast nahtlos in den Nachbarort Betina über, der noch weitgehend seinen dörflichen Charakter bewahrt hat. Auch Betina besitzt einen Jachthafen.

Split O/P 18

Kroatien, Hauptstadt der Gespanschaft Split-Dalmatien
Höhe: 5 m ü. d. M.
Einwohnerzahl: 200 000

Lage und **Bedeutung

Split ist nach Zagreb die zweitgrößte Stadt Kroatiens und zugleich die wirtschaftliche und kulturelle Metropole Dalmatiens. Im Unterschied zu der anderen großen Hafenstadt an der Adria, Rijeka, kommt dem Fremdenverkehr in Split eine enorme Bedeutung zu. Das Besichtigungsangebot der Stadt ist ebenso vielseitig wie die Auswahl an Freizeit- und Übernachtungsmöglichkeiten. Vor allem der monumentale Diokletianpalast, in dessen Mauern die Altstadt von Split entstanden ist, aber auch mehrere bedeutende Museen, ein erholsamer Stadtpark und die elegante Uferpromenade mit Geschäften und Cafés locken das ganze Jahr über Besucher in die Stadt. Von dem 20 km westlich liegenden Flughafen aus erreichen Urlauber ein Feriengebiet, das von Šibenik im Norden bis Ploče im Süden reicht. Da man sämtliche Inseln im mittleren und südlichen Adriaraum von Split aus anfahren kann, ist die Stadt auch ein wichtiger Verkehrsknotenpunkt an der Küste Dalmatiens.

Wirtschaft und Kultur

Die kulturelle Bedeutung von Split läßt sich an unterschiedlichen Faktoren ablesen. Split ist Sitz einer Universität, zahlreicher Fachschulen und verschiedener wissenschaftlicher Einrichtungen (Institut für Seehandel, Institut für Ozeanographie und Fischerei, Institut für Kulturgeschichte) sowie auch wichtiger Verlage und bekannter Zeitungen. Außerdem gibt es in der Stadt eine Vielzahl von Museen oder Sammlungen, Bibliotheken, Galerien und Theater. Die ökonomische Bedeutung der Stadt für Kroatien ist groß: Die an der Peripherie angesiedelten Zementfabriken, die Betriebe der Chemie-, Elektro- und Nahrungsmittelindustrie sowie die großen Werften leisten einen wesentlichen Beitrag zur Versorgung des Landes. Neben dem Fährhafen besitzt Split auch einen Überseehafen.

Stadtbild

Wie fast alle Großstädte, so hat auch Split viele Gesichter. Der erste Eindruck der Stadt wird bestimmt von dem breiten Gürtel der Trabantensiedlungen, mit denen sich das Stadtgebiet in den vergangenen Jahrzehnten vergrößerte. Umso mehr erstaunt, daß sich der mittelalterliche Kern um den Diokletianpalast so unversehrt erhalten hat und von größeren Bausünden verschont blieb. Großstädtisch zeigt sich Split vor allem an der Hafenpromenade und in den Stadtvierteln, die seit dem 19. Jh. um das alte Zentrum herangewachsen sind. Die grüne Lunge der Stadt ist der als Halbinsel in die Bucht von Split ragende, dicht bewaldete Marjan-Berg.

Geschichte

Die Region von Split war bereits im Neolithikum besiedelt. In den letzten vorchristlichen Jahrhunderten drangen illyrische Stämme in das Gebiet vor und ließen sich im benachbarten Salona, dem heutigen Solin, nieder. Wenig später kolonisierten die Griechen Solin, Split und die Insel Vis. Wahrscheinlich waren sie es, die der Stadt den Namen Asphalathos gaben, denn dies ist die griechische Bezeichnung für eine im dalmatinischen Raum häufige Ginsterart. Die Römer erschienen im Jahr 78 v. Chr. im Gebiet von Split, doch erst im 3. Jh. n. Chr., mit dem Bau des Diokletianpala-

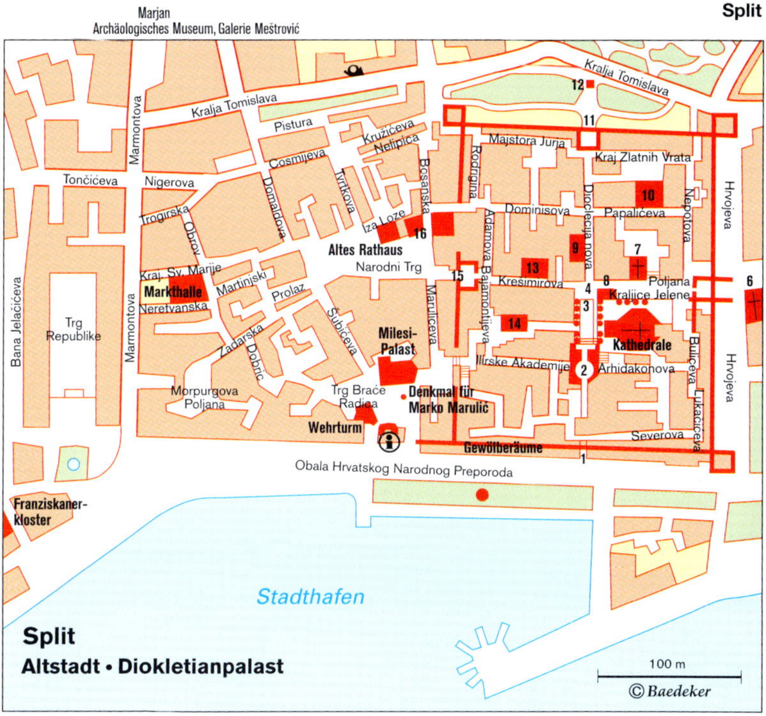

1 Seetor
2 Vestibül
3 Peristyl
4 Decumanus
5 Porta Argentea
6 Dominikanerkloster
7 Sv. Filip
8 Sv. Rok
9 Agubio-Palast
10 Papalić-Palast
11 Porta Aurea
12 Ninski-Denkmal
13 Cindro-Palast
14 Jupitertempel
15 Porta Ferrea
16 Karepić-Palast

Geschichte (Fortsetzung)

stes, nahm das römische Split als Stadt Kontur an. Als in der Völkerwanderungszeit das benachbarte Salona von Awaren zerstört wurde, flüchteten die Einwohner dieser Stadt auf die mitteldalmatinischen Inseln, in die befestigten Küstenstädte – und in den kaiserlichen Palast in Split, das somit ein zweites Mal besiedelt wurde.

Nordwestlich von Split entstand im 9. Jahrhundert der kroatische Staat, mit dessen Herrschern das inzwischen byzantinische Split vielfältige Kontakte unterhielt. Im 10. und 11. Jahrhundert bildete sich eine autonome Stadtverwaltung heraus, die auch während der rund dreihundertjährigen Zugehörigkeit zum kroatisch-ungarischen Königreich Bestand hatte. Der wirtschaftliche Aufschwung der Stadt wurde während der venezianischen Herrschaft (1420–1797) gebremst, da Venedig den politischen Spielraum Splits einschränkte und zudem immer wieder Angriffe der Türken drohten, vor denen man sich mit dem Bau von Befestigungsanlagen zu schützen suchte. Während des napoleonischen Zwischenspiels, das die Regierungszeit der Habsburger (1797–1918) zwischen 1805 und 1813 kurz unterbrach, wurde ein großer Teil der Stadtmauern entfernt, die Uferanlagen befestigt und Straßen angelegt – kurzum: der Boden für eine großstädtische Stadtentwicklung war bereitet. Nach dem Zusammenbruch der Donaumonarchie kam Split 1918 zum Königreich der Serben, Kroaten und Slowenen. Die Tatsache, daß Zadar während der Zwischenkriegszeit italie-

Die dalmatinische Metropole von der Seeseite

Geschichte (Fortsetzung)

nisch war, erhöhte die Bedeutung der Stadt für den jungen Staat. Im Zweiten Weltkrieg war Split eine Hochburg der Partisanenbewegung. Im April 1941 wurde die Stadt von den Italienern bombardiert und im Oktober 1944 von Titos Partisanen befreit.
Nach dem Zerfall Jugoslawiens und der Ausrufung der unabhängigen Republik Kroatien im Sommer 1991 machten sich in Dalmatien und besonders in Split wieder autonomistische Tendenzen bemerkbar. Der übertriebene Nationalismus gewisser Regierungskreise und der von oben verordnete Zentralismus weckten den sprichwörtlichen Widerspruchsgeist der Dalmatiner. Es ist deshalb kein Zufall, daß das bösartig-kritische Satireblatt "Feral Tribune" ausgerechnet in Split herausgegeben wird.

Sehenswertes in Split

Tips für die Stadtbesichtigung

Wer Split nur für einen Tagesausflug besucht, sollte die Stadtbesichtigung in jedem Fall beim Diokletianpalast beginnen und danach noch durch die angrenzende Altstadt sowie an der Uferpromenade entlangspazieren. Im Rahmen eines mehrtägigen Aufenthalts bieten sich weiterhin die Besichtigung der großen Museen der Stadt und des Marjan-Hügels (Aussicht!) an.

Diokletianpalast (Altstadt)

Allgemeines und **Bedeutung

Der zwischen 295 und 305 für Kaiser Diokletian (→ Berühmte Persönlichkeiten) erbaute Palast ist trotz der vielen späteren Veränderungen das am besten erhaltene und eindrucksvollste Denkmal der römischen Architektur in Dalmatien. Bautypologisch vermischt sich bei diesem gewaltigen Gebäudekomplex das römische Castrum (Heerlager) mit Elementen einer antiken Villa. Der Palast hat einen annähernd quadratischen Grundriß (180 m x 215 m) und nimmt eine Fläche von mehr als 30 000 m² ein. Die Außen-

Diokletianpalast Allgemeines (Fortsetzung)

mauern des Palastbezirks sind 18 m hoch und 2 m dick; am besten erhalten ist die Nordmauer. Verstärkt wurden die Umfassungsmauern von vier Ecktürmen (von denen nur der im Südwesten nicht mehr erhalten ist) und sechs viereckigen Türmen an den Landseiten. Durch drei große, mit achteckigen Türmen besetzte Tore gelangt man heute wie damals in den Palast. Im Süden der Anlage befanden sich Repräsentationsräume und Thermen sowie die kaiserlichen Gemächer, durch das Vestibül mit dem zentralen Peristyl verbunden. Der Südflügel, dessen elegante Fassade man heute von der Uferpromenade aus gut betrachten kann, grenzte in der Antike direkt ans Meer, so daß die großen kaiserlichen Galeeren an der Palastmauer anlegen konnten.

Seetor, *Gewölberäume

Von der Uferpromenade aus betritt man durch das kleine Seetor die Palastanlage. Hinter dem Tor liegt ein Labyrinth von Räumen, ehemalige Festsäle, von deren ursprünglicher Ausstattung mit Marmor, Wandmalereien und Mosaiken leider nichts erhalten blieb. Die Gewölbe dieser Räume, die seit ihrer Freilegung für Ausstellungen genutzt werden, sind eindrucksvolle Zeugnisse für das hohe Niveau der römischen Baukunst und -technik.

**Peristyl

Das Peristyl ist der wichtigste offene Raum des Palastes an der Kreuzung der beiden Hauptachsen Decumanus (heute Krešimirkova) und Cardo (heute Dioklecijanova). Der längliche Platz, heute eine grandiose Kulisse für die dortigen Cafés, wird an beiden Längsseiten von Arkaden über hohen Säulen mit korinthischen Kapitellen gefaßt. Die vier Säulen an der südlichen Schmalseite, hinter der die kaiserlichen Wohnräume lagen, überfängt ein breiter Dreiecksgiebel mit eingeschnittenem Rundbogen. In der Renaissance und im Barock wurden hier zwei Kapellen eingefügt. Zu Lebzeiten des Kaisers diente das Peristyl der Repräsentation, denn hier zeigte sich der Herrscher seinen Untertanen und empfing Boten. An der Westsei-

Ein offener Säulenhof, das Peristyl, bildete den Mittelpunkt des ehemaligen Diokletianpalastes. Heute gehört der beeindruckende Platz vor allem den Besuchern der dortigen Cafés.

Diokletianpalast, Peristyl (Fortsetzung)

te sieht man sehr schön, wie die späteren Bewohner des Palastareals die römische Architektur in den Bau ihrer Wohnhäuser einbezogen haben. An der Ostseite des Peristyls steht die Rochuskirche aus dem 16. Jh mit schöner Renaissancefassade (heute Touristbüro und Souvenirladen).

**Kathedrale Sv. Duje

Stufen führen vom Peristyl hinauf zur Domniuskathedrale, dem ehemaligen Mausoleum von Kaiser Diokletian. Das antike Bauwerk, ein Oktogon, das von einem offenen Säulengang umgeben ist, wurde im 7. Jh. vom päpstlichen Gesandten Johannes von Ravenna zur christlichen Kirche geweiht und um die Mitte des 10. Jh.s zur Kathedrale des neu gegründeten Bistums Split erhoben.

Steinmetzkunst auf höchstem Niveau: Kapitell an der Kanzel von Sv. Duje

Innenraum

Das Innere der Kirche ist überwältigend – eine faszinierende Mischung aus der überfeinerten spätrömischen Architektur und einer kostbaren nachantiken Ausstattung. Auffällig ist zunächst die Wandgliederung des 25 m hohen, überkuppelten Zentralraums durch zwei Reihen korinthischer Marmorsäulen, die ein reich verziertes, plastisch vortretendes Gebälk tragen. Der Relieffries unter dem Gebälk der oberen Säulenreihe zeigt Darstellungen von Eros auf der Jagd sowie die Porträts von Kaiser Diokletian und seiner Frau Prisca. Die Kuppel war ursprünglich auch noch mit Mosaiken ausgekleidet. Unter den Ausstattungsstücken ist vor allem die monumentale Domtür aus Nußholz sehenswert, die 1214 Andrija Buvina schuf. Die 28 von Pflanzenornamenten umrahmten Türfelder mit Szenen aus dem Leben Christi zählen zu den wertvollsten Werken romanischer Kunst in Dalmatien. Das gilt auch für die spätromanische Kanzel aus dem späten 13. oder frühen 14. Jh., die auf sechs grazilen Marmorsäulen mit herrlichen, fein gearbeiteten Kapitellen ruht. Über den spätantiken Sarkophagen der beiden Stadtpatrone von Split, Domnius und Anastasius, wurden im 15. Jh. links und rechts des Hochaltars Baldachinaltäre errichtet, die ebenfalls Beachtung verdienen. Der rechte Seitenaltar mit der Liegefigur des hl. Domnius ist ein Werk von Bonino da Milano. Ihm entspricht auf der linken Seite der Altar des hl. Anastasius (1448). Juraj Dalmatinac (→ Berühmte Persönlichkeiten), der Baumeister der Kathedrale von Šibenik, schuf für diesen Altar das herrliche, bereits die Auffassung der Renaissance widerspiegelnde Relief mit der "Geißelung Christi". Hinter dem barocken Hochaltar befindet sich das sehenswerte romanische Chorgestühl aus dem 13. Jh., das wohl älteste in Dalmatien.

Schatzkammer

Durch den Chor gelangt man auch in die Schatzkammer im ersten Stock der Sakristei. Sie birgt sakrale Kostbarkeiten vom frühen Mittelalter bis zum 19. Jh., u. a. Gold- und Silberschmiedearbeiten, ein Ziborium und viele bedeutende Handschriften.

Campanile

Der vom 13. bis zum 16. Jh. entstandene Glockenturm weist Stilmerkmale von der Romanik bis zur Renaissance auf. Im ersten Stockwerk sind drei romanische Reliefs eingemauert.

Jupitertempel

Der Jupitertempel, später zum Baptisterium St. Johannes umfunktioniert, liegt westlich des Peristyls in einem Seitengäßchen. Das spätantike Bauwerk mit einer Vorhalle besitzt ein reich geschmücktes Portal. Sehenswert sind aber auch das mit Flechtwerkornamentik geschmückte Taufbecken, mehrere Sarkophage und eine moderne Bronzestatue Johannes des Täufers von Ivan Meštrović (→ Berühmte Persönlichkeiten).

Sv. Filip

Nördlich der Kathedrale erstreckt sich der Kraljice-Platz mit Cafés, Souvenirgeschäften und -ständen. Am Platz befindet sich auch die von dem venezianischen Architekten Francesco Melchiori 1735 erbaute Philippus-Neri-Kirche.

Mittelalterliche Wohnhäuser
Papalić-Palast

Der in nachantiker Zeit verlassene Palast wurde seit der Völkerwanderungszeit von den neuen Bewohnern von Split genutzt. Über und in den römischen Bauten entstand nach und nach eine Stadt, deren Häuser bis heute fast unverändert erhalten sind. Neben dem Cindro-Palast in der Krešimirova und dem Palais der Familie Agubio in der Dioklecijanova ulica mit Stilmerkmalen der Gotik und der Renaissance muß hier vor allem der beeindruckende Stadtwohnsitz der Patrizierfamilie Papalić erwähnt werden (Papalićeva ulica 1; Städtisches Museum). Das romanische Wohnhaus wurde im 15. Jahrhundert durch Juraj Dalmatinac (→ Berühmte Persönlichkeiten) im Stil der venezianischen Gotik erneuert. Der vornehme Palast wird heute als Stadtmuseum genutzt. Zu sehen gibt es dort neben Urkunden und anderen Exponaten zur Stadtgeschichte eine bedeutende numismatische Sammlung.

Porta aurea

Vom Papalić-Palast ist es nicht weit zur Nordmauer des Diokletianpalastes, die im oberen Teil von großen Fenstern durchbrochen ist. Auch der nördliche Stadteingang, das Goldene Tor (Porta aurea), zeigt eine ungewöhnliche Schmuckfreude. In den äußeren Gang über der Porta Aurea wurde im frühen Mittelalter die altkroatische Martinskapelle eingefügt. Wenige Meter jenseits der Palastmauer, in der Achse der Porta aurea, steht das von Ivan Meštrović gefertigte Standbild des Bischofs Grgur von Nin. Ganz in der Nähe finden sich auch Überreste eines Benediktinerinnenklosters und der Euphemiakirche.

Porta ferrea

Durch die Porta ferrea, das sog. Eiserne Tor, gelangt man in jenen Teil der Altstadt, der sich westlich des Diokletianpalastes ausbreitet. In einem äußeren Gang über dem Eisernen Tor befindet sich die frühmittelalterliche Kirche Unsere Liebe Frau vom Glockenturm. Der Campanile aus dem 11. Jahrhundert ist der älteste in Split.

Altstadt (außerhalb des Diokletianpalastes)

*Narodni trg

An der Westseite des Diokletianpalastes schließen zwei der schönsten Plätze der Stadt an. Der Narodni trg (Volksplatz), auch Laurentius-, Wirtschafts-, Waffenplatz oder einfach Piazza genannt, entstand im frühen Mittelalter, als sich die Stadt allmählich auch außerhalb der antiken Gemäuer auszudehnen begann. Mit den umstehenden Gebäuden aus allen Stilepochen vermittelt der Platz einen repräsentativen Überblick über die architektonische Entwicklung der Stadt. An der Nordseite des Platzes steht das im 15. Jh. erbaute, im 19. Jh. restaurierte Rathaus, in dem heute das Ethnographische Museum untergebracht ist. Es besitzt eine reichhaltige Sammlung von Volkstrachten, textiler Kunst und Schmuckgegenständen aus ganz Dalmatien. An das Museum schließt der Karapić-Palast mit Stilmerkmalen der Renaissance und des Manierismus an. An der Ostseite des Platzes, also zum Diokletianpalast hin, steht das romanisch-gotische Haus von

Narodni trg (Fortsetzung)

Cipriano de Ciprianis aus dem 14. Jh. mit romanischen Rundbogenfenstern und einer großen Antoniusfigur in einer Nische. Wenige Meter entfernt befindet sich ein weiteres romanisches Gebäude, das wie ein Wehrturm wirkt und an dem im 15. Jh. die städtische Uhr angebracht wurde. Ebenfalls auf der Ostseite sind Reste der mittelalterlichen Loggia (14./15. Jh.) zu erkennen. Die Südseite des Platzes wird von dem Palais Pavlović aus dem 17. Jh. beherrscht, während sich an der Westseite eine secessionistisches Gebäude befindet: das Palais Nakić.

Trg Braće Radica

Der zweite Platz in unmittelbarer Nähe des Diokletianpalastes ist der trg Braće Radica, auch Vocni trg, Obstplatz, genannt. In der Mitte des Platzes steht das Denkmal für Marko Marulić, den in Split geborenen Humanisten und 'Vater' der kroatischen Literatur (→ Berühmte Persönlichkeiten). Wieder einmal ist der Schöpfer des Denkmals der in Kroatien sehr bekannte Bildhauer Ivan Meštrović (→ Berühmte Persönlichkeiten). An der Südseite des Platzes, der dem Meer zugewandten Seite also, steht der Wehrturm des städtischen Kastells, das Anfang des 15. Jh.s erbaut wurde. An der Nordseite schließt das barocke Palais Milesi aus dem 17. Jh. den Platz ab.

*Uferpomenade

Den trg Braće Radića trennen nur ein paar Schritte von der breiten Uferpromenade mit Grünanlagen, Palmen, schönen Straßencafés und Geschäften. Der in Sichtweite liegende Hafen mit den großen Fährdampfern

Mediterranes Großstadtflair an der palmengesäumten Uferpromenade von Split. Ein Teil des alten Mauerwerks gehört zum ehemaligen Diokletianpalast.

einerseits und die Südfassade des Diokletianpalastes andererseits geben eine prächtige Kulisse ab für diese großstädtische Bummelmeile.

Trg republike

Der dritte größere Platz in der Innenstadt erstreckt sich am westliche Ende der Uferpromenade. Der Platz ist an drei Seiten von einem Gebäudekomplex im Stil der Neorenaissance eingerahmt, der in der zweiten Hälfte des vergangenen Jahrhunderts nach dem Vorbild der Prokuratorenpaläste in Venedig errichtet wurde. Auf dem langgestreckten, rechteckigen Platz finden zahlreiche Veranstaltungen statt.

Trg republike (Fortsetzung)

Und wieder einmal stand Venedig Pate: Die monumentale Dreiflügelanlage um den Trg republike 'kopiert' die Prokuratien am Markusplatz.

Franziskanerkloster

Am Ufer, in unmittelbarer des Platzes, befinden sich die Franziskanerkirche und das Franziskanerkloster. Der im 13. Jh. erbaute Klosterkomplex wurde in diesem Jahrhundert grundlegend restauriert und umgebaut. Neben der Kirche blieb ein schöner, romanisch-gotischer Kreuzgang erhalten. In der Kirche finden sich die Grabstätten bedeutender Bürger – Dichter, Komponisten und Politiker – aus Split.

Hrvojeva ulica, Dominikanerkloster

Am anderen, östlichen Ende stößt die Uferpromenade auf die Hrvojeva ulica, werktags ein einziger überquellender Marktplatz. Zu kaufen gibt es hier neben Lebensmitteln auch Haushaltsartikel, Spielzeug, Textilien, Lederwaren und jede Menge Souvenirs. Etwas weiter oben in dieser Straße, auf der Höhe des Silbernen Tores an der Ostseite des Diokletianpalastes, liegen Kirche und Kloster St. Dominikus, ein restauriertes barockes Ensemble. Im Innern sind die Barockaltäre und mehrere Gemälde sehenswert.

Außerhalb der Altstadt

***Marjan**

Westlich der Altstadt ragt der knapp 180 m hohe, mit Aleppokiefern bewachsene Marjan-Hügel als Halbinsel in die Bucht von Split. Breite, geteerte Spazierwege durchziehen den schattigen Park, der sich am frühen Abend mit Joggern und flanierenden Pärchen füllt. Etwa auf halber Höhe liegt ein Terrassencafé (über die Nazora Prilaz ulica auch mit dem Wagen zu erreichen). Der Panoramablick von hier oben auf Split ist phantastisch. Auf dem Marjan befinden sich auch das Naturwissenschaftliche Museum und ein Zoologischer Garten.

*Aussichtsterrasse

Museum Kroatischer Archäologischer Denkmäler

Das Museum Kroatischer Archäologischer Denkmäler ist ein moderner Bau an der Südseite des Marjan-Hügels und in der Nähe eines Hotelhochhauses (Gunjačina ulica). Es beherbergt eine umfassende Sammlung von Gegenständen aus der frühen kroatischen Geschichte vom 8. bis 12. Jh.: Münzen, Waffen, Schmuck, Keramik, Skulpturen und Gebrauchsgegenstände. In dem Museum untergebracht sind auch das Višeslav-Taufbecken aus Nin (9. Jh.) und der Sarkophag von Königin Jelena von Solin (10. Jh.).

*Galerie Meštrović

Wenige hundert Meter vom Museum Kroatischer Archäologischer Denkmäler entfernt, in der šetalište Ivana Meštrovića 46, liegt die ehemalige Sommervilla von Ivan Meštrović (→ Berühmte Persönlichkeiten). Das griechische Tempelarchitektur zitierende Gebäude, in den 30er Jahren nach

Des großen Meisters ehemalige Villa in neuem Glanz: Die nach langer Renovierung wieder geöffnete Galerie Meštrović dokumentiert das Werk von Kroatiens berühmten Bildhauer.

Plänen Meštrovićs entstanden, umgibt ein parkartiger Garten mit Skulpturen des Meisters. Nach langen Renovierungsarbeiten ist die Galerie in der Villa nun wieder geöffnet. Sie besitzt die umfangreichste Sammlung von Werken des kroatischen Bildhauers aus nahezu allen Schaffensperioden.

Meštrović-Kaštelet

Ungefähr 500 m nordwestlich der Galerie liegt das sogenannte Meštrović-Kaštelet, eigentlich eine Sommervilla der Spliter Familie Capogrosso-Cavagnin, die von Meštrović umgebaut wurde. In der Kapelle, die der Künstler dem Gebäudekomplex hinzufügen ließ, sind große Holzreliefs von Meštrović mit Darstellungen aus dem Leben Christi zu sehen. Das Kaštelet ist auf Anfrage in der Galerie Meštrović zu besichtigen.

Archäologisches Museum

Im Archäologischen Museum an der Straße Zrinsko-Frankopanska sind Inschriftentafeln, Grabdenkmäler, Porträtplastiken und andere Steinfragmente vor allem aus antiker Zeit untergebracht. Die Exponate reichen bis in die Zeit der griechischen Kolonisierung Dalmatiens zurück. Ein großer

Archäologisches Museum (Fortsetzung)

Teil der Ausstellungsgegenstände, die in einem überdachten Wandelgang präsentiert werden, stammt aus Salona. Besonders sehenswert sind der Sarkophag mit einer Darstellung der "Jagd auf den Kalydonischen Eber" (2.–3. Jh.) und ein Sarkophag mit einer Darstellung des guten Hirten aus frühchristlicher Zeit (4. Jh.).

Kunstgalerie

Nur wenige Meter vom Archäologischen Museum entfernt, in der Lovretska ulica, hat die Kunstgalerie ihren Sitz, die Gemälde und Skulpturen vom 14. Jh. bis in heutige Zeit zeigt. Vertreten sind dalmatinische und venezianische Meister wie Paolo Veneziano, Jacobello del Fiore, Andrija Medulić, Matej Ponzoni-Pončun, Juraj Pavlović, Emanuel Vidović und Marino Tartaglia. Beachtung verdient auch die Ikonensammlung mit Ikonen von Kreta, Korfu und Kotor (in Montenegro).

Franziskanerkloster

Im nordwestlich der Altstadt gelegenen Stadtteil Poljud, in der Topuska ulica, befindet sich ein weiteres Franziskanerkloster. Der malerische Gebäudekomplex umschließt einen Kreuzgang aus der Renaissance mit einem Brunnen und Grabplatten bedeutender Spliter Familien. Das Kloster ist mit einem Renaissance-Wehrturm und Zinnen befestigt. Die Kirche stammt aus der Übergangszeit von Gotik und Renaissance. Sie beherbergt einige wertvolle Kunstwerke, u. a. das mehrteilige Hauptaltarbild von Girolamo da Santacroce (16. Jh.). In der Klostersammlung wird ein Porträt des Bischofs Toma Nigris aufbewahrt, das der berühmte venezianische Renaissancemaler Lorenzo Lotto 1527 schuf.

Stadion

Gleich neben dem Kloster liegt das Stadion des in Kroatien hochverehrten Fußballclubs Hajduk Split. Hier fanden 1990, also kurz vor Ausbruch des Krieges im früheren Jugoslawien, auch die Leichtathletik-Europameisterschaften statt.

Umgebungsziele im Landesinneren

Solin

Die kleine Stadt Solin, 5 km nördlich von Split gelegen, ist heute ein Industrievorort der benachbarten Großstadt. Solin blickt auf eine große Vergangenheit zurück. Die illyrisch-griechische Siedlung stieg in römischer Zeit zur bedeutendsten Stadt im weiten Umkreis auf. Im 4. Jh., unter Diokletian (→ Berühmte Persönlichkeiten), der in der Gegend von Salona geboren wurde, zählte sie rund 50 000 Einwohner. Doch die Stadt, in der Zvonimir zum kroatischen König gekrönt wurde, verlor nach dem Mittelalter ihre überragende Bedeutung. In einem ganz anderen Zusammenhang erlangte es in jüngerer Zeit wieder Bedeutung, als hier ein riesiges Zementwerk gebaut wurde – das größte in Titos Jugoslawien.

Sehenswertes

Das Gelände in und um Solin gleicht immer noch einer einzigen großen archäologischen Fundstätte. Vor allem im Norden der Stadt finden sich noch Reste von Mauern, Wehrtürmen, städtischen Basiliken und Thermen aus antiker Zeit. An der Straße nach Trogir sind Überreste eines Forums, eines Tempels und Theaters aus dem 1. Jh. zu sehen. Ebenso finden sich noch vereinzelt bauliche Überreste aus frühchristlicher und altkroatischer Zeit. Vieles von dem, was die Archäologen in Solin und Umgebung zutage gefördert haben, kann in den Museen von Split besichtigt werden, vor allem im Archäologischen Museum sowie im Museum Kroatischer Archäologischer Denkmäler. Bemerkenswert ist auch das römische Aquädukt (in Richtung Split), das im vergangenen Jahrhundert restauriert wurde.

Klis

Das Städtchen liegt auf einem 340 m hohen Sattel 10 km nördlich von Split, an der Straße nach Sinj. Im frühen Mittelalter war es im Besitz kroatischer Fürsten. Den Ort überragt eine mächtige Burg, die 1537 nach monatelanger Belagerung von den Türken erobert wurde. Klis wurde so für 111 Jahre Zentrum eines türkischen Sandschak (Verwaltungsbezirk). Die Venezianer bereiteten der osmanischen Herrschaft ein Ende, als sie 1648 die

Split Umgebung, Klis (Fortsetzung)

Festung stürmten. Die Burg verdankt ihr heutiges Aussehen im wesentlichen den Herren aus Venedig. Drei Mauerringe und mehrere Wehrtürme schützen den inneren Burgbereich, zu dem ein monumentales barockes Tor den Zugang bildet. Die Kirche innerhalb der Festung war einst eine Moschee.

Inseln vor Split

Šolta

Von den Inseln vor der Bucht von Split ist Šolta, etwa 30 km südwestlich gelegen, mit 52 km² die größte. Eine Autofähre verkehrt zwischen Split und dem Hafen Rogač an der Nordküste von Šolta. Knapp 1500 Einwohner leben auf dem hügeligen Eiland, auf dem Oliven, Wein, Feigen und Gemüse angebaut werden. Für die Bewohner der nahen Großstadt Split ist Šolta ein schnell erreichbares und vor allem an den Wochenenden viel besuchtes Ausflugsziel – ideal zum Baden, Sport treiben und Ausspannen.

Orte auf Šolta

Touristischer Mittelpunkt mit einer großen, neuen Bungalowsiedlung, diversen Sporteinrichtungen, einem Kiesstrand und Anlegeplätzen ist Nečujam, in einer tiefen Bucht an der Nordküste gelegen. Dem kroatischen Dichter Marko Marulić (→ Berühmte Persönlichkeiten) wurde in Nečujam ein kleines Museum eingerichtet mit Manuskripten und Erinnnerungsstücken. Fünf km westlich von Nečujam, etwa in der Mitte der Insel, liegt der größte Ort auf Šolta, Grohote (1200 Einw.). Das alte Dorf hat sein ursprüngliches Erscheinungsbild bewahrt. Bei einigen befestigten Bauernhäusern wurden antike Steinfragmente in die dicken Außenwände eingemauert. Der Wehrturm in der Mitte des Dorfes stammt aus dem 17. Jahrhundert. Das Barockschloß (18. Jh.) wurde in ein Hotel mit Restaurant umgewandelt. Auf Feriengäste trifft man auch in Maslinica, dem Fischerort im Nordwesten der Insel (400 Einw.). Gebadet wird hier an den Felsstränden am Ort oder auf den vorgelagerten FKK-Inseln. Skipper schätzen die Bucht von Maslinica als Ankerplatz, da sie vor der Bora geschützt ist.

Mali Drvenik, Veli Drvenik

Die Inseln Mali Drvenik und Veli Drvenik liegen nordwestlich von Šolta, nur wenige Kilometer vom Festland entfernt. Eine Personenfähre verkehrt einmal täglich zwischen Split und den beiden Inseln (Zwischenstop in Trogir, Fahrtdauer ca. 2 Stunden). Ruhe- und Erholungsuchende ohne Ansprüche an die touristische Infrastruktur sind hier gut aufgehoben, denn die meisten Besucher legen nur mit dem Boot an, um an den Fels- und Kiesbuchten zu baden. Zu Zeiten der Türkenüberfälle waren die Inseln Zufluchtsstätten für die Küstenbewohner. Anstelle der Wälder, die für den Schiffbau gerodet wurden, bedecken heute Felder, Weingärten und Olivenhaine die klimatisch begünstigten Inseln. Veli Drvenik, die näher bei Šolta gelegene und größere Insel, besitzt einen Hauptort gleichen Namens. Die an den Hang einer tiefen Bucht gebauten Häuser sind in üppiges Grün gebettet. Zu Fuß erreicht man die Badebuchten an der Ostküste der Insel.

Trogir

O 17

Kroatien, Gespanschaft Dalmatien-Split
Höhe: 5 m ü. d. M.
Einwohnerzahl: 8500

Lage und **Stadtbild

Mit einem vollständig erhaltenen mittelalterlichen Altstadtkern können verschiedene Städte in Dalmatien aufwarten, doch kaum einer ist so beeindruckend wie der von Trogir. Die kleine Stadt 25 km westlich von Split ist reich an kulturhistorischen Schätzen und Sehenswürdigkeiten, unter denen die Kathedrale mit dem Hauptportal von Meister Radovan unbestritten den ersten Platz einnimmt. Das alte Zentrum von Trogir ist – ebenso wie beispielsweise Korčula auf der gleichnamigen Insel – ein einziges großes Museum: Von Stadtmauern umschlossen, befinden sich hier auf verhältnismä-

Lage und Stadtbild (Fortsetzung)

ßig engem Raum Kirchen, Paläste und schlichte Bürgerhäuser, die fast ausnahmslos zwischen dem 13. und dem 17. Jh. erbaut wurden. Wer die schmalen Gassen durchschreitet, begibt sich auf eine Entdeckungsreise in die Vergangenheit. Trotz der einheitlichen Gesamtwirkung hat jedes Haus seine eigene Geschichte und an beinahe jeder Fassade finden sich Spuren, die etwas erzählen über die Besitzer oder Erbauer des Gebäudes – hier eine Inschrift, da eine interessante Steinmetzarbeit, dort ein Wappen.

Unterkunft, Freizeit- und Bademöglichkeiten

In der Umgebung von Trogir gibt es Hotels, private Zimmer und mehrere Campingplätze, so z. B. in der Touristensiedlung Medena oder in Gornji Okrug auf Čiovo. Die Stadt selbst verfügt über eine ACI-Marina. Im Kanal von Trogir zu baden, ist wegen des Schiffsverkehrs nicht empfehlenswert. Strände findet man bei D. Seget, mehrere Kilometer westlich der Stadt, sowie auf der Insel Čiovo, dort vor allem in der Bucht Saldun, die von der Altstadt aus in wenigen Fahrminuten zu erreichen ist.

Geschichte

Trogir ist eine griechische Gründung. Im 3. oder 2. Jh. v. Chr. ließen sich hier Hellenen aus Issa (von der heutigen Insel Vis) nieder. Der Name Trogir rührt von dem griechischen Wort Tragurion her, das etwa soviel bedeutet wie 'Ort am Ziegenberg'. Auch die Römer, die in Salona, dem heutigen Solin bei Split, die Hauptstadt ihrer Provinz Dalmatien eingerichtet hatten, siedelten sich hier später an. Bereits in der römischen Kaiserzeit, aber erst recht unter byzantinischer Herrschaft verlor Trogir an Bedeutung. Dies änderte sich erst, als die Stadt im 9./10. Jh. slawisiert wurde und sich in der Folgzeit durch Handel und Seefahrt zu einem blühenden Gemeinwesen entwickelte. Im 11. Jh. wurde Trogir Bischofssitz und erhielt das Stadtrecht. Eine Phase intensivster Bautätigkeit erlebte Trogir vom 13. bis zum 16. Jh.: Neben dem Domneubau entstanden gotische Paläste, Klöster und Kirchen sowie Gebäude für die – seit 1420 venezianische – Stadtverwaltung. Da Trogir vom Ende des 15. Jh.s an immer wieder von den Türken

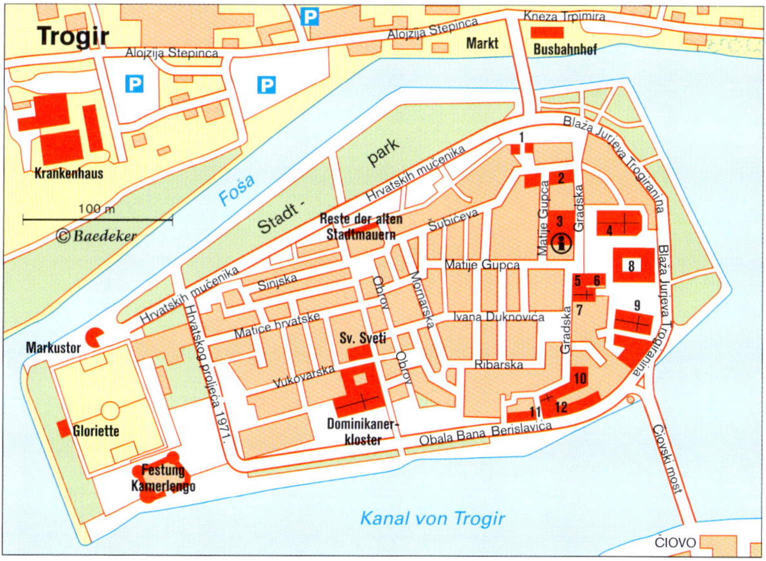

1 Landtor
2 Städtisches Museum
3 Čipiko-Palast
4 Kathedrale Sv. Lovro
5 Loggia
6 Uhrturm
7 Sv. Barbara
8 Rathaus
9 Sv. Ivan Krštitelj
10 Nikolauskloster
11 Seetor
12 Kleine Loggia

Trogir von der Seeseite: Dicht an die Stadtmauer gebaute Häuser, eine kleine Stadtloggia, vor der heute der Fischmarkt abgehalten wird, und filigrane Kirchtürme über den Dächern der Stadt.

Geschichte (Fortsetzung)

bedroht wurde, errichteten die neuen Herren aus Venedig die Festung Kamerlengo und etliche weitere Bastionen. Die Türkeneinfälle machten der wirtschaftlichen und kulturellen Blütezeit ein Ende. Als die Stadt 1797, nach dem Ende der Republik Venedig, der österreichischen Provinz Dalmatien zugeschlagen wurde, hatte sie ihre einstige Bedeutung längst eingebüßt. Die Habsburger herrschten bis 1918 über das Inselstädtchen – abgesehen von den Jahren zwischen 1806 und 1814, in denen die gesamte Region zu Napoleons Reich gehörte und den Illyrischen Provinzen zugeschlagen wurde. Nach dem Zweiten Weltkrieg entwickelte sich Trogir zur Industriestadt: Unübersehbar ist die Werft am westlichen Stadtrand; eine wichtige Rolle im wirtschaftlichen Leben der Stadt spielt auch die Kunststoffverarbeitung.

Sehenswertes in Trogir

Landtor

Wer seinen Wagen bereits auf dem Festland abgestellt hat, betritt von Norden, durch das Landtor, die Altstadt. Direkt vor der Brücke über den schmalen Kanal wird der hübsche Markt abgehalten, auf dem man nicht nur Blumen, Obst und Gemüse, sondern auch Schuhe, Lederwaren, Kleider, Souvenirs und sonst noch einiges erstehen kann. Das Landtor aus dem 17. Jh. schmückt eine Statue des Stadtpatrons Ivan Ursini.

Gradska ulica

Biegt man hinter dem Landtor nach links ab, so kommt man nach wenigen Schritten in die wichtigste Nord-Südachse der Stadt, die Gradska ulica. Sie trug ein paar Jahre den Namen der beiden deutschen Politiker Kohl und Genscher. Der Grund: Die Anerkennung Kroatiens als souveräner Staat 1992 durch die Europäische Gemeinschaft wurde v. a. auf die Bemühungen der deutschen Politik nach dem Beginn des Krieges im früheren Jugoslawien zurückgeführt.

Städtisches Museum

In der Gradska ulica liegt der Eingang zum Städtischen Museum von Trogir, das im ehemaligen Palast der Familie Garagnin-Fanfogna untergebracht ist. Die kleine, mäßig interessante Sammlung umfaßt u. a. Münzen und Gemälde einheimischer Künstler sowie die typische Einrichtung eines Adelssalons aus dem 19. Jahrundert. Zum Stadtmuseum gehört auch ein Lapidarium mit griechischen und römischen Skulpturen, Steinmetzarbeiten und Fragmenten mittelalterlicher Bauplastik.

***Kathedrale Sv. Lovro**

Das mächtige, den Hauptplatz der Stadt beherrschende Gotteshaus entstand in einer beinahe 500jährigen Bauzeit zwischen 1123 (Grundsteinlegung) und 1598 (Turmabschluß). Nicht nur die Architekturstile Dalmatiens von der Romanik bis zur Renaissance werden hier in vollendeter Form vorgeführt, mit dem romanischen Hauptportal und der Renaissancekapelle Sv. Ursini besitzt die Kathedrale zudem zwei Meisterwerke mittelalterlicher und frühneuzeitlicher Bauplastik.

Taufkapelle

Man betritt die Kirche durch eine gewölbte Vorhalle. Links vom Portal, an der Schmalseite der Vorhalle, liegt die 1467 von Andrija Aleši, einem Schüler von Juraj Dalmatinac, erbaute Taufkapelle. Das Relief über dem Eingang mit der Taufe Christi weist auf die Funktion dieses Raumes hin.

**Hauptportal

Zu den ältesten Teilen der Kirche gehört das Hauptportal. Sein reicher Skulpturenschmuck, der zum größten Teil im 13. Jh. von Meister Radovan und seiner Werkstatt geschaffen wurde, gilt als Schlüsselwerk der romanischen Plastik in Dalmatien. Selbstbewußt bezeichnete sich der Bildhauer denn auch in einer 1240 datierten Inschrift am Portalarchitrav als "den Besten seines Handwerks". Rechts und links des Portals stehen auf zwei Löwen die Ureltern des Menschengeschlechts, Adam und Eva. Das Portalgewände schmücken Apostel- und Heiligenfiguren sowie Allegorien der 12 Monate. Vor allem die Monatsdarstellungen sollte man genauer betrachten, denn sie sind mit vielen realistischen Details aus dem Alltagsleben der Bevölkerung ausgeschmückt. Auch dort, wo die Heilgeschichte erzählt

Dominikanerkirche

Kathedrale Sv. Lovro

Kathedrale, Hauptportal (Fortsetzung)

wird, im oberen Teil des Portals, geschieht dies nicht mit erhabenen Gesten, sondern mit einer erstaunlichen Natürlichkeit und Wirklichkeitsnähe. So nimmt z. B. bei der Geburt Christi, die im halbrunden Giebelfeld geschildert wird, die liegende Maria das Tuch vom Gesicht ihres Kindes, um es dem Betrachter zu zeigen.

Innenraum

Die dreischiffige Basilika besitzt einige sehenswerte Ausstattungsstücke. Beachtung verdienen vor allem die achteckige romanische Steinkanzel aus dem späten 13. Jh., die große Ähnlichkeit mit der Domkanzel in Split aufweist, das reich geschmückte Ziborium über dem Hauptaltar (wahrscheinlich ebenfalls ein Werk von Meister Radovan), mehrere Altarbilder, darunter auch von Palma Giovane, sowie das herrliche Chorgestühl, das um die Mitte des 15. Jh.s Ivan Berislavić geschnitzt hat. Zum Kirchenschatz der Kathedrale, der in der Sakristei gezeigt wird, gehören ein gotischer Schrank, wertvolle Stickereien, Reliquienbehälter und ein silbernes Siegel, das die kroatisch-ungarische Königin Elisabeth dem Kapitel von Trogir schenkte. An das nördliche Schiff wurde ab 1468 die Johanneskapelle angebaut, ein einzigartiges Gesamtkunstwerk der Renaissance, bei dem Architektur und Bildhauerei nahtlos ineinander übergehen. Die Kapelle ist das Gemeinschaftswerk von Andrija Aleši, Niccolò Fiorentino und Ivan Duknović, einem der besten Renaissancebildhauer Dalmatiens, der u. a. auch in Italien tätig war. In den Nischen über einem hohen Sockelgeschoß stehen die Figuren der 12 Apostel, von denen die qualitätvollsten – die des Thomas und die Johannes des Täufers – von Ivan Duknović geschaffen wurden. Der von zwei Engeln flankierte gotische Sarkophag birgt die Gebeine des Bischofs Johannes (Ivan Ursini). In der Lünette des Tonnengewölbes ist die Krönung Marias dargestellt.

**Kapelle Sv. Ivan Ursini

Campanile

Die wechselnden Baustile von der späten Romanik bis zur Renaissance sind auch am Glockenturm der Kathedrale sichtbar. Über dem romanisch-gotischen Unterbau wurde Ende des 14., Anfang des 15. Jh.s im gotischen

Mit seinem 'modernen' Renaissance-Portal an der Südseite war der Čipiko-Palast im 15. Jh. baukünstlerisch auf der Höhe der Zeit.

Kathedrale, Campanile (Fortsetzung)

Stil das erste Turmobergeschoß gebaut. Das zweite, 1420 entstandene Geschoß weist den Stil venezianischer Spätgotik auf, und das dritte baute Trifun Bokanović Ende des 16. Jh.s im Stilgemisch von Gotik und Renaissance. Die vier Figuren an der Spitze sind Werke des venezianischen Bildhauers Alessandro Vittoria.

**Trg Ivan Pavla II

Der wunderschöne Hauptplatz von Trogir neben der Kathedrale, inzwischen offiziell Johannes-Paul-II.-Platz genannt, lädt zum Verweilen ein, denn hier gibt es gleich mehrere Cafés, von denen man aus die umliegenden Sehenswürdigkeiten in Ruhe betrachten kann.

*Čipiko-Palast

Gegenüber vom Dom steht der im 15. Jh. erbaute neue Čipiko-Palast, ein Paradebeispiel für das repräsentative Patrizierwohnhaus am Übergang von der Gotik zur Renaissance. Im wesentlichen der venezianischen Gotik verpflichtet sind die hohen Drillingsfenster über dem Haupteingang. Völlig untypisch für diesen Stil sind dagegen die Porträtköpfe in den Zwickeln zwischen den Fenstern, und erst recht das von Niccolò Fiorentino gestaltete südliche Portal, das mit seinen Medaillons, den Spruchbändern und den kannelierten Pilastern bereits die Sprache der Renaissance spricht.
Der vormalige Wohnsitz der Familie Čipiko, ein spätromanisch-gotischer Palast, liegt wenige Meter südlich (Eingang gegenüber der Loggia).

Loggia, Uhrturm

Die im 15. Jh. an der Südseite des Platzes erbaute Loggia diente verschiedenen Zwecken, vor allem aber war sie Gerichtsstätte. Etwa gleichzeitig mit ihr wurde der gedrungen wirkende Uhrturm errichtet, ursprünglich Glockenturm der Renaissance-Votivkirche St. Sebastian. Die Skulpturen von Christus und dem hl. Sebastian an seiner Front sind ebenso Werke des Bildhauers Niccolò Fiorentino wie die Reliefs über dem Gerichtstisch in der Loggia. Im benachbarten Hof des Uhrturms sind die Reste der frühmittelalterlichen Marienkirche zu erkennen.

Rathaus

Das dreigeschossige Gebäude an der Ostseite des Platzes, ehemals Rektorenpalast, heute das Rathaus von Trogir, entstand an der Stelle eines älteren Bauwerks im 15. Jh., wurde aber im 19. Jh. grundlegend renoviert. Über dem Eingangsportal prangt das Stadtwappen von Trogir – eine auf dem Wasser schwimmende, befestigte Stadt mit dem Glockenturm der Kathedrale.

Sv. Barbara, Sv. Ivan Krštitelj

Direkt hinter der Loggia versteckt sich die kleine Barbarakirche (Sveta Barbara), vermutlich die älteste Kirche der Stadt aus dem 10. Jahrhundert. Beim Bau des Gotteshauses wurden auch antike Säulen verwendet. Die romanische Kirche Johannes des Täufers (Sveti Ivan Krštitelj) aus dem frühen 13. Jh. ist der letzte Überrest des einst großen Benediktinerklosters. In der kirchlichen Sammlung sind wertvolle Kunstwerke zu sehen – Gemälde, Kruzifixe und auch Kodizes, darunter das berühmte Trogirer Evangelium aus dem 13. Jahrhundert.

*Nikolauskloster, Sammlung Kairos

Entweder entlang der Uferstraße oder durch die Gradska ulica gelangt man zum Benediktinerinnenkloster Sv. Nikola an der südlichen Stadtmauer. Gegründet wurde das Kloster bereits im 11. Jh.; die Gebäudeteile stammen indes aus unterschiedlichen Zeiten. Allein schon der stimmungsvolle Innenhof des Klosters (mit der einzigen noch erhaltenen griechischen Inschrift aus dem 4./3. Jh. v. Chr.) ist einen Besuch wert, jedoch erst recht die von den Ordensfrauen zusammengetragene Kunstsammlung mit Gemälden vom Mittelalter bis zum Barock.

Kairos (Abb. S. 37)

Den Namen "Kairos" verdankt die Sammlung ihrem Spitzenstück, einem griechischen Marmorrelief mit der Figur des Kairos aus dem 1. Jh. v. Chr. Der jugendliche Gott verkörpert den rechten Augenblick bzw. die günstige Gelegenheit und ist als nackter, laufender Jüngling dargestellt. Die Locke auf der Stirn und der nackte Hinterkopf sollen bedeuten: wenn man ihn, den günstigen Augenblick, einholt, kann man ihn ergreifen, wenn er vorbei

Darüber gibt es wohl kaum einen Zweifel:
Die zentrale 'Piazza' von Trogir ist einer der schönsten Plätze in Dalmatien.

Nikolauskloster, Sammlung Kairos (Fortsetzung)

ist, läßt er sich nicht mehr am Schopfe packen. Dem Künstler des klassisch proportionierten, fein gearbeiteten Reliefs diente eine Bronzestatue des griechischen Bildhauers Lysippos (4. Jh. v. Chr.) als Vorbild.

Seetor, Kleine Loggia

Durch das Seetor kommt man wieder auf die Uferpromenade. Gleich linkerhand, in der kleinen Loggia und davor, findet der Fischmarkt statt.

Dominikanerkloster, Sv. Sveti

Der venezianische Glockenturm an der Uferpromenade gehört zum Kloster der Dominikaner, das im 14. Jh. außerhalb der Stadtmauern gegründet wurde. In der schlichten Klosterkirche ließ sich die Familie Sobota von Nicoló Fiorentino ein prächtiges Renaissance-Grabmal anfertigen (1469). Folgt man der Augustina Kažotića ein paar Meter stadteinwärts, so steht man vor der kleinen Allerheiligenkirche (Sv. Sveti), in der heute eine Kunstgalerie eingerichtet ist.

Festung Kamerlengo

Am südwestlichen Ende der vom Wasser umschlossenen Altstadt sind noch größere Teile der Befestigung aus dem 15. Jh. erhalten geblieben: die Festung Kamerlengo, in der die venezianische Militärbesatzung untergebracht war, und weiter nördlich das runde Markustor (Kula Svetog Marka). Zwischen den beiden Bauwerken wurde am Ufer während der französischen Besatzung zu Ehren von Marschall Marmont, dem Militärverwalter Dalmatiens, ein zierlicher klassizistischer Rundpavillon, eine sogenannte Gloriette, errichtet.
Weitere Reste der einstigen Stadtbefestigung, Teile der Stadtmauer, lassen sich auf dem Rückweg zum Landtor entlang des Stadtparks am nördlichen Altstadtrand entdecken.

Umgebung von Trogir

Čiovo

Wer nach einem Privatzimmer Ausschau hält, und nach einem Besuch von Trogir noch ein Bad im Meer nehmen möchte, sollte zur knapp 30 km^2 großen Insel Čiovo hinüberfahren, die mit Trogir und dem Festland durch Brücken verbunden ist.
An den vielen neueren Häusern in Gornji Okrug, das sich an der weiten Bucht Salun entlangzieht, finden sich überall Hinweise auf Zimmervermietung. An dem schmalen, schattenlosen Kiesstrand in dieser Bucht kann man baden, doch es gibt an der dalmatinischen Küste schönere Strände. Meist felsig ist der Einstieg an der westlichen Seite der Insel. Auch der Ort Donji Okrug wird heute hauptsächlich von Ferienhäusern dominiert. In dem kleinen Dorf Arbanija auf der östlichen Inselhälfte sollte man das gotische Dominikanerkloster Heiligkreuz (Sveti Križ) aus dem 15. Jh. besuchen. Von dem alten Ort Žedno in der Mitte der Insel, nahe der höchsten Erhebung gelegen, genießt man einen weiten Blick über Čiovo. Das mittelalterliche Gotteshaus dort oben ist dem hl. Maurus (Sveti Mauro) geweiht.

Marina

12 km westlich von Trogir liegt an einer tief eingeschnittenen Bucht der beliebte Fremdenverkehrsort Marina. Aus dem 15. und 16. Jh., der Zeit der Türkenüberfälle, sind noch Stadtmauern, das Tor eines Kastells und ein imposanter, zu einem Hotel umgebauter Wehrturm erhalten. Auch hier können Skipper in einem Jachthafen an Land gehen. Urlauber, die Abgeschiedenheit und eine intakte Natur suchen, finden südlich und westlich von Marina über zum Teil holprige Sträßchen und Karrenwege so manche herrliche Bucht, die von der Zivilisation noch nicht erreicht wurde – selbst Strom gibt es hier nicht überall, und das Wasser wird aus Zisternen geholt.

Kaštela

Kaštela ('Straße der Kastelle') nennt sich der ungefähr 16 km lange Küstenabschnitt zwischen Split im Osten und Trogir im Westen. Im Norden wird er von dem Gebirge Kozjak, im Süden von der Bucht von Kaštela (Kaštelanski zaljev) begrenzt. Der Name stammt von dem italienischen Wort für Schloß, castello. An der alten Landstraße von Trogir nach Split befanden sich ursprünglich 13 befestigte Schlösser, die von weltlichen wie geistli-

Trogir, Umgebung Kaštela (Forts.)

chen Feudalherren aus Split und Trogir im 15. und 16. Jh. erbaut wurden. Sie dienten zunächst vor allem der Verteidigung gegen die Türken, wurden nach der Beseitigung dieser Gefahr jedoch zum großen Teil umgebaut. Um sie herum sind zumeist kleine Orte entstanden, die heute zum Ballungsraum Split gehören. Auch Industrieansiedlungen haben das Bild dieses Küstenabschnitts erkennbar beeinträchtigt.

Sieben Kastelle sind heute noch zu sehen: Kastel Štafilić, Kastel Novi, Kastel Stari, Kastel Lukšić, Kastel Kambelovac, Kastel Gomilica und Kastel Sućurac. Sehenswert ist vor allem das Kastel Gomilica. Innerhalb seiner Mauern befinden sich 31 Häuser. In Kastel Lukšić ist neben dem Kastell noch die barocke Neue Pfarrkirche aus dem 18. Jh. beachtenswert: In ihr wird ein 1445 von Juraj Dalmatinac (→ Berühmte Persönlichkeiten) geschaffener, prachtvoller Sarkophag des Spliter Erzbischofs Arnerius aufbewahrt.

Inseln Drvenik

→ Split, Umgebung

Ugljan · Pašman (Inseln) L/M 10–12

Kroatien, Gespanschaft Zadar-Knin
Höhe: 0 – 288
Bewohnerzahl: 9800

Lage und Allgemeines

Zu den größten Inseln im Archipel von Zadar gehören Ugljan und Pašman, die nur durch einen schmalen Kanal vom Festland getrennt sind. Früher waren die Inseln durch eine Landenge verbunden, heute sind sie es durch eine Brücke, unter der Schiffe die enge Durchfahrt passieren können. Für die Bewohner von Zadar liegen Ugljan und Pašman quasi vor der Haustür; die Überfahrt nach Ugljan dauert nicht mehr als eine halbe Stunde, so daß an den Wochenenden die Tagesausflügler und Ferienhausbesitzer in Scharen anrücken. Außerhalb der Saison oder unter Woche bleiben die Einheimischen, von denen viele in Zadar arbeiten, hier noch weitgehend unter sich. Hotels gibt es in den Ortschaften Preko und Kukljica. Die dortigen Touristbüros vermitteln auch Privatquartiere.

Anreise

Zwischen Zadar und Preko (Ugljan) verkehren in kurzen Abständen Autofähren; Fußgänger dürfen auch auf der kleinen vorgelagerten Insel Ošljak von Bord gehen. Ebenfalls regelmäßig verkehren die Autofähren zwischen Biograd und Tkon (Pašman). Zwischen den Inselorten gibt es eine Busverbindung.

Freitzeit- und Bademöglichkeiten

Preko auf Ugljan besitzt einen für Kinder gut geeigneten, flachen Sandstrand. Wer Felsstrände und Schatten bevorzugt, kann zur gegenüberliegenden kleinen Insel Galovac übersetzen. Badeplätze (auch FKK-Bereich), Sportmöglichkeiten und Bootsanlegestellen gibt es auf der Landzunge Zelena Punta bei Kukljica. Badebuchten findet man auf der Höhe von Kukljica auch auf der anderen, dem Festland abgewandten Seite der Insel (z. B. Sabušica-Bucht mit Kiesstrand). Auf Pašman laden schöne Sandbuchten zwischen dem gleichnamigen Hauptort und Tkon zum Baden ein.

Ugljan

Landschaftsbild

Felder, Obstbäume, Weinreben und Olivenhaine bestimmen das Bild dieser grünen Insel. Mit einer Fläche von rund 51 km² und 6500 Bewohnern ist Ugljan aber auch eine der am dichtesten besiedelten Inseln Dalmatiens. Die kleinen Ortschaften reihen sich an der Inselstraße aneinander, die an der flacheren Ostseite der Insel verläuft. An der Meerseite von Ugljan ragen dagegen kahle Hügelketten auf.

Geschichte

Die seit der Jungsteinzeit besiedelte Insel erschien unter ihrem heutigen Namen erstmals 1325 in einer Urkunde. Reste von Wallburgen weisen darauf hin, daß auch die Illyrer die Insel bewohnten. Bereits in römischer Zeit war Ugljan stark besiedelt. Zahlreiche Ruinen antiker Bauten wurden im nordwestlichen Teil der Insel gefunden. Während der Zeit der Türkeneinfälle diente die fruchtbare Insel den Bewohnern von Zadar, als sie von der Versorgung aus dem Hinterland abgeschnitten waren, als eine Art 'Hausgarten'. Um für den Schiffsverkehr eine Durchfahrt zwischen Ugljan und Pašman zu schaffen, wurde 1883 ein Kanal ausgehoben, den seit 1973 eine Brücke überspannt.

Ugljan (Ort)

Der Fischer- und Hafenort an der Nordspitze der Insel hat außer einer geruhsamen, ursprünglichen Atmosphäre wenig zu bieten. Einzige Sehenswürdigkeit ist der Franziskanerkonvent aus dem 15. Jh. mit einer gotischen

Inselidylle vor den Toren von Zadar: In Preko auf Ugljan herrscht nur am Wochenende Trubel.

Klosterkirche. Im Klosterhof befindet sich das Grab des 1536 verstorbenen Bischofs Šime Kožičić, der die glagolitische Buchdruckerei in Rijeka gegründet hat.

Preko

Preko ist der Fährhafen von Ugljan und deshalb neben Kuklijca wohl der belebteste Ort der Insel. Mit einem Hotel, Privatunterkünften, Lebensmittelläden, ein paar Restaurants und einer Tankstelle ist man in Preko auch auf Übernachtungsgäste eingestellt. Auf dem Berg thront die Ruine der mittelalterlichen Festung Sv. Mihovil (St. Michael; 13. Jh.).

Kali, Kukljica

3 km südöstlich von Preko liegt das Fischerdorf Kali. Von der Durchgangsstraße aus erreicht man zuerst das Zentrum oben am Hang. Ein schöner Blick auf die Hafenbucht bietet sich von der Aussichtsterrasse des Restaurants "Kali" bei der barocken Pfarrkirche. 5 km weiter, auf der Halbinsel bei Kukljica, gibt es gute Bademöglichkeiten.

Pašman

Allgemeines und Landschaftsbild

Nicht ganz so grün und üppig bewachsen wie Ugljan und bislang auch noch weniger touristisch in Beschlag genommen ist die südöstliche Nachbarinsel Pašman (3300 Bewohner). Wie auf Ugljan liegen die Dörfer auf der flacheren, dem Festland zugewandten Seite, durch die Höhenzüge von der Meerseite abgeschirmt.

Geschichte

Die Insel ist seit vorgeschichtlicher Zeit ununterbrochen besiedelt. Zeugnisse der Illyrer (Reste von Wallburgen) sind ebenso gefunden worden wie Relikte römischer Siedlungsplätze. Ab 1050 gehörte Pašman dem Bischof von Biograd, 1126 fiel die Insel an das Erzbistum von Zadar. Die Türken haben weder Pašman noch Ugljan eingenommen. Viele Bewohner von Zadar flüchteten deshalb auf die Inseln.

Pašman (Ort)

Selbst der Hauptort von Pašman ist nur ein 300 Seelen zählendes Fischerdorf inmitten von Weingärten. Nördlich des schon in römischer Zeit bewohnten Orts, in einem Kiefernwald, versteckt sich der Campingplatz Lučine mit Sand- und Kiesstränden in der Nähe.

Kraj

In Kraj, das nicht mehr als eine Ansammlung einiger Häuser darstellt, steht nahe dem Meer, inmitten von Gärten und Wiesen, das Franziskanerkloster Sv. Dujam aus dem 14. Jahrhundert.

Tkon

Der Fährhafen und zugleich der südlichste Ort auf der Insel besticht nicht gerade durch ein hübsches Ortsbild. Bei der Fähranlegestelle gibt es ein paar Cafés. In einer Bucht südöstlich von Tkon liegt der FKK-Campingplatz "Sovinje".

Benediktinerkloster

Oberhalb der Straße nach Pašman, nordwestlich von Tkon, sieht man das Benediktinerkloster auf dem Berg Čakovac liegen. Die im 12. Jh. von den Venezianern gegründete Abtei wurde im 14. Jh. vollständig zerstört und wieder neu aufgebaut. Die hier ansässigen Mönche verfaßten Dramen in glagolitischer Schrift.

Umag C 1

Kroatien, Gespanschaft Istrien
Höhe: 5 m ü.d.M.
Einwohnerzahl: 10 000

Lage und Bedeutung

Der Name Umag verbindet sich weniger mit dem im Kern durchaus malerischen Ort an der Westküste Istriens, sondern vielmehr mit den ausgedehnten Feriensiedlungen in der Umgebung, dem größten Yachthafen Kroatiens und dem internationalen Tennisturnier von Umag (Croatian Open im August). Umag wird nicht zu Unrecht als das Touristenmekka von Istrien bezeichnet. An der überwiegend flachen Küste zwischen dem Kap Savudrija im Norden und Novigrad im Süden liegen Hotels, Bungalows und Campingplätze dicht an dicht. Nicht ganz so berühmt wie der Ort ist der Wein, der in der Umgebung von Umag gekeltert wird. Vor allem der Malvazija gilt unter den istrischen Weinen als guter Tropfen.

Geschichte

Das Gebiet um Umag war bereits in römischer Zeit besiedelt. Im Mittelalter gehörte es zum Feudalbesitz des Bischofs von Triest. Die venezianische Epoche begann hier bereits um die Mitte des 13. Jh.s und damit früher als anderswo auf Istrien. Sieht man vom kurzen napoleonischen Zwischenspiel 1806–1813 ab, dann war Österreich von 1797 bis 1918 Herr über Umag. Nach dem Ende des Zweiten Weltkrieges blieb die genaue Grenzziehung im weiten Umfeld von Triest zwischen Italien und Titos Jugoslawien umstritten. Umag gehörte zur sogenannten Zone B, die offiziell erst 1953 dem Vielvölkerstaat angeschlossen wurde.

Freizeit- und Bademöglichkeiten

Das Sport- und Freizeitangebot in und um Umag ist – wie nicht anders zu erwarten – gewaltig. Vor allem Tennisfans kommen hier voll auf ihre Kosten: Rund hundert Tennisplätze stehen den Feriengästen zur Verfügung. Auch zum Surfen, Segeln, Tauchen und Reiten gibt es Gelegenheit. In Umag selbst beschränken sich die Bademöglichkeiten auf einige betonierte Liegeflächen auf der kleinen Halbinsel; bessere Badeplätze (Fels- und Kiesstrände) gibt es nördlich der Stadt in Richtung Kap Savudrija oder auch im Süden, in der Bucht von Lovrečica.

Sehenswertes in Umag

Stadtbild

Umag besteht aus einem alten Stadtkern, der auf einer kleinen Halbinsel liegt, und einem neueren Teil auf dem Festland. In der Altstadt findet man durchaus auch noch enge, malerische Gassen und hübsche Plätze sowie einige Häuser aus der Renaissance- und Barockzeit. An der Seeseite blieben Teile der Stadtmauer aus dem 14. Jh. erhalten.

Sv. Marija

Die nahe am Meer gelegene, barocke Pfarrkirche St. Maria mit freistehendem Glockenturm (15. Jh.) wurde in der Mitte des 18. Jh.s erbaut. An ihrer Fassade ist eine Reliefplatte mit dem Schutzheiligen der Stadt, dem hl. Pelegrin, eingemauert. Im Innern werden Teile eines gotischen Altars aus dem 15. Jh. aufbewahrt.

Sv. Rok

Erwähnung verdient noch die kleine Rochuskirche vom Beginn des 16. Jh.s mit einer bemalten Holzdecke.

Umgebung von Umag

*Feriensiedlungen

Nördlich von Umag, zwischen Hauptstraße und Meer, breiten sich die großen Feriensiedlungen Punta, Stella Maris (mit vielen Einkaufsmöglichkeiten und Restaurants), Katoro und Polinezija aus. Das größte Sportangebot hat Stella Maris mit dem Internationalen Tenniszentrum Umag und dem Reitzentrum Juricanija.

Savudrija

An der Nordwestspitze von Istrien, 8 km nördlich von Umag, liegt das kleine Dorf, das vor allem wegen des gleichnamigen Kaps bekannt ist. Der Überlieferung nach besiegte die venezianische Flotte bei Savudrija 1117 die Flotte von Friedrich Barbarossa und Papst Alexander III. Der Ort besteht aus einigen alten Häusern. Die Hauptattraktion Savudrijas ist der 36 m hohe Leuchtturm, der 1826 errichtet wurde. Gut erhalten ist die Johanneskirche (Sveti Ivan Apostol) aus dem 11. Jahrhundert. Südlich von Savudrija finden sich Überreste der antiken und frühmittelalterlichen Siedlung Sipar, die wahrscheinlich im 11. Jh. von Seeräubern zerstört wurde.

Buje

Ein Ausflug in das Hinterland von Umag ist nicht nur bei schlechtem Wetter eine gute Alternative zum Strandleben. Die kleine Stadt Buje (2000 Einwohner; 13 Kilometer östlich von Umag) leidet weniger als andere inneristrische Orte unter schleichender Auszehrung – aus zwei Gründen: sie ist das Zentrum der Region Bujstina und sie liegt verkehrsgünstig an der Fernstraße E 751 von Koper nach Pula. Die gut erhaltene Altstadt sitzt auf einem kegelförmigen Hügel. Neben einfachen Bürgerhäusern im provinziell-venezianischen Stil, einer städtischen Loggia und einigen Patrizierpalais sind die barocke Pfarrkirche St. Servulus (Sveti Servul) und die einschiffige Marienkirche (Sveta Marija) aus dem 15. Jh. mit später hinzugefügter, klassizistischer Fassade beachtenswert. Der freistehende Glockenturm ist mit dem venezianischen Markuslöwen geschmückt. Auf dem Hauptplatz unterhalb der Pfarrkirche sind an einer Steinsäule noch die Längenmaße aus dem 16. Jh. zu sehen.

Momjan

6 km nordöstlich von Buje, in unmittelbarer Nähe der slowenisch-kroatischen Grenze, liegt der kleine malerische Ort Momjan, früher eine Festung mit Türmen und Mauern, heute weitgehend ein verlassenes Dorf.

Der Verkehr rauscht in der Ebene vorbei, der alte Ortskern oben auf der Hügelkuppe blieb intakt – Buje im Hinterland von Umag.

***Grožnjan**

Das kleine Städtchen (200 Einwohner), 7 Kilometer südöstlich von Buje auf einem Höhenrücken im Nordwesten Istriens gelegen, ist manchen Musikliebhabern wegen der dortigen Workshops, Konzerte und kleinerer Festivals bekannt. Diesen ist es wohl auch zu verdanken, daß Grožnjan nicht zu einer Ruinenstadt verkommen ist, denn die in den 60er Jahren gegründete Sommermusikschule und einige zugezogene Künstler sorgten dafür, daß Grožnjan, das zuvor an Abwanderung gelitten hatte, wieder ein wenig auflebte. Die mittelalterliche Stadtanlage und etliche historische Gemäuer, heute nicht mehr im allerbesten Zustand, zeugen aber von einer stolzen Vergangenheit. Tatsächlich war die Stadt im 14. Jh. Verwaltungszentrum für das gesamte venezianische Westistrien. Zum erstenmal erwähnt wurde Grožnjan 1103. Bevor die Venezianer 1358 das Städtchen erwarben, gehörte es dem Patriarchen von Aquileja. Die neuen Herrscher richteten im Kastell von Grožnjan ihren Regierungssitz ein, erneuerten die Stadtmauern und erweiterten sie durch Tore und Wehrtürme. Den Charakter einer kleinen venezianischen Festung hat sich das Städtchen bis heute bewahrt.

Sehenswertes

Von der einstigen Befestigung des Ortes sind Teile der mittelalterlichen Wehrmauern und ein Stadttor aus dem 15. und 16. Jahrhundert erhalten geblieben. Die Loggia beim Stadttor ist ein Renaissancebau aus dem 16. Jahrhundert. Im Zentrum des Ortes mit seinen schmalen Gäßchen und hübschen Plätzen steht die Pfarrkirche, die von einem hohen Campanile überragt wird. Das im 18. Jh. über einer Vorgängerkirche erbaute Gotteshaus ist Maria und den beiden Schutzheiligen Vitus und Modestus geweiht (Sveta Marija, Sveti Vid i Modest). Im Innern gibt es ein paar qualitätvolle Gemälde, ein Chorgestühl im Stil einer volkstümlichen Renaissance und einige spätbarocke Altäre zu sehen. Gegenüber der Kirche befindet sich das ehemalige Kastell aus dem 12. Jahrhundert. Die kleine, im 16. Jahrhundert erbaute Kapelle jenseits des Stadttores schmücken Fresken eines zeitgenössischen Künstlers (1988).

Vis (Insel) R 16/17

Kroatien, Gespanschaft Split-Dalmatien
Höhe: 0 – 587 m ü. d. M.
Bewohnerzahl: 5000

Lage und Allgemeines

Vis gehört zu den süddalmatinischen Inseln und liegt – durch den Viški-Kanal getrennt – westlich von → Hvar. Die 90 km² große Insel führte in der Zeit von Titos Jugoslawien ein Schattendasein, denn sie war als militärisches Sperrgebiet nach außen abgeriegelt und für ausländische Touristen tabu. Erst nach dem Zerfall des sozialistischen Vielvölkerstaates im Jahr 1991 öffnete das unabhängige Kroatien die Insel wieder für jedermann. Noch ist Vis ein ruhiges Eiland, das vom Massentourismus bislang nicht entdeckt wurde. Das Klima ist besonders mild; auch im Spätsommer und im Herbst kann man hier noch mit viel Wärme und Sonnenschein rechnen. Bekannt ist die Insel für ihre hervorragenden, allerdings auch schweren Weine, den Vugava, den Plavac und den Opolo. In der Umgebung von Vis gibt es reiche Fischgründe.

Anreise

Zwischen Vis und Split bestehen zwischen Juni und September gute Fährverbindungen (1 mal täglich, z. T. Zwischenstop in Hvar). Das Schiff ist etwa 2 1/2 Stunden unterwegs.

Geschichte

Vis (griech: Issa) war die erste griechische Kolonie an der adriatischen Ostküste. Gegründet wurde sie im 4. Jh. v. Chr. von Dionysios, dem Feldherrn und Herrscher von Syrakus. Während Syrakus unterging, blühte die Polis Issa auf und wurde schließlich so mächtig, daß sie nun ihrerseits griechische Kolonien gründete – in Tragurion (Trogir), Salona (Solin bei Split) und auf der benachbarten Insel Korčula. Eine Zeit lang war Vis die bedeutendste Stadt in der hellenischen Epoche Dalmatiens. Obwohl die Römer hier Thermen, Tempel und ein Forum errichteten, geriet Vis ins Hintertreffen gegenüber der Stadt Salona, die bis in die Spätantike eine dominierende Position an der dalmatinischen Küste einnahm. Im 19. Jh. wurde die bis dahin venezianisch regierte Insel wegen ihrer Lage weit draußen in der Adria für verschiedene Mächte interessant: 1811 lieferten sich Franzosen und Engländer in der Nähe von Vis eine Schlacht, die die Engländer für sich entscheiden konnten. In der berühmten Seeschlacht von Lissa (ital. Name für Vis) schlug die österreichische Flotte unter Admiral Wilhelm von Tegetthoff 1866 die wesentlich stärkere italienische Flotte. Bis zum Jahr 1918 und zum Untergang der Donaumonarchie diente Vis den Österreichern als Stützpunkt, um die süddalmatinische Küste zu kontrollieren. Nach der Kapitulation Italiens im Zweiten Weltkrieg wurde die kleine Insel erneut Marinebasis, diesmal für die Jugoslawische Volksbefreiungsarmee von Tito. Ein halbes Jahr lang hielt sich der Partisanengeneral in einer Höhle im Innern der Insel verborgen und leitete die Kämpfe bis zur Befreiung Belgrads Ende Oktober 1944. Ein Flugplatz wurde gebaut, den vor allem die britische Luftwaffe als Basis nutzte. Nach dem Dornröschenschlaf der Insel in der Nachkriegszeit lebt der Tourismus nun allmählich auf.

Übernachtungs- und Bademöglichkeiten

Die touristische Infrastruktur von Vis ist glücklicherweise noch nicht auf einen Massenansturm eingerichtet. Rund um die gleichnamige Stadt finden sich schöne Sand- und Kieselstrände. Zum Übernachten stehen neben den wenigen Hotels auch Privatquartiere zur Verfügung, deren Zahl sich in den vergangenen Jahren ständig erhöht.

Sehenswertes auf Vis

*__Vis__ (Stadt)

Die kleine Stadt Vis, das antike Issa, liegt am nordöstlichen Ende der Insel in einer tief eingeschnittenen, geschützten Bucht (Viški zaljev), der einige

Inselchen vorgelagert sind. Die heutige Stadt entstand im 16./17. Jh. durch die Zusammenlegung zweier Dörfer; die meisten älteren Gebäude stammen aus dieser Zeit und sind im Renaissance- oder Barockstil erbaut, so auch der Palast Gariboldi, um die Mitte des 16. Jh.s errichtet, und die Sommerresidenz des kroatischen Dichters Marin Gazarović aus dem 17. Jahrhundert. Von den Kirchen in Vis ist die Pfarrkirche der Muttergottes von Špilica (Gospa od Špilice, 16. Jh.) hervorzuheben. Im Innern dieser Kirche findet sich ein Gemälde des Künstlers Girolamo da Santacroce ("Madonna mit Heiligen"). St. Cyprianus, ein im 16. Jh. erbautes und später barockisiertes Gotteshaus, besitzt eine reich verzierte Kanzel und schöne Deckenmalereien. Von den englischen Festungsanlagen und Bastionen aus dem vergangenen Jahrhundert – sie wurden nach dem Sieg in der Seeschlacht über die napoleonische Marine errichtet – sind nur noch Ruinen geblieben. Im Haus Baterija ist eine archäologische Sammlung untergebracht, die insbesondere mit den Ausgrabungen über das antike Issa vertraut macht.

Vis (Stadt) (Fortsetzung)

Ruinen von Issa

Vom antiken Issa sind beim Weiler Gradina, nordwestlich der Stadt und nahe der kleinen Halbinsel Pirovo, noch Reste von Thermenmosaiken und Mauern erhalten. Auf der kleinen Halbinsel selbst befand sich einst ein römisches Theater. Im 16. Jahrhundert wurde hier ein Franziskanerkloster errichtet. Heute ist der Baukomplex von schönen alten Bäumen umgeben.

Komiža

Die in einer weiten Bucht an der Westküste gelegene Stadt Komiža (18 km von Vis entfernt) ist der zweite Hauptort der Insel. Komiža verfügt über einen Hafen, der auch von größeren Schiffen angesteuert werden kann. Die Bewohner leben hauptsächlich von Fischfang und Fischverarbeitung (Konserven). In der Umgebung werden Wein, Gemüse und Südfrüchte angebaut, auch Johannisbrotbäume sieht man hier häufig. Am Hafen des Städtchens steht ein Kastell, das Ende des 16. Jh.s erbaut wurde. Zum ersten Mal erwähnt wurde Komiža im 12. Jh., als sich Benediktinermönche in der Stadt niederließen. Der heutige Klosterkomplex samt Wehrturm stammt mit Ausnahme der Kirche St. Nikolaus (Sveti Nikola, 13. Jh.) aus dem 17. Jahrhundert. Die Renaissance-Kirche Muttergottes der Piraten (Gospa Gusarica, 16. Jh.) ist eine Stiftung der Fischerzunft. Oberhalb der Stadt steht die Barockkirche Muttergottes vom Berg (Gospa Planica), die in Form einer Rotunde angelegt wurde.

Umgebung von Komiža

Östlich von Komiža erhebt sich der höchste Berg der Insel, der 587 m hohe Hum. In der Umgebung des Ortes gibt es eine Reihe von Kiesel- und Sandstränden, vor allem in der geschützten Bucht von Komiža selbst.

*Tito-Höhle

8 km westlich von Komiža, links der Straße nach Vis, liegt die berühmt-berüchtigte Tito-Höhle (Titova špilja). Die nur 80 m lange Grotte war 1944 das Hauptquartier der jugoslawischen Partisanenbewegung, offiziell: der Volksbefreiungsarmee. Von hier aus organisierte Tito den Widerstand gegen die deutsche Besatzungsmacht. Von hier aus bereitete er, unterstützt auch von den Alliierten, die Rückeroberung des Landes vor.

Umgebung von Vis,
Biševo,
*Blaue Grotte

Mit Ausflugsbooten kann man in weniger als einer Stunde von Komiža aus die südwestlich von Vis gelegene, nur 6 km² große Insel Biševo erreichen. Sie ist vor allem für die Blaue Grotte (Modra špilja) bekannt, die erst im vergangenen Jahrhundert entdeckt und zugänglich gemacht wurde. Die 6 m hohe Grotte aus Kalkstein liegt in der Bucht Balun. Das Licht fällt durch ein 10 m breites, unter dem Meeresspiegel gelegenes Felsentor in die Höhle und sorgt für ein – zumal an sonnigen und einigermaßen windstillen Tagen – prächtiges Farbenspiel, vergleichbar dem in der berühmten 'Schwester' auf Capri. Die beste Zeit für eine Besichtigung der Grotte ist der späte Vormittag.
Auf Biševo sind noch die Ruinen einer im 13. Jahrhundert verlassenen Benediktinerabtei mit der Kirche St. Silvester (Sveti Silvestar) zu sehen. Zum Baden laden einige sehr schöne Sandstrände ein.

Zadar

L 11

Kroatien, Gespanschaft Zadar-Knin
Höhe: 5 m ü. d. M.
Einwohnerzahl: 60 000

Lage und
**Bedeutung

Zadar ist die größte Stadt Norddalmatiens und als Handelsmetropole gleichermaßen von Bedeutung wie als Fremdenverkehrszentrum. Die Stadt liegt 225 km südlich von Rijeka und 155 km nördlich von Split. Im alten Stadtkern auf einer ungefähr einen Kilometer langen und 400 Meter breiten Landzunge finden sich neben vielen anderen Kunstschätzen und Sehenswürdigkeiten einige der bedeutendsten Kirchenbauten Kroatiens. Wegen der Nähe zur Krajina litt Zadar mehr als jede andere Stadt an der kroatischen Küste – von Dubrovnik einmal abgesehen – unter den Folgen des jüngsten Krieges. Vom Hinterland war sie zeitweise völlig abgeschnitten; besonders die Außenbezirke lagen unter Artilleriebeschuß. Auch die Altstadt wurde beschossen, doch waren die Schäden hier nicht so schlimm. Ähnlich wie Split oder Rijeka ist Zadar – bedingt durch seinen Fährhafen – für die meisten Urlauber eher eine Durchgangsstation, aber keine Stadt, in der man seinen Urlaub verbringt. Die sehenswerte, an Baudenkmälern reiche Altstadt läßt allerdings wohl kaum einen Besucher unbeeindruckt. Das neue Zadar hingegen wirkt eher zersiedelt und wenig anziehend. Im Zentrum fehlt es an Unterkünften und Hotels, die meisten liegen außerhalb, insbesondere nördlich in den Stadtteilen Borik und Puntamika.

Wirtschaft

Neben dem Fremdenverkehr spielt auch die Industrie eine große Rolle im wirtschaftlichen Leben von Zadar. Schiffbau-, Textil-, Nahrungsmittel- und Spirituosenindustrie sind wichtige Arbeitgeber in der Stadt. Bedeutung hat Zadar auch als Marktort des umliegenden Agrarlandes: In der fruchtbaren Hochebene Ravni kotari, die man bei der Anreise von Norden durchquert,

Der Fährhafen von Zadar am nördlichen und östlichen Ufer der Landzunge.

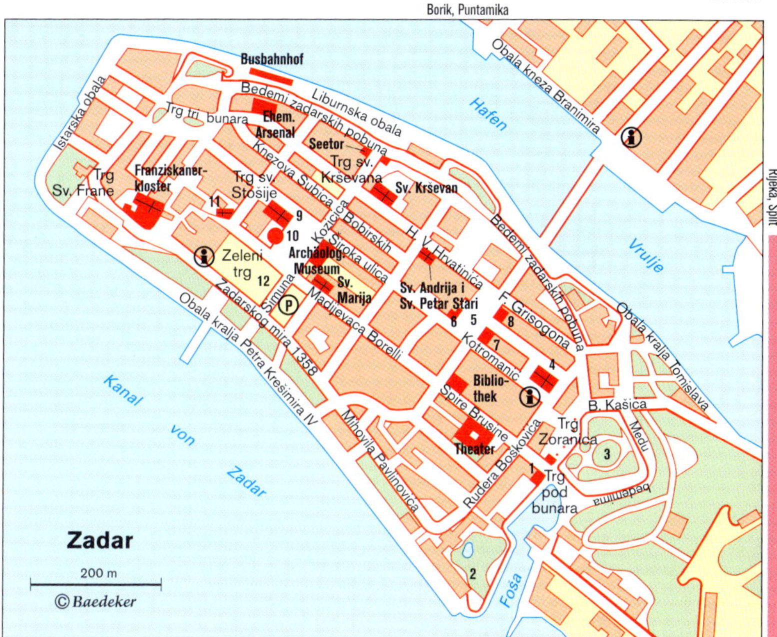

1 Landtor
2 Ehem. Zitadelle
3 Bastion
4 Sv. Šimun
5 Narodni trg
6 Stadtwache
7 Stadtloggia
8 Ghirardini-Palast
9 Dom Sv. Stošija
10 Sv. Donat
11 Sv. Ilija
12 Römisches Forum

Wirtschaft (Fortsetzung)

werden Obst, Gemüse, Wein sowie die Maraska-Kirschen für den bekannten Maraschino-Likör angebaut. An den vielen, zum Teil auch recht eleganten Geschäften in der Innenstadt ist zu spüren, daß Zadar ein großes Umland mit Konsumgütern versorgt.

Verkehr

Fähren verbinden die Stadt mit allen wichtigen Zielen in Dalmatien einschließlich zahlreicher Inseln, mit dem nordkroatischen Hafen Rijeka und mit Italien, vor allem Ancona und Triest bzw. Venedig. Etwa 12 km südöstlich liegt der Verkehrsflughafen von Zadar (Zemunik). Außerdem ist die Hafenstadt Endpunkt der Eisenbahnlinie von Zagreb über Knin an die Küste.

Geschichte

Bereits in prähistorischer Zeit war Zadar ein wichtiger Hafen des illyrischen Stammes der Liburner. Im 2. Jh. vor Chr. unterwarfen die Römer die Stadt und bauten sie systematisch aus – Zadar erhielt ein Kapitol, ein Amphitheater, ein Forum, mächtige Befestigungsanlagen, Thermen, eine Kanalisation und einen Aquädukt, der bis zum See Vransko jezero reichte. Nach der Völkerwanderungszeit, während der auch slawische Stämme bis an die Adriaküste vordrangen, gehörte Zadar formal zum byzantinischen Reich, während gleichzeitig der slawisch-kroatische Einfluß zunahm. Seit der Mitte des 11. Jh.s gehörte die Stadt auch nominell zum Herrschaftsbereich der kroatisch-ungarischen Könige. Die folgenden Jahrhunderte bescherten Zadar eine wirtschaftliche und kulturelle Blüte. Gegen die Einmischungen Venedigs leistete Zadar unter allen Städten der östlichen Adriaküste den heftigsten Widerstand – vergebens: Zu Beginn des 13. Jh.s wurde es von den venezianischen Teilnehmern des vierten Kreuzzugs geplündert, und alle Häuser bis auf die Kirchen wurden zerstört.

Geschichte (Fortsetzung)

Erst 1409 fiel die Stadt dann endgültig an die 'Serenissima', die Zadar zum Sitz des Statthalters für Dalmatien und Albanien machte und unter dem Eindruck der Türkengefahr die Befestigungsanlagen ausbauen ließ.
Die österreichische Herrschaft dauerte von 1797 bis 1918, abgesehen von dem kurzen napoleonischen Interregnum (1805–1813), dem Zadar eine moderne Verwaltung und eine Reform des Schulwesens verdankt. Trotz der Italianisierungspolitik Österreichs wurde gerade Zadar zu einem Mittelpunkt all jener südslawischen Intellektuellen, die Dalmatien mit Kroatien zu vereinigen bzw. einem noch zu schaffenden gemeinsamen jugo-(süd-)slawischen Staat anzugliedern trachteten.
Wie die anderen Städte Istriens und Dalmatiens wurde Zadar 1918 von den Italienern besetzt. Als einzige Stadt Dalmatiens blieb sie jedoch auch nach dem Vertrag von Rapallo bei Italien und damit eine Enklave im späteren Königreich Jugoslawien. Während des Zweiten Weltkrieges mußte Zadar verheerende Luftangriffe über sich ergehen lassen. Obwohl die Volksbefreiungsarmee Ende Oktober 1944 in die Stadt einmarschierte, wurde Zadar offiziell erst nach dem Kriege Jugoslawien zugesprochen.
Nach dem Zerfall von Titos Staat im Jahr 1991 geriet die Stadt ins Fadenkreuz der serbischen Aufständischen, die nur wenige Kilometer entfernt im Hinterland ihre Artilleriegeschütze in Stellung brachten, und der Jugoslawischen Volksarmee, die ihren wichtigen Stützpunkt Zadar nur unwillig räumte. Auch der nahegelegene Flughafen Zemunik war zeitweise von Serben besetzt.

Sehenswertes in Zadar

Stadtbefestigung, *Landtor

Der historische Stadtkern von Zadar liegt auf einer von mächtigen Befestigungsanlagen umgebenen Halbinsel, geschützt durch Bastionen, Türme und Tore. Die Befestigungen, die heute noch weitgehend erhalten sind, wurden im 15. und vor allem im 16. Jh. von den Venezianern errichtet. Besonders stark bewehrt war die Stadt im Süden, wo die Landzunge mit dem Festland verbunden war. Der einzige Stadteingang dort, durch eine Zugbrücke leicht zu verteidigen, war das sogenannte Landtor (Porta Terraferma oder Porta di Ferma) an der Straße Ante Kuzmanića (früher Žrtava fažisma). Es wurde 1543 von dem bekannten veronesischen Baumeister Michele Sanmicheli errichtet und ist heute das bedeutendste Renaissance-Baudenkmal in Zadar. Der mittlere Rundbogen des wuchtigen Tores wird von zwei rechteckigen Durchgängen flankiert; darüber erkennt man den venezianischen Löwen und das Wappen von Zadar mit einem der Stadtpatrone, dem hl. Chrysogonus (zu Roß).

Zitadelle

Ein kleiner Abstecher führt an das südliche Ende der Altstadt mit der Zitadelle. Errichtet wurde sie 1548, natürlich ebenfalls von den Venezianern. Heute dient das Innere als Freilichtbühne. Schräg gegenüber befindet sich das Kastell, das die Hafeneinfahrt überwachte.

*Römisches Forum

Die Straße hinter dem Landtor (zunächst Spire Brusine, dann Madjievaca) führt direkt auf das ehemalige römische Forum von Zadar und weiter zu den beiden Kirchen Sv. Donat und Sv. Stošija. Das in der römischen Kaiserzeit angelegte Forum erstreckt sich mit einer Länge von 90 m und einer Breite von 40 m parallel zum Ufer, von diesem heute durch die Parkanlagen und die Uferstraße getrennt. Auch wenn die Gebäude des Forums – darunter eine großzügig bemessene Basilika – nicht mehr existieren, so vermitteln doch seine Ausmaße und die erhaltenen Säulentrommeln und Kapitelle, Inschriften und die Reste eines Tempels einen Eindruck von der einstigen Größe dieses Platzes. Praktisch unverändert sind der Treppenzugang zum ehemaligen Portikus und das Pflaster des Forums. Die 14 m hohe, korinthische Säule an der Westseite diente noch im vergangenen Jahrhundert als Pranger.

Außen und innen ein ungewöhnlicher Kirchenbau – Sv. Donat

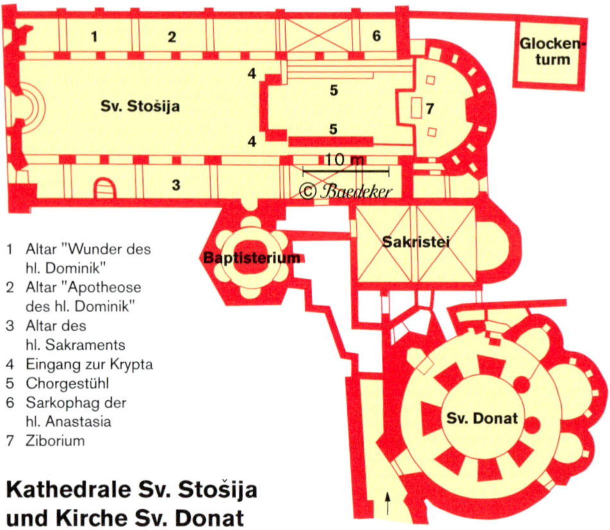

1 Altar "Wunder des hl. Dominik"
2 Altar "Apotheose des hl. Dominik"
3 Altar des hl. Sakraments
4 Eingang zur Krypta
5 Chorgestühl
6 Sarkophag der hl. Anastasia
7 Ziborium

Kathedrale Sv. Stošija und Kirche Sv. Donat

**Sv. Donat

Direkt neben dem römischen Forum steht die markante Rotunde von Sv. Donat, einem der außergewöhnlichsten Kirchenbauten Dalmatiens. Die im 9. Jh. als Hauskapelle der Bischöfe erbaute, vorromanische Kirche gilt als repräsentativstes Baudenkmal der altkroatischen Architektur. Bautypologisch ist sie sowohl mit den karolingischen Pfalzkapellen (z. B. Aachen) als auch mit der byzantinischen Architektur verwandt. Von außen verleihen ihr die drei blendbogengegliederten Apsiden ihr besonderes Erscheinungsbild; im Innern des ehemaligen Gotteshauses wird der 26 m hohe Hauptraum im Erdgeschoß von einem breiten Umgang, im Obergeschoß von einer Galerie gefaßt. In der mittleren Apside stand einst der Altar. Im Erdgeschoß sind römische Säulentrommeln und andere antike Steinfragmente in das Mauerwerk integriert. Die Akustik in der Kirche ist hervorragend, weswegen hier mitunter Konzerte abgehalten werden. Ihren Namen erhielt die Kirche von dem Bischof Donat(us), der im 8. und 9. Jh. in Zadar wirkte.

****Dom Sv. Stošija**

Mit der Donatskirche verbunden ist die Domkirche St. Anastasia, die im 12./13. Jh. im romanischen Stil erbaut und Anfang des 14. Jh.s vollendet wurde. Die prächtige Hauptfassade der dreischiffigen Basilika ist mit ihren beiden herrlichen Fensterrosen und den charakteristischen, über die ganze obere Fassadenhälfte hinweggeführten Blendarkaden den Domen in Pisa und Lucca verpflichtet. Drei rundbogige, reich geschmückte Gewändeportale, das mittlere mit einem gotischen Relief und einer Widmungsinschrift des Erzbischofs Ivan Butovan aus dem Jahr 1324 im Giebelfeld, führen ins Innere der Kirche.

Innenraum

Das breite Mittelschiff, das durch Arkaden, eine Galeriezone und schlichte, rundbogige Obergadenfenster gegliedert wird, mündet in den erhöhten Chor, unter dem sich die dreischiffige, frühromanische Krypta befindet. Beachten sollte man im linken, nördlichen Seitenschiff den Altar des hl. Dominikus mit einem schönen Relief an der Altarmensa (17. Jh.). Der zweite Altar dort zeigt ein Allerheiligenbild des venezianischen Malers Jacopo Palma d. J. (um 1580). Ebenfalls im nördlichen Seitenschiff befindet sich der Altar mit dem Marmorsarkophag, den Bischof Donatus im 9. Jh. für die Reliquien der hl. Anastasia anfertigen ließ. Das Relief an der Vorderseite des Altars zeigt die Heilige auf der Totenbahre. Die Front des Hauptaltars

Sv. Stošija (Fortsetzung)

schmücken frühromanische Platten mit Flechtwerkornamentik; das Ziborium über dem Altar stammt aus dem Jahr 1332. Das schöne gotische Chorgestühl schnitzte zu Beginn des 15. Jh.s der venezianische Künstler Matteo Moronzon. Im Zeitalter des Barock wurde im rechten, südlichen Seitenschiff der hohe, figurenreiche Marmoraltar des hl. Sakraments (1719) eingebaut.

Baptisterium

Von Dom und Sakristei führen zwei Portale in einen Innenhof, der wiederum an die Donatskirche grenzt. Hier befand sich bis zum Zweiten Weltkrieg das Baptisterium, dessen Grundmauern inzwischen rekonstruiert worden sind. Das Gebäude aus dem 6. Jh. war die älteste Kirche der Stadt.

Campanile

Der 56 m hohe Glockenturm wurde ab dem 15. Jh. hinzugefügt und erst im 19. Jh. vollendet.

Sv. Marija

Gegenüber der Donatskirche, an der Südseite des Forums, steht die Marienkirche mit dem Benediktinerinnenkloster. Die dreischiffige Basilika wurde 1091 geweiht; ihre Renaissancefassade stammt aus dem beginnenden 16. Jahrhundert. Interessant ist die Kirche auch von innen, wo eine üppige spätbarocke Stuckornamentik (1744) die Wände des Mittelschiffs überzieht. Die jüngste Restaurierung des im Zweiten Weltkrieg schwer beschädigten Bauwerks hat sowohl den barocken Stuck als auch die mittelalterlichen Säulen wiederhergestellt. Im angrenzenden Kloster ist eine Dauerausstellung kirchlicher Kunst unter dem Titel "Gold und Silber von Zadar" untergebracht, die einen guten Überblick über das Kunsthandwerk der Stadt vom 7. bzw. 8. Jh. bis zum 18. Jh. gibt. Besonders zahlreich sind unter den Exponaten Reliquiare vertreten. Die Mehrzahl der Gemälde stammt von venezianischen Meistern, darunter auch Heiligenbilder aus der Werkstatt Vittore Carpaccios. Den Zweiten Weltkrieg überstanden die Schätze nur, weil eine der Klosterfrauen sie im Untergeschoß des Glockenturms einmauern ließ.

*Archäologisches Museum

Die bedeutendste Sammlung in Zadar besitzt zweifellos das Archäologische Museum, seit 1970 in dem Neubau direkt gegenüber der Donatskirche am Forum untergebracht. Die dortigen Exponate lassen die Geschichte Zadars und Dalmatiens von der Jungsteinzeit bis ins Mittelalter Revue passieren. Besonders interessant sind die Funde der illyrisch-liburnischen Kultur aus dem letzten Jahrtausend vor Christus, u. a. Waffen und Anstecknadeln aus Bronze. Die Zeit der römischen Herrschaft wird anhand von Alltagsgegenständen, Kunsthandwerk, Grabplatten mit Porträts und Inschriften sowie zwei lebensgroßen Figuren der Kaiser Tiberius und Augustus dokumentiert. Einzigartig ist die Sammlung altkroatischer Exponate aus dem 8. und 9. Jahrhundert. Zadar wurde in dieser Zeit das ökonomische und kulturelle Zentrum des kroatischen Staates. In dieser Abteilung sind zum Beispiel Grabbeigaben zu sehen, die in der Umgebung der Stadt in den vergangenen Jahrzehnten gefunden wurden. Aufmerksamkeit verdienen auch die Exponate aus dem Mittelalter, insbesondere das steinerne Ziborium aus dem Jahr 1035 sowie verschiedene Steinreliefs aus den Kirchen der Stadt, die die charakteristische Flechtwerkornamentik aufweisen.

Sv. Frane

Die Franziskanerkirche und das Franziskanerkloster, nahe der Landspitze am Ende der Halbinsel gelegen, wurden im 13. Jh. im gotischen Stil errichtet, später jedoch vielfach umgebaut, verändert und renoviert, so daß inzwischen Stilmerkmale aus vielen Epochen versammelt sind. Kapelle und Kreuzgang zum Beispiel sind im Renaissancestil gehalten; das Chorgestühl ist der venezianischen Gotik zuzuordnen. Die dreijochige Renaissance-Kapelle mit reichverzierten Arkaden, wahrscheinlich ein Werk Niccolo Fiorentinos, verdient dabei sicher besondere Beachtung. Auf dem mittleren Altar der Kapelle befindet sich ein Bild des hl. Franziskus, gemalt von Giustinian Pitteri (um 1770).
In der Schatzkammer sind wertvolle Kunstwerke untergebracht, darunter Gemälde, liturgische Geräte und Holzkreuze. Interessantestes Exponat der Sammlung ist ein bemaltes Kruzifix aus dem 12. Jahrhundert.

*Sv. Krševan

Vom Forum ist es in nördliche Richtung nicht weit zur romanischen Kirche Sv. Krševan (Chrysogonuskirche), deren Fassade auf einen hübschen Platz blickt. Das dreischiffige Bauwerk entstand im 12. Jh. an der Stelle einer Kapelle. Längsseiten und mittlere Apsis weisen eine reiche Gliederung durch Bögen und Säulen, Blendarkaden und Zwerggalerien auf. In der Kirche wurde 1403 Ladislaus von Neapel zum ungarisch-kroatischen König gekrönt. Im Innern des Gotteshauses wird die Mittelschiffwand von antiken bzw. antikisierenden Säulen mit korinthischen Kapitellen getragen. Von den Fresken aus dem 13. und 14. Jh. sind nur noch Reste zu sehen.

Sv. Krševan

Der Altar mit den Marmorstatuen der Schutzheiligen Zadars – Chrysogonus, Simeon, Anastasia und Zoilus – ist ein barockes Kunstwerk. Auch Decken und Wände wurden im 18. Jh. barock gestaltet. Der wehrhafte Glockenturm entstand um die Mitte des 16. Jh.s., blieb jedoch unvollendet.

Hafentor

Wie das Landtor, so ist auch das 1573 erbaute Hafentor am nördlichen Ende der Altstadt mit dem Markuslöwen geschmückt. An der Innenseite des Stadteingangs wurden Teile eines römischen Triumphbogen verwendet. Auch in dieses Renaissance-Bauwerk sind Teile des Stadtwappens eingemeißelt. Eine Tafel erinnert an die Schlacht bei Lepanto (1571), bei der eine christliche Flotte die Türken besiegte.

Sv. Andrija i Sv. Petar Stari

Eine Querstraße hinter dem Chor von Sv. Krševan, in der Straße der Dalmatinischen Versammlung (ulica Dalmatinskog Sabora), steht die kleine, eigenartige Andreas-und-Peter-Kirche, die heute nicht mehr als Gotteshaus genutzt wird. Eigentlich besteht das Bauwerk aus zwei Kirchen: Das vordere einschiffige Kirchlein stammt aus altchristlicher Zeit; beim Bau wurden zahlreiche römische Fragmente verwendet. Der zweischiffige Anbau kam im 10. Jh. hinzu.

***Narodni trg**

Für den Spaziergang zum Narodni trg wählt man am besten eines der Parallelsträßchen zur modernen Hauptachse von Zadar, der Široka ulica. Der Volksplatz (Narodni trg) ist seit der Renaissance Mittelpunkt des öffentlichen Lebens in der Stadt. Auch heute noch macht der Platz seinem Namen alle Ehre: Vor allem am Abend gehört der Narodni trg der Bevölkerung von Zadar; hier sitzen die Jugendlichen auf den Treppen der Loggia, die älteren im Café, und wer keinen Sitzplatz hat, plaudert im Stehen.

Ghirardini-Palast, Stadtwache, Stadtloggia

Eingerahmt wird der Narodni trg von dem Palazzo Ghirardini-Marci (15. Jh.) mit spätgotischen Fenstern, der Stadtwache mit ihrem Uhrturm (1562), der Städtischen Loggia und dem Rathaus, das 1936 während der italienischen Besetzung erbaut wurde. In der repräsentativen Architektur der Stadtloggia, die in ihrer heutigen Form 1565 nach Plänen von Michele Sanmichele errichtet wurde, spiegelt sich der Bürgerstolz der Stadt. Die dreigeteilte Fassade – drei nachträglich verglaste Renaissance-Bögen, flankiert von wuchtigen Doppelsäulen auf Postamenten – verweist auf römische Triumphbögen. In der Stadtwache ist heute die Ethnographische Abteilung des Volksmuseums untergebracht. Hier finden sich Trachten, Haushaltsgegenstände, Handarbeiten oder Instrumente aus verschiedenen Zeiten. Außer dem Ghirardini-Palast kann man in der Umgebung des Narodni trg noch weitere schöne Patrizier-Paläste aus dem 15. und 16. Jh. entdecken.

Narodni trg, Ghirardini-Palast, Stadtwache, Stadtloggia (Fortsetzung)

Eine weitere außergewöhnliche Kirche befindet sich an der Ecke Kotromanić- /Smiljanić-Straße: die Simeonskirche, deren ältester Teil, die Südseite, vermutlich aus dem 14. Jh. stammt. Ihr heutiges Erscheinungsbild verdankt sie vor allem den Umbauten im Zeitalter des Barock.Weithin bekannt ist das Gotteshaus aber wegen des spätromanischen Sarkophags des hl. Simeon, den 1377 italienische und kroatische Gold- bzw. Silberschmiede im Auftrag von Elisabeth, der Gemahlin des ungarisch-kroatischen Königs Ludwig I. von Anjou, fertigten. An der Vorderseite des knapp 2 m langen Schreins sind Ornamente, an den Seiten Wappen der Anjou zu sehen. Eines der Reliefs zeigt den Einzug von König Ludwig in Zadar, ein Ereignis, das erst kurz vor der Entstehung des Kunstwerks stattfand. Auf dem Deckel des Schreins ist der hl. Simeon als Liegefigur verewigt.

Sv. Šimun

*Sarkophag des hl. Simeon

Von Sv. Šimun sind es nur ein paar Meter bis zum Fünf-Brunnen-Platz (trg pet bunara). Die fünf Brunnen, die ihm den Namen gaben, wurden um 1574 über dem zugeschütteten Wehrgraben der mittelalterlichen Stadtbefestigung erbaut. Sie versorgten die Stadt bis ins vergangene Jahrhundert mit Wasser. Der fünfeckige Turm auf dem Platz aus dem 13. Jh., Bablja Kula genannt, ist das einzige Relikt der mittelalterlichen Befestigungsanlagen. Gleichzeitig mit den Brunnen entstand die fünfeckige Bastion. Sie wurde Ende des vergangenen Jahrhunderts in einen kleinen Park umgewandelt, den man vom Fünf-Brunnen-Platz aus betritt.

Trg pet bunara, Bablja Kula, Ehemalige Bastion

Straßenbild in den Altstadtgassen ...

... von Zadar

Außerhalb der Altstadt

Seefahrtsmuseum

Im Stadtteil Brodarica, direkt gegenüber der Altstadt-Halbinsel, befindet sich das Seefahrts- oder Marinemuseum (Pomorski muzej) – für Fans von Schiffsmodellen ein absolutes Muß. Ausgestellt ist hier auch eine ladva, ein ausgehöhlter Baumstamm, wie er schon im Neolithikum als Boot diente.

Borik

Wer sich, ermüdet von den zahlreichen Sehenswürdigkeiten, auf die Suche nach einem Bett oder einem Restaurant begibt, sollte es in dem nördlich gelegenen Vorort Borik versuchen. In dieser Feriensiedlung im Grünen finden sich etliche kleine Hotels und Privatunterkünfte, dazu jede Menge Restaurants, Sporteinrichtungen und ein städtischer Strand. In Borik stehen zudem Campingplätze und eine Marina zur Verfügung.

Umgebungsziele nördlich von Zadar

Diklo

In Diklo, 6 km nordwestlich von Zadar, steht die einschiffige romanische Kirche St. Martin; in der Lünette des Portals findet sich eine lateinische Widmungsschrift. Außerhalb des Ortes, am Meer, sind die Ruinen einer weiteren romanischen Kirche zu sehen.

Petrčane

Der kleine Ort Petrčane, 11 km nordwestlich von Zadar, kann mit Hotels, Appartements und einem Strand aufwarten. In der romanischen Kirche St. Bartholomäus (12. Jh.) sind Reste von Wandbildern erhalten.

Zaton

Zaton, knapp 15 km nordwestlich von Zadar, ist vor allem wegen seiner Touristensiedlung bekannt. Mitten in einem Föhrenwald liegt ein großer Campingplatz mit Geschäften und Diskothek. Ein herrlicher Strand lädt zum Baden ein. Im Dorf befinden sich die Ruinen eines viereckigen Wehrturms, Kaštelina genannt.

Nin

Sv. Križ in Nin

Allgemeines und *Bedeutung

Das kleine Städtchen Nin, 17 km nordwestlich von Zadar, ist gewissermaßen die Wiege der kroatischen Kultur. Aufs engste ist die Geschichte des Ortes, der auf einer kleinen Insel (zwei Brücken zum Festland) in einer seichten Bucht liegt, mit den Anfängen der kroatischen Staatlichkeit verknüpft. Obwohl in Nin und seiner Umgebung auch Siedlungsspuren aus illyrischer und aus römischer Zeit entdeckt wurden (u. a. Nekropolen), rührt die spezifische Bedeutung des Ortes vor allem von den Funden aus frühchristlicher und altkroatischer Zeit. Der wichtigste war das sechseckige, steinerne, mit Flechtwerkornamenten verzierte Višeslav-Taufbecken. Es stammt aus einer Zeit (9.

Nin, Allgemeines und Bedeutung (Fortsetzung)

Jh.), als fränkische Missionare die slawischen Bewohner dieser Gegend zum Christentum bekehrten. Das Original des Taufbeckens kann man im Museum Kroatischer Archäologischer Denkmäler in → Split besichtigen, in Nin selbst befindet sich eine Kopie.

Geschichte

Der Bischof von Nin führte als erster in Kroatien die slawische Liturgie ein. Aber auch in weltlicher Hinsicht kann Nins Bedeutung in dieser frühmittelalterlichen Ära kaum hoch genug eingeschätzt werden: Bis zum Ende des 11. Jh.s hatten die kroatischen Herrscher keine feste Hauptstadt und Nin war häufig ihr Aufenthaltsort.

Sehenswertes, *Sv. Križ

In Nin gibt es zwei außergewöhnliche Kirchen zu besichtigen. Die bestens erhaltene vorromanische Heilig-Kreuz-Kirche (Sveti Križ) ist eines der schönsten Beispiele altkroatischer Baukunst. Umstritten ist ihr genaues Alter: die einen meinen, sie sei im 9. Jh., die anderen sind der Auffassung, sie sei erst im 11. Jh. erbaut worden. Die kleine Kirche mit einem kreuzförmigen Grundriß hatte sogar den Rang einer Kathedrale, da Nin im frühen Mittelalter bereits Bischofssitz war.

Sv. Anzelmo

Die Pfarrkirche St. Anselmus (Sveti Anzelmo) ist ein vielfach veränderter Kirchenbau: Teile des Bauwerks stammen aus dem frühen Mittelalter, die Fassade erhielt ihr jetziges Aussehen Ende des 18. Jh.s. Die Schatzkammer birgt wertvolle Goldschmiedearbeiten und Schnitzereien in romanischem und gotischem Stil. Der größte Teil wurde in einheimischen Werkstätten gefertigt, einige Arbeiten stammen jedoch auch von karolingischen Künstlern (8./9. Jh.), darunter das Reliquiar mit dem Schulterblatt des hl. Anselmus. Hervorzuheben ist auch das Handreliquiar des Heiligen, Anfang des 14. Jh.s von einem einheimischen Goldschmied im Auftrag des kroatischen Banus Šubić geschaffen.

Denkmal von Grgur Ninski

In unmittelbarer Nähe der beiden Kirchen steht das Denkmal des Bischofs Grgur Ninski, des wohl bedeutendsten kroatischen Bischofs. Nach der Gründung des Bistums Nin war Grgur der dritte Bischof in der Stadt, deren kirchliches Oberhaupt seit 879 zugleich Oberhaupt aller kroatischen Christen war. Grgur fungierte auch als Berater und Kanzler des legendären kroatischen Königs Tomislav.

Archäologische Sammlung

Unweit der beiden Kirchen ist auch die eher bescheidene Archäologische Sammlung untergebracht. Neben altkroatischen Grabfunden (vor allem Schmuck und Waffen) wird hier eine Kopie des berühmten Višeslav-Taufbeckens ausgestellt.

Umgebungsziele südlich von Zadar

***Biograd**

Südöstlich von Zadar liegen am Festland mehrere beliebte Ferienorte mit Stränden (z. T. Sand), Jachthäfen und Hotels bzw. Privatunterkünften, darunter Sukošan und Filipjakov (eigentlich: Sveti Filip i Jakov). Einer besonderen Erwähnung wert ist das Städtchen Biograd (5000 Einw.), knapp 30 km von Zadar entfernt.

Geschichte

Biograd war bereits in römischer Zeit besiedelt. Im Frühmittelalter gewann der Ort an Bedeutung: Der kroatische König Petar Krešimir gründete im 11. Jh. hier ein Bistum und ließ ein Benediktinerinnenkloster sowie eine Kirche erbauen (beide nicht erhalten). 1102 wurde in Biograd der ungarische König Koloman zum kroatischen König gekrönt. Auch die Handelsmacht Venedig griff im Mittelalter nach dem Städtchen, zerstörte es und baute es danach wieder auf.

Sehenswertes

Eine Promenade, ausgedehnte Kiefernwälder und schöne Buchten, Sand- und Kiesstrände machen den Ort bei Touristen sehr beliebt. Auch die große, verhältnismäßig neue Marina beschert Biograd zahlreiche Touristen.

Biograd, ein beliebter Ferienort südlich von Zadar.

Biograd (Fortsetzung)

Abgesehen von den Resten einer römischen Villa und einer barocken Pfarrkirche aus dem 17. Jh. besitzt der Badeort keine überragenden Sehenswürdigkeiten. In jedem Fall verdient allerdings das Stadtmuseum an der Promenade einen Besuch, dessen interessanteste Exponate aus einem im 16. Jh. gesunkenen Handelsschiff geborgen wurden.

Pakoštane

8 km östlich von Biograd, zwischen der Küste und dem See Vransko jezero (Vranasee), erstreckt sich der Ort Pakoštane. Betonierte Liegeflächen bilden den 'Hausstrand' von Pakoštane. In dem kleinen Dorf gibt es eine Touristensiedlung mit Appartements. An einem besonders schönen Küstenabschnitt bei Pakoštane hat der Club Méditerranée schon vor etlichen Jahren ein Feriendorf eingerichtet.

Vransko jezero

Der große Süßwassersee mit seiner eigentümlichen grünen Färbung ist für seinen Fischreichtum und als Heimat seltener Sumpfvögel bekannt. Der benachbarte Ort Vrana war einst Sitz einer osmanischen Karawanserei.

Inseln im Archipel von Zadar

Allgemeines und Anreise

Vor der Küste von Zadar liegen eine Vielzahl kleiner Inseln, von denen Silba, Olib, Premuda, Šarda, Ist, Molat, Rivanj, Žverinac, Iž und Sestrunj noch zu den größeren gehören. Insbesondere die Tatsache, daß sie (zumindest bislang) noch nicht mit dem Auto zu erreichen sind, macht sie für erholungsuchende Bootstouristen zu beliebten Urlaubszielen. Silba und Olib liegen an der Fährschifflinie Pula – Mali Lošinj – Zadar. Alle anderen Inseln werden von Personenschiffen von Zadar angefahren. Auf Ist und Iž gibt es Jachthäfen.

Die überwiegend flachen, mit Macchia überzogenen Inseln bieten keine Sehenswürdigkeiten, aber viel Ruhe, ursprüngliche Natur, kleine Dörfer und viele schöne Badebuchten mit Fels-, Sand- oder Kiesstränden.

Silba

Touristisch am weitesten entwickelt ist Silba, zu Seefahrerzeiten eine wohlhabende Insel, auf der heute etwa 200 Bewohner leben – überwiegend vom Tourismus. Treffpunkt hier ist der Fährort Silba, dessen Häuser das Hafenbecken umschließen. Hier gibt es einen Markt, Restaurants, Cafés und einen Duty-Free-Shop. Zu den Sehenswürdigkeiten im Dorf gehört auch der sechseckige Liebesturm, den Ende des 18. Jh.s ein Kapitän für seine Angebetete errichten ließ. Der Strand von Silba ist nicht einer der schönsten; angenehmer zum Sonnen und Baden sind die außerhalb des Ortes liegenden Buchten (z. T. FKK).

Ugljan, Pašman

→ dort

Praktische Informationen von A bis Z

Praktische Informationen von A bis Z

Anreise

Mit dem Auto

Aus Deutschland
München–Salzburg–Villach

Die schnellste Anreiseroute aus Deutschland nach Istrien bzw. Dalmatien ist die Strecke München – Salzburg (E 52) – Tauerntunnel oder Bundesstraße über den Tauernpaß – Villach – Karawankentunnel – Ljubljana – Rijeka (ab Postojna kurvenreiche Landstraße) bzw. Koper für nördliches Istrien (Autobahn endet bei Kozina, danach kurvenreiche Landstraße).

Alternativrouten ab Villach:
Villach – Klagenfurt – Loiblpaß/Loibltunnel – Ljubljana – Rijeka
Villach – Wurzenpaß (1073 m hoch, schmale, Straße, bis zu 18% Steigung, für Gespannfahrer gesperrt) – Ljubljana – Rijeka bzw. Koper.

Für Gespannfahrer die beste Route nach Istrien, da durchgängig bis Triest Autobahn: Villach – Tarvisio (Grenzübergang zu Italien) – Udine – Triest – Koper (ab Triest Bundesstraße).

München–Innsbruck–Triest

Für Autofahrer, die überwiegend Autobahnen benützen möchten, empfiehlt sich folgende Strecke: München – Innsbruck – Brennerautobahn oder Brennerpaß – Trient – Vicenza – Venedig – Triest – Koper beziehungsweise Rijeka.

Frankfurt–Basel–Triest

Wer aus dem Norden oder Westen Deutschlands, etwa von Köln, Frankfurt oder Karlsruhe nach Süden aufbricht, kann alternativ zur Route München-Salzburg durch die Schweiz und Italien nach Istrien bzw. Dalmatien fahren (A 5 bis Basel, von dort siehe unten: Anreise aus der Schweiz).

Aus Österreich

Aus West- und Mittelösterreich ist die Strecke Salzburg-Villach die kürzeste Verbindung an die istrische oder dalmatinische Küste. Für die Anreise aus dem östlichen Österreich empfiehlt sich die Route Wien – Graz – österreichisch-slowenischer Grenzübergang Spielfeld – Maribor – Celje – Ljubljana bzw. Zagreb – Karlovac – Rijeka.

Aus der Schweiz

Beinahe durchgängig als Autobahn ausgebaut ist die Strecke Basel – Luzern – St. Gotthard-Tunnel – Chiasso (schweizerisch-italienischer Grenzübergang) – Como – Mailand – Venedig – Triest – Koper (nördliches Istrien) bzw. Rijeka (Dalmatien).
Von Zürich aus empfiehlt sich die Route über Chur – San Bernardino – Bellinzona – Lugano – Mailand – Venedig – Triest – Koper bzw. Rijeka.

Straßengebühren

In Österreich benötigt man für Autobahnfahrten eine Vignette. Einige Tunnels sind mautpflichtig, so die Tauern-, Pyhrn- und Brennerautobahn und der Karawankentunnel. Für Autobahnen und autobahnähnliche Straßen in

◀ *Treffpunkte für Skipper sind die zahlreichen Jachthäfen an der Küste von Istrien und Dalmatien – hier die Marina von Novigrad.*

der Schweiz (grün-weiße Beschilderung) benötigt man eine Autobahnvignette. Sie ist in Deutschland beim ADAC, in der Schweiz an Grenzübergängen, an Tankstellen und auf Postämtern erhältlich. Gebührenpflichtig ist auch der Autobahnabschnitt Kranj – Postojna in Slowenien.

Straßengebühren (Fortsetzung)

Mit Auto und Schiff

Für die Anreise aus Deutschland, Österreich oder der Schweiz nur bedingt zu empfehlen ist die Anreise über Mittelitalien und von dort mit der Fähre nach Dalmatien. Der nördlichste Fährhafen in Italien ist Ancona; auch von Bari aus kann man nach Dalmatien übersetzen (Dubrovnik). Nähere Auskünfte erteilen die Vertretungen der Jadrolinija (→ Schiffsverkehr). Von April bis Oktober verkehrt das Tragflügelboot "Prince of Venice" (Personenschiff) zwischen Venedig und Portorož (Istrien). Für die Anfahrt nach Mittel- oder Süddalmatien ist die Benützung der Küsten-Eilfähre sinnvoll (→ Schiffsverkehr).

Empfehlungen für die Reisezeit

Die Strecke München – Villach – Ljubljana ist streckenweise (z. B. der Autobahnabschnitt München – Salzburg) in den Hauptreisemonaten stark befahren und deshalb sehr stauanfällig. An den Grenzen muß mit Wartezeiten gerechnet werden. Weitere Auskünfte (auch Staukalender) erhält man bei den Automobilclubs.

Mit dem Bus

Deutsche Touring GmbH

Eine preisgünstige, allerdings auch etwas zeitintensivere Alternative zur Anreise mit dem eigenen Wagen bietet die Deutsche Touring GmbH. Eine Fahrt mit dem Touringbus von Stuttgart nach Split kostet beispielsweise ca. 75 € und dauert etwa 20 Stunden. Die Busse fahren von allen größeren Städten Deutschlands einmal täglich an die dalmatinische Küste. Die Route berührt Rijeka, Senj, Karlobag, Zadar, Šibenik, Primošten und Trogir, Endstation ist Split. Es gibt eine zweite Route nach Pula, die jeweils freitags ab Bochum, Dortmund, Düsseldorf, Duisburg, Essen, Köln, Frankfurt, Stuttgart und München gefahren wird.

Auskunft

Auskünfte erteilt die Zentrale Reservierungsstelle der Deutschen Touring GmbH in Frankfurt, Tel. (069) 790350, www.deutsche-touring.com

Mit der Bahn

Allgemeines

Von München aus gibt es täglich eine Eurocity-Verbindung über Ljubljana nach Rijeka. In der Hauptreisezeit sollte man sich rechtzeitig die Plätze reservieren. In Istrien sind nur Koper (slowenischer Teil) und Pula, von den Küstenstädten Dalmatiens nur Zadar, Šibenik und Split mit der Bahn zu erreichen. Allerdings verläuft die Bahnstrecke ab Rijeka nicht an der Küste, sondern im Hinterland (Gospić, Gračac, Knin).

Mit dem Flugzeug

Allgemeines

Der internationale Flughafen in Zagreb (Kroatien) wird täglich von mehreren deutschen Flughäfen aus, darunter von Frankfurt, Berlin, München und Stuttgart, sowie von Zürich und Wien direkt angeflogen. Von Zagreb gibt es Flugverbindungen nach Pula, Split, Dubrovnik, Rijeka, Brač, Mali Lošinj und Zadar (→ Verkehrsmittel).
Der internationale Flughafen in Ljubljana (Slowenien) wird von Frankfurt aus zweimal pro Tag, von München einmal pro Tag und in der Saison auch von Leipzig und Berlin aus einmal pro Woche angeflogen.

Direktflüge

Sowohl Croatia Air als auch andere Fluggesellschaften wie z. B. Augsburg Airlines bieten im Sommer Direktflüge nach Pula, Rijeka, Zadar, Krk, Brač, Split und Dubrovnik an.

Anreise (Fortsetzung)
Fluggesellschaften

Die nationale Fluggesellschaft von Kroatien ist die Croatia Airlines, die staatliche Fluggesellschaft Sloweniens die Adria Airways. Tägliche Direktflüge nach Zagreb bzw. Ljubljana bieten neben diesen beiden Fluggesellschaften auch Lufthansa, Swiss Air und Austrian Air.

Vertretungen

Croatia Airlines
www.croatiaairlines.hr
Bemex Reisen, Rumfordstraße 41, D-80469 München, Tel. (089) 231 19 70
Bemex Reisen, Eisenzahnstr. 14/1, D-10709 Berlin, Tel. (030) 33 50 40 45
Adria Reisen, Burggasse 23, A-1070 Wien, Tel. (01) 5 26 36 30

Adria Airways
Reservierung in Ljubljana, Tel. (01) 231 33 12
Große Eschenheimer Straße 43, D-60313 Frankfurt, Tel. (069) 29 02 74
Flughafen München, Tel. (089) 97 59 11 91

Die schnellste Verbindung in den Süden ist das Flugzeug.

Ärztliche Hilfe

Unfallrettung

Tel. 94

Medizinische Versorgung

Die medizinische Versorgung in den touristisch erschlossenen Gebieten von Kroatien und Slowenien ist gut: Es gibt ausreichend niedergelassene Ärzte, Krankenhäuser und Apotheken, in denen die geläufigen Medikamente erhältlich sind. In den Küstenstädtchen findet sich fast immer ein Arzt, der deutsch oder englisch spricht.

Krankenversicherung

Sowohl Kroatien als auch Slowenien haben ein Gesundheitsabkommen mit Deutschland. Gegen Vorlage eines Auslandskrankenscheins, den man sich vor Reiseantritt bei der Krankenkasse besorgen sollte, hat der Versicherte Anspruch auf eine kostenfreie Behandlung. Das ist die Theorie. In der Praxis sieht es eher so aus, daß der Auslandskrankenschein nicht überall akzeptiert, sondern eine Barzahlung gewünscht wird. Ein Großteil der ausgelegten Kosten übernimmt die Krankenkasse dann, wenn die quittierten Rechnungen vorgelegt werden. Wer sicher gehen will, daß er keine Restkosten tragen muß, sollte eine zusätzliche Reisekrankenversicherung abschließen. Mit dieser zusätzlichen Versicherung ist auch ein Krankenrücktransport ins Heimatland abgedeckt.

Ärztliche Hilfe (Fortsetzung)

Apotheken (kroatisch: Apoteka oder Ljekara) gibt es in allen größeren Orten. In Kroatien sind sie in der Regel 8.00–13.00 und 15.00–19.00 Uhr geöffnet, in Slowenien 7.00–20.00 Uhr.

Apotheken

Auskunft

Außerhalb von Istrien und Dalmatien

In Deutschland

Kroatische Zentrale für Tourismus
Kaiserstraße 23, D-60311 Frankfurt
Tel. (069) 238 53 50, Fax 23 85 35 20
www.htz.hr, E-Mail: KZFT@gmx.de

Rumfordstraße 7, D-80469 München
Tel. (089) 22 33 44
Fax 22 33 77

Bemex Reisen
Rumfordstraße 41, D-80469 München
Tel. (089) 231 19 70, Fax 260 92 84
www.bemex-reisen.de

Riva Tours
Neuhauserstraße 27, D-80331 München
Tel. (089) 231 10 00, Fax 23 11 00 22
www.riva-tours.de

Slowenisches Fremdenverkehrsamt
Maximiliansplatz 12a
D-80333 München
Tel. (089) 29 16 12 02, Fax 29 16 12 73

In der Schweiz

Slowenisches Verkehrsbureau
c/o Adria Airways, Loewenstraße 54
CH-8001 Zürich
Tel. (01) 2 12 63 94, Fax 2 12 52 66

In Österreich

Kroatische Zentrale für Tourismus
Operngasse 5, A-1010 Wien
Tel. (01) 585 38 84, Fax 585 38 84 20

Slowenisches Fremdenverkehrsamt
Landstraßer Hauptstraße 2, A-1030 Wien
Tel. (02 22) 715 40 10, Fax 713 81 77

In Istrien und Dalmatien

Allgemeines

Die Tourismuszentralen von Kroatien und Slowenien haben ihren Sitz in Zagreb bzw. Ljubljana (Anschrift siehe nächste Seite). Des weiteren kann man auch von den regionalen Tourismusverbänden (turističke zajednice

In Istrien und Dalmatien (Fortsetzung)	županija) sowie von den kommunalen Fremdenverkehrsämtern – turističke zajednice općina (bei kleinen Ortschaften) bzw. turističke zajednice gradova (bei Städten) – Auskünfte einholen. Informationen über Schiffsverbindungen, Veranstaltungen, Sehenswürdigkeiten und organisierte Ausflüge erhält man bei den Reisebüros (turist biro, tourist agency, tourist information), die in den Küstenorten zahlreich vertreten und oft schon am Ortseingang stationiert sind. Da sie auch Privatunterkünfte vermitteln, gehören sie zu den wichtigsten Anlaufstellen vor Ort. Die größten Reisebüros in Istrien und Dalmatien sind Kompas, Arena Tours, Atlas und in Slowenien Emona Globtour. In der Hauptreisezeit sind sie in der Regel von 8.00/9.00 bis 21.00/22.00 Uhr geöffnet (mit Mittagspause).
Überregionale Tourismusverbände	Hrvatska Turistička Zajednica Kroatische Zentrale für Tourismus Iblerov Trg 10/IV, HR-10000 Zagreb Tel. (01) 4 55 64 55, Fax 455 78 27, www.htz.hr
	Slowenische Zentrale für Tourismus Dunajska 156, SLO-1000 Ljubljana Tel. (061) 189 18 40, Fax 189 18 41, www.slovenia-tourism.si
	Turističke Zajednice Županije Istarske Tourismusverband der Region Istrien Pionirska 1, HR-51440 Poreč Tel. (052) 45 25 00 oder 45 27 97, Fax 45 27 96
Brač	P. Jakšića 17, HR-21400 Supetar-Brač Tel. und Fax (021) 63 05 51
Buzet	Istarske brigade 2, HR-52420 Buzet Tel. und Fax (052) 66 23 43
Cres	Conz 11, HR-51557 Cres Tel. und Fax (051) 57 15 35
Crikvenica	Trg Stjepana Radića 1, HR-51260 Crikvenica Tel. (051) 24 10 51, Fax 24 11 51
Dubrovnik	Cvijete Zuzorić 1, HR-20000 Dubrovnik Tel. (020) 426303, E-Mail: tzgd@du.tel.hr
Grožnjan	Umberta Gorjana 3, HR-52420 Grožnjan Tel. und Fax (052) 77 61 31
Hvar	Trg Sv. Stjepana 16, HR-21450 Hvar Tel. und Fax (021) 74 10 59
Karlobag	P. Marka Mesića 2, HR-53288 Karlobag, Tel. (053) 69 42 51, Fax 69 42 47
Koper	Ukmarjev trg 7, SLO-6000 Koper Tel. (05) 663 20 10, Fax 663 20 11
Korčula	Obala V. Paletina, HR-20260 Korčula Tel. (020) 71 58 67, Fax 71 58 66
Krk	Vela Placa 1/1, HR-51500 Krk, Tel. und Fax (051) 22 14 14
Labin	Titov trg 10, HR-52220 Labin, Tel. und Fax (052) 85 51 99

M. Tita 41, HR-51415 Lovran Tel. und Fax (051) 29 17 40	Lovran
Tina Ujevića 1, HR-21300 Makarska Tel. und Fax (021) 61 20 02	Makarska
Riva lošinjskih kapetana 29, HR-51550 Mali Lošinj Tel. und Fax (051) 23 15 47	Mali Lošinj
Šetalište V. Nazora 1, HR-52424 Motovun Tel. und Fax (052) 68 16 42	Motovun
Porporella 6, HR-51466 Novigrad Tel. und Fax (052) 75 70 75	Novigrad
Nikole Tesle, HR-51410 Opatija Tel. (051) 27 13 10, Fax 27 16 99	Opatija
Ulica od špitala bb, HR-53290 Pag Tel. und Fax (023) 61 13 01	Pag
Stari trg 8, HR-52000 Pazin Tel. (052) 62 24 60, Fax 62 14 05	Pazin
Tartinijev trg 2, SLO-6330 Piran Tel. (05) 673 02 20, Fax 673 02 21	Piran
Zagrebačka 11, HR-52440 Poreč Tel. (052) 45 12 93, Fax 45 16 65	Poreč
Obala 16, SLO-6320 Portorož Tel. (05) 674 02 31, Fax 674 82 61	Portorož
Istarska 23, HR-52100 Pula Tel. (052) 240 62	Pula
Donja ulica 2, HR-51280 Rab Tel. und Fax (051) 75 11 11	Rab
Užarska 14, HR-51000 Rijeka Tel. (051) 33 58 82	Rijeka
Obala Pina Budičina 12, HR-52210 Rovinj Tel. (052) 81 15 66, Fax 81 60 07	Rovinj
Stara cesta 4, HR-53270 Senj Tel. (053) 88 10 68, Fax 88 12 19	Senj
Trg republike 2, HR-21000 Split Tel. (021) 36 25 61, Fax 34 67 12	Split
Fausta Vrančića 18, HR-22000 Šibenik Tel. (022) 21 20 75, Fax 21 90 73	Šibenik
Hrvatskih Žrtara bb, HR-21220 Trogir Tel. (021) 88 05 56, Fax 88 00 37	Trogir
Obala maršala Tita 3/II, HR-52470 Umag Tel. (052) 74 13 63, Fax 74 16 49	Umag
Ilije Smiljanića b.b., HR-23000 Zadar Tel. (023) 21 22 22, Fax 21 17 81	Zadar

Autohilfe

→ Straßenverkehr

Badestrände

Allgemeines

Die Voraussetzungen für einen Badeurlaub in Istrien und Dalmatien sind in vielerlei Hinsicht hervorragend. Mit einer rund 1800 Kilometer langen Küste – die Inseln noch nicht miteingerechnet – und einer Vielzahl von Stränden

Kleine Kiesbuchten mit klarem Wasser laden zum Baden ein.

ist die Region ein ideales Baderevier. Es gibt kaum einen Küstenabschnitt, an dem nicht gebadet werden kann. Besonders vielfältig sind die Möglichkeiten auf den vorgelagerten Inseln. Wer in der Hauptreisezeit unterwegs ist, sollte allerdings auch nicht erwarten, daß er einsame Strandabschnitte antrifft – vor allem dort, wo die Küste sehr steil ist und nur in kleinen Buchten gebadet werden kann, sind die Strände meist stark frequentiert.

Strände

Die meisten Strände in Istrien und Dalmatien sind felsig. Dazwischen gibt es immer wieder Buchten mit Kies- oder Sandstränden. In einigen Badeorten wurden diese auch angelegt. Zu den längsten und auch meistbesuchten Sandstränden gehören der "Paradiesstrand" bei Lopar auf der Insel Rab, der Stadtstrand von Orebić auf der Halbinsel Pelješac und der lange Strand von Lumbarda auf der Insel Korčula. Für längere Strandaufenthalte empfiehlt es sich, eine Liegematte, Luftmatratze o. ä. mitzunehmen. Das gilt auch für die betonierten Liegeflächen, die viele Küstenorte oder Hotels angelegt haben. Viele Strände sind an Hotels, Ferienanlagen oder Campingplätze angeschlossen, können aber meist auch von Tagestouristen genutzt werden.

Die Wasserqualität ist fast durchgängig sehr gut und im Vergleich mit anderen Küstenabschnitten am Mittelmeer geradezu hocherfreulich; einzige Ausnahme bilden die Stadtstrände von Rijeka – hier sollte man sich den Sprung ins kühle Naß verkneifen. Die Wassertemperatur liegt in den Sommermonaten bei 20 bis 25°C. Selbst im Oktober kann man – zumindest in Mittel- und Süddalmatien – noch mit einem 20°C warmen Wasser rechnen.

Badestrände (Fortsetzung), Wasserqualität

Nacktbaden wird an der Küste von Istrien und Dalmatien groß geschrieben. An den zahlreichen Nudistenstränden darf ausschließlich nackt gebadet werden; an allen anderen Stränden gibt es FKK-Abschnitte.

FKK

Zu den wenigen Unannehmlichkeiten an den Stränden in Istrien und Dalmatien gehören die Seeigel. Tritt man versehentlich auf die in den Felsspalten versteckten Meerestiere, dann bekommt man ihre spitzen Stacheln zu spüren. Der sicherste Schutz vor dieser 'Begegnung' sind Badeschuhe, die man vor Ort auch überall erhält.

Achtung Seeigel

Camping

Der Campingtourismus hat in Istrien und Dalmatien eine lange Tradition. Rund 140 große Campingplätze und noch einmal so viele Mini Camps, darunter einige für FKK-Anhänger, finden sich entlang der Küste und auf den vorgelagerten Inseln. Besonders groß ist das Angebot in Istrien und in der Kvarner Bucht. Wer hier in den Monaten Juli oder August campen möchte, tut gut daran, im voraus einen Platz zu reservieren. Wildes Campen in der Natur und Übernachten auf Park- und Rastplätzen ist verboten. Die meisten Plätze sind von April bzw. Mai bis Oktober geöffnet. Alle größeren Anlagen verfügen über diverse Versorgungseinrichtungen (Kiosk, Market, Restaurant), eigene Strände und ein breites Sport- und Freizeitangebot. Viel investiert wurde in den letzten Jahren in die sanitären Einrichtungen der Campingplätze in Istrien und in der Kvarner Bucht. Neben einer obligaten Kurtaxe müssen auf den Campingplätzen eine Vielzahl von Dienstleistungen extra bezahlt werden, u. a. Hundegebühr sowie Wasser- und Stromanschluss. Kinder bis 12 Jahre campen umsonst, Jugendliche bis 18 Jahre zahlen nur den halben Preis und keine Kurtaxe.

Allgemeines

Kroatischer Campingverband
HR-52440 Poreč,
Petra Kandlera 9/II
Tel. (052) 45 13 24
Fax 45 12 79
www.camping.hr

Auskunft

Hilfreich bei der Auswahl des geeigneten Campingplatzes ist die Broschüre, die der kroatische Campingverband jährlich herausgibt.

Campingführer

Campingplätze (Auswahl)

Autocamp Supetar, Tel. (021) 63 10 66. Etwa 1 km östlich des Ortes gelegner Waldplatz mit Strandbucht. Zelter müssen ihre Autos separat parken (200 Stellplätze; keine Reservierungsmöglichkeit).

Brač/Supetar

Autocamp Slatina, Tel. (051) 57 41 27. 600 Plätze auf bewachsenen Terrassen mit Blick auf das Meer; gute Bademöglichkeiten am langen Felsstrand (betonierte Liegeflächen) bzw. an einer Kiesbucht.

Cres/Martinšćica

Autocamp Jadranka, Tel. (05) 640 23 00. Baumbestandener Campingplatz mit 50 Touristenplätzen und einem schmalen, etwa 500 m langen Badestrand.

Izola

Camping (Forts.)
Korčula — Autocamp Kalac, Tel. (020) 71 11 87. Überschaubarer Platz beim Hotel Bon Repos; keine Reservierungsmöglichkeit.

Krk/Baška — FKK-Autocamp Bunculuka, Tel. (051) 85 68 06. Besonders schön in einer steilen Bucht gelegene Campinganlage mit 415 Touristen- und 80 Dauercamperplätzen.

Krk/Punat — Autocamp Pila, Tel. (051) 85 41 22. Gut ausgestattete Anlage für ca. 1800 Touristen- und Dauercamper; der größte Teil der Stellplätze unter Pinien; keine Reservierungsmöglichkeit.

Labin — Autocamp Tunarica, Tel. (052) 85 16 53. 15 km südlich von Labin, in der Nähe des Dorfes Diminići (Straße Richtung Koromačno), auf einer Halbinsel gelegen; kleine Anlage (150 Plätze) im Pinienwald mit hübschem Strand; ideal für Ruhesuchende.

Lošinj/Mali Lošinj — Camping Čikat, Tel. (051) 23 21 25. Große, gepflegte Anlage unter Pinien auf der Halbinsel Čikat, wo auch viele Hotels liegen (700 Touristen-, 130 Dauercamperplätze, 10 Bungalows). Fels- und Kiesstrände sowie FKK-Strand.

Medulin — Kažela, Tel. (052) 57 74 60. Großzügige Anlage mit 2200 Touristenplätzen und 160 Bungalows. Der lange, schöne Strand – teils Fels, teils Kies – ist ausschließlich FKK-Urlaubern vorbehalten.

Murter/Jezera — Autocamp Lovišća, Tel. (022) 43 91 93. Erwähnenswert an diesem Platz ist seine Lage in einer langgestreckten Bucht. 600 Touristenplätze und 70 Bungalows stehen zur Verfügung.

Novigrad — Camping Sirena, Tel. (052) 75 78 52. Der am südöstlichen Ortsrand von Novigrad gelegene Platz ist mit dem Hotel Laguna verbunden, dessen Sporteinrichtungen auch den Campern zur Verfügung stehen. Lobenswert sind die verhältnismäßig guten Sanitäreinrichtungen. Das 10 ha große, überwiegend bewaldete Gelände umfaßt 630 Touristen- und rund 300 Dauercamperplätze.

Pelješac — Autocamp Orebić, Tel. (050) 71 34 79. Eine kleine Anlage mit gerade mal 60 Plätzen auf leicht abfallendem Gelände.

Poreč — Naturist Center Ulika, Tel. (052) 43 63 25. 8 km nördlich von Poreč, bei dem Dorf Črvar liegt der große, gut ausgestattete Platz, der ebenso wie der dazugehörige, 2,5 km lange Strand (Fels und angrenzende Liegewiese) ausschließlich FKK-Gästen vorbehalten ist. Auch Bungalows können gemietet werden.

Autocamp Bijela Uvala, Tel. (052) 45 12 78. Etwa 6 km südlich von Poreč gelegener Platz, teils baumbestanden, teils Wiesengelände. Am 1,5 km langen Felsstrand gibt es einen separaten FKK-Bereich. Insgesamt verfügt die Anlage über 1800 Touristen- und 250 Dauercamperplätze.

Pula-Banjole — Camping Indie, Tel. (052) 57 30 66. Einer der kleineren Plätze in der Umgebung von Pula (370 Touristenplätze und 80 Bungalows) auf einer Halbinsel; wegen der vorgelagerten Inseln bei Bootsfahrern sehr beliebt; überwiegend steiler Fels- und Kiesstrand.

Rovinj — Autocamp Veštar, Tel. (052) 81 14 31. 5 km südlich von Rovinj gelegener Platz (750 Touristen- und 50 Dauercamperplätze), gepflegte Sanitäranlagen, etwa 1 km langer steiniger Strand (abgetrennter FKK-Bereich).

Autocamp Porton Biondi, Tel. (052) 81 35 57. Verhältnismäßig kleiner Platz auf bewaldetem Hanggelände (300 Touristen-, 100 Dauercamperplätze), allerdings nicht direkt am Meer.

Naturturist Center Koversada, Tel. (052) 44 13 78. Ein riesige Camper-Stadt am Meer (2400 Touristenplätze und 300 Bungalows) mit zahlreichen Sport- und Freizeitmöglichkeiten, Kinder-Animationsprogramm, mehreren Restaurants sowie Fels- und Sandstrand.

Camping (Fortsetzung) Vrsar

Diplomatische und konsularische Vertretungen

Kroatische bzw. slowenische Vertretungen

In Deutschland

Botschaft der Republik Kroatien
Ahorn 4
D-10787 Berlin
Tel. (03) 23 62 89 50, Fax 23 62 89 65

Generalkonsulate in Hamburg, Bonn, Frankfurt, Stuttgart und München

Botschaft der Republik Slowenien
Hausvogteiplatz 3–4
D-10117 Berlin
Tel. (030) 206 14 50, Fax 20 61 45 70

In Österreich

Botschaft der Republik Kroatien
Heuberggasse 10
A-1070 Wien
Tel. (01) 489 05 31, Fax 480 29 42

Botschaft der Republik Slowenien
Nibelungengasse 13
A-1030 Wien
Tel. (01) 586 13 04, Fax 586 12 65

In der Schweiz

Botschaft der Republik Kroatien
Gurtenweg 39
CH-3074 Muri/Bern
Tel. (031) 952 66 59, 952 66 93

Botschaft der Republik Slowenien
147, Rue de Lausanne
CH-1202 Genf
Tel. (022) 738 66 64, Fax 738 66 65

Vertretungen im Reisegebiet

Deutschland

Deutsche Botschaft
Ulica Grada Vukovara 64
HR-10000 Zagreb
Tel. (01) 6 15 81 05/04 (Visum und Paß)
Fax 615 55 36

Deutsches Konsulat
Obala Hrvatskog Narodnog Preporoda 10
HR-21000 Split
Tel. (021) 36 21 14

Deutsche Botschaft
Prešernova 27
SLO-61000 Ljubljana
Tel. (01) 479 03 00, Fax 425 08 99

Diplomatische und konsularische Vertretungen (Fortsetzung)
Österreich

Österreichische Botschaft
Jabukovac 39
HR-10000 Zagreb
Tel. (01) 483 44 57, Fax 483 44 61

Österreichische Botschaft
Prešernova 23
SLO-1000 Ljubljana
Tel. (01) 479 07 00, Fax 252 17 17

Schweiz

Schweizerische Botschaft
Bogovićeva 3
HR-10000 Zagreb
Tel. (01) 481 08 91, Fax 481 08 90

Schweizer Honorarkonsulat
Šprnka 130
SLO-1236 Trzin
Tel. (01) 162 15 55, Fax 162 21 63

Einkaufen

Allgemeines

Ein Shopping-Paradies erwartet den Fremden, der die slowenische und die kroatische Adriaküste besucht nicht gerade. Kaufhäuser westlichen Standards oder gar Glitzerpaläste sind rar. Trotzdem muß man nichts missen. Die Versorgungslage ist gut – weder fehlt es an Lebensmitteln noch an Textilien, Ausrüstungsgegenständen sowie Bedarfsartikeln für alle möglichen Zwecke. Doch was, um Himmels willen, soll man als Souvenir mitnehmen?

Landestypische Souvenirs

Unter das Rubrum 'landestypisch' fallen all diejenigen Produkte, die sich verzehren lassen: Schnaps, Wein, Käse, Schinken oder Olivenöl. Neben dem berühmten dalmatinischen Schinken (*pršut*) ist vor allem der einfache, aber schmackhafte Bauernkäse, sei er vom Schaf oder von der Kuh, zu empfehlen. Der bekannteste Vertreter kommt von der Insel Pag: *Paški sir*, Pager Käse. Er ist recht kräftig und im Geschmack, aber mehr noch in der Konsistenz dem Parmesan ähnlich.

In Istrien überall am Straßenrand zu kaufen: Schnaps aus eigener Herstellung

In Istrien sieht man häufig Hausfrauen oder Bauern mit einem kleinen Stand am Straßenrand stehen und Waren aus eigenem Anbau offerieren. Die hochprozentigen Schnäpse, die mit Früchten oder Kräutern angesetzt werden, fehlen selten im Angebot der Straßenverkäufer. Unter den landesüblichen Schnäpsen ragen der Loza (aus Trauben) und der Kräuterschnaps Travarica heraus. Sie können im Geschmack allerdings von Ort zu Ort variieren, wobei die Selbstgebrannten den industriell produzierten Spirituosen in aller Regel vorzuziehen sind. Aus der Umgebung von Zadar stammt der bekannte Maraschino-Likör, der aus einer besonderen Kirschensorte gewonnen wird. Weinliebhaber tun sich in Istrien und Dalmatien ebenfalls nicht schwer, denn die Auswahl an einheimischen Weinen ist groß (→ Essen und Trinken, Weine).

Schmuck

Sehr beliebt in der gesamten Küstenregion ist der Filigranschmuck. Beim *zlatar* (Goldschmied) ist die Ware nicht nur billiger als zu Hause, sie ist zumeist auch anders – in der Form ebenso wie in der Verarbeitung. Ohrklipse, Ketten und Ringe sind in der Regel bunter, verschnörkelter, 'orientalischer'. Natürlich gibt es auch modernen Modeschmuck sowie Juweliere, die vielleicht weniger originell sind, dafür aber jeden gängigen Geschmack bedienen.

Einkaufen, Schmuck (Fortsetzung)

Und auch das gibt es ...

Was in anderen Urlaubsländern en vogue ist, kann man leicht auch der Küste Sloweniens oder Kroatiens erstehen: handgetöpferte oder handgeschnitzte Gefäße, geklöppelte oder gehäkelte Decken, Lederwaren aller Art, Mineralien, mit Lavendel gefüllte Duftkissen, ätherische Öle aus Lavendel oder Rosmarin sowie natürlich Muscheln und Schwämme aus dem Meer. Sympathisch daran ist, daß solche Waren nicht nur in professionellen Shops oder Boutiquen, sondern auch von Straßenverkäufern oder von Kindern angeboten werden.
Daß in den Hochburgen des Tourismus die üblichen T-Shirts, nur eben mit den entsprechenden Aufdrucken des jeweiligen Urlaubsziels, sowie allerhand Kitsch und Tand zum Verkauf ausliegen, versteht sich von selbst. Im übrigen haben bestimmte Produkte aus Taiwan oder Hongkong auch den Weg nach Kroatien oder Slowenien gefunden.

Elektrizität

Das Stromnetz in Istrien und Dalmatien führt 220 Volt Wechselspannung. Die in Deutschland, in Österreich und in der Schweiz gängigen zweipoligen Stecker passen in alle Steckdosen.

Essen und Trinken

Allgemeines

Im Gegensatz zu Italien eilt der östlichen Adriaküste nicht der Ruf eines Feinschmeckerparadieses voraus. Auf extravagante kulinarische Genüsse sollte man sich nicht einstellen, wobei auch hier gilt: Ausnahmen bestätigen die Regel. Der Einfluß des Nachbarlandes Italien macht sich bereits in vielen Restaurants angenehm bemerkbar; vor allem in Istrien, und – durch die zahlreichen italienischen Urlaubsgäste – auch in Dalmatien, ist die Küche stark italienisch geprägt. Die einheimische Hausmannskost ist eher deftig-rustikal, mitunter schwer verdaulich (da oft mit sehr viel Fett bzw. Öl gekocht wird), und sie kommt mit wenigen Gewürzen aus.

Frühstück

Das Frühstück fällt im allgemeinen eher bescheiden aus. Die Einheimischen trinken zumeist nur Kaffee und essen dazu eine Kleinigkeit, z. B. ein süßes Hörnchen. In den Fremdenverkehrsgebieten hat man sich allerdings auf die Bedürfnisse der ausländischen Gäste eingestellt und serviert ein Frühstück mit Kaffee und Tee sowie Brötchen, Marmelade, Wurst, Käse und manchmal sogar einem Ei.

Vorspeisen

Eine beliebte, wenngleich nicht eben billige Spezialität im gesamten Küstengebiet von der Slowenischen Riviera bis hinunter nach Süddalmatien ist der rohe, luftgetrocknete Schinken *pršut*, zu dem gewöhnlich Brot und Oliven gereicht werden. Die Delikatesse hat einen kräftigen, bisweilen auch salzigen Geschmack. Ebenfalls als Vorspeise wird häufig Käse (*sir*) gereicht, vor allem vom Schaf, seltener von der Ziege. Bekanntester Vertreter ist der *paški sir*, der sehr kräftige Pager Käse. In teureren Restaurants findet man auch marinierte Fische auf der Liste der Vorspeisen, zumeist Makrelen und Sardinen, dazu viel Tintenfisch. Das Ganze wird mit Öl und Essig sowie Zwiebeln zubereitet.

Suppen

Den Suppen fehlt in aller Regel der letzte Pfiff. Im Angebot stehen üblicherweise Rindfleisch-, Hühner-, Tomaten- und Gemüsesuppe. In einigen Restaurants kann man allerdings auch Fischsuppe wählen – von Fall zu Fall eine Entdeckung für Feinschmecker. Versuchen sollte man auch die istri-

Baedeker Special

Kulinarische Genüsse

Čevapčići, ražnjići und pljeskavica – wer kennt sie nicht, die klassischen Hackfleischröllchen oder Fleischspieße, die auf keiner Speisekarte an der östlichen Adriaküste fehlen dürfen. Dazu ein Kotelett vom Schwein oder Kalb und eine Scheibe Leber, schließlich gehackte Zwiebeln und vielleicht noch ein Löffelchen Ajvar, eine würzigscharfe Masse, deren Hauptbestandteil roter Paprika und Tomaten sind – fertig ist der Mixed-Grill-Teller.

Meist werden zu den Fleischgerichten Pommes frites gereicht und die obligatorische Salatmischung aus Tomaten, Gurken und eingelegtem Kraut.

Gegrilltes Fleisch, zubereitet am offenen Rost draußen vor dem Haus, ist eine nicht wegzudenkende Spezialität des gesamten früheren Jugoslawien. Mit der traditionellen Küche Kroatiens und Sloweniens hat dies nicht viel zu tun, schon gar nicht aber mit der Küche einer Küstenregion.

Den Mixed-Grill-Teller bekommt der Gast im übrigen auch in Belgrad oder Skopje vorgesetzt, ja sogar oben auf dem Wurzenpaß, kaum daß er die österreichische Grenze hinter sich gelassen hat.

Viele dieser Gerichte, ob nun ćevapčići, ražnjici oder pljeskavica (ein flaches, natürlich ebenfalls am offenen Feuer gegrilltes Schnitzel aus Gehacktem) haben ihren Ursprung eigentlich in Bosnien. Um noch genauer zu sein: sie gehen auf türkisch-osmanische Einflüsse zurück, wie im übrigen so vieles auf dem Balkan – man denke nur an die griechische Küche, die sehr stark vom einstigen türkischen 'Erzfeind' geprägt wurde. Auch der beliebte, bei keinem Grillteller fehlende Krautsalat ist ein untrügliches Zeichen dafür, daß an der Küste die Küche des Hinterlandes dominiert.

Damit keine Mißverständnisse aufkommen: Der Mixed-Grill-Teller soll hier nicht verteufelt werden – im Gegenteil, das Fleisch ist meistens ordentlich, und die Portionen sind nicht zu knapp. Das Problem ist nur – man kann dem Grillteller nicht entrinnen, vegetarische Küche ist den heimischen Köchen bislang ein Fremdwort. Salate, Gemüse oder Beilagen aller Art sind noch ein wenig reformbedürftig, und auch die Sauce muß, wo sie denn der Verfeinerung dient, erst noch erfunden werden. Daß man Fisch sehr unterschiedlich und auf sehr raffinierte Wei-

Essen und Trinken, Suppen (Fortsetzung)

sche Suppe aus Rotwein, angebräunten Brotscheiben, Zucker, Öl und Pfeffer sowie, je nach Wirt, einigen unterschiedlichen Gewürzen oder Kräutern wie etwa Lorbeer. Ein recht eigenwilliges Gericht, das man allerdings fast nur im Landesinnern bekommt.

Eintöpfe

Unter den Eintöpfen verdient die *mineštra* Erwähnung, die schon sprachlich ihre Nähe zu der italienischen Gemüsesuppe Minestrone nicht verleugnen kann. In Istrien kann man sie mitunter auch mit Maiskörnern (*bobići*) essen.

Hauptgerichte, Fleisch

Auch an der Küste dominieren die Fleischgerichte. Typische Balkangerichte sind *čevapčići* (Hackfleischröllchen), *ražnjići* (Spieße mit unterschiedlichen Fleischsorten) und *pljeskavica*, eine Art Hackfleischschnitzel. Der entsprechende Zusatz heißt *na zaru*, was soviel bedeutet wie 'gegrillt' (siehe dazu das *Baedeker-Special* oben). Wer Schnitzel mag, sollte nach Möglichkeit jenes versuchen, das ähnlich wie das Cordon bleu mit Schinken

se zubereiten kann, hat sich noch nicht bei allen Köchen herumgesprochen.

Doch das Bild beginnt sich allmählich zu wandeln – nicht zuletzt deshalb, weil man auch in Slowenien und Kroatien nach dem Zerfall des sozialistischen Jugoslawien auf Privatisierung setzt. So entstehen mit jedem neuen Jahr auch neue Restaurants, die mehr auf Qualität denn auf Quantität setzen und sich auf die Bedürfnisse und Ansprüche der Gäste einstellen. Natürlich hat damit nun auch der internationale 'Fast-Food-Imperialismus' seinen Siegeszug angetreten.

Wer weder einem guten, aber dann eben auch nicht ganz billigen Essen noch dem Fast-Food zuneigt, dem bietet sich als Ausweg die italienische Pizza an, an deren Qualität man gewöhnlich nichts aussetzen kann.

Niemals ohne: Fleisch und Fisch gehören zur Küche an der östlichen Adriaküste wie das Salz in die Suppe.

Essen und Trinken, Fleisch (Fortsetzung)

und Käse gefüllt ist. Es wird unter verschiedenen Namen geführt, ist aber in Istrien ebenso zu Hause wie in Dalmatien. Eine typisch istrische Spezialität ist *ombolo*, luftgetrocknetes Schweinefleisch, das mit Pfeffer, Knoblauch und Lorbeer eingerieben und dann zwei bis drei Wochen lang mariniert wird. Eher der Küche des Binnenlands verpflichtet ist gebratenes oder gegrilltes Kalb- bzw. Rindfleisch mit Pilzen, *teletina* bzw. *govedina sa gljivama* genannt. Lammfleisch (*janjetina*) steht leider nicht immer auf der Speisekarte. Falls nicht, sollte man beim Wirt danach fragen – vorrätig ist es nämlich häufig, da es auch die Einheimischen gerne essen. Oft wird das Lamm in großen Stücken entweder in der Pfanne oder, häufiger noch, auf dem Spieß über der Glut gebraten; Gewürze werden dabei eher sparsam verwendet.

Würste

Besonders in den ländlichen Gasthäusern in Istrien kann man Würstchen (*kobasice*) mit Sauerkraut essen, eine typisch inneristrische Spezialität. Freunde deftiger Wurstwaren und bewährter Hausmannskost sollten sich

In den Restaurants am Limski kanal, zwischen Rovinj und Poreč, garantiert frisch: Austern

Würste (Fortsetzung)

die *kobasice* nicht entgehen lassen, denn sie sind wesentlich würziger als die, die man üblicherweise in Deutschland bekommt.

Fisch und Meeresfrüchte

Fisch war früher eine Seltenheit auf den Speisekarten, heute verzichtet kaum ein Lokal auf eine Fischauswahl. Neben Muscheln, Langusten und Hummer, die allerdings seltener auf den Karten zu finden sind, gelten an der slowenischen und vor allem kroatischen Küste die sogenannten weißen Fische als besondere Köstlichkeit: Zahnbrasse (*zubatac*), Goldbrasse (*orada*), Seebarsch (*brancin*) und Scholle (*list*). Sie werden gewöhnlich auf dem Rost (Holzkohle) gebraten und mit Öl, Zitrone, Knoblauch und einigen Kräutern zubereitet. Als Beilage gibt es meistens entweder Kartoffeln oder Brot. Austern bekommt man v. a. am Limski Kanal (Istrien).

Trüffeln

Eine extravagante Delikatesse sind die istrischen Trüffeln, die es allerdings nur in wenigen ausgesuchten Restaurants im Landesinnern gibt. Vor allem die Gegend um Motovun gilt als kleines Paradies für Liebhaber dieser teuren Spezialität.

Beilagen

Als Beilagen werden Reis, Kartoffeln, Pommes frites, in Istrien auch die italienischen Gnocchi, Nudeln oder Polenta (*palenta*, in Dalmatien auch *pura*) gereicht. Die Bezeichnung für Teigwaren im allgemeinen ist *tjestenine*. An Salaten stehen normalerweise Tomaten-, Gurken-, Kraut- und gemischter Salat (*miješana salata*) zur Auswahl. Bei den Gemüsesorten dominieren Bohnen, Zucchini und – in staatlichen Restaurants – die unvermeidliche Erbsen-Karotten-Mischung, obwohl die nun nicht gerade landes- bzw. küstenspezifisch ist. In Dalmatien wird oft auch Mangold (*blitva*) als Beilage gereicht – allerdings mit ziemlich viel Öl und Knoblauch. Eine istrische Besonderheit ist grüner Spargel, der auf dem Boden der Halbinsel bestens gedeiht. Es gibt ihn nur in der Erntezeit und auch dann nur in ausgewählten Lokalen.

Risotto-Gerichte

Risotto-Gerichte sind fester Bestandteil der lokalen Küche. Eine besondere Spezialität, die man auch dort bekommen kann, wo sie nicht eigens in der Karte aufgeführt wird, ist schwarzes Tintenfisch-Risotto (*crni rižoto*). Dabei werden die Tintenbläschen der Kalamares entfernt und aufbewahrt. Während der Zubereitung wird die schwarze Flüssigkeit dann über den Reis gegossen.

Nachspeisen

Während es in Dalmatien kaum spezifische Desserts gibt, kann die istrische Küche mit einigen kalorienreichen Leckereien aufwarten: so zum Beispiel *fritule*, die aus Hefeteig gemacht und in Öl gebacken werden. Ihr eigentümliches Aroma bekommen sie durch die Zugabe von Weißwein, Maraschino-Likör, Nelken, Zimt und Muskatnuß. Zur Krönung wird Puderzucker darüber gestreut. Während *fritule* vereinzelt auch in Dalmatien zu haben sind, gibt es *kroštule*, die am ehesten mit Krapfen zu vergleichen sind, nur in Istrien sowie im Kroatischen Küstenland (Kvarner Bucht) und meistens nur zu bestimmten Gelegenheiten, etwa in der Faschingszeit. Eine Reminiszenz an die habsburgische Vergangenheit sind Palatschinken, eine typische Mehlspeise des Wiener Kaiserreichs, die besonders gern mit Marmeladenfüllung gegessen wird. Am originellsten ist der 'Pfannkuchen' mit Nuß- oder Maronenfüllung. Eis (*sladoled*) bekommt man zwar fast überall, doch die Qualität ist sehr unterschiedlich.

Kuchen, Gebäck

In der Konditorei (*slastičarnica*), aber auch in vielen Cafés gibt es außerdem stets eine Auswahl von (ziemlich) süßen Gebäck aus Brand- oder Blätterteig sowie Cremeschnitten.

Kaffee

Kava bedeutet auf der Speisekarte meist Espresso, es gibt aber fast in jedem Lokal auch Capuccino oder sogar Milchkaffee. Nach dem Essen empfiehlt sich ein Täßchen gesüßten türkischen Kaffee (*turska kava*). Auch eingefleischte Espresso- und Capuccino-Anhänger finden Gefallen an diesem starken und trotzdem bekömmlichen Kaffee, bei dem stets ein Satz in der Tasse zurückbleibt.

Fast in jedem Restaurant auf der Speisekarte: Meeresfrüchte

Weine

Allgemeines

Das frühere Jugoslawien galt als zuverlässiger Lieferant von Weinen, deren Qualität allerdings nicht gerade höchsten Ansprüchen genügte – man denke nur an Rotweine ohne kontrollierte Herkunftsangabe wie den legendären Amselfelder. Vielfach lagen die Probleme darin begründet, daß große Genossenschaften die angelieferten Trauben lieblos vermengten und der Wein in riesigen Kellereien ausgebaut wurde. Dabei gibt es in Kroatien und Slowenien hervorragende Anbaugebiete und einige überaus edle Tropfen.
Im Zuge der Privatisierung eröffnen sich hier nun wieder neue Chancen, und das Angebot in Supermärkten und Weinfachgeschäften ist mittlerweile vielfältig. Neben einfachen und preiswerten Tafelweinen stehen auch exzellente Weine zur Auswahl – allerdings zum Teil auch zu stark überteuerten Preisen.

Rebsorten

Für die Vielfalt der Rebsorten ist gesorgt: Es gibt den Riesling, Chardonnay, Malvasier, Muscadet, Tokajer (eigentlich Pinot Gris bzw. Grauburgunder), Sauvignon unter den Weißweinen sowie den Cabernet Sauvignon, Merlot oder Spätburgunder unter den Roten, um nur einige zu nennen.

Weißweine

Der bekannteste Weißwein in Istrien ist der Malvazija, der eher üppig und schwer ausfällt und eine goldgelbe Färbung hat. Weniger schwer ist der Bijeli Pinot, der weiße Pinot, der gleichfalls nur einen geringen Säuregehalt aufweist. Er eignet sich besonders gut zum Fisch. Letzteres kann man auch von dem hervorragenden Vrbnička Žlahtina sagen, der aus der Gegend von Vrbnik auf der Insel Krk stammt. Weniger bekannt, aber bisweilen von allerhöchster Güte sind die Weißweine von den dalmatinischen Inseln: Der bekannteste ist wohl der Grk ('Grieche') von der Insel Korčula. Die Grk-Traube liefert sowohl einen schweren, fast sherryähnlichen Wein als auch einen leichteren und helleren Weißwein. Ebenfalls von dieser Insel stammt der Pošip, ein nicht allzu schwerer Wein, allerdings auch ohne Raffinesse.
Eine Rarität sind die Weißweine von der sonnenverwöhnten Insel Hvar, die in besonders guten Restaurants auf der Weinkarte stehen.

Rotweine

Viel bekannter waren schon früher die schweren, samtigen Rotweine aus Dalmatien mit einem ungewöhnlich hohen Alkoholgehalt – so der körperreiche Plavac oder der noch etwas schwerere Postup, der auf Pelješac angebaut wird. Ein anderer, zumeist exzellenter Tropfen ist der Faros von der Insel Hvar, ein gehaltvoller, lang haltender Rotwein. Süffiger, aber nicht ganz so charaktervoll sind die istrischen Rotweine, deren markantester Repräsentant der auch von Nordostitalien her bekannte Teran ist. Ebenfalls in Istrien stark vertreten ist der zumeist etwas leichtere Merlot.

Dessertwein

Eine typisch dalmatinische Spezialität ist der Dessertwein Prošek, ein süßer Tropfen mit einem Alkoholgehalt von gut 16 Prozent.

Schnäpse

Unter den harten bzw. wörtlich aufbrausenden, ungestümen Getränken (*žestoka pića*) verdienen Travarica (Kräuterschnaps), Lozovaca oder Loza (Korn) und Sljivovica oder Sljiva (Pflaumenschnaps) besondere Erwähnung. Letzterer ist allerdings ein wenig aus der Mode gekommen; man assoziiert ihn im allgemeinen eher mit Jugoslawien oder Serbien als mit Kroatien oder Slowenien. Als Kräuterlikör oder Aperitif dient der Pelinkovac, dem viele istrische Kräuter zugesetzt sind; am ehesten ist er mit dem Fernet zu vergleichen. Etwas dunkler als der Campari, diesem aber ansonsten sehr ähnlich ist der ausgezeichnete Istrabitter, den man pur, mit Eis oder auch mit Orangensaft trinken kann.

Fähren

→ Schiffsverkehr

Feiertage

Kroatische Feiertage

1. Januar
6. Januar
Ostermontag
1. Mai
30. Mai Nationalfeiertag
22. Juni
15. August
25./26. Dezember (Weihnachten)

Slowenische Feiertage

1./2. Januar
8. Februar (Kulturfeiertag)
27. April (Tag des Antifaschistischen Kampfes)
Ostermontag
1. und 2. Mai
25. Juni (Tag der Republik)
15. August (Mariä Himmelfahrt)
31. Oktober (Reformationstag)
1. November (Allerheiligen)
25. Dezember (Weihnachten)
26. Dezember (Unabhängigkeitstag)

Flugverkehr

→ Anreise

Geld

Kroatische Währung

Die kroatische Währung ist der Kuna (HRK); 1 Kuna = 100 Lipa. Im Umlauf sind Münzen zu 1, 2, 5, 10, 20 und 50 Lipa sowie zu 1, 2 und 5 Kuna. Banknoten gibt es zu 5, 10, 20, 50, 100, 200, 500 und 1000 Kuna. Die slowenische Währung heißt Tolar (SIT).

Wechselkurse

100 Kuna	=	14,09 Euro	1 Euro	=	7,10 Kuna
100 Kuna	=	20,58 sfr	1 sfr	=	4,85 Kuna
100 Tolar	=	0,45 Euro	1 Euro	=	219,86 Tolar
100 Tolar	=	0,66 sfr	1sfr	=	150,50 Tolar

Geldwechsel

Die Ein- und Ausfuhr von Kuna und Tolar ist beschränkt. Für Kuna gilt ein Höchstbetrag von 2000, für Tolar etwa 2 Mio. Beide Währungen sind zur Zeit recht stabil. Da der Wechselkurs im Reiseland selbst günstiger ist, empfiehlt es sich, vor Ort zu tauschen. Autobahngebühren können auch in ausländischer Währung bezahlt werden. Wechseln kann man in Wechselstuben, in Banken, auf der Post und in einem der an der Küste zahlreich vertretenen Reisebüros. Auch auf vielen Campingplätzen oder in größeren Hotels gibt es die Möglichkeit zum Geldwechsel. Die Banken in Istrien und Dalmatien sind meist Mo.–Fr. 7.30/8.00 bis 12.30/13.00 und 14.00/14.30 bis 19.00 (in Slowenien bis 16.30) und Sa. 8.00–11.30/13.00 Uhr geöffnet.

Reiseschecks

Wer auf Nummer Sicher gehen möchte, reist am besten mit Reiseschecks, die auf der Bank eingelöst werden.

Bancomaten

Wer sich hauptsächlich an der Küste aufhält, hat mit dem Geldwechsel am wenigsten Probleme. Bancomaten, an denen man mit einer ec- oder Kreditkarte Geld in der jeweiligen Landeswährung abheben kann, gibt es mittlerweile in fast allen Küstenstädten.

Geld (Fortsetzung)
Kreditkarten

Kreditkarten wie Visa, American Express, Eurocard oder Diners Club werden in den kroatischen Küstenorten nur bei internationalen Autovermietern, in größeren Hotels, Banken und Restaurants der gehobenen Kategorien akzeptiert. In Slowenien dagegen nehmen fast alle Hotels und die Mehrzahl der Geschäfte und Restaurants Kreditkarten an.

Seit 1994 die kroatische Währung – Kuna und Lipa

Postbank SparCard

Wer ein Postsparbuch und eine Postbank SparCard besitzt, kann mit dieser an Geldautomaten von seinem Konto abheben.

Hotels

Allgemeines

Das Angebot an Übernachtungsmöglichkeiten ist vor allem in den vielbesuchten Seebädern groß. Besonders für Istrien, das von den Auswirkungen des jüngsten Krieges nicht betroffen war, gilt: In der Hochsaison sind viele Hotels ausgebucht, so daß Vorbestellung in jedem Fall sinnvoll ist. Auch auf den meisten Inseln werden in den Monaten Juli und August die Zimmer schnell knapp, da hier die Kapazitäten begrenzt sind. Als Ausweichmöglichkeit bieten sich dann allerdings immer noch → Privatunterkünfte an, die es ebenfalls in unterschiedlichen Komfortkategorien gibt. Die meisten Hotels in Istrien und Dalmatien stammen aus den 60er, 70er oder 80er Jahren und sind staatlich bzw. gehören zu großen Unternehmen. Auch wenn die Fassaden der meisten Häuser modernisiert wurden – die Ausstattung und der Service erinnern in vielen Fällen noch an sozialistische Zeiten. Vor dem Buchen der Zimmer sollte man sich erkundigen, ob und wo abends im Hotel bzw. auf den Freiflächen Tanzmusik gespielt wird (meist bis 23.00 Uhr oder länger). Privat geführte Hotels sind meist wesentlich kleiner, haben vielleicht nicht immer ein vergleichbares Sport- und Freizeitangebot, aber dafür ist das Preis-Leistungsverhältnis in der Regel erfreulich gut.

Ausgewählte Hotels

Bei den nachfolgend aufgeführten Hotels wurde auf die landeseigene Kategorisierung (A, B, C, D; A bezeichnet die höchste Qualitätsstufe) verzichtet, da sie dem ausländischen Gast sowieso keine zuverlässigen Informationen über die Qualität des Hauses bietet. Die angegebenen Preise beziehen sich auf eine Übernachtung im Doppelzimmer mit Frühstück.

Biograd

Ilirija
HR-23210 Biograd (beim alten Bootshafen)
Tel. (023) 38 31 65, Fax 38 30 08
177 Betten, geöffnet von Anfang Mai bis Ende Oktober, DZ im Juli und August 40–50 €, sonst 25–40 €. Ein typisches Ferienhotel mit breitem Freizeitangebot und schönen Stränden. (Abb. S. 287)

Brač

Vidovica
HR-21420 Bol na Braču, Tel. (021) 63 51 58, Fax 63 54 50
Ganzjährig geöffnet, DZ ca. 40 €. Das Ambiente ist sehr modern, jedoch wohnt man in einem typischen Boler Haus, in der Ortsmitte von Bol bei der bekannten Weinkellerei. Das hoteleigene Restaurant genießt einen ausgezeichneten Ruf.

Brela

Maestral
HR-21322 Brela, Tel. (021) 60 36 66, Fax 60 36 88
128 Betten, geöffnet von April bis Oktober, DZ im Juli und August ca. 50 €, sonst ca. 30–40 €. Ein komfortables Hotel im dichten Kiefernwald, unterhalb ein wunderschöner langer Kiesstrand.

Brijuni

Neptun
HR-52214, Tel. (052) 52 58 07, Fax 52 13 67
60 Betten, offiziell ganzjährig geöffnet, DZ im Juli und August 120 €, sonst 60–90 €. Das kleinste der insgesamt vier Hotels auf Brijuni liegt am Hafen. Ein Urlaub auf Brijuni bietet viele Extras, u. a. einen 9-Loch-Golfplatz, Reitmöglichkeiten, Tennisplätze sowie eine ausgezeichnete Fischküche in dem beschaulichen Restaurant vom Neptun.

Cavtat

Croatia
HR-20210 Cavtat, Halbinsel Sustjepan, Tel. (020) 47 55 55, Fax 47 82 13
982 Betten, ganzjährig geöffnet. Der terrassenförmig gestaltete, etwas klotzig geratene Betonbau stammt zwar noch aus Titos Zeit, wurde jedoch in den letzten Jahren gründlich renoviert. Das Hotel – sicherlich die beste, aber auch die teuerste Unterkunft am Platze – liegt oberhalb eines Felsstrandes.

Cres

Kimen
HR-51557 Cres/Stadt (auf der Landzunge Rt. Kovačine)
Tel. (051) 57 16 61, Fax 57 11 63
412 Betten, geöffnet von April bis Oktober, DZ im Juli und August 45 €, sonst 25–40 €. Die einzige große Ferienanlage auf der Insel mit leicht abfallendem Strand, auch für Kinder gut geeignet. In 15 Gehminuten ist man im Hafenstädtchen Cres.

Crikvenica

Kaštel
Frankopanska 22, HR-51260 Crikvenica, Tel. (051) 24 10 44, Fax 24 14 90
160 Betten, ganzjährig geöffnet, DZ im Juli und August ca. 60 €, sonst ca. 25–50 €. Das modern renovierte Hotel im ehemaligen Kloster aus dem 14. Jh. liegt direkt am Meer, zugleich in unmittelbarer Zentrumsnähe, und hat einen eigenen Badestrand.

Dubrovnik

Villa Dubrovnik
HR-20000 Dubrovnik, Vlaha Bukovca 6, Tel. (020) 42 29 33, Fax 42 34 65
40 Zimmer, DZ ca. 200 €. Kein billiges, aber dafür ein komfortables, sehr schön und ruhig gelegenes Quartier mit eigenem Strand, 500 m von der Altstadt entfernt, alle Zimmer mit Meerblick.

Dubrovnik (Fortsetzung)

Zagreb
HR-20000-Dubrovnik, Kralja Zvonimira 31, Tel. (020) 43 10 31, Fax 2 35 81
38 Betten, geöffnet von April bis Oktober, DZ im Juli und August ca. 50 €, sonst etwa 40 €. Eine behagliche Unterkunft in einem kleinem Palazzo, auf der grünen Halbinsel Lapad.

Excelsior
HR-20000 Dubrovnik, Frana Supila 12, Tel. (020) 41 42 22, Fax 41 42 14.
214 Zimmer und 6 Suiten, DZ mit Meerblick ab ca. 90 €. Wer den Blick auf die Altstadt von Dubrovnik mehr liebt als ein kleines gemütliches Hotel, sollte hier Quartier beziehen.

Hvar

Palace
HR-21450 Hvar, Tel. (021) 74 19 66, Fax 74 20 20
76 Zimmer, geöffnet von April bis September, DZ im Juli und August ca. 60–70 €. Das älteste Hotel in Hvar, direkt am kleinen Hafenbecken. In den vornehmen Hotelbau ist auch die städtische Renaissanceloggia miteinbezogen. Von der Terrasse genießt man einen einmaligen Blick auf den Hafen und die vorgelagerte Inselgruppe Pakleni otoci.

Izola

Belvedere
SLO-6310 Izola, Tel. (05) 660 41 00, Fax 660 44 99
40 Zimmer (einfach eingerichtet), ganzjährig geöffnet, DZ im Juli und Aug. ca. 50 €, sonst ca. 40 €. Attraktive Lage in üppigem Grün hoch über dem Meer mit Swimmingpool und Tennisplätzen. Der Name sagt es bereits: Von der Restaurant-Terrasse einzigartiger Blick auf Izola, den Golf von Triest und bei schönem Wetter bis Grado und Venedig.

Koper

Andor
SLO-6280 Ankaran, Jadranska 86a, Tel. (05) 652 60 55, Fax 652 60 58
70 Betten, ganzjährig geöffnet, DZ im Juli und August ca. 65 €, sonst ca. 40 bis 50 €. Das moderne Hotel ist mit komfortabel eingerichteten Zimmern ausgestattet. Es befindet sich nahe dem Badestrand, in schöner Umgebung; es wird ein reichhaltiges Frühstücksbüffet angeboten.

Korčula

Korčula
HR-20260 Korčula, Tel. (020) 71 10 78, Fax 71 17 46
20 Zimmer, geöffnet von Mai bis Okt., DZ im Juli und August ca. 60 €, sonst ca. 40 €. Das renommierte Hotel mit wunderschöner Terrasse im Schatten von Palmen liegt auf der Altstadt-Halbinsel.

Krk

Marina
HR-51500 Krk (an der Hafenpromenade), Tel. (051) 22 11 28, Fax 22 11 37
37 Betten, ganzjährig geöffnet, DZ im Juli und August ca. 50 €, sonst ca. 30–40 €. Kleines Hotel direkt in der Altstadt. Zweckmäßig eingerichtete Zimmer. Badestrand in der Nähe.

Lovran

Villa Frappart
HR-51415 Lovran, Viktora Cara Emina, Tel. (051) 29 10 01, Fax 29 23 13
Luxusunterkunft mit 10 Zimmern, DZ mit Frühstück ca. 150 €. Gegessen wird entweder im Roten Salon, auf der herrlichen Terrasse oder im Garten .

Lošinj

Skipper (Familie Kramberger)
HR-51554 Nerezine, Rapoca bb, Tel. (051) 23 71 79
Kleines, privates Appartement-Haus, ganzjährig geöffnet, Appartement für 2 Personen ca. 45 €. Einheimische Küche; wunderschöne Lage direkt am Meer, mit Garten und großer, sonniger Terrasse.

Alhambra
HR-51550 Mali Lošinj, Čikat, Tel. (051) 23 20 22
100 Betten (Zimmer mit Heizung), ganzjährig geöffnet, DZ im Juli und August 40–60 €, sonst 25–40 €. Das Hotel liegt an einer herrlichen Bucht

auf der Halbinsel Čikat, inmitten eines dichten Pinienwaldes. Die Altstadt von Mali Lošinj kann man zu Fuß erreichen.

Lošinj (Fortsetzung)

Makarska

*Biokovo
HR-21300 Makarska, Kralja Tomislava bb, Tel. (021) 61 52 44, Fax 61 51 97
50 Zimmer, ganzjährig geöffnet, DZ im Juli und August ca. 40–60 €, sonst nur 30–50 €. Modern ausgestattete Zimmer, gehobener Komfort, im Zentrum gelegen. Schön sitzt man auf der Terrasse, der Palmen und andere Bäume Schatten spenden.

Meteor
HR-21300 Makarska, Tel. (021) 60 26 00, Fax 61 14 19
280 Zimmer, geöffnet von April bis Oktober, DZ im Juli und August ca. 70 €, sonst 40–60 €. Terrassenförmig gebaut und mit strahlend weißer Fassade fügt sich das gute Hotel gut in die Landschaft ein. Großer Swimmingpool gleich über der Strandpromenade.

Mit Blick aufs Meer: Hotel Ilirija in Biograd

Motovun

Kaštel Motovun
HR-52424 Motovun, Tel. (052) 68 17 35, Fax 68 16 52
60 Betten, geöffnet von März bis Dezember, DZ ca. 35 €. Hotel im alten Kastell Motovuns, hoch über dem Mirnatal. Eine einfache und preisgünstige Bleibe, ideal für Ausflüge ins Hinterland von Istrien.

Novigrad

Cittar
HR-52466 Novigrad, Venecijanski prolaz 5, Tel. und Fax (052) 75 77 37
Sehr gut geführtes kleines Hotel inmitten der Novigrader Altstadt. Klimatisierte Zimmer, sehr schöne Aufenthaltsräume. Ganzjährig geöffnet.

Novi Vinodolski

Lišanj
HR-51250 Novi Vinodolski, Tel. (051) 24 40 22, Fax 24 43 29
336 Betten, ganzjährig geöffnet, DZ im Juli und August ca. 50 €, sonst

Novi Vinodolski (Fortsetzung)

20–35 €. Das Hotel liegt oberhalb des Badestrandes, mit eigenem Swimmingpool (auch für Körperbehinderte geeignet).

Opatija

*Kvarner
HR-51410 Opatija, Tel. (051) 27 12 33, Fax 27 12 02
151 Zimmer, ganzjährig geöffnet, DZ im Juli, Aug. ca. 90–110 €, sonst ca. 50–80 € (inkl. Halbpension). Das Kvarner ist das älteste und vornehmste Hotel am Ort mit k.u.k.-Atmosphäre. Ruhige Lage direkt am Meer und im Angiolina-Park. Im Sommer wird Tanzmusik am Swimmingpool gespielt.

*W. A. Mozart
HR-51410 Opatija, M. Tita 194, Tel. (051) 27 18 77, Fax. 27 17 39
27 Zimmer, ganzjährig geöffnet, DZ ca. 100 € (inkl. Halbpension). Außen und innen ein kleines Schmuckstück im Stil der Jahrhundertwende. Stilecht nicht nur die exklusiv eingerichteten Zimmer, sondern auch das Wiener-Café, wo man zu Pianomusik leckere Torten genießen kann. Das noble Restaurant bietet abends gehobene Küche à la carte.

Herberge mit Vergangenheit: das "Kvarner" in Opatija

*Villa Vranješ
HR-51410 Opatija, Antuna Mikića b. b., Tel. (051) 71 15 40, Fax 27 21 30
DZ ca. 50 €. Verhältnismäßig neues Privathotel in herrlicher Aussichtslage am südlichen Stadtrand von Opatija. Sonnenterrassen, Swimmingpool und Tennisplatz gehören ebenso zu den Annehmlichkeiten dieses Hauses wie ein Restaurant mit hervorragender Küche und gutem Service. Alles in allem ein Lichtblick in der Hotelszene.

Pag

Hotel Biser
HR-51290 Pag, Ulica A. G. Matroša, Tel. (023) 61 13 33, Fax 61 14 44
Privates Haus an der Bucht von Pag mit Blick zur Stadt und nahe des feinen Sandstrandes.

Bellevue — Pelješac
HR-20250 Orebić, Tel. (020) 71 31 48, Fax 71 31 93
140 Betten, geöffnet April – Sept., DZ im Juli und August 40 €, sonst 25 bis 35 €. Das älteste Hotel am Ort inmitten dichter Kiefernwälder.

Giuseppe Tartini — Piran
SLO-6330 Piran, Tartinijev trg 15, Tel. (05) 671 16 66
87 Betten, ganzjährig geöffnet, DZ im Juli und August ca. 120–140 €, sonst ca. 70–100 €. Das erst jüngst renovierte Hotel (behindertengerecht) ist die beste Adresse am Ort. Modern eingerichtete Zimmer mit Balkon zur Hafenseite. Auf der Café-Terrasse sitzt man gemütlich.

Neptun — Poreč
HR-52440 Poreč, Obala M. Tita 15, Tel. (052) 45 17 11, Fax 43 13 51
285 Betten, geöffnet von April bis Oktober, DZ ca. 50 €. In elegant eingerichteten Zimmern mit Zentralheizung und Blick auf das gegenüber gelegene Inselchen Sveti Nikola läßt es sich gemütlich wohnen.

Grand Hotel Metropol — Portorož
SLO-6320 Portorož, Obala 77, Tel. (05) 69 01 00, Fax 690 19 00
178 Betten, ganzjährig geöffnet, DZ im Juli und August ca. 75–90 €, sonst ca. 50–65 €. Attraktionen des Hauses sind ein herrlicher Blick auf Portorož, das Spielcasino und ein ausgezeichnetes Restaurant. Über eine Brükke gelangt man schnell zum Strand.

Zora — Primošten
HR-22202 Primošten, Tel. (022) 57 02 45, Fax 57 03 17
Geöffnet von Mai bis Okt., DZ im Juli, Aug. ca. 55 €, sonst 35–50 €. Auf einer grünen Halbinsel gelegen, zweckmäßig eingerichtete Zimmer.

Milan — Pula
HR-52000 Pula, Ul. Stoja 4, Tel. (052) 22 22 21
12 Zimmer, EZ ab ca. 45 €. Für einen Kurzbesuch in Pula bestens geeignet ist dieses kleine, gepflegte Privathotel zwischen der Innenstadt Pulas und der Halbinsel Stoja. Auch die Küche des angeschlossenen Restaurants (mit Terrasse) ist besser als so manch andere in der istrischen Metropole – besonders empfehlenswert sind die Fischgerichte.

Riviera
HR-52000 Pula, Splitska 1
Tel. (052) 21 11 66, Fax 21 18 53
186 Betten, ganzjährig geöffnet, DZ im Juli und August, Sept. ca. 50 €, sonst ca. 40 €. Ein Hotel mit Geschichte in der Nähe des Bahnhofs und der berühmten Arena. Klassisch eingerichtete Zimmer.

International — Rab
HR-51280 Rab, Tel. (051) 72 42 66, Fax 72 42 06
243 Betten, ganzjährig geöffnet, DZ im Juli und August ca. 50 €, sonst ca. 25–40 €. Der Gast wohnt mitten in Rab, nur durch einen Vorgarten von der Promenade und dem Bootshafen getrennt.

Grand Bonavia — Rijeka
HR-51000 Rijeka, Dolac 4
Tel. (051) 33 71 00, Fax 33 59 69
120 Betten, ganzjährig geöffnet, DZ ca. 55 €. Sehr gute Übernachtungsadresse in Rijeka, nahe dem Korzo und allen Sehenswürdigkeiten. Frühstücksbüffet und Spezialitätenrestaurant.

Hotelinsel Katarina — Rovinj
HR-52210 Rovinj, Otok Sveta Katarina
Tel. (052) 804100, Fax 804111
300 Betten, geöffnet von April bis Oktober, DZ im Juli, Aug. ca. 100 €. Ideal

Rovinj (Fortsetzung)

für alle, die den Tag gerne zum Baden auf einem Inselchen verbringen und abends das Nightlife-Angebot in den Restaurants, Bars und Discos von Rovinj in nächster Nachbarschaft genießen wollen.

Šibenik

Jadran
HR-22000 Šibenik, Obala oslobođenja 52,
Tel. (022) 2 26 44, Fax 2 24 80
120 Betten, ganzjährig geöffnet, DZ im Juli und August ca. 70 €, sonst ca. 50 €. Das Jadran ist das einzige Stadthotel von Šibenik; es liegt direkt unterhalb der Altstadt an der Uferstraße. Zum Hotel gehört eine schöne Restaurantterrasse.

Split

Bellevue
HR-21000 Split, Bana Jelačića 2,
Tel. (021) 58 56 55, Fax 36 23 83.
50 Zimmer, ganzjährig geöffnet, DZ ca. 70 €. Schönes Hotel am Fuße des Marjan-Parks, bei der Kirche Sveti Frane, mit Blick aufs Meer und den Hafen von Split. Nur wenige Minuten zu Fuß, und man ist in der Altstadt bzw. im Diokletianpalast.

Starigrad-Paklenica

Vicko
HR-23244 Starigrad-Paklenica,
Tel. (023) 36 93 04, Fax 36 93 04
54 Betten, ganzjährig geöffnet, DZ ca. 40 €. In diesem angenehmen Hotel direkt oberhalb der Jadranska magistrala, zwischen Meer und Paklenica-Gebirge gelegen, erwartet den Gast eine familiäre Atmosphäre. Die Mahlzeiten kann man auf den sonnigen Restaurant- bzw. Café-Terrassen einnehmen.

Trogir

Kaštelir
HR-21222 Marina,
Tel. (021) 88 90 73, Fax 88 90 10.
16 Zimmer, geöffnet von April bis September, DZ ca. 50 €. Ein kleines, aber einzigartiges Hotel in einem viereckigen Wehrturm in der Bucht Marina, etwas mehr als 10 km von Trogir entfernt. Das hoteleigene Restaurant hat eine schöne, große Terrasse.

Umag

Kristal
HR-52470 Umag, Obala J. B. Tita bb,
Tel. (052) 74 10 55, Fax 74 10 55
164 Betten, ganzjährig geöffnet, DZ im Juli und August ca. 50 €, sonst ca. 30 – 45 €. Das bewährte Stadthotel liegt direkt an der Promenade und wurde vor kurzem von Grund auf erneuert. Trotz der Nähe zum Hafen und zur Altstadt wohnt man hier ruhig. Zum Hotel gehören ein Spezialitätenrestaurant und eine Taverna mit Terrasse und Caféhaus.

Vis

Issa
HR-21480 Vis,
Tel. (021) 71 11 24, Fax 71 14 50
256 Betten, ganzjährig geöffnet, DZ im Juli und August ca. 50 €, sonst 25 – 40 €. Das in der Bucht von Vis (Fährhafen) gelegene moderne Hotel bietet seinen Gästen soliden Komfort. In unmittelbarer Nähe viele schöne Sand- und Kiesstrände.

Vrsar

Pineta
HR-52450 Vrsar,
Tel. (052) 44 11 31, Fax 44 11 22
186 Betten, geöffnet von April bis Oktober, DZ im Juli / Aug. ca. 50 – 60 €, sonst ca. 20 – 40 €.
Das von einem Kiefernwald umgebene Hotel gegenüber der Altstadt bietet gute Möglichkeiten für einen erholsamen oder auch aktiven Urlaub. Ein FKK-Strand und Tennisplätze sind in der Nähe.

Jugendherbergen

Das Netz von Jugendherbergen in Istrien und Dalmatien ist noch sehr grobmaschig – zwischen Koper und Dubrovnik gibt es gerade mal sechs dieser Einrichtungen. Da das Angebot knapp ist, sollte man möglichst vorab reservieren. Der Preis für eine Übernachtung liegt zwischen 6 und 15 € einschließlich der Gästesteuer. Geöffnet sind die Herbergen im allgemeinen von 8.00 bis 23.00 Uhr.

Auskunft

Croatian Youth Hostel Association
Savska cesta 5/1
HR-41000 Zagreb
Tel. (01) 41 18 47
Fax 41 17 38

Jugendherbergen in Istrien und Dalmatien

Dubrovnik

Youth Hostel Dubrovnik
Vinka Sagrestana 3
HR-20000 Dubrovnik
Tel. 020) 2 32 41, Fax 41 25 92
geöffnet: 15. 4. – 15. 10.; 80 Betten
(Reservierung 20 Tage im voraus)

Koper

Dijaški dom Koper
Cankarjeva 5
SLO-6600 Koper
Tel. (05) 6273250, Fax 6273182
ganzjährig geöffnet; 300 Betten
(im Juli/August; sonst 35 Betten)

Pula

Youth Hostel Pula
HR-52000 Pula
Zaljev Valsaline 4
Tel. (052) 3 45 95, Fax 4 23 94
geöffnet: 15. 4. – 15. 10; 145 Betten
(Reservierung 15 Tage im voraus)

Punat (KrK)

Youth Hostel Punat
HR-51521 Punat, Otok Krk
Tel. und Fax (051) 85 40 37
geöffnet 10. 6. – 30. 9.; 125 Betten

Reservierung bei:
Omladinski Turistički Centar, Pentrinjska 77
HR-1000 Zagreb

Šibenik

Youth Hostel Šubićevac
Put Luguša
HR-22000 Šibenik - Šubićevac
Tel. und Fax: (022) 264 10
geöffnet: 1. 5. – 15. 10.; 40 Betten
(Reservierung 10 Tage im voraus)

Zadar

Youth Hostel Borik
Obala Kneža Trpimira 76
HR-23000 Zadar-Borik (bei der Marina)
Tel. (023) 33 11 45, Fax 33 11 90
geöffnet: 15. 4. – 15. 10.; 330 Betten
(Reservierung 20 Tage im voraus)

Mietwagen

Die meisten internationalen Autovermieter verleihen keine Autos zur Fahrt nach Slowenien oder Kroatien. Alle großen Autovermieter sind mit Mietstationen in Slowenien und Kroatien vertreten. Es gibt aber auch viele kleine einheimische Autovermieter, an der Küste vor allem in Koper, Pula, Rijeka, Zadar, Split und Dubrovnik. Es gibt aber auch nationale Autovermieter wie etwa Autotehna, Uni Rent oder Rent Auto-Hrvatska. Um in Kroatien oder Slowenien ein Auto zu mieten, genügt der nationale Führerschein (mindestens 1 Jahr Fahrpraxis). Das vorgeschriebene Mindestalter variiert je nach Autovermieter; bei den meisten liegt es bei 21 Jahren. Die nationalen Büros geben Auskunft.

Avis — Reservierung in Deutschland: Tel. (0180) 555 77 55, www.avis.de
Europcar — Reservierung in Deutschland: Tel. (0180) 580 00, www.europcar.de
Hertz — Reservierung in Deutschland: Tel. (0180) 5 33 35 35, www.hertz.de
e-sixt — Reservierung in Deutschland: Tel. (0180) 525 25 25, www.sixt.de

Notrufnummern

Slowenien

Polizei: Tel. 113
Feuerwehr: Tel. 112
Pannendienst: Tel. 1987

Kroatien

Polizei: Tel. 92
Feuerwehr: Tel. 93
Unfallrettung: Tel. 94
Pannendienste: Tel. 987

ADAC Notrufstation

Der ADAC unterhält in Zagreb eine deutschsprachige Notrufstation, die das ganze Jahr über zu erreichen ist: Tel. (01) 52 81 16.

Notrufdienste in Deutschland

ACE-Notrufzentrale Stuttgart (Kranken- und Fahrzeugrückholdienst):
aus Kroatien: Tel. (00 49 18 02) 34 35 36
aus Slowenien: Tel. (00 49 18 02) 34 35 36
ADAC-Notrufzentrale München :
aus Kroatien: Tel. (00 49 89) 22 22 22 oder (00 49 89) 76 76 76
aus Slowenien: Tel. (00 49 89) 22 22 22
Deutsche Rettungsflugwacht Stuttgart:
aus Kroatien: Tel. (00 49 711) 70 10 70
aus Slowenien: Tel. (00 49 711) 70 10 70

In Österreich

ÖAMTC-Notrufzentrale Wien:
aus Kroatien: Tel. (00 431) 9 82 13 04
aus Slowenien: Tel. (00 431) 9 82 13 04

In der Schweiz

Schweizerische Rettungsflugwacht:
aus Kroatien: Tel. (00 411) 383 11 11
aus Slowenien: Tel. (00 411) 383 11 11

Öffnungszeiten

Einzelhandel

Gesetzlich festgelegte Ladenöffnungszeiten gibt es weder in Slowenien noch in Kroatien. Die Öffnungszeiten können deshalb von Ort zu Ort, von Geschäft zu Geschäft stark variieren. Die meisten Läden sind vormittags von 8.00 bis 13.00 und nachmittags von 16.00 bis 20.00 Uhr geöffnet, manche während der Hauptreisezeit auch durchgehend zwischen 7.00 und

19.00 Uhr, samstags von 7.30 oder 8.00 bis 13.00 Uhr. In Supermärkten – zumal in den Fremdenverkehrszentren – kann man auch über die Mittagszeit einkaufen.

Öffnungszeiten (Fortsetzung)

Lange Öffnungszeiten bieten vor allem die Fremdenverkehrsämter und die zahlreichen Reisebüros in den touristisch bedeutenden Küstenorten. In der Hauptsaison sind sie täglich von 8.00 bis 21.00 oder sogar bis 22.00 Uhr geöffnet. Außerhalb der Hochsaison schließen sie über die Mittagszeit für ein paar Stunden.

Fremdenverkehrsämter, Reisebüros

Die Öffnungszeiten bei den größeren Museen sind den Ladenschlußzeiten ähnlich – in der Regel ist vormittags von 9.00 bis 12.00/13.00 Uhr und nachmittags von 15.00/16.00 bis 19.00/20.00 Uhr Einlaß. Dasselbe gilt auch für die meisten Kirchen. Kleinere Museen sind auch in der Hochsaison meist nur vormittags geöffnet.

Museen, Kirchen

→ Post Postämter
→ Geld Banken
→ Ärztliche Hilfe Apotheken

Post

Allgemeines

Postämter erkennt man in Kroatien an einem gelb-blauen Schild mit der Aufschrift "HPT", in Slowenien an einem gelb-schwarzen Schild mit der Aufschrift "PTT" oder "Pošta".
In den vielbesuchten Küstenorten sind die Postämter in den Sommermonaten meist montags bis samstags von 7.00 bis 20.00 Uhr und sonntags von 7.00 bis 12.00 / 13.00 Uhr geöffnet.

Porto

Eine Postkarte ins europäische Ausland kostet in Kroatien 4,50 Kuna, in Slowenien 70 Tolar; ein Brief muß mit 6,00 Kuna und 80 Tolar frankiert werden. Briefe und Karten sind im Durchschnitt 3 bis 5 Tage unterwegs. Briefmarken erhält man nicht nur in den Postämtern, sondern auch an Kiosken und Souvenirständen.

Poste restante

In größeren Orten und in Städten kann man sich mit dem Vermerk "poste restante" Postsendungen postlagernd schicken lassen. Sie wird auf den Postämtern bis zu zwei Monate aufbewahrt.

Telefon

→ dort

Privatunterkünfte

Allgemeines

Eine preisgünstige Alternative zu Campingplatz oder Hotel sind die Privatunterkünfte, die man in allen Badeorten des Reisegebietes, vor allem natürlich auf den Inseln, in großer Zahl antrifft. Sie werden fast überall von den lokalen Touristinformationen sowie von den privaten Reisebüros (→ Auskunft) gegen eine Kurtaxe vermittelt.
Wer diese umgehen will und außerdem sein Quartier selbst aussuchen möchte, kann sich auch direkt an die Vermieter wenden, wenn man beispielsweise ein Hinweisschild ("sobe" = Zimmer) am Straßenrand sieht. In der Hochsaison ist diese Form der Zimmersuche allerdings etwas mühsam, da die guten Privatunterkünfte schnell ausgebucht sind und viele Urlauber bei ihrer Gastfamilie bereits für das kommende Jahr Zimmer reservieren. Außerhalb der Saison läßt sich leicht ein Zimmer finden, und das meist auch noch zu ermäßigten Preisen. Was Privatvermieter nicht so gern mögen, sind Gäste, die nur ein oder zwei Nächte bleiben. In diesen Fällen wird oft ein Aufschlag von bis zu 30 Prozent verlangt.

Privatunterkünfte (Fortsetzung) Preise

Die Preise für ein Doppelzimmer liegen im Durchschnitt bei 20 bis 30 € pro Nacht. Ein Frühstück ist im Übernachtungspreis nicht inbegriffen, wird aber in der Regel gegen Aufpreis serviert.

Kategorien

Die Privatunterkünfte werden von den lokalen Vermittlungsbüros in drei Kategorien eingeteilt. In die erste Kategorie gehören Doppelzimmer mit eigenem Bad bzw. eigener Dusche, in der zweiten teilen sich zwei Doppelzimmer ein Bad, in der dritten Kategorie kommt auf mehrere Zimmer nur ein Etagenbad.

Reisedokumente

Personalausweis, Reisepaß

Für einen maximal dreimonatigen Aufenthalt in Slowenien genügt ein gültiger Reisepaß. Bürger aus Mitgliedstaaten der Europäischen Union und der Schweiz benötigen für den Grenzübertritt nach Slowenien und Kroatien nur den Personalausweis, wenn der Aufenthalt 30 Tage nicht überschreitet. Für einen Aufenthalt von mehr als drei Monaten bedarf es eines Visums, das von den konsularischen Vertretungen in Deutschland ausgestellt wird. Kinder unter 16 Jahren benötigen einen eigenen Kinderausweis, wenn sie nicht im Elternpaß eingetragen sind. Es empfiehlt sich, von den Reisedokumenten Kopien anzufertigen und diese getrennt aufzubewahren, da sie bei Verlust der Originale die Beschaffung von Ersatzpapieren wesentlich erleichtern.

Fahrzeugpapiere

Wer mit dem eigenen Wagen oder mit dem Motorrad nach Istrien oder Dalmatien reist, muß den nationalen Führerschein und den Kfz-Schein mit sich führen. Die Grüne Versicherungskarte wird sowohl in Slowenien als auch in Kroatien seit Juli 1996 nicht mehr benötigt.

Haustiere

Wie die meisten europäischen Staaten verlangen Kroatien und Slowenien für die Einreise von Hunden und Katzen ein Tollwut-Impfzeugnis, das mindestens 15 Tage (Slowenien 30 Tage), höchstens aber ein halbes Jahr alt sein muß. Slowenien fordert außerdem ein amtstierärztliches Gesundheitszeugnis, das nicht älter als 10 Tage sein darf.

Reisezeit

Frühjahr und Herbst

Wegen der hervorragenden Bade- und Wassersportmöglichkeiten werden Istrien und Dalmatien vor allem im Sommer besucht. Für viele andere Aktivitäten wie z. B. Wandern oder Besichtigungen sind die Monate Mai und Juni sowie September und Oktober nahezu ideal. Im Frühjahr steht die artenreiche Mittelmeerflora in voller Blüte und die Tagestemperaturen liegen im Durchschnitt bei angenehmen 22 bis 25°C. Wer die hochsommerliche Hitze scheut, sollte die Region im September besuchen. Sowohl die Luft- als auch die Wassertemperatur (im Süden etwa 20°C) genügen noch reichlich für einen Badeurlaub. Auch im Spätherbst kann man an der slowenischen und kroatischen Küste noch ein mildes Klima und sonnige Tage genießen. Trotz einer Durchschnittstemperatur von etwa 22°C im Oktober muß man jedoch zu dieser Jahreszeit ebenso wie im Frühjahr mit Stürmen, Abkühlung und gelegentlichen Regentagen rechnen.

Hochsommer

In den Hauptreisemonaten Juli und August erwarten den Besucher Tagesdurchschnittstemperaturen von 29°C, im Süden von Dalmatien sogar noch darüber, und meist blauer Himmel mit strahlendem Sonnenschein. Das Wasser der Adria erwärmt sich in den Sommermonaten auf 24 bis 25°C, so daß Wasserratten voll auf ihre Kosten kommen. Für Abkühlung sorgen allenfalls gelegentliche Küstenwinde, die auch von Regenschauern begleitet sein können.

Restaurants

Allgemeines

Ein Restaurant zu finden, fällt in den meisten Orten an der Küste nicht schwer, denn es gibt sie dort in großer Zahl. Auch an die Frage, wie man die Speisekarte enträtselt, braucht man keinen Gedanken zu verschwenden, denn eine deutsche, englische oder italienische Speisekarte gehören fast überall zum Service. Hauptessenszeit ist der Abend.
Die kroatische bzw. slowenische Bezeichung für Restaurants mit höheren Ansprüchen ist *restoran* oder *restavracija*; einfachere Gaststätten werden als *gostionica* bzw. *gostilna* bezeichnet. Das Wort *konoba* wird bei kleinen Lokalen verwendet, die oft sehr einfach und unscheinbar sind, mitunter aber auch ein hervorragender kulinarischer Tip sein können. Häufig ist mit *konoba* auch eine Weinstube gemeint. Die nachfolgende Restaurantliste ist eine Auswahl aus dem unüberschaubaren Angebot.

Brač

Bistro Palute
Supetar
Ein kleines, beschauliches Lokal am Hafen, nahe der Fähranlegestelle. Ausgesuchte Tagesgerichte zu günstigen Preisen, zum Beispiel Spinatsuppe, Lammleber mit Butterreis.

*Konoba Tomić
Gornji Humac
Ein Anwesen im Stil traditioneller Gasthäuser. Die Fleisch- und Fischspezialitäten werden von den beiden freundlichen Wirten am offenen Grill gebraten. Empfehlung: Lammbraten und hausgemachte gegrillte Würstchen. Der offene Weißwein, der hier ausgeschenkt wird, stammt von der Insel Vis und schmeckt vorzüglich.

Crikvenica

Konoba Toč
Crikvenica-Selce, Tel. (051) 24 19 03
Schlicht eingerichtete Konoba, Terrasse mit Holztischen und Holzbänken in Meeresnähe. Einfache Gerichte wie z. B. Salzsardinen und Mangold mit Butter, dazu ein Salatteller und ein Gläschen offenen Hausweines schmekken hier köstlich.

Dubrovnik

Konoba Dundo Maroje
Kovackă, Tel. (020) 42 75 35
Ein typisches Dubrovniker Lokal mit guter Küche. Es liegt in der Nähe des Sponza-Palastes.

*Atlas Club Nautika
Brsalje 3, Tel. (020) 44 25 26
Das "Nautika" schräg gegenüber vom Pile-Tor ist zur Zeit eine der besten Adressen in Dubrovnik. Das geschmackvoll eingerichtete Restaurant bietet vor allem ausgezeichnete Fischgerichte und erlesene Weine.

Hum

*Humska konoba
Hum 2, Tel. (052) 66 00 05
Eine der besten Konobas in ganz Istrien. Im Sommer sitzt man in der gemütlichen mittelalterlichen Loggia an der Stadtmauer mit schönem Ausblick auf die grüne Hügellandschaft. Empfehlung: Supa u bukaleti (kalte, würzige Teran-Weinsuppe), Fuži sa tartufima (Nudeln mit Trüffeln), Kroštule als Nachspeise.
Geöffnet von 11.00 bis 22.00 Uhr, Mo. Ruhetag.

Izola

Ribič
Veliki trg 3, Tel. (05) 641 83 13
Traditionsreiches Lokal mit schöner Terrasse mitten im Fischerstädtchen. Köstliche Fischspezialitäten und gute Weine der Region. Geöffnet von 8.00 bis 23.00 Uhr, Di. Ruhetag.

Restaurants

Korčula

Villa Vesna-Konoba Bebic
Lumbarda, Tel. (02) 71 25 05, Fax 71 21 83
Dem Appartement-Haus ist unter den mächtigen Kiefern eine große überdachte Terrasse angeschlossen. Hier bewirten die Eheleute Bebić ihre Gäste mit vollmundigen Lumbarda-Weinen und Spezialitäten aus dem Holzofen. Vor allem die vorzügliche Musaka sollte man probieren.

Limski Kanal

*Viking
Tel. (052) 44 82 23
Schlemmerrestaurant für Muschel-Liebhaber unten am Fjord. Frisch geerntete Austern, Miesmuscheln und Jakobsmuscheln aus der Muschelzucht im Fjord sind ein Genuß. Geöffnet 11.00 – 16.00 und 18.00 – 23.00 Uhr.

Lošinj

Sirius
Rovenska nahe Veli Lošinj, Tel. (051) 23 63 99
Eines der besten Fischrestaurants auf Mali Lošinj. Im Freien speist man unter Palmen, im Inneren des Restaurants wie auf einem Schiff.

Jadran
Mali Lošinj, Obala lošinjskih kapetana, Tel. (051) 23 12 17
Zu jeder Tageszeit ist man hier an der Hafenpromende ein gern gesehener Gast. Große Auswahl von Fleisch- und Fischgerichten zu angemessenen Preisen. Geöffnet von 7.00 bis 24.00 Uhr.

Makarska

Jež
Petra Krešimira IV 90, Tel. (021) 61 17 41
Große Auswahl an Flaschenweinen, gehobene italienische Küche, sowohl “Tris pasta alla Jež” als auch Medaillons in Pfeffer-Soße und Putenschnitzel in Orangensoße sind ein Genuß.

Medulin (bei Pula)

Konoba Mižeria
Medulin
Erinnert stark an eine einfache griechische Taverne, direkt am Meer, abends mit bunter Girlandenbeleuchtung. Hier treffen sich Einheimische beim Kartenspiel.

Murter (bei Šibenik)

*Bison
Murter, Tel. (022) 434 618.
Alle Gerichte werden vor den Augen der Gäste zubereitet, der Gast kann bei der Zubereitung sogar mithelfen. Empfehlung: Pfeffersteak in Terrakotta-Terrine und Tiramisu. Geöffnet 12.00 – 15.00 und 18.00 – 24.00 Uhr.

Pizzeria Tunga
an der Hauptstraße von Murter nach Betina
Eine gemütliche kleine Pizzeria mit viel jungem Publikum. Entsprechend gnädig sind auch die Preise. Außer einer großen Auswahl an Pizzen, die im großen Holzofen gebacken werden, gibt es auch ein paar Fischgerichte.

Novigrad

Mandrač
Mandrač 9, Tel. (52) 75 71 20
Eine traditionell gute Küche mit großer Auswahl an hochwertigem Fisch und Fleisch vom Grill. Spezialität des Hauses: Bandnudeln mit Hummer. Geöffnet 10.00 – 24.00 Uhr.

Novi Vinodolski

Konoba Mate
Mitten im Zentrum von Novi Vinodolski, nahe dem Wehrturm, befindet sich die rustikale Konoba. Empfehlung: Velebit-Käse (krasno oder škripavac) oder Rohschinken.

Opatija

*Plavi podrum
Fischerhafen Volosko, Tel. (051) 27 16 29
Nicht nur das Essen ist hier erstklassig, auch der Rahmen – azurblau-weiß-

Restaurant Sarajevo in Split

Restaurant im Hotel Villa Vranješ in Opatija

Opatija (Fortsetzung)

gestreifte Markisen und einladend gedeckte Tische – stimmt hier. Liebhaber von Weißfischen sind Stammgäste in diesem Lokal.

*Reste Fidele (im Hotel Villa Vranješ)
A. Mikića b. b. (am südlichen Stadtrand von Opatija), Tel (051) 71 19 07
Hervorragende Küche, bester Service und geschmackvoll gedeckte Tische auf einer großen, zum Teil überdachten Terrasse mit Blick auf die Bucht von Rijeka – dieses Lokal läßt keine Wünsche offen.

Pelješac

Villa Koruna, Konoba Bota und Restaurant Kapetanova kuća
Mali Ston
Im historischen Ambiente am Hafen von Mali Ston werden vorzüglich zubereitete Muscheln, Fisch und Austern angeboten.

Pelješki dvor
Orebić
Das Restaurant an der Strandpromenade (schattige Terrasse) bietet sich für eine kleine Zwischenmahlzeit an. Spezialitäten des Hauses: Aal, Tintenfischsalat, Risotto und hausgemachte Kuchen. Geöffnet 10.00 – 23.00 Uhr.

Piran

Pavel 1
Prešernovo nabrežje, Tel. (05) 674 71 01
Ein klassisches Fischrestaurant an der sonnigen Uferpromenade. Fischplatten, Scampi und Hummer werden auf feine Art zubereitet. Als Vorspeise gibt es u. a. leckeren Kraški pršut, außerdem eine gut sortierte Weinkarte mit ausgezeichneten slowenischen Weinen.

Poreč

Buffet Marconi
Eufrazijeva 24
In historischem Ambiente neben der Euphrasius-Basilika mit schönem Innenhof. Aufgetischt werden Gegrilltes, Steaks, Schnitzel und Fisch.

Restaurants

Portorož

Ribič
in Seča 143, Tel. (066) 7 07 90
Beliebtes Ausflugsgasthaus, das sich weit draußen bei den Salinengärten von Sečovlje in einem üppigen mediteranen Garten versteckt. Spezialität des Hauses: Köstlicher Fisch, gebraten im Backofen.

Primošten

Taverna Dalmacija
Put Murve 15, Tel. (022) 57 00 99
Gemütliches Gasthaus inmitten des sympathischen Inselstädtchens. Gute Auswahl an köstlichen Fisch- und Fleischgerichten. Reichhaltige Weinkarte.

Pula

Hotel-Restaurant Valsabbion
Pješčana uvala IX/26, Tel. (052) 22 29 91, Fax 21 80 33
Eines der führenden kroatischen Feinschmecker-Restaurants und eine Spitzenadresse für istrische Haute-Cuisine.

Rab

Pizzeria Paradiso
Rab, Stjepana Radića 2, Tel. (051) 77 11 09
Der dekorative Eingang, das historische Ambiente unter den Palmen mit massiven Holztischen im Hof des Palastes sind unvergeßlich. Hier findet sogar die ganze Segelcrew zusammen an einem Tisch Platz.

Rovinj

Veli Jože
Tel. (052) 81 63 37
Gemütliche Konoba, sowohl für ein romantisches Abendessen wie auch für kleine Snacks und Antipasti die richtige Adresse. Empfehlung: Bakalar (Stockfisch-Pastete mit dunklen Brötchen), Tintenfischsalat oder kräftige Mineštrone istriana.

Giannino
A. Ferri 38. Tel. (052) 81 34 02
Auf der kleinen Terrasse oberhalb einer steilen Gasse werden vorzügliche Gerichte angeboten (gegrillte Rohrnudeln mit Hummer). Geöffnet von 10.00 bis 14.00 und von 18.00 bis 24.00 Uhr, Mo. Ruhetag.

Split

*Sarajevo
Domaldova 6, Tel. (021) 474 54
In einer schmalen Gasse hinter dem Narodni trg liegt das älteste Restaurant der Innenstadt von Split und zugleich eines der feinsten. Die historischen Gemäuer und die elegante, aber gemütliche Einrichtung schaffen eine Atmosphäre, in der es sich gut sitzen und speisen läßt. Widerlegt wird hier die These, nach der opulente Speisekarten nichts Gutes erwarten lassen: Vom Dalmatiner Schinken bis zum frischen Obstsalat schmeckt im "Sarajevo" alles vorzüglich.

Trogir

Monika
Budislavićeva 12, Tel. (021) 88 48 08
Zwei Eingänge führen zu dem schönen, grünen Innenhof mit Brunnen, auf dem viele Qualitätsweine zur Auswahl aufgestellt sind. Gerne wird in diesem Lokal die Mixed-Grill-Platte bestellt.

Top Ballon
Obrov 7
Italienisches Restaurant in der Altstadt; im Sommer sitzt man draußen auf dem stimmungsvollen Platz vor dem Lokal. Große Auswahl an Pizzen.

Umag

Dante
Ulica Dante Alighieri 20, Tel. (052) 75 29 17
Das Restaurant mit Galerie bietet bis in die späte Nacht schmackhafte Gerichte istrischer und italienischer Küche. Empfehlung: Carpaccio und Risotto mit Trüffeln. Geöffnet von 18.00 bis 1.00 Uhr.

Restaurants (Fortsetzung) Vodice

Dalmacija
Obala Jurićev Ive Cota 19, Tel. (022) 44 37 77
Mit Geschmack eingerichtetes Gasthaus, unten Kneipe, oben Restaurant sowie Terrasse mit Blick zum Boggia-Platz. Hier werden von einem sehr jungen Team erstklassige Gerichte angeboten. Die Fischplatte Dalmacija ist Augen- und Gaumenfreunde zugleich.

Schiffsverkehr

Allgemeines

Die Geographie Dalmatiens legt es nahe, daß neben der Küstenmagistrale, der wichtigsten Landverbindung zwischen Rijeka und Dubrovnik, der Schiffsverkehr eine wichtige Rolle spielt. Die meisten Inseln sind regelmäßig mit dem Schiff zu erreichen. Krk, Pag, Murter und Čiovo sind durch Brücken mit dem Festland verbunden. Außerdem gibt es die Küsten-Eilfähre, die von Rijeka nach Dubrovnik fährt und für viele, die in den Süden Dalmatiens reisen und sich lange Autofahrten ersparen wollen, eine sinnvolle Alternative ist. Sowohl die internationalen Fährverbindungen zwischen Italien und Dalmatien (→ Anreise) als auch die lokalen Fährlinien und die Küsten-Eilfähre werden von Jadrolinija bzw. Jadroagent (Zadar - Mali Lošinj) bedient (siehe unten, Auskunft und Reservierung).
Für die Küsten-Eilfähre und die Schiffslinie zwischen Italien und Kroatien ist eine rechtzeitige Reservierung – möglichst drei Monate im voraus – in der Hauptreisezeit unbedingt erforderlich. Für die kurzen Fährlinien vom Festland zu den einzelnen Inseln ist eine vorherige Buchung nicht nötig; man muß allerdings in der Hochsaison auch mit längeren Wartezeiten rechnen. Will man abends beispielsweise mit der letzten Fähre von einer Insel noch zum Festland zurückfahren, so empfiehlt es sich, schon mindestens eine Stunde vorher am Hafen zu sein. Die Tickets werden direkt an der Anlegestelle verkauft.

Auf allen Strecken unterwegs: die Fähren von Jadrolinija

Schiffsverkehr (Fortsetzung) Reservierung, Fahrkartenverkauf

Jadrolinija
Zentrale
HR-51000 Rijeka
Riva 16, Tel. (051) 21 14 44
Fax 21 31 16

Informationen über Abfahrtszeiten und Preise und sowie Fahrkarten für die Küsten-Eilfähren und die internationalen Fähren erhält man bei den Vertretungen von Jadrolinija in Deutschland:

Deutsches Reisebüro GmbH
DERTRAFFIC
Emil-von-Behringstr. 6
D-60424 Frankfurt/Main
Tel. (069) 95 88 17 17, Fax 95 88 17 69

sowie bei jedem DER-Reisebüro und bei:

Bemex Tours
Rumfordstraße 41
D-80469 München
Tel. (0130) 231 19 70 und 260 92 84

Preisermäßigungen

Preisermäßigungen gibt es in der Vor- und Nachsaison und für Kinder bis 12 Jahre (50%); Gruppenermäßigungen auf Anfrage. Bei gleichzeitiger Buchung und Fahrkartenausstellung für die Hin- und die Rückreise gewährt Jadrolinija 25% Ermäßigung auf der Rückreise für die Fahrzeugbeförderung (nur bei der Küsten-Eilinie und bei den internationalen Fährlinien).

Italien – Dalmatien

Ancona – Brbinj (Insel Dugi Otok) – Zadar – Šibenik
Ancona – Split
Ancona – Vis – Stari Grad (Insel Hvar) – Vela Luka (Insel Korčula)
Bari – Dubrovnik

Küsten-Eilfähre

Rijeka – Rab – Brbinj (Insel Dugi Otok) – Zadar – Split – Stari Grad (Insel Hvar) – Vis – Korčula – Sobra (Insel Mljet) – Dubrovnik – Bari (Italien)

Pula – Zadar

Pula – Mali Lošinj – Silba – Zadar

Lokale Fährlinien

Die lokalen Fährlinien vom Festland zu den vorgelagerten Inseln bzw. die Verbindungen zwischen den Inseln sind im Hauptteil dieses Reiseführers, bei der Beschreibung der jeweiligen Inseln, aufgeführt.

Sport

Allgemeines

Die Besucher von Istrien und Dalmatien erwartet ein breitgefächertes Angebot an Sportmöglichkeiten. Naturgemäß liegt der Schwerpunkt auf den verschiedenen Wassersportarten, für die geradezu ideale Bedingungen herrschen, aber auch für andere Aktivitäten wie Reiten, Wandern, Tennis oder Radfahren sind die Bedingungen nicht die schlechtesten. Tauchen, Schnorcheln, Surfen und Segeln ist fast überall an der Küste möglich.

Fischen

Die Küstengewässer von Slowenien und Dalmatien sind zum Teil sehr fischreich. Außer in Häfen und Naturschutzgebieten ist ein Fang bis zu 5 kg täglich erlaubt. Unterwasserjagd mit der Harpune ist verboten.

Golf

Golfplätze gibt es auf Brijuni (9-Loch-Platz) und in Lipica (18-Loch-Platz).

Radfahren

Die besten Möglichkeiten zum Radfahren bieten sich in Istrien und auf den größeren Inseln. Ausgearbeitete Routenvorschläge für Inneristrien findet man in einer Broschüre des Fremdenverkehrsamtes Pazin (→ Auskunft). Der Küstenstreifen von Dalmatien ist zum Radfahren wenig geeignet: Auf der Küstenmagistrale ist das Radfahren zu gefährlich (und auch sehr anstrengend), Nebenstrecken gibt es kaum.

Sport (Fortsetzung), Radfahren

Reiten

Naturgemäß ist Lipica, Sitz des berühmten Lipizzaner-Gestüts, auch ein Zentrum des Reitsports in Slowenien. Es gibt die Möglichkeit zu Ausritten und Reitunterricht. Auch in der Nähe von Pula und in Sinj, einem Städtchen im Hinterland von Split, bietet sich die Möglichkeit zu reiten.

Schnorcheln

Das klare Wasser an den Felsküstenabschnitten ist ein wahres El Dorado für Schnorchel-Fans. Taucherbrillen, Schnorchel und Flossen sollte man deshalb unbedingt einpacken, notfalls kann man sich die Ausrüstung aber auch noch vor Ort kaufen.

Segeln

→ Sportschiffahrt

Surfen

Überall an den Orten der Küste gibt es Surfbretterverleih und in einigen auch Surfschulen. Für Anfänger sind die vielen windgeschützten Buchten ein ideales Übungsrevier.

Tauchen

Tauchschulen gibt es auf den meisten größeren Inseln und in vielen Küstenorten, u. a. in Portorož (Adriana Divecenter), Poreč (Sportzentrum Plava Laguna), Rovinj (Diver Sport Center International), Medveja (Willi's Internationale Tauchschule), auf den Inseln Krk (Malinska, Diver Sport Centers International), Lošinj (Čikat-Bucht, Ariatic Divers) Hvar (Stadt Hvar, Tauch- und Wassersportcenter) und Brač (Supetar, Divecenter Kaktus). Tauchen mit Preßluftflasche bedarf einer Genehmigung, die man im Hafenamt, in den örtlichen Verkehrsbüros oder bei der Polizei erhält. Diese Stellen informieren auch über Sperrgebiete. Auch in den Karsthöhlen Sloweniens ist Tauchen erlaubt, allerdings nur unter professioneller Führung.

Tennis

Tennis zählt zu den beliebtesten Sportarten der Kroaten und wird an den Küsten Istriens und Dalmatiens fast das ganze Jahr über gespielt. Viele gepflegte Tennisanlagen findet man vor allem in den Sportzentren der großen Badeorte wie zum Beispiel in Umag, Poreč oder in Bol auf der Insel Brač. Auch viele Hotels und Campingplätze verfügen über eigene Plätze. In Umag, der größten kroatischen Tennisanlage, wird jedes Jahr das ATP-Turnier Croatia Open ausgetragen.

Wandern

Bergwandern ist in Istrien und Dalmatien vor allem im karstigen Hinterland eine gute Alternative zum Strandaufenthalt. Besonders schöne Wanderreviere sind die Nationalparks Paklenica und Plitwitzer Seen sowie der Nationalpark Risnjak, etwa 30 km nordöstlich von Rijeka. Auch auf den größeren Inseln kann man so manche Wanderung unternehmen. Die Wege sind zwar selten ausgeschildert, aber dafür wird man mit schönen Ausblikken belohnt.

Wasserski

Die Bedingungen für das Wasserskifahren sind grundsätzlich gut, wenngleich diese Sportart nicht mehr so gefragt ist wie vielleicht noch vor 10 Jahren. Dennoch gibt es in den meisten Fremdenverkehrsorten die Möglichkeit, dem Wasserski-Sport nachzugehen. Bretter und Motorboote können in der Regel auch geliehen werden. Unbedingt einzuhalten ist der Mindestabstand zum Strand von 150 m. Neben dem Fahrer muß sich noch eine zweite Person an Bord des Motorbootes befinden.

Sportschiffahrt

Allgemeines

Die Küstengewässer von Istrien, der Kvarner Bucht und Dalmatien gelten als hervorragendes Segelrevier. Der buchtenreiche Küstenverlauf mit den

Baedeker Special

Paradies für Skipper

Unter Bootskapitänen ist es längst kein Geheimnis mehr, eine Binsenweisheit geradezu, vielfach erfahren und immer wieder aufs Neue erprobt: Die Adria, insbesondere die dalmatinische Küste und die vorgelagerte Inselwelt gehören zu den 'Leckerbissen' unter den Segelrevieren im Mittelmeer. Ein besseres und interessanteres Gebiet könne man sich kaum vorstellen – so hört man es von weitgereisten Kennern der Sportschiffahrt immer wieder. Die Segler und Motorbootfahrer waren denn auch die ersten, die nach dem jüngsten Krieg im früheren Jugoslawien an ihre angestammten Plätze zurückkehrten. Einige ließen sich nicht einmal in der Kriegszeit beirren und zogen draußen vor der Küste ihre Kreise.

Was den besonderen Reiz der kroatischen Küste ausmacht, das erklärt der Chef einer deutschen Charter-Agentur für Jachten so: In Europa gibt es landschaftlich kein schöneres Revier. Außerdem sei, so versichert er, die Infrastruktur mit mehr als 40 bestens ausgerüsteten Marinas so hervorragend wie in keinem anderen Land. Die Inhaberin einer anderen Agentur stellt die – rhetorisch gemeinte – Frage, wo es denn sonst noch so viele malerische Buchten, so viele kleine Häfen und Ankerplätze und eine so abwechslungsreiche Küstenlinie gebe?

Tatsächlich ist die östliche Adria ein geradezu ideales Törnrevier. Von der slowenischen Riviera im Norden bis zur montenegrinischen Grenze im Süden erstreckt sich die konturenreiche Küstenlandschaft mit bizarren Felsformationen, tiefeingeschnittenen, bewaldeten Buchten, von der Bora kahlgefegten Eilanden und tiefblauem Meer. Allein die Küstenlänge Kroatiens macht alles in allem mehr als 1000 Kilometer aus, dazu kommen noch die unzähligen Inseln, die oft richtige Ketten vor der Küste bilden – rund tausend größere und eine unüberschaubare Zahl kleinerer Eilande.

Das Faszinierende an einer Tour durch dieses abwechslungsreiche Gewirr aus Land und Wasser: Selbst wer das Revier schon wie seine eigene Westentasche zu kennen glaubt, wird immer wieder neue Entdeckungen machen, denn bestimmt gibt es noch irgendwo eine Bucht, wo er bisher nicht vor Anker gelegen hat, oder ein kleines Hafenstädtchen, wo er noch nicht an Land gegangen ist. Und wer träumt nicht von menschenleeren Stränden, die man nur vom Meer erreicht ?

Doch damit nicht genug – neben den zahllosen Naturschönheiten gibt es auch noch die vielen hübschen Hafenstädtchen an der slowenischen und vor allem kroatischen Küste, die man für einen Landgang ansteuern kann. Auch hier sind Skipper gegenüber 'Landratten' im Vorteil, denn vom Meer aus präsentieren sich diese Städte von ihrer schönsten Seite. Die meisten liegen auf Halbinseln oder weit ins Meer hineinragenden Landzungen, so z. B. Piran, Rovinj, Poreč, Rab, Zadar, Trogir, Korčula oder Dubrovnik, um nur einige der wichtigsten zu nennen.

Lohnend ist es auch, die fjordartigen Buchten, bei denen es sich meist um überflutete Karsttäler handelt, zu befahren, so etwa den Limski kanal in Istrien, das 'Meer' von Novigrad nördlich von Zadar oder auch die Krka bei Šibenik, wo das Meer die Mündung des Flusses überspült hat.

Ein weiterer Vorteil des Segelreviers östliche Adriaküste: Es ist von Deutschland, Österreich oder der Schweiz aus verhältnismäßig gut und schnell zu erreichen – für den Schiffstransport nötige, gut ausgebaute Autobahnen reichen beinahe bis in die unmittelbare Nähe des Meeres. Nicht zuletzt lockt viele Skipper und unter ihnen gerade auch die Anfänger der Umstand, daß die kroatischen Gewässer, bedingt eben durch die vielen vorgelagerten Inseln, kein allzu stürmisches Segelrevier sind. Daher kann man das gesamte Gebiet auch mit kleineren Jachten erkunden. Zwischen den Inseln und in den unzähligen Buchten findet man zumeist rasch Deckung, wenn nicht gar ein Ankerplätz-

Ob kleine oder große Jacht, das Segelerlebnis ist in jedem Fall vielversprechend

chen. Hoher Seegang kann nur an einigen wenigen Stellen aufkommen. Völlig unbesorgt sollten vor allem Anfänger oder Unerfahrene dennoch nicht sein: Die Bora, ein mitunter sehr heftiger Fallwind, kann ganz plötzlich und ohne Vorwarnungen auftreten. Sie entsteht am häufigsten bei hohem Luftdruck über dem Balkan. Besonders gefährdete Zonen sind solche Gebiete, die – wie etwa Täler – ein leichtes Abfließen des Windes aus dem Binnenland ermöglichen, oder Stellen, an denen der Wind durch den Stau an einer Bergkette große Temperaturunterschiede durchläuft. Eine solche Stelle ist z. B. der Velebit-Kanal auf der Höhe von Senj, wo die Bora das Meer und die Meerenge zwischen Krk, einigen kleineren Inseln und der südlich anschließenden Insel Rab in Aufruhr versetzen kann. Auch Motorboote, sofern sie nur schwach motorisiert sind, können bei einer heftigen Bora Probleme bekommen. Übers Jahr gesehen herrschen im Frühjahr und im Frühsommer leichte bis mäßige Winde vor, die Monate Juli und August sind von ruhigen Wetterlagen gekennzeichnet, doch steigt die Gewitterhäufigkeit. Im Herbst ist dann häufiger mit kräftigeren Winden zu rechnen.

Die Marinas in Kroatien (und Slowenien) sind verhältnismäßig gut ausgestattet. Wasser, Strom, Duschen und Toiletten, die wichtigsten Service-Einrichtungen und Werkstätten, ja selbst Einkaufsmöglichkeiten (Duty Free Shops) – meistens ist all das vorhanden. Der Grund für die gute Infrastruktur liegt nicht zuletzt darin, daß der Adriatic Club Yugoslavia (ACY) nach seiner Gründung im Jahr 1983 ein enormes Aufbauprogramm geleistet hat. Neben vielen anderen herrlichen Sport- und Yachthäfen wurde zum Beispiel bei Sukošan südlich Zadar eine Super-Marina mit 1200 Liegeplätzen und einer eigenen Badeinsel samt Sandstrand fertiggestellt. Die Nachfolge des ACY trat nach dem Zerfall Jugoslawiens der professionell geführte Adriatic Croatic International Club (ACI) an, dem heute etwas mehr als die Hälfte aller kroatischen Marinas gehören. Das gesamte Angebot, von den Liegegebühren bis hin zum Service, hat aber auch seinen Preis: Das Niveau unterscheidet sich von demjenigen in Deutschland kaum mehr.

Als Einstieg in die Adria dient vielen Bootskapitänen die – von Mitteleuropa aus gesehen – nahegelegene Küste Istriens; hier ist auch der nautische Tourismus am weitesten entwickelt. Damit Segler von der Halbinsel aus problemlos den Anschluß an die Inselwelt in der Kvarner Bucht und in Dalmatien finden, plant der ACI den Bau einer neuen, großen Marina auf Mali Lošinj, die Bootskapitäne künftig mit allen Service-Einrichtungen empfangen soll.

Sportschiffahrt (Fortsetzung)

vielen kleinen und großen Inseln läßt fast keine Wünsche offen für tage- oder auch wochenlange Segel- und Motorboottouren.

Ein- und Ausreise über Land

Die Einfuhr von Wassersportfahrzeugen über Land erfordert keine Formalitäten. Sie sind beim Grenzübertritt lediglich mündlich zu deklarieren. Alle Wassersportfahrzeuge mit einer Motorleistung über 4 kW und alle Boote mit einer Länge von mehr als 3 m müssen zuerst bei einem Hafenamt oder bei dessen Außenstelle angemeldet und bei der Abreise wieder abgemeldet werden. Für die Anmeldung sind Führerschein, Funkzeugnis und gültige Bootsdokumente erforderlich. Die bei der Anmeldung zu entrichtende, einmalige Jahresgebühr hängt von der Größe des Bootes ab.

Ein- und Ausreise über See

Bei einer Einreise über See müssen Boote zunächst einen Hafen ansteuern, der für den internationalen Verkehr geöffnet ist ("Port of Entry"). Ganzjährig geöffnete Häfen an der slowenischen und kroatischen Küste sind: Koper, Izola, Piran, Umag, Poreč, Rovinj, Pula, Raša-Bršica (südlich von Labin), Rijeka, Mali Lošinj, Senj, Maslenica, Zadar, Šibenik, Split, Ploče, Metković, Korčula und Dubrovnik. Bei der Ausreise besteht Abmeldepflicht in einem Hafen für den internationalen Verkehr.

Wettervorhersagen

An der istrisch-dalamtinischen Küste gibt es drei Küstenfunkstellen, die täglich 0 – 24.00 Uhr auf folgenden UKW-Kanälen erreichbar sind: Rijeka Radio auf Kanal 4, 16, 24, 20; Split Radio auf Kanal 7, 16, 21, 23, 28; Dubrovnik Radio auf den Kanälen 7, 16, 24. Die drei Küstenfunkstellen strahlen täglich Seewetterberichte in kroatischer und englischer Sprache aus: Rijeka Radio (UKW-Kanal 24) um 6.35, 15.35 und 20.35 Uhr, Split Radio (UKW-Kanal 21, 07, und 28) um 6.45, 13.45, und 20.45 Uhr) und Dubrovnik Radio (UKW-Kanal 07 und 04) um 7.25, 14.20 und 22.20 Uhr. Zwischen Mai und Oktober sendet Rijeka-Radio außerdem auf Kanal 69 ununterbrochen Wettermeldungen, auch in deutscher Sprache.

Marinas

Mehr als 40 gut ausgestattete Jachthäfen (Marinas) liegen an der Küste von Istrien und Dalmatien bzw. auf den vorgelagerten Inseln. Den größten Jachthafen Istriens besitzt Portorož. Über einen einheitlichen Standard (10-Tonnen-Kran, Restaurant, Tankstelle, Werkstätte) verfügen die Marinas des Adriatic Croatic International Club (ACI; Adresse siehe unten bei Bootscharter). Liegegebühren werden sowohl in den Marinas als auch in den öffentlichen Häfen erhoben. Auch in einigen Buchten verlangen die Gemeinden für das Ankern eine Gebühr. Gut sortierte Supermärkte findet man in allen Häfen und Marinas, auch auf den größeren Inseln.

Bootscharter

Wer ein Boot oder eine Jacht chartern will, kann zwischen einer Reihe von Charterfirmen auswählen. Auskünfte erteilen die Kreuzer-Abteilung des Deutschen Segler-Verbands (DSV), Tel. (089) 58 62 82 und die Zentrale des Adriatic Croatic International Club (ACI), HR-51410 Opatija, Maršala Tita 221, Tel. (051) 27 12 88, Fax 27 18 24.

Zollfreies Einkaufen

In fast allen Häfen gibt es die Möglichkeit zum zollfreien Einkauf in den dortigen Duty-Free-Shops (Reisepaß ist erforderlich).

Sprache

Verständigung im Reiseland

Die Verständigung macht in Istrien und Dalmatien nur selten Probleme, da schon seit vielen Jahren Urlauber aus dem deutschsprachigen Raum hierher kommen und in allen Orten mit touristischer Infrastruktur Deutsch gesprochen wird. Hinweisschilder auf Zimmervermietung, Speisekarten, Informationen über Sehenswertes vor Ort – all das findet man in den meisten Gebieten auf deutsch vor. Immer wieder trifft man auch auf Einheimische, die jahrelang in Deutschland oder Österreich gelebt und gearbeitet und die deutsche Sprache noch nicht verlernt haben. In Istrien kommt man auch

Verständigung (Fortsetzung)

mit Italienisch recht gut durch; vor allem bei der älteren Generation beherrschen diese Sprache noch die meisten. Von den jüngeren Leuten sprechen viele auch Englisch.

Aussprache

Ungewöhnlich für all jene, die keiner slawischen Sprache mächtig sind, dürften die diakritischen Zeichen (Akzente auf bestimmten Buchstaben) und mitunter auch die Konsonantenhäufungen sein. Wörter wie Krk (die bekannte Insel in der Kvarner Bucht) sind sprachliche Stolpersteine, aber dennoch leicht auszusprechen, wenn zwischen k und r ein Halbvokal, d. h. ein kurzer Vokal, eingeschoben wird (z. B. e oder i).

Besonderheiten des kroatischen Alphabeths

Einige Buchstaben des kroatischen (und im großen und ganzen auch des slowenischen) Alphabets gibt es im deutschen Alphabet nicht. Sie werden wie folgt ausgesprochen:

c	wird grundsätzlich 'z' gesprochen (wie Zentrum)
č	wird 'tsch' gesprochen (wie Tscheche)
ć	wird 'tch' gesprochen (wie Hütchen)
đ	wird wie 'dj' gesprochen, wobei die Zunge eng an den Gaumen gedrückt wird
dž	wird 'dsch' gesprochen (wie Ingenieur)
h	wird 'ch' gesprochen (wie machen)
š	wird 'sch' gesprochen (wie Schule)
z	wird als stimmhaftes 's' gesprochen (wie Rose)
ž	wird als stimmhaftes 'sch' gesprochen (wie Journal)

Kroatisches Sprachlexikon

Das Wichtigste in Kürze

ja/nein	da/ne
bitte/danke	molim/hvala
Entschuldigung	oprostite
ich verstehe Sie/dich nicht	ne razumijem Vas/te
guten Morgen	dobro jutro
guten Tag	dobar dan
guten Abend	dobra večer
auf Wiedersehen	do viđenja
wie geht es Ihnen/dir?	kako ste/si?
ich heiße ...	zovem se ...
haben Sie ... ?	imate li ?
heute/morgen	danas/sutra
von ... bis	od ... do

Zahlen

0	nula	16	šesnaest
1	jedan	17	sedamnaest
2	dva	18	osamnaest
3	tri	19	devetnaest
4	četiri	20	dvadeset
5	pet	30	trideset
6	šest	40	četrdeset
7	sedam	50	pedeset
8	osam	60	šezdeset
9	devet	70	sedamdeset
10	deset	80	osamdeset
11	jedanaest	90	devedeset
12	dvanaest	100	sto
13	trinaest	200	dvije stotine
14	četrnaest	1000	jedna tisuća
15	petnaest	10 000	deset tisuća

Wochentage

Montag	ponedjeljak
Dienstag	utorak
Mittwoch	srijeda

Wochentage (Fortsetzung)	Donnerstag	četvrtak
	Freitag	petak
	Samstag	subota
	Sonntag	nedjelja
	Feiertag	praznik
	Werktag	radni dan
Unterwegs	rechts/links	desno/lijevo
	geradeaus	ravno
	nah/weit	blizu/daleko
	bitte, wo ist ...?	molim Vas, gdje je ... ?
	Wagen	kola
	Motorrad	motocikl
	Motorroller	skuter
	Fahrrad	bicikl
	Flughafen	aerodrom
	Bahnhof	kolodvor
	Zug	vlak
	Abfahrt	dolazak
	Ankunft	odlazak
	Bushaltestelle	autobusni kolodvor
	Hafen	luka
	Autofähre	trajekt
	Schiff	lađa/brod
	Stadt	grad
	Straße	ulica/cesta
	Platz	trg
	Zentrum	centar grada
	See	jezero
	Tal	dolina
	Fluß	rijeka
	Berg	brdo
	Küste	obala
	Insel	otok
	Bucht	draga
	Strand	plaža
	Kirche	crkva
	Kloster	samostan
	Museum	muzej
	Ruinen	razvaline
	Turm	toranj
Rund ums Auto	Tankstelle	benzinska stanica
	Liter	litra
	Normalbenzin	obični benzin
	Super	supera
	Diesel	dizela
	bleifrei/verbleit	bez olova/s olovom
	volltanken, bitte	napunite, molim
	Öl	ulje
	Reparatur	popravka
	Werkstatt	automehaničar
	ich habe eine Panne	kola imaju kvar
	Unfall	nezgoda
	Polizei	policija
Übernachten	Hotel	hotel
	Pension	penzion
	Zimmer	soba
	Frühstück	doručak
	Halbpension	polupenzion
	eine Nacht	jednu noć

eine Woche	jedan tjedan	Sprache, Übernachten (Fortsetzung)
haben Sie noch Zimmer frei ?	imate li slobodnih soba ?	
Einzelzimmer	jednokrevetna soba	
Doppelzimmer	dvokrevetna soba	
Rechnung	račun	
was kostet ...	koliko košta ... ?	Einkaufen
wo finde ich ...?	gdje mogu naći ...?	
Lebensmittelgeschäft	trgovina namirnicama	
Bäckerei	pekara, pekarnica	
Drogerie	drogerija	
Markt(platz)	tržnica	
Bank	banka	
Post	pošta	
das gefällt mir (nicht)	to mi se (ne) sviđa	
Arzt	liječnik	Krankheitsfall
Apotheke	apoteka, ljekarna	
Krankenhaus	bolnica	
Krankenwagen	bolnička kola	
Erkältung	prehlada	
Sonnenbrand	opekotina od sunca	
Durchfall	proljev	
Erbrechen	povraćanje	
Zahnarzt	zubar	

Essen und Trinken

→ dort

Strände

→ Badestrände

Straßenverkehr

Höchstgeschwindigkeiten

In Kroatien und Slowenien gelten: innerhalb geschlossener Ortschaften 50 km/h, außerhalb geschlossener Ortschaften 80 km/h, auf Schnellstraßen 100 km/h, auf Autobahnen für Pkws und Motorräder 130 km/h, 100 km/h für Wohnmobile bis 3,5 t, 80 km/h für Gespanne und Wohnmobile über 3,5 t.

Abweichende Verkehrsregeln

Die allgemeinen Verkehrsvorschriften in Kroatien und Slowenien entsprechen den internationalen Normen. Einige abweichende Regeln sind: Schulbusse dürfen nicht überholt werden, wenn sie anhalten, um Fahrgäste ein- oder aussteigen zu lassen. Während des gesamten Überholvorgangs muß der Blinker gesetzt sein. Das Überholen von Fahrzeugkolonnen ist verboten. Jedes Fahrzeug muß einen Satz Glühlampen als Reserve mitführen. Die Promillegrenze liegt bei 0,5.

Automobilclubs

Kroatischer Automobilclub
Hrvatski Autoklub (HAK)
Draškovičeva 25,
HR-41000 Zagreb,
Tel. (01) 45 44 33, Fax 44 86 30

Slowenischer Automobilclub
Auto-moto zveza Slovenije (AMZS)
SLO-1000 Ljubljana,
Dunajska 128,
Tel. (061) 1 68 11 11, Fax 1 68 53 17

Unfall

In Kroatien muß jeder Unfall der Polizei gemeldet werden; in Slowenien kann bei Bagatellschäden davon abgesehen werden. Beim Abschleppen von Fahrzeugen sollte an der Vorderseite des Schleppfahrzeugs und am Heck des geschleppten Wagens ein Warndreieck angebracht sein. Fahr-

Straßenverkehr, Unfall (Fortsetzung)

zeuge mit auffälligem Karosserieschaden dürfen Kroatien nur mit schriftlicher polizeilicher Schadensaufnahme verlassen. In Slowenien empfiehlt sich eine solche Schadensbestätigung ebenfalls.

Panne

Im Fall einer Panne ruft man am besten die Straßenwacht des kroatischen bzw. des slowenischen Automobilclubs. Beide sind rund um die Uhr unter Tel. 987 erreichbar. In Kroatien sind für ADAC-Mitglieder die Hilfeleistung am Fahrzeug sowie An- und Rückfahrt der Straßenwacht bis zu 10 km kostenlos. Kreditbriefe aus ADAC-Schutzbriefen werden anerkannt.
In Slowenien ist die Arbeit der Straßenwacht kostenpflichtig – nur Inhaber des ADAC-Euro-Schutzbriefes werden kostenlos vor Ort versorgt bzw. zur nächsten Werkstatt geschleppt.

Benzin

Kraftstoff in Kanistern darf nach Kroatien nicht eingeführt werden. Beim Grenzübertritt nach Slowenien muß er verzollt werden. Bleifreies Benzin ist sowohl an der Küste als auch im Hinterland an jeder Tankstelle erhältlich. Die Benzinpreise sind sowohl in Kroatien als auch in Slowenien niedriger als in Deutschland.

Straßenzustand

Die kurvigen Landstraßen Kroatiens verlocken nicht nur Motorradfahrer zu schnittiger Fahrweise. Besonders bei Regen ist allerdings größte Vorsicht geboten, denn Wasser und Staub bilden schon nach den ersten Tropfen eine rutschige Schmierschicht, die jedes Brems- und Lenkmanöver vereitelt. Eine weitere Gefahr, die häufig unterschätzt wird, ist der Fallwind an der Küste, Bora genannt (→ Natur, Kultur, Geschichte, Klima). Da weder die Küstenstraße noch die schmalen Verkehrswege auf den Inseln hangseitig durchgängig befestigt sind, kann dieser Fallwind Motorradfahrer an ungeschützten Stellen leicht von der Fahrbahn abbringen – zumal, wenn Regen oder schlechter Straßenzustand dazukommen.

Telefon

Allgemeines

Telefonieren kann man in Kroatien und Slowenien in Telefonzellen und auf Postämtern, aber auch in größeren Hotels und auf vielen Campingplätzen. Die öffentlichen Fernsprecher werden mit Telefonkarten (telefonske kartice) bedient, die man auf allen Postämtern und an Kiosken erhält. Es gibt in Istrien Karten mit 100 Einheiten und 500 Einheiten. In Slowenien werden Karten mit 50 Einheiten (750 SIT), mit 100 Einheiten (1300 SIT) und mit 400 Einheiten (3750 SIT) angeboten. Auslandsgespräche führt man am besten von einem Postamt oder von einer Telefonzelle aus; bei Hotels und Campingplätzen zahlt man zum Teil einen erheblichen Aufschlag.

Auskunft

Nationale Telefonauskunft für Kroatien: Tel. 988 für Teilnehmer im Ortsnetz, Tel. 989 für landesweite Auskünfte. In Slowenien erreicht man unter der Telefonnummer 988 die lokale wie auch die nationale Auskunft.

Vorwahlen

Von Deutschland, Österreich und der Schweiz
(die "0" der Ortsnetzkennzahl entfällt!):
nach Kroatien: 003 85
nach Slowenien: 003 86

Von Kroatien
nach Deutschland: 00 49
nach Österreich: 00 43
in die Schweiz: 00 41

Von Slowenien
nach Deutschland: 00 49
nach Österreich: 00 43
in die Schweiz: 00 41

Trinkgeld

In Restaurants ist das Bedienungsgeld grundsätzlich nicht im Preis enthalten. Ein Trinkgeld von etwa 10 Prozent des Rechnungsbetrages gilt als angemessen – sofern man mit dem Service zufrieden war. Natürlich freuen sich auch Hotelangestellte, Fremdenführer und Taxifahrer über ein Trinkgeld.

Umsatzsteuerrückerstattung

Seit einiger Zeit wird nicht nur in Slowenien, sondern auch in Kroatien die Umsatzsteuer auf ausgeführte Waren zurückerstattet. Für Waren, die einen Wert von mindestens 70 € haben, erhält man gegen Vorlage einer Kaufquittung (Vordruck) bei der Ausreise die Umsatzsteuer zurück. Die Rückerstattung gilt nicht für Alkoholika und Zigaretten.

Unterkunft

Allgemeines

Das Angebot an Unterkunftsmöglichkeiten in Istrien und Dalmatien ist auf Grund der langen Tradition als Reiseregion breitgefächert. Es umfaßt Privatunterkünfte und Campingplätze sowie Ferienappartements und Hotels unterschiedlichster Kategorien. In Istrien und in der Kvarner Bucht ist das Netz an Übernachtungsmöglichkeiten flächendeckend, ebenso auf den großen Inseln Dalmatiens.
Nähere Auskünfte über die unterschiedlichen Übernachtungsmöglichkeiten sowie ausgewählte Unterkunftsadressen findet man in diesem Reiseführer unter den Stichworten → Hotels, → Camping, → Jugendherbergen. Über die Unterbringung in Privatpensionen informiert das Stichwort → "Privatunterkünfte".

Veranstaltungen

Allgemeines

In vielen Städten Istriens und Dalmatiens werden während der Sommermonate Musik- und Theaterfestivals sowie Konzerte bzw. Konzertreihen veranstaltet; viele Veranstaltungen finden unter freiem Himmel statt.

Dubrovnik

Juli/August: Seit rund 50 Jahren feiert die Stadt jeden Sommer das Dubrovnik Sommer Festival. Zu den Attraktionen gehören Theateraufführungen in der historischen Altstadt, Konzerte mit alter Musik und überlieferten Tänzen in historischen Kostümen.
Auskunft unter Tel. (020) 41 22 88.

Hvar

Eine besondere Attraktion während der Sommermonate sind die in den Ruinen des Katharina-Klosters oberhalb der Stadt Hvar, im Arsenal und im Hof von San Marco veranstalteten Freilichtaufführungen.

Krk

Juli/August: Krk Sommer Festival mit Opern- und Theateraufführungen sowie Tanzdarbietungen in historischen Kostümen.
Auskunft: (051) 22 22 49.

Lovran

Ende Oktober: Maronenfest (marunada) in Dobreć.

Opatija

Juli/August: Festspiele mit Konzerten, Ballett- und Opernvorstellungen.

Osor

Juli/August: Musikabende in Osor. Eine Konzertreihe, die 1976 ins Leben gerufen wurde und seither weit über den kleinen Ort hinaus Beachtung

Veranstaltungen Osor (Fortsetzung)

gefunden hat. Jedes Jahr ist das Festival dem Werk eines Künstlers, u. a. zeitgenössischen kroatischen Komponisten, gewidmet. Eine Reihe von musikalischen Bühnenwerken wurde in Osor als Erstaufführung gespielt. Auskunft: (051) 231884.

Pula

Juli / August: Konzerte und Theatervorstellungen, Opernaufführungen in der Arena von Pula.
August: Festival des Kroatischen Films.

Rovinj

April: ACI-CUP (Segelregatta, die vom ACI veranstaltet wird).

Šibenik

Juni / Juli: Internationales Kinderfestival mit Puppentheater, Ballettaufführungen, Filmen u. a. Auskunft: (022) 23145

Slowenische Riviera

Juli / August: Sommerfestivals mit Musik, Tanz und Theater in Piran, Koper, Izola und Portorož.

Split

Juli / August: Split Sommer mit Oper, Theater, Ballett und Konzerten. Auskunft: (021) 585999.

Umag

Juli/August: Croatian Open (internationales Tennisturnier)

Traditioneller Tanz, in Dubrovnik aufgeführt

Zadar

Juli / August: Altstadtfest in den Straßen und an den Uferkais mit Musikdarbietungen und Tanz. Musikalische Abende in der St.-Donat-Kirche. Auskunft: (023) 315807.

Verkehrsmittel

Busverkehr

Sowohl auf dem Festland als auch auf den Inseln bestehen zwischen vielen Orten regelmäßige Busverbindungen. Die Busbahnhöfe liegen in der Regel zentral. Über die jeweiligen Verbindungen geben die Reisebüros und Fremdenverkehrsbüros Auskunft.

Eisenbahn

Für die → Anreise nach Istrien und Dalmatien ist die Bahn bestens geeignet, allerdings nicht für die Fortbewegung vor Ort. Auf den Inseln erübrigt sich das Thema sowieso, aber auch für eine Erkundung des Festlandes ist dieses Verkehrsmittel untauglich. In Istrien gibt es eine Verbindung zwischen Ljubljana und Koper sowie eine Bahnverbindung über Pazin nach Pula. Außer Pula ist bislang keine Stadt an der Westküste Istriens mit der Bahn erreichbar. Opatija bzw. Rijeka sind mit Zagreb und Ljubljana verbunden. Zwischen Rijeka und Split verläuft die Bahnstrecke im Hinterland und nicht an der Küste. Von Knin aus kann man die mittel- bzw. süddalmatinischen Städte Zadar, Šibenik und Split erreichen.

Flugverbindungen

Die Flugverbindungen innerhalb Kroatiens werden ausschließlich von der Fluggesellschaft Croatia Airlines bestritten. Die meisten Flüge sind mit einem Zwischenstop in Zagreb verbunden und deshalb verhältnismäßig zeitintensiv (z. B. dauert der Flug Pula – Brač insgesamt 6 1/2 Stunden). Flugverbindungen bestehen zwischen Zagreb und Pula, Lošinj, Zadar, Split, Brač und Dubrovnik.

Flugverbindungen (Fortsetzung)

Straßenverkehr

→ dort

Fähren

→ Schiffsverkehr

Zeit

In Istrien und Dalmatien gilt die Mitteleuropäische Zeit (MEZ). Für die Sommermonate (ab Ende März bis Ende September) wurde die Mitteleuropäische Sommerzeit (MESZ = MEZ + 1 Stunde) eingeführt.

Zeitungen, Zeitschriften

Allgemeines

Vor allem in der Hauptreisezeit kann man an der slowenischen und kroatischen Küste problemlos deutsche und österreichische Zeitungen, Zeitschriften und Magazine kaufen. Allerdings muß man damit rechnen, daß sie dort meist mit etwas Verspätung erhältlich sind, also nicht am Erscheinungstag selbst.

Zeitungen in der Landessprache

In Slowenien gibt es nur wenige Tageszeitungen von überregionaler Bedeutung, darunter "Delo", "Dnevnik" und "Večer". In Kroatien ist das Angebot größer. Das auflagenstärkste Blatt ist die Abendzeitung "Večernji list" (dt.: Abendblatt); weitere wichtige Tageszeitungen sind der ebenfalls in

Dort, wo keine Fähre fährt, pendeln Ausflugsboote.

Zeitungen und Zeitschriften (Fortsetzung)

Zagreb erscheinende "Vjesnik" (dt.: Der Bote), "Slobodna Dalmacija" (dt.: Freies Dalmatien) in Split und "Novi list" (dt.: Neues Blatt) in Rijeka herausgegeben. In Istrien gibt es auch Zeitungen für die italienische Minderheit in italienischer Sprache. Wachsender Beliebtheit erfreuen sich in Kroatien die Wochenzeitungen, von denen einige sehr kritische Blätter sind. Für Aufsehen sorgt häufig die satirische "Feral Tribune", die in Split herausgegeben wird.

Zollbestimmungen

Einreise nach Kroatien bzw. Slowenien

Reisegepäck und Waren für den persönlichen Gebrauch dürfen zollfrei und ohne Deklaration eingeführt werden. Außerdem zollfrei sind pro Person 200 Zigaretten oder 50 Zigarren oder 250 Gramm Tabak, 1 Liter Wein, 0,75 Liter Spirituosen, 0,05 Liter Parfüm und 0,25 Liter Eau de Toilette sowie Geschenke bis zu einem Wert von 75 € (Slowenien). Foto-/Videokameras, Camping- und Sportausrüstungen, Jagdwaffen, Funkgeräte und Boote müssen bei der Einreise mündlich angemeldet werden.

Wiedereinreise nach Deutschland und Österreich

Bei der Wiedereinreise in die EU-Länder Deutschland und Österreich sind für Personen über 15 Jahre 500 g Kaffee oder 200 g Pulverkaffee und 100 g Tee oder 40 g Teeauszüge, 50 g Parfüm und 0,25 l Toilettenwasser sowie für Personen über 17 Jahre 1 Spirituosen über 22% oder 2 l Spirituosen unter 22% oder 2 l Schaumwein und 2 l Wein sowie 200 Zigaretten oder 50 Zigarren oder 250 g Tabak zollfrei. Reiseandenken dürfen bis zu einem Warenwert von 175 € zollfrei eingeführt werden.

Wiedereinreise in die Schweiz

Für die Schweiz gelten folgende Freimengengrenzen: 250 g Kaffee, 100 g Tee, 200 Zigaretten oder 50 Zigarren oder 250 g Tabak, 2 l Wein oder andere Getränke bis 15% Alkoholgehalt oder 1 l Spirituosen mit mehr als 15% Alkoholgehalt. Souvenirs dürfen in die Schweiz bis zu einem Wert von 100 sfr zollfrei eingeführt werden.

Register

ACI 304
ADAC-Notrufstation 292
Adelsberger Grotten 14, 56, 62
Aleši, Andrija 42, 241
Alexander III., Papst 248
Allison, Thomas 195
Altkroatische Kunst 38
Ankaran 120
Anreise 266
Apotheken 269
Arbanija 244
Argonauten 195
Ärztliche Hilfe 268
Auskunft 269
Austern 214
Automobilclubs 307
Awaren 26

Badestrände 272
Badija 125
Bahnverkehr 23
Bahr, Hermann 50
Bakar 209
Bancomaten 283
Banken 283
Barban 140
Barock 43
Baška 129, 133-134
Baška Voda 150
Bauernmärkte 49
Beli 81
Bellini, Giovanni 43
Benković, Frederico 44
Benzin 308
Beram 172
Besiedlung 19
Betina 226
Bevölkerung 19
Biograd 261
Biokovo-Gebirge 148
Biševo 251
Biskupija 224
Blato 126
Blaue Grotte 251
Blaue Lagune 190
Bogišić, Baltazar 78
Bogumilengräber 155
Bohoric, Adam 47
Bol 67
Bootscharter 304
Bora 16
Bošković, Ruđer Josip 32
Botschaften 275
Božava 104
Božidarević, Nikola 43
Brač 61, 65
Brbinj 104
Brčastac 105
Brela 149
Brestova 166
Bribir 87
Brijun 73
Brijuni 58, 71
Brna 126
Bronzezeit 36
Broz, Josip 206
Brseč 166
Buje 56, 248
Bukovac, Vlaho 45, 78-79
Busverkehr 310
Buzeština 75
Buzet 59, 75
Byzanz 26

Ćićarija-Massiv 75
Čara 126
Černigoj, August 143
Čevapčići 278
Čičarija 12
Čikat-Halbinsel 143, 145
Čikola 223
Čilipi 88
Čiovo 237, 244
Črna jama 64
Čulinović, Juraj 43
Camping 273
Campingführer 273
Campingplätze 273
Cankar, Ivan 47, 195
Carpaccio, Vittore 43, 120
Caska 169
Cavtat 77
Cerkniško jezero 64
Cetina 158
Cetina-Schlucht 159
Cres 59, 80
Cres (Stadt) 82
Crikvenica 60, 85
Crna Gora 10
Crveni otok 210, 214

D'Annunzio, Gabriele 29, 206
Dalmater 25
Dalmatien 10
Dalmatin, Jurij 47
Dalmatinac, Juraj 32, 42, 167, 220, 222
Dalmatinische Platte 13
Dante 195
Delnice 210
Diklo 260
Diokletian 25, 32, 228, 235
Diplomatische und konsularische Vertretungen 275
Direktflüge 267
Divača 65
Dobreć 164
Dobričević, Lovro 79
Dobrinj 131
Dol 69
Donja Brela 149
Donje Čelo 108
Dor, Milo 52
Dragozetići 82
Draguć 77
Dramalj 87
Drniš 223
Držić, Džore 47
Dubrava 90
Dubrovnik 42-43, 61, 88
Dugi Otok 103
Duty-Free-Shops 304
Dvigrad 173

Edward VIII. 201
Einkaufen 276
Eisenbahn 310
Eisenzeit 36
Elaphitische Inseln 88, 105
Elektrizität 277
Epidaurum 77
Erdbeben 31
Essen und Trinken 277
Ethnische Struktur 20

Fähren 299
Fahrzeugpapiere 294
Fasching 48
Fažana 72, 198
Feiertage 283
Fellner & Helmer 44, 208
Ferdinand, Franz Erzherzog 73
Festung Ston 174
Fink, Humbert 52
Fiorentino, Niccolò (Firentinac, Nikola) 220, 241
Firentinac, Nikola 42
Fischfang 22, 300
Fiume 29
FKK 201
Flacius, Matthias 33, 139
Fluchtburgen 36
Flugverkehr 24
Folklore 47
Fortezza, Horacije 220
Franjo Tudjman 71
Franken 26
Frankopan, Nikola 86
Frankopanen 27, 209
Franz Joseph, Kaiser 50
Friedrich Barbarossa 248

Funtana 191
Fürst Tomislav 27

Gaj, Ljudevit 47
Galija 72
Gaz 72
Geld 283
Geldwechsel 283
Gespanschaften 19
Glagoliter-Allee 76
Glagolitische Schrift (Glagoliza) 46, 75, 76
Glenny, Misha 53
Golf 300
Goli otok 217
Gornja Brela 150
Gornje Čelo 108
Gornji Humac 66
Gornji Okrug 237, 244
Gorski Kotar 12
Gotik 40
Gračišće 174
Gradac 149-150
Gradina-Kultur 36
Gradine 25
Griechen 36
Griechische Kolonisation 25
Grižane 87
Grohote 236
Grottenolme 64
Grožnjan 249
Gruda 80
Grüne Lagune 190
Grunj 72
Gundulić, Ivan 33, 47

Habsburger 27
Häfen 22
Hamzić, Mihajlo 43
Haustiere 18, 294
Hektorović, Petar 33, 47, 111-112
Helmer 44
Herzog Trpimir 27
Histrer 25
Höchstgeschwindigkeiten 307
Höhlen 14
Höhlen von St. Kanzian 65
Höhlenburg von Predjama 64
Hotels 284
Hrastovlje 121, 173
Hrvatinić, Hrvoje Vukčić 41
Hum 76
Hvar 61, 65, 108
Hvar (Stadt) 110

Ičići 164
Ika 164
Illyrer 25
Illyricus, Matthias Flacius 33, 139
Illyrische Provinzen 28
Ilovik 144, 146
Imotski 149
Industrie 22
Insel Vanga 75
Issa 251
Ist 262
Istarske Toplice 154
Istrien 10
Ivan aus Kastav 41
Iž 262
Izola 56, 115

Jablanac 200, 217
Jachthäfen 304
Jadranska Magistrale 23
Javorniki 64
Jelsa 114
Jezera 225
Joyce, James 195
Jugendherbergen 291
Jugendstil 44
Jugo 16
Jugoslawien 10
Jurandvor, Tafel von Baška 134

Kačić-Miošić, Andrija 33, 47
Kahle Insel 217
Kairos 37, 243
Kali 246
Kalić 217
Kalkstein 14
Kallimachos 195
Kamenjak 200
Kanfanar 173
Kap Barban 72
Kap Kamenjak 198
Kaprije 224
Karadžić, Vuk 46
Karlobag 116
Karneval 48
Karst 14
Kastav 209
Kaštela 244
Kaštelanski zaljev 244
Kažuni 36, 173
Kelten 25
Klassizismus 44
Klima 16
Klis 235
Klović, Julio 43
Knin 134, 224
Koch, Robert 73
Kohl, Christine von 53
Koločep 107
Komiža 251
Konavle-Tal 79
Königreich der Serben, Kroaten und Slowenen 29
Konsulate 275
Koper 56, 62, 117
Korčula 61, 121
Kornat 127
Kornaten 127, 219
Koromačno 140
Košljun 132
Kotež 72
Kotišina 148
Koversada 191, 201
Kozada 72
Kraj 247
Krajina 31
Kraljevica 129, 209
Krankenversicherung 268
Krapanj 224
Krčki most 129
Kreditkarten 284
Křižna jama 65
Křižna-Höhle 65
Krk 59, 129
Krk (Stadt) 131
Krka 134
Krka-Wasserfälle 60, 134, 219
Krleža, Miroslav 47, 51
Kroaten 26
Kroatisches Küstenland 11
Kršan 140
Kučište 177
Kukljica 245-246
Kumpanija 48
Kunsthandwerk 49
Kupelwieser, Paul 73
Küstenstraße 23
Kvarner Bucht 10, 80

Labin 58, 136
Landwirtschaft 22
Lanterna 190
Lastovo 141
Lastovo (Ort) 141
Lazanić, Nikola 69
Lenković 214
Liburner 25
Lička Plješevica 181
Limski kanal 189, 214
Lindar 173
Lipica 56, 141
Lipizzanerpferde 142-143
Literatur 46
Ližnjan 198
Lokrum 88, 102
Lopar 200, 204
Lopud 107
Lopud (Ort) 107
Lošinj 59, 143
Lovran 164
Lubenice 83
Lumbarda 122, 126
Lun 169
Lykophron 195

Madona 72
Maestral 17
Makarska 61, 146
Makarska-Riviera 149
Mala 169
Mala Kapela 181, 215
Mala Paklenica 170
Male 146
Male Srakane 146
Mali Brijun 72
Mali Drvenik 236
Mali Lošinj 144
Mali Ston 175
Malinska 131
Malvazija 154
Mantia peć 170
Marco Polo 121
Marco-Polo-Haus 124
Marina 244
Marinas 304
Marjan 233
Martinšćica 80, 85
Marulić, Marko 34, 236
Maslinica 236
Matoš, Gustav 47
Maximilian von Habsburg, Erzherzog 91
May, Karl 181
Međugorje 155
Medena 237
Medizinische Versorgung 268
Medulić, Andrija 43
Medulin 198
Medveja 166
Meerestiere 18
Meštrović, Ivan 34, 45, 79, 223
Michelozzi, Michelozzo 42, 96
Mietwagen 292
Miho Pracat 107
Milna 68
Mirna 12, 189
Mirna-Tal 75
Mišnjak 200
Mixed-Grill 298
Mlini 103
Mljet 150
Molat 262
Molunat 80
Momjan 248
Monti del Carso 14
Moreška 48
Mošćenička Draga 166
Mošćenice 166
Mosor-Gebirge 158-159
Mostar 155
Motovun 57, 152
Murter 225
Murter (Ort) 225
Murvica 68
Muschelzucht 22

Napoleon 28
Nationalparks 16
Naturraum 11
Nazor, Vladimir 34, 47, 66, 69, 86
Nečujam 236
Nehaj 214
Neretva 12, 156
Neretva-Delta 156
Neretvanska krajina 156
Nerežišća 69
Nerezine 144
Nesactium 36, 199
Neum 61, 154
Niederschläge 16
Nin 260
Njivice 131
Notrufnummern 292
Novak-Missale 41
Novalja 169
Novi Vinodolski 60, 156
Novigrad 189-190

Obljak 72
Obzova 134
Odoaker 26
Öffnungszeiten 292
Okrugljak 72
Olib 262
Omiš 61, 157
Omišalj 130
Opatija 58, 159
Opatija-Riviera 12, 163-164
Oprtalj 154
Orašac 102
Orebić 176
Ošljak 245
Osor 80, 85
Österreich 28
Ostgoten 26
Otavice 223

Pag 166-167
Pag (Stadt) 167
Pager Spitzen 49
Paklenica 60, 169
Pakoštane 262
Palma der Ältere 43
Palma der Jüngere 43
Panne 308
Pannendienste 292
Paradiso 204
Paški sir 167
Pašman 245, 247
Pašman (Ort) 247
Pavelić, Ante 30
Pazin 57, 171
Pelješac 61, 174
Petrčane 260
Petrić, Franjo 83
Pflanzen 17
Pićan 174
Pinot 154
Piran 56, 178
Pirovac 225
Pirovo 251
Pitve 114
Pivka 63
Pivka-Höhle 64
Planina 64
Plat 103
Plava Laguna 190
Plitvička jezera 15, 181
Plitwitzer Seen 15, 181
Ploče 175
Plomin 140
Podgora 148
Podlabin 136
Poklon-Paß 165
Polače 152
Politische Entwicklung 20
Politische Gliederung 19
Poljica 158
Pomena 152
Pomer 198
Ponzon-Pončun, Matej 44
Poreč 56, 185
Porto 293
Portorož 56, 191
Post 293
Poste restante 293
Postira 69
Postojnske jame 62
Postsparbuch 284
Povlja 70
Povljanska listina 71
Pražnice 70
Predjamski grad 64
Preko 245-246
Premantura 198
Premuda 262
Prešeren, France 47
Primošten 224
Privatunterkünfte 293
Prizna 167
Prokljan-See 136
Prokljansko jezero 136
Prvić 134, 224
Pučišća 70
Pula 58, 192
Punat 133
Punta corrente 214
Punta Križa 85
Pusti 72

Rab 60, 200
Rab (Stadt) 202
Rabac 139
Radfahren 301
Ragusa 27, 90
Rakotule 154

Rakov škocjan 64
Raša 12
Rasoha 69
Ravni kotari 13, 252
Regnum tripartium 27
Reisedokumente 294
Reisepaß 294
Reiseschecks 283
Reisezeit 294
Reiten 301
Reka 65
Religion 20
Renaissance 41
Restaurants 295
Rijeka 59, 62, 204
Risnjak, Nationalpark 210
Rivanj 262
Riviera von Dubrovnik 88, 102
Riviera von Opatija 163-164
Riviera von Poreč 189
Roč 76
Rogoznica 225
Rokoko 43
Romanik 39
Römer 25, 36
Roški slap 135-136
Rovinj 56, 210

Salona 26, 235
Santacroce, Girolamo da 43
Šarda 262
Savar 104
Savudrija 248
Schiffsverkehr 24, 299
Schmuck 276
Schnäpse 282
Schnorcheln 301
Schwarze Höhle 64
Seča 192
Seeigel 273
Segeln 301
Selca 70
Selce 87
Senj 60, 214
Šenoa, August 47, 214
Sestrunj 262
Šibenik 60, 217
Silba 262
Simpson, Wallis 201
Šipan 106
Šipanska Luka 106
Šižgorić, Juraj 50, 220
Skipper 302
Škocjan 15
Škocjanske jame 65
Skradin 136
Skradinski buk 135
Škrip 69
Slano 102
Slawen 26
Smokvica 126
Snežnik 65
Solaris 224
Solin 235
Šolta 236
Souvenirs 276
Spitzen 167
Split 61, 226
Splitska 69
Sport 300
Sportschiffahrt 301
Sprache 46, 304
Srđ 88
Srebreno 102
Starčević, Ante 206
Stari Grad 112
Starigrad-Paklenica 169
Steinzeit 25, 36
Stieglitz, Heinrich 50
Stille Höhle 65
Ston 175
Straßenverkehr 23, 307
Straßenzustand 308
Strände 272
Suđurađ 106
Süßwasserfische 18
Šumber 140
Supetar 68
Supetarska Draga 204
Supilo, Frano 206
Supin 72
Supinić 72
Surfen 301
Susak 144, 146
Sustjepan 77
Sutivan 68
Sv. Ilija 177
Sv. Ivan 210
Sv. Katarina 210
Sveti Jerolim 72
Sveti Juraj 148, 217
Sveti Marko 72
Sveti Petar u Šumi 173

Tartini, Giuseppe 35, 178
Tauchen 301
Telašćica-Bucht 105
Telefon 308
Tennis 301
Teran 154
Thalassotherapie 86
Tiere 17-18
Tiha jama 65
Tintoretto 43
Tito 30, 206
Tito-Brücke 129
Titova špilja 251
Tito – Höhle 251
Tizian 43
Tkon 247
Tominč-Höhle 65
Tourismus 20
Trachten 49
Trinkgeld 309
Trogir 61, 236
Trogiranin, Blaž Jurjev 41, 125
Trpanj 175-176
Trsat 206
Trstenica 175
Trsteno 102
Trubar, Primoz 47
Tučepi 150

Ubli 141
Učka-Gebirge 12, 165
Učka-Tunnel 165
Ugljan 59, 245
Ugljan (Ort) 246
Umag 56, 247
Umsatzsteuer-rückerstattung 309
Umweltschutz 16
Unfall 307
Unije 144, 146
Unterkunft 309
Uskoken 214

Vaganski vrh 169
Valun 80, 83
Valunska ploča 83
Vanga 72
Vela Luka 126
Vele 146
Vele Orjule 146
Velebit-Gebirge 12, 116, 169
Velebit-Massiv 116
Veli Brijun 72
Veli Drvenik 236
Veli Lošinj 146
Velika 169, 215
Velika Kapela 87
Velika Paklenica 170
Veliki Ston 175
Velikic, Dragan 195
Venezianische Herrschaft 27
Veneziano, Paolo 41
Veprinac 165
Veranstaltungen 309
Verkehr 20
Verkehrsmittel 310
Verkehrsregeln, abweichende 307
Veronese, Paolo 43
Versorgung, Medizinische 268
Veruda 198
Verudela 198
Vespasian, Kaiser 194
Vidova Gora 68
Viganj 177
Villa Brionka 75

Villa Jadranka 75
Vinodol 86, 156
Vis 250
Viški zaljev 250
Visovac jezero 136
Visovac-See 135
Vlačić, Matija 33, 139
Vodice 225
Vodnjan 199
Volkskunst 47
Volksmusik 48
Vorwahlen 308
Vrana 83
Vrana-See 83, 262
Vransko jezero 83, 262
Vrbnik 133
Vrboska 113
Vrsar 72, 191

Währungen 283
Wandern 301
Wasserqualität 272
Wasserski 301
Wassertemperaturen 16, 272
Wechselkurse 283
Wettervorhersagen 304
Wilhelm II., Kaiser 73
Winde 16
Wirtschaft 20

Žedno 244
Žirje 224
Žminj 173
Žrnovo 126
Župski zaljev 77
Žut 127
Žverinac 262
Zablaće 224
Zadar 59, 252
Zaglav 104
Zajc, Ivan 206-207
Zaton 260
Zeit 311
Zeitungen, Zeitschriften 311
Zelena Laguna 190
Zemunik 253
Zirknitzer See 64
Zlarin 224
Zlatarić, Dominko 47
Zlatni rt 67, 214
Zollbestimmungen 312
Zrinski 27, 209

Verzeichnis der Karten und graphischen Darstellungen

Lage in Europa: S. 10
Routenvorschläge für Reisen in Istrien und Dalmatien: S. 57
Nationalpark Brijuni: S. 72
Dubrovnik: S. 90
Dubrovnik, Rektorenpalast: S. 96
Koper: S. 117
Opatija: S. 159
Piran: S. 179
Plitwitzer Seen: S. 185
Poreč: S. 186
Poreč, Euphrasiusbasilika: S. 189
Pula: S. 193
Rijeka: S. 205
Rovinj: S. 212
Šibenik: S. 220
Split: Altstadt und Diokletianpalast: S. 227
Trogir: S. 237
Zadar: S. 253
Zadar, Sv. Stošija und Sv. Donat: S. 256
Touristische Höhepunkte in Istrien und Dalmatien: hintere Umschlaginnenseite

Bildnachweis

Archiv für Kunst und Geschichte: S. 32, 33
Branscheid, Barbara: S. 3, 28, 38, 39, 42, 45, 82, 89, 101, 113, 124, 139, 162, 176, 177, 188, 197, 199, 208, 213, 233, 254, 276
Braun, Andreas: S. 78, 87, 92, 95, 98/99, 221, 243, 262, 310, 311
Gruner + Jahr, Fotoservice: S. 279
Lade, Fotoagentur: S. 8/9, 149, 202
Mauritius, Bildagentur: S. 54/55
Madračević, Josip: S. 11, 12, 19, 23, 26, 49, 103, 130, 170, 223, 252, 259 (2 x), 260
Müller, Kai Ulrich: S. 3, 6/7 (3 x), 13, 15, 18, 21, 35, 41, 63, 115, 119, 132, 142, 157, 182, 187, 190, 215, 249, 246/265, 302
Peitz-Hlebec, Darja: S. 6/7, 46, 48, 66, 68, 70, 71, 106, 110, 133, 145, 147, 153, 168, 180, 196, 204, 206, 228, 229, 242
Sachau, Susanne: S. 120
Studio Pierer: S. 151
Süddeutscher Verlag: S. 29
Thomas, Martin: S. 52, 114, 127
Wurth, Andrea: S. 1, 5, 6/7 (2 x), 17 (2 x), 22, 37, 58, 59, 60, 81, 84, 93, 100, 109, 122, 125, 135, 138, 160, 163 (2 x), 165, 172, 174, 211, 218, 225, 230, 232, 234, 238/239, 241 (2 x), 246, 258, 268, 272, 280, 281, 284, 287, 288, 297 (2 x), 299

Titelbild: ZEFA/Hackenberg - Dubrovnik
Hintere Umschlagseite: Wurth - Hafen von Hvar

Impressum

Ausstattung:
152 Abbildungen
20 Karten und graphische Darstellungen, 1 große Reisekarte

Text: Andreas Braun
mit Beiträgen von Andrea Wurth, Darja Peitz-Hlebec und Helmut Linde
Ergänzungen: Darja Peitz-Hlebec

Bearbeitung: Baedeker-Redaktion (Andrea Wurth)

Kartographie: Waldemar Aniol, Speichersdorf, Franz Kaiser, Sindelfingen, Christoph Gallus, Hohberg- Niederschopfheim, Mairs Geographischer Verlag, Ostfildern (große Reisekarte)

Chefredaktion: Rainer Eisenschmid, Baedeker Ostfildern

4. Auflage 2002

Urheberschaft: Karl Baedeker GmbH, Ostfildern
Nutzungsrecht: Mairs Geographischer Verlag GmbH & Co., Ostfildern

Druck: Mairs Graphische Betriebe GmbH & Co., Ostfildern
Printed in Germany
ISBN 3-89525-438-x

Gedruckt auf 100 % chlorfreiem Papier

Verlagsprogramm

Städte in aller Welt

Amsterdam
Athen
Bangkok
Barcelona
Berlin
Brüssel
Budapest
Dresden
Florenz
Frankfurt/M.
Hamburg
Hongkong
Istanbul
Köln
Kopenhagen
Lissabon
London
Madrid
Moskau
München
New York
Paris
Prag
Rom
San Francisco
St. Petersburg
Singapur
Stuttgart
Venedig
Weimar
Wien

Reiseländer · Großräume

Ägypten
Australien
Baltikum
Belgien
Brasilien
China
Dänemark
Deutschland
Dominikanische Republik
Finnland
Frankreich
Griechenland
Großbritannien
Indien
Irland
Israel
Italien
Japan
Jordanien
Kanada
Karibik
Kenia
Kuba
Luxemburg
Malaysia
Marokko
Mexiko
Namibia
Nepal
Neuseeland
Niederlande
Norwegen
Österreich
Polen
Portugal
Schweden
Schweiz
Skandinavien
Spanien
Sri Lanka
Südafrika
Syrien
Thailand
Tschechien
Tunesien
Türkei
Ungarn
USA
Vietnam

Regionen · Inseln · Flüsse

Algarve
Andalusien
Bali
Bodensee
Bretagne
Burgund
Chicago · Große Seen
Costa Blanca
Costa Brava
Djerba · Südtunesien
Elba
Elsaß · Vogesen
Florida
Franken
Franz. Atlantikküste
Fuerteventura
Gardasee
Gomera
Gran Canaria
Griechische Inseln
Harz
Hawaii
Ibiza · Formentera
Italien · Norden
Ischia · Capri · Procida
Istrien · Dalmat. Küste
Italienische Adria
Italienische Riviera
Kalifornien
Kanada · Osten
Kanada · Westen
Kanalinseln
Korfu · Ionische Inseln
Korsika
Kos
Kreta
Kykladen
La Palma
Lanzarote
Loire
Lombardei · Mailand · Oberital. Seen
Madeira
Malediven
Mallorca
Malta
Mecklenburg-Vorpommern
Menorca
Oberbayern
Provence · Côte d'Azur
Rhodos
Rügen
Sachsen
Salzburger Land
Sardinien
Schleswig-Holstein
Schottland
Schwäbische Alb
Schwarzwald
Seychellen
Sizilien
Südengland
Südtirol
Sylt
Teneriffa
Tessin
Toskana
Türkische Küsten
Umbrien
USA · Nordosten
USA · Südstaaten
USA · Südwesten
Washington DC · Capital Region
Zypern

Kleine Städteführer Deutschland und Schweiz

Augsburg
Bamberg
Basel
Berlin
Bonn
Bremen
Freiburg
Hannover
Konstanz
Leipzig
Lübeck
Mainz
Nürnberg
Regensburg
Trier
Wiesbaden